| 台湾研究系列 |

国家统一的系统演化动力

复杂性思维视角下的中国国家统一战略

朱 磊 著

九州出版社 JIUZHOUPRESS | 全国百佳图书出版单位

图书在版编目（CIP）数据

国家统一的系统演化动力 ：复杂性思维视角下的中国国家统一战略 / 朱磊著. -- 北京 ：九州出版社，2018.11

ISBN 978-7-5108-7667-7

Ⅰ. ①国… Ⅱ. ①朱… Ⅲ. ①国家统一－研究－中国 Ⅳ. ①D618

中国版本图书馆CIP数据核字(2018)第274439号

国家统一的系统演化动力：复杂性思维视角下的中国国家统一战略

作　　者	朱　磊　著
出版发行	九州出版社
地　　址	北京市西城区阜外大街甲 35 号 (100037)
发行电话	(010)68992190/3/5/6
网　　址	www.jiuzhoupress.com
电子信箱	jiuzhou@jiuzhoupress.com
印　　刷	北京九州迅驰传媒文化有限公司
开　　本	720 毫米 ×1020 毫米　16 开
印　　张	25.75
字　　数	482 千字
版　　次	2019 年 3 月第 1 版
印　　次	2019 年 3 月第 1 次印刷
书　　号	ISBN 978-7-5108-7667-7
定　　价	86.00 元

目　录

序　言

朱磊教授新著作《国家统一的系统演化动力：复杂性思维视角下的中国国家统一战略》即将出版。这部鸿篇巨制耗费了作者5年多的精力，在两岸关系和中国统一模式研究方面具有甚高的理论价值。第一，首次运用复杂性思维研究国家统一政策，提出人类社会复杂巨系统的三个层次，认为按照系统演化规律采取内部逻辑自洽的组合政策，可以顺应发展规律推动系统自动向国家统一方向演化。第二，首次从政权角度运用计量方法评估当前两岸形势及需要采取的对台方略。第三，书中运用同一个分析范式，创新性地选取了古今中外22个国家统一与分裂的案例进行比较分析。第四，从国际格局变动的视角，以更大时间跨度和更大空间纵深重新审视中共中央对台方略并提出建议。

中国大陆与中国台湾岛之间相隔台湾海峡形成的两岸关系，是中国大历史进程中一个特定历史时期国家尚未完全统一内战状态下的遗留问题；也是19世纪西方殖民主义和20世纪列强帝国主义欺辱、侵略中华民族的唯一没有完全解决的问题。20世纪50年代至70年代，在世界范围内美苏冷战背景之下，两岸关系和台湾问题几乎完全笼罩在全球两大阵营的军事对峙和意识形态对抗之下。这一领域的学术研究几乎完全被现实对立状态下的政治、军事、外交、舆论的应激行动所左右，容不得客观冷静理性系统的逻辑化分析研究，更谈不上系统的理论构建。1979年1月，中国大陆以经济建设为中心的改革开放政策确立，中美建交，全国人大常务委员会发表《告台湾同胞书》确定和平统一大政方针。这一我称之为“三位一体”的战略，使中国大陆重新开启了自鸦片战争以来，艰难“变法图强”的现代化进程。两岸关系和台湾问题研究，迎来了如同其他领域一样的“学术春天”。到80年代末，台湾问题和中国统一模式研究俨然成为显学，一大批学人的文章著作如雨后春笋般出现，理论构想、观点建议精彩纷呈，为推进两岸关系缓和、双方建立事务性商谈和授权政策性对话机制，直至达成“九二共识”发挥了理论指导和观念引领的作用。

上世纪九十年代初，我发表了《台湾社会的三阶段变迁论》《论现代化进程中两岸传统文化的“创造性转化”》《论四十年来台湾知识分子的精神历程》《转型期的台湾政治》《对中国统一和两岸关系法理的系统研究》《对一个中国内涵论述的理论思考》等论文和著作，算是参与到这一历史时期的对台工作的理论构建当中，不过是“沧海一粟”。尤其是从1985年开始有幸先后在杨斯德、汪道涵先生带领下，直接参与了推动两岸关系进程的政策制定、理论研究与实务实践，为两岸关系发展留下了历史见证和理论思维的注脚。1997年11月汪道涵先生在会见台湾新同盟会会长许历农时发表的有关中国统一的新见解，是那一时期推进中国统一的理论与实践相结合的产物，至今仍然闪耀着实事求是和尊重历史的理论光芒。“世界上只有一个中国，台湾是中国的一部分，目前尚未统一，双方应共同努力，在一个中国的原则下，平等协商，共议统一。一个国家的主权领土是不可分割的，台湾的政治地位应该在一个中国的前提下进行讨论。”

《告台湾同胞书》发表40年了，和平统一方针与改革开放相伴，是“三位一体”战略的重要组成部分，在实现中华民族伟大复兴进程中最符合国家和民族整体利益。坚持两岸共同尊崇一个中国与统一的目标，是和平方式解决台湾问题的基本前提和根本保证。正如习近平总书记在《告台湾同胞书》发表40周年纪念会上讲话中指出的：“真诚希望所有台湾同胞，像珍视自己的眼睛一样珍视和平，像追求人生的幸福一样追求统一，积极参与到推进祖国和平统一的正义事业中来。”

我与朱磊教授有二十年的交情了，初次结识时他是中国社会科学院台湾研究所的青年学者，学通中西，才华横溢，博学慎思，视野宽广，一直是两岸关系和台湾问题研究领域的新锐。学术交往中我们除了讨论两岸关系、台湾问题，不时还有些诗词唱和，沿袭着中国传统文人情怀和君子之交的风雅。长期以来，我们在研究中也形成了一个共识，就是两岸关系和统一模式理论建构中必须要解决三大难题：一是政治变化、政策调整与历史进程中规律把握、理论建构的关系；二是大陆内部发展、台湾政治变迁和国际因素影响这三大变量的相互关系；三是历史事件、现实发展和未来趋势在理论建构中不间断的逻辑自洽对提出对策建议的挑战。这部著作无疑是为解决这三大难题的一次很好的尝试。期待着朱磊教授有更多的开拓性大作问世。是为序。

中国国际友好联络会副会长　辛旗

2019 年 1 月 9 日于北京

导论　国家统一的动力

兴起于20世纪80年代的复杂性科学是系统科学发展的新阶段，不仅引发了自然科学界的变革，而且也日益渗透到哲学和人文社会科学领域。运用复杂性科学思维可以为国家统一问题的研究提供新的解释视角和政策思路。人类社会是一个多层次的复杂巨系统，国家是人类社会系统中的一个层级，该层级系统的演化受到母系统和子系统的强烈影响。国家系统的演化方向既可能是统一，也可能是分裂，在对统一与分裂不做价值判断的前提下，国家系统在统一和分裂之间的转化只是系统在客观规律下发生的相变。复杂性理论中用“序参量”的概念来区别不同的相，国家系统发生相变的系统序参量是政权，一个国家内，如果存在掌握最高权力的中央政权且唯一，该状态即为国家系统的统一状态，否则即为分裂。决定国家统一的根本动力是系统内外力量的不平衡运动，向心力大于离心力决定国家系统的相变方向趋于统一。外部力量的介入会放大系统内部的向心力或离心力，因此系统演化过程中不同层级间的系统相互作用对演化方向产生非常重要的影响。

规模与规则

早期国家产生的动力主要是生存的需要，对内可以集中力量进行生产并通过建立秩序防止人们互相伤害，对外有利于调动集体力量抵御外患。原始社会人类为获取更多的自然资源会不断聚集，虽然处理人与自然关系的能力大大增加，但如何处理人与人的关系也面临越来越大的挑战，人类需要通过某种组织方式来有效协调人与人的关系，使人类社会由无序状态向有序状态演化，从而降低合作成本，增加合作效能，于是产生了政权和国家。国家的出现使人类改造自然与社会进步的能力和效率大幅提升，国家越大，发挥集体力量的能力也越强，世界四大文明古国先后在大河流域出现并进行复杂建设工程是人类合作效率提高的例证。

理论上国家规模优势可以增加合作效率：经济层面，有利于优化资源配置，扩大市场版图，促进生产要素流动，提高国力和民众生活福祉；军事层面，可以集中和整合更多资源增强整体国防实力，并在空间上扩大国防的完整性和纵深性；政治层面，有助于凝聚国内信心，提高国际声望，优化人才培养与供给，增强制度创新；社会层面有益于增加民众居住、生活、就业、旅游、求学、商务、事业等活动的机会和自由度。尽管如此，人类历史上并未出现过规模大到全球一体的国家，即使存在过一些人口众多、疆域辽阔、制度统一的大国，在持续一段时间后，这些大国往往会分裂成若干国家，无法保持最强盛时期的国家规模。

国家的规模扩张虽然受追求效率的驱动，但同时还受到成本的制约，国家规模越大，内部交易成本越高。尤其在古代社会，领土越大的国家内部传递命令和信息、人事选拔与考核、调动军队和后勤供应越是不便，就越有可能出现“天高皇帝远”的脱序现象，国家规模就会出现成长的极限。超大规模国家往往迅速发生分裂，这有点类似细胞分裂的功能：细胞通过它的表面不断地与周围环境或邻近细胞进行物质交换，细胞必须有足够的表面积才能正常进行代谢作用，但细胞体积逐渐生长增大时，表面积与体积的比例就会变得越来越小，物质交换适应不了细胞的需要，于是发生细胞分裂以恢复适宜的比例。同样道理，国家过大造成代谢运转不畅时会自动分裂以降低内部交易成本。

那么，假如技术水平发展到很高程度，譬如当今社会的技术手段已经可以使信息传递和交通运输覆盖全球，是否意味着随着技术约束条件的放松和交易成本的降低，国家规模可以大到全球成为一个国家？如果不考虑民族与文化的差异因素，理论上是可以的，也许联合国可以视为世界一国的早期雏形，不过目前这种国际组织与国家形式还是差别很大的，欧共体都离国家形式相距甚远。国家仍然是当今世界政治格局的基本单位，也是迄今为止人类全面合作最有效率的组织形式。现实中，国家规模没有随技术突破而出现急剧扩大的倾向，除了民族与文化的阻隔外——虽然世界历史上也出现过不少多民族多文化的国家，更重要的原因是制约国家规模的决定力量已经由古代的自然力量转变为现代的观念力量。1648 年欧洲各国达成《威斯特伐里亚公约》标志着现代民族国家，即以民族主义原则确立其合法性的国家开始出现。现代国家体系更强调主权和民族的特点，不同于此前分别以封建（feudal）原则和宗主权（suzerainty）原则构成的西方国家体系与东方国家体系。

在古代，无论西方还是东方，政权出于对荣誉、权力、财富与人口的追求，通过以武力征服为主的方式进行国家规模的扩张，受到交易成本的技术制约而停止扩张或收缩规模，这是一种自然力量决定的状态。当今国际社会，制约国家规模扩张的主要因素已经不再是技术，而是观念。即使一个国家政权具备足够强大的军事实力，如果运用武力吞并另一个主权国家也是不被国际社会认可的政治举动。这里关键是主权观念。虽然有些历史学者对国家有着虚拟化的理解，比如《人类简史》《未来简史》的作者尤瓦尔·赫拉利将国家视为“在历史长河的大多数时间里，人们已经太过习惯于的虚幻故事”，但同样从历史的角度看，也可以发现国家的形成原本是人类社会自然演化的产物。当一群人在某个固定的地域生活中产生具有对内对外治理功能的政权的时候，国家或国家的雏形就产生了。从人口、领土、政权三要素看，国家很早就出现了，只是这些要素的内涵在不断发展：人口被逐渐定义为永久居住的具有共同语言文化的人民，领土由领陆扩展为固定的领陆、领海和领空，政权明确界定为拥有独立主权的政府。随着国家构成要素内涵的变化，特别是主权观念的产生，人们对国家概念的理解由古代国家转变为现代民族国家，对国家自身的功能及国家之间的互动规则有了新的认识。

以前国家之间的互动规则主要靠实力说话，因此实力强大的周朝可以规定“普天之下莫非王土，率土之滨莫非王臣”，秦始皇可以灭六国平天下，罗马可以征服地中海沿岸各国使地中海成为内海，普鲁士可以通过一系列战争建立起排除奥地利的统一的德意志帝国。然而从现代民族国家主权平等的视角，人们就会质疑：周王凭什么可以分封全天下的土地并统治全天下的百姓？谁赋予秦始皇可以统一六国将其土地人口纳入自己统治之下的权力？罗马仅仅依靠国力强盛和人员素质技术装备先进就有权力征服各国掠夺人口和财富？普鲁士通过普丹、普奥、普法等战争成功统一并建立了德意志帝国是否拥有法律上和道德上的合理性和依据？总之，现代国际社会不再允许弱肉强食的丛林法则，在国家不分大小主权平等的观念下，即使具有可以对全球进行国家治理的能力，也不可能在可预见的将来出现全球统一的国家，这是由当前人们的观念所决定的。

动力与方式

国家统一不同于国家扩张。国家统一是在某地域内恢复曾经同属一个权力中心的状态，国家扩张则是原本不具有从属关系的权力中心合并成一个权力中心。二者的重要区别在于是否还原上一个历史阶段的政治地理版图。二者的相似性在于推动和制约的力量与方式大体相同：在古代是自然力量，在现代是观念力量。在古代，当政权的执政效率高时，领导人励精图治奋发有为，政权的政治经济军事力量强大，于是通过战争等方式实现国家统一；而当政权的执政效率低时，往往伴随着政治势力内斗，贪污腐败盛行，民众道德沦丧，国家祸起萧墙，直至出现国家分裂。在现代主权观念下，国家统一不是只要具备政治经济军事实力就可以恢复固有疆域，国家历史疆域或分裂状态的形成有历史、政治、文化等多种原因，恢复国家统一需要有充分的理由——要么未统一各方自愿合并，要么某一方政权不具备主权地位被武力统一。一个国家的分裂部分如果已经具备完整主权且拒绝合并，武力统一就不是被国际社会普遍认可的方式。1990 年萨达姆以“伊拉克与科威特自古以来就是不可分割的一个国家”为由出兵科威特控制全境，但在以美国为首的多国部队打击下，伊拉克军队不得不全部撤出科威特。在现代国际社会的观念里，各地区的历史文化固然需要得到尊重，但运用武力征服的手段吞并一个具有主权的国家以恢复历史上的曾经疆域并不是正当的。

这并不是说现代社会解决国家统一问题绝对排斥武力，例如朝鲜、越南、也门在追求国家统一的过程中都尝试使用武力解决，即使是 2014 年克里米亚通过公投脱离乌克兰独立，并重新加入俄罗斯，也是在俄罗斯军队的进驻下完成的。毕竟迄今为止国家仍然是人类最高的权力单位，国家之上并没有更高的强制约束。现实中自人类社会出现以来还从未存在过彻底排除武力方式解决国家内部或国家之间争端的时期，包括当前世界上虽有二十几个国家不设军队，但基本上都是内部有警察武装，外部有其他国家军队保护，不以武力方式解决国际国内争端对人类来说还只是一种追求。主权观念的约束仍然是有限的，如果某一政权的军事力量足够强大，在国际环境允许的情况下它实际上有动力推动国家统一或分裂，因为它可以凭借军事力量使其他的博弈政权屈服。这就是中国古话说的“身怀利器，杀心自起”。军事力量的强大本身会成为政治行为的动力。

如果我们根据现代社会主权观念占主导地位的现实做出不能使用武力手段推动国家统一的理论假设，会发现国家统一的实现难度远大于国家分裂。假设在现有国际体系和国际法的保护下，任何分裂政权的生存都不存在外部威胁且国家分裂行为不会受到任何惩罚，政权和民众出于对独立权力和自由民主的追逐，国家将出现不断分裂的小型化倾向。而在同样假设下，国家统一则缺乏足够的动力。国家政权本身就是权力斗争与整合的场域，合并国家政权是权力的减法，而不像国家分裂一样由于官僚职位的增加是权力的加法，强势一方的政权可能有意愿推进统一，弱势政权就很难愿意配合，尤其在双方政治制度不同的情况下，弱势政权的政治人物如果看不到在统一后的新政权中有施展空间，要求其做到自愿响应国家统一，即实现国家最高权力唯一化，是非常困难的。

当然，国家是个群体的概念，国家的统一或分裂是群体的行为，而不是某个人或某个政权的行为。国家的统一或分裂不单单是政权之间的博弈，还有国民的因素，尤其是在现代政治体制中，国民与政权的意愿是互相影响的。如果国民有强大的统一动力也可能迫使其选举出的政权接受国家统一。但在没有军事威胁的假设前提下，国民往往不愿意负担更多的公共事务支出费用，从而倾向于较小规模国家。因此一般说来，除经济政治等利益的诉求可能产生对国家统一的不稳定意愿外，国民的统一动力主要来自历史的惯性：国家统一的历史、民族文化的认同，以及国民之间的感情，这三者均来自民众对历史的认知。而所有这些出于理性的、感性的、物质的、精神的国家统一意愿，都是国家统一的自愿力量。

可见，国家统一与分裂的动力实际上有两种：自愿力量和非自愿力量，前者是引力，后者是推力，对应于政权的资源禀赋，就是政权具备的软实力和硬实力。[①] 政权如何合理运用这两种力量推动实现国家统一，形成了学术界在该问题上的三个流派：一是现实主义观点，强调非自愿力量，主张通过政权硬实力不断增强，最终以压倒性优势主导国家统一；二是自由主义观点，强调自愿力量，主张通过利益诱导加强利益攸关方的合作，以自愿方式推动国家逐步走向统一；三是建构主义观点，也是强调自愿力量，主张通过双方接触互动，建

① 美国学者约瑟夫·奈的《软实力》对硬实力与软实力的划分是：前者包括军事和经济实力，运用军事实力的主要手段有威胁和武力，政策选择有强制性外交、战争和结盟，运用经济实力的手段有交易和制裁，政策选择有援助、贿赂和制裁；后者主要在价值观、文化、政策及制度四个方面，政策选择有公共外交、双边或多边外交等。[美]约瑟夫·奈：《软实力》，马娟娟译，中信出版社，2013年，第41页。

构共同的价值观和利益链接，诱致未统一各方自动走向统一。

这三个学术流派的已有研究虽在理论构建方面取得巨大成绩，存在的问题也比较明显：现实主义从主导方的角度，强调硬实力增长的重要性，却忽略了在具备压倒优势以前如果对方民意出现重大不利变化诱发冲突提前到来怎么办，以及即使凭借强大硬实力实现国家统一后是否有令人信服的论述维护局势稳定；自由主义从被主导方的角度，强调利益诱导的作用，却无法提供从利益共同体过渡到政治共同体的有效途径，也缺乏由利益连接转向政治认同的有效手段，反倒是不同领域的学者证明了经济利益联系密切并不会必然诱致政治一体化；建构主义强调双方互动以谋求国家认同，却忽略了国家认同与政权认同之间的差异性与矛盾性，倾向分裂的一方即使认同双方同属一国，却常常通过强调己方政权具有主权而使国家认同在国家统一斗争中缺乏实用性和可操作性。这三种学术观点应用在现实政策中遇到的困境往往是：号召国家统一的软实力不足以吸引对方政权与民众自愿响应；运用非自愿力量的军事手段又面临国际舆论的反对和国际强权的制约，两种动力都不足以实现统一，那么这种僵局该如何打破？本研究为解决这一问题引入了复杂性思维。

复杂性思维

复杂性思维是基于复杂性科学发展的基础上认识复杂事物的一种新的思维范式。复杂性科学（complexity sciences）[①] 是系统科学发展的新阶段，兴起于 20 世纪 80 年代，不仅引发了自然科学界的变革，而且也日益渗透到哲学、人文社会科学领域，带来了方法论和思维方式的变革。英国著名物理学家霍金甚至称“21 世纪将是复杂性科学的世纪”。复杂性科学打破了传统学科之间互不来往的界限，揭示系统演化机制的结构和过程的自组织现象。与传统科学思维相比，复杂性思维最值得借鉴的特点是自组织性、非线性和不确定性，我们可以借鉴这些复杂性思维的基本特点来重新思考国家统一的动力问题。

可以设想，即使没有学者研究国家统一问题，国家统一当然也可能自己实

① 复杂性科学是指以复杂性系统为研究对象，以超越还原论为方法论特征，以揭示和解释复杂系统运行规律为主要任务，以提高人们认识、探究和改造世界的能力为主要目的的一种学科互涉（inter-disciplinary）的新兴科学研究形态。到目前为止，尽管人们关于“复杂性”还没有一个严格、精确的定义，但人们一般认为，整体性、非线性、不可逆性、不确定性、不稳定性是复杂性的重要特征。从这些特征来看，社会的发展问题是典型的复杂性问题。

现，这就是系统的自组织性。国家是一个系统。我们生活的世界里系统无所不在，从基本粒子到河外星系，从自然科学到社会科学，从人类社会到人的思维，从无机界到有机界，系统在宇宙间普遍存在。系统分层次，国家系统上面还有国际大系统，国家系统内部还有未统一政权子系统，以及政治、经济、社会、文化、军事、外交等子系统。系统不断演化。演化的方向可能是越来越复杂有序的进化，也可能是越来越单调无序的退化，系统发展的不同阶段可能有不同的演化方向，进化和退化也相互作用，进化中可能有退化，退化中也可能有进化。国家演化的方向既可能是统一也可能是分裂，或者交替出现。国家在发生这些演化时并没有一个居高临下的神来主宰安排，国家统一或分裂是在并无外界特定指令就能自行组织、自行创生、自行演化、自主地形成有序结构的系统变化过程。这种无须外界控制和干扰、通过系统自身的调节和演化达到有序的特性称为自组织性。

国家统一或分裂是如何通过系统的自组织性完成的？未统一国家内的多个政权各有各的盘算，出发点是维持和扩大自身的政治权力或影响力。如果国家统一有利于扩大政权影响力，或因统一符合民众要求有利于维护政权执政基础，政权就会推动国家统一。相反，如果统一可能使自身政治权力受到削弱或剥夺，而且没有来自民众要求统一的内部压力，政权更可能倾向于谋求分裂。政权资源禀赋不同，软硬实力强弱有异，对国家统一后的前景预期不同，基本立场存在分歧。无论是主张统一的政权还是谋求分裂的政权，都想充分调动自愿力量与非自愿力量引导国家系统向自己期望的目标演变，政权之间的博弈及其主导的集体运动方式的竞争形成国家系统演化的原动力。

协同学认为，系统形成新的整体结构的演化规律是序参量之间的协同竞争。序参量是决定演化进程与系统最终结构的变量，支配子系统行为。自愿力量和非自愿力量都是重要的序参量，在不同时期各自扮演主导力量的角色。政权通过塑造、强化或改变民众对历史的认知而推动国家统一，实质上就是政权通过舆论将自愿力量向统一引导，当这种认同统一的自愿力量成为主流民意之后，就会出现系统的“对称破缺”，自愿力量将以绝对优势统领整个系统的深化方向和运动模式，完成国家统一的自组织过程。当然，分裂政权也可以通过同样方式将国家系统引向分裂。追求统一的政权与谋求分裂的政权谁能主导民意取决于各自的软实力，双方在竞争合作的过程中也在取长补短，不断改进自身软实力。如果国际局势突变，由和平转向冲突，也就是国际大系统发生转变，以军事力量为代表的非自愿力量可能趋向主导地位，成为系统演化的决定性序参量，此时政权的硬实力就成为子系统之间力量博弈的关键因素。

以上这两种协同竞争决定国家系统演化方向的序参量可简称之为“力”。不同的“力”在国家系统演化的进程中发生竞争与协同的非线性作用，完成国家系统的自组织功能。究竟哪一种“力”会在国家系统演化过程中扮演主导序参量，往往是由系统的非线性作用决定的。系统的自组织演化动力和机制正是子系统之间的非线性相互作用，竞争与协同。线性思维的基础是还原论，非线性思维的基础是系统论。系统具有涌现性，而涌现性的机制是非线性的，正是通过微观元素的非线性才可能出现整体的涌现性。国家向统一或分裂演化的系统动力在于政权子系统之间的非线性作用。线性作用下，系统内各子系统间缺乏关联，政权之间相互隔绝无法产生竞争合作；但在非线性作用下，国家系统中政权子系统间交流合作的相互作用密不可分，你中有我，我中有你，表现出强烈的整体行为，通过涨落可能引起系统的整体自组织。[①]从方法论角度看，线性思维认为非线性一般都可以简化为线性来认识和处理，这种思维方式有利于提高认识的效率，但常常为了追求简单性和便捷性而抛却事物的复杂性，会得到一种“假象式”的认识结果。任何政权一厢情愿地试图推动单一力量改变国家结构状态都是线性思维方式，非线性思维要求根据国家系统的横向与纵向的非线性作用背景决定施政重点。

系统的非线性作用表现在系统与母系统及子系统之间的排斥和吸引、竞争和协同。现实中的系统基本都是开放的，系统向高层开放，使系统与环境发生竞争与合作的相互作用，向低层开放，使系统内部发生多层次的、多水平的协同作用。在国家系统与国际系统的相互作用中，国际形势对国家演化的主导序参量有关键性影响。例如，在美苏冷战的国际大背景下，北越政权借助中苏抗衡美国，打了20年的统一战争，最终迫使美国撤出越南并放弃对南越政权的军事支持，在1976年凭借军事力量实现了国家统一。而德国实现国家统一的1990年，正值苏联解体、冷战终结的前夜，苏联当时已无力与美国和西方阵营对抗，在德国统一问题上的立场节节后退，主导德国国家系统演化的非自愿力

① “线性律和非线性律之间的一个明显区别就是叠加性质有效还是无效：在一个线性系统里，两个不同因素的组合作用只是每个因素单独作用的简单叠加。但在非线性系统中，一个微小的因素能导致用它的幅值无法衡量的戏剧性结果。”[比]尼科里斯、普利高津：《探索复杂性》，罗久里、陈奎宁译，四川教育出版社，2010年，第63—64页。

量迅速让位于自愿力量，联邦德国推动国家统一顺应了两德人民的主流民意。决定国家系统序参量作用的国际环境可称之为“势”。当国家的统一与分裂不再能够像古代社会那样简单由政权之间军事力量对比来决定的时候，我们称其为“势”的改变，即国际大系统的演化改变了国家系统的演化规则。

在国家系统的演化过程中，“势”决定了哪种力量会成为系统演化的主导序参量，“力”的对比决定了该序参量向哪个方向运动，“策”决定了国家系统由一种结构向另一种结构演化的方式和途径，或者说系统如何优化。政权旨在对国家结构进行系统优化而针对民意及其他政权采取的政策方案选择简称为“策”。在自愿力量处于主导序参量的地位时，“策”的核心是通过向国民提供更有吸引力的公共产品赢取国民的信任进而实现自身权力的最大化。权力的合法性来源于信任感，有了信任才能使权力、制度、社会和政治机构持续运作。政权作为国家最高权力的代表，在维护掌权党派利益的同时，要让国民相信其政策或政策主张能代表广大的社会公共利益，或者未来能够提供国民更多、更优、成本更低的公共服务，以更好满足国民生存和生活的福利需求。对推动统一的政权来说，要尊重和弘扬本国的传统文化，塑造和强化民众对国家统一的历史认知，充分凝聚和调动国民的群体性自愿力量，在现有的国际格局背景下使国家统一的内在动力不断增强，系统自愿力量通过自催化向有利于国家统一的方向倾斜，使系统能够逐渐进入远离平衡的耗散结构，达到某个特定的临界点后利用系统的涨落和正反馈发生相变。在非自愿力量处于主导序参量的地位时，“策”的运用包括政权军事力量的不均衡增长、政权对国家结构演化的前期准备工作，以及为实现目标采取的战术行动。“策”的运用好坏直接关系到国家系统演化的结果，无论是哪种力量居主导，力量强的一方并不必然会战胜力量弱的一方而使国家结构进入预期状态，历史上的国家统一与分裂的战争中以弱胜强的案例不胜枚举。即使通过军事力量改变了国家系统结构，“策”的失当也会使该结构不具有稳定性。例如汉武帝时期曾在朝鲜半岛设置汉四郡进行有效管辖，唐高宗时期灭亡高句丽在平壤设安东都护府可以视为某种形式的国家统一，后来唐朝对新罗胜而退兵，册封新罗国王，并没有维持统一结构。再如汉武帝时期曾在越南北部设置汉三郡统治，越南在中国版图内经历 1000 多年的国家统一状态后才独立建国，明成祖时期曾因越南内乱应邀出兵平叛，因原来的陈朝宗室后继无人而取消册封，将越南重新归入统一状态，设为交趾布政使司，但不久以“交趾荒远”为由重新许其独立。

国家结构并不完全由博弈各方的力量大小所决定，因为系统演化本身具有不确定性。在近代科学发展史上，以牛顿力学为代表的经典自然科学向人们描绘了一幅确定性的世界愿景，然而20世纪60年代以来现代系统科学中关于混沌现象的研究，却用大量客观事实和实验表明，正是由于确定性和不确定性的相互联系和相互转化，才构成了丰富多彩的现实世界。世界的万物变化充满着随机性和偶然性，由此决定了事物变化的不确定性。不确定性是基本的，确定性是它的特例。国家系统的演化过程中，国家结构前景是多样化的，既可能统一也可能分裂，统一形式既可能是古代的朝贡制，也可能是现代的单一制或联邦制，还可能是其他尚未出现的创新的制度。系统发展的本质是非线性作用，要素间的线性作用只是加法，非线性作用却类似于乘法，可以引发“蝴蝶效应”。国家系统的微小演化可能对国际格局产生深远影响，国际大系统的随机涨落也可能对国家系统的演化方向起到关键作用。正因为非线性作用可以产生巨大的前景不确定性，执政者在推动国家统一时需要审时度势，重视政权博弈中的每一个涨落，对系统发展前景过于确定从而听之任之、只讲“定力”而无有效对策是不负责任的盲目乐观。

非线性系统的本性是混沌或潜在的混沌，非线性系统中初始条件的一个微小改变都可能造成系统在往后时刻行为的巨大差异，从而令整个系统的前景变得不可预测。在一个复杂的非线性世界中，坚持一种有限的预测观来灵活运用“策”的变化是引导国家系统向期望状态演化的正确方法。系统演化方向可能是趋向国家统一的更为复杂有序的系统进化，也可能是趋向国家分裂的退化，优劣判断其实是人的价值判断。系统优化是对系统的组织、结构和功能的改进，是以复杂性思维研究系统演化的目的。国家系统优化应该是由不统一的结构演化到统一结构。国家不统一，内部各政权之间的关系是无序的，即使分裂了，如果各政权之间互不承认，系统仍然是无序的不稳定的。系统向复杂稳定有序的多层次国家系统演化是进化的过程。根据系统自组织理论所揭示的系统演化过程，能否形成耗散结构，即远离平衡下动态的稳定化的有序结构，是一个新系统能否诞生和进化的关键。耗散结构的形成条件为：开放、非平衡、涨落和非线性。主张国家统一的政权通过“策”的运用使未统一国家系统满足耗散结构条件，系统就可以通过自组织功能恢复稳定有序的国家统一状态，完成从分裂或分离到统一的非平衡相变。这个变化过程只是国家系统向统一状态演化的一般性规律，正如前面据说，在人类社会这个复杂巨系统面前，不确定性是永远存在的，“策”的运用好坏直接关系到国家系统是否能够向人们希望的目的点演化。

总之，国家是人类社会合作效率的产物，国家统一有助于发挥规模优势。通过系统自组织可以实现多层有序的国家统一结构。国家统一的动力有自愿力量和非自愿力量，前者是引力，后者是推力，相对应的政权资源禀赋，就是政权具备的软实力和硬实力。在国家主权观念占主导地位的现代社会，自愿力量起着古代社会所不具备的重要作用。运用复杂性思维合理调动两种力量是推动国家实现统一的关键。

独特的视角

学术界对国家统一问题的研究著作成果主要集中在：统一问题的历史比较、统一问题的法律比较、统一问题的模式比较三个方面。

在统一问题的“历史比较”研究中，葛剑雄《统一与分裂：中国历史的启示》通过比较中国历史上统一与分裂时期的消极因素和积极因素，认为在统一政权中出现的问题根源不是统一本身，更不是统一带来的和平安宁和经济繁荣，而是政治制度，或者说是用什么制度来实现统一，如何统一，统一到什么程度。①《当代国家统一与分裂问题研究》分别介绍了越南、德国、也门、朝鲜、坦桑尼亚、塞浦路斯、科索沃等国家的分裂与统一问题，分析了当今世界分离主义运动及各国政府应对策略。强调国家统一并不等同于简单的合并，统一最根本的问题是最终建立对民族和国家的认同，在任何情况下都要坚守依靠人民的方针。②《统一之路与分裂之痛：二战后分裂国家统一的启示与统一国家分裂的教训》对第二次世界大战后出现的德国、越南、也门、朝鲜的统一政策和统一过程进行了较详细阐述。其结论是，领土完整是国家统一的基础，民族和谐是国家统一的柱石，文化融合是国家统一的纽带，国际干预对国家统分至关重要，战争是国家统分的助推器。③《分裂国家的统一：理论与实践》通过比较越南、也门、德国、朝鲜的统一与分裂的案例，提出统一是包含多层面内容的系

---

① 葛剑雄：《统一与分裂：中国历史的启示》，商务印书馆，2013 年，第 209 页。

② 陈云林：《当代国家统一与分裂问题研究》，九州出版社，2009 年，第 279—280 页。

③ 李毅臻：《统一之路与分裂之痛：二战后分裂国家统一的启示与统一国家分裂的教训》，中国广播电视出版社，2007 年，第 3—21 页。

统过程，而不仅仅是作为核心内容的权力的统一，权力统一前后必须消除因分裂产生的社会及民众在制度和心理层面的龟裂问题。而且，虽说追求权力是国家的本能，但在民族国家体系已经确立的今天，对统一的追求特别需要讲究合法性。从某种意义上而言，民族的统一应该是现代民族国家体系形成之前或形成过程之中要完成的历史作业。①

在统一问题的"法律比较"研究中，《多体制国家与德、韩、中国际地位》（丘宏达，Robert Downen，1981）在国际法层面比较民主德国、联邦德国与朝鲜、韩国的法律地位，借此对比中国大陆与台湾的国际法地位。《两德统一与两岸统一之国际法比较分析》（范宏云，2006）提出国际法意义上的国际统一可以分为两个层次：维护国家主权与领土完整、在主权和领土完整基础上实现国家治权统一。作者认为，民主德国、联邦德国与中国两岸在国际法上有本质区别，前者是两个主权国家的合并，而后者是在中国主权和领土完整基础上国家治权的统一。德国、朝鲜的分裂得到国际社会的承认，而中国问题则不然。《中共对台政策 1979—2013》（邵宗海，2013）中，作者从台湾人的视角站在台湾当局的立场探讨中国国家统一问题，认为在法律意义上，"中华民国"不管宪政体制或公权力行使，自 1949 年之后仍在持续运作，所以其存在有法理基础。而且，在国际社会也无法完全否定"中华民国"作为主权国家的认定，这可从许多国家同意与"中华民国"签署相互免签证的协议见出端倪。②《海峡两岸关系析论——以和平发展为主题之研究》认为中国国家统一可以经由两岸关系和平发展走向和平统一，和平发展的框架核心内容是政治共识、经济互赖和社会融合，其中"社会融合"是指两岸的民间社会的一体化。③

在统一问题的"模式比较"研究中，《分裂国家互动模式与统一政策之比较研究》（张五岳，1992）对德国、朝鲜、中国三国的统一政策进行了比较，认为影响统一政策的因素有两大方面：其一为外在因素，包括国际政治经济体系结构的变迁、区域对抗整合的改变、美苏列强的介入干预等；其二为内在因素，包括强烈的民族主义情愫、决策者的信念与实际利益 、双方政治、经济和社会结构的差异、国力的对比、对他方地位的认知与互动交流等。《分裂与统一：中

① 韩献栋：《分裂国家的统一：理论与实践》，知识产权出版社，2014 年，第 3—5 页。

② 邵宗海：《中共对台政策 1979—2013》，台北：唐山出版社，2013 年，第 251 页。

③ 李鹏：《海峡两岸关系析论——以和平发展为主题之研究》，鹭江出版社，2009 年，第 303—318 页。

国、韩国、德国、越南经验之比较研究》(赵全胜，1994)认为分裂国家实现国家统一的途径有两种：一是诉诸武力，即一方通过军事方式吞并另一方；二是和平渐进，即双方通过长期的政治、经济、文化交流达成统一。《复合权力结构与国家统一模式——对越南、德国、也门的比较研究》(夏路，2011)提出"复合权力结构"的概念，认为同质性复合权力结构影响分裂国家统一的实现,异质性复合权力结构影响分裂国家统一模式的选择。[①]《国家统一模式研究》具体研究了对两岸实现国家统一有益的借鉴模式：邦联制模式、欧洲统合模式、"国协"模式、联邦制模式、德国模式、一国两制模式，最后认为如果上述和平统一模式都无法采用，武力模式将是解决台湾问题的保留手段。[②]《"一国两制"台湾模式》在国家结构学说和国家统一理论上进行了理论拓展，为构建"一国两制"台湾模式做出努力和贡献，推动了"一国两制"理论的发展，完整地揭示了"一国两制"台湾模式的理论内涵与宪政含义，对解决台湾定位问题提供了一定的理论依据，并为两岸整合与统一提出合理路径。[③]

关于中共对台方略，大陆学者的研究主要集中在：

一是中共对台方略的历史经验总结。学界主流观点认为中国共产党解决台湾问题的基本方针，经历了从毛泽东时期的"一纲四目"，到邓小平时期的"一国两制"，到江泽民时期的"八项主张"，再到胡锦涛时期的"两岸关系和平发展"以及习近平时期的"两岸一家亲理念"，中共历代领导集体都在坚持一个中国原则的前提下与时俱进，不断注入新的思维，形成了今天两岸关系和平发展的有利局面。新中国成立初期，以毛泽东为核心的中共第一代领导集体根据当时的国内外局势特别是美国插手台湾问题、阻挠中国统一的形势，坚持以武力解放台湾作为基本方针。到20世纪50年代中期，根据国际形势的变化，开始把武力解放与和平解放两种方式并提，并争取以和平方式解放台湾。以邓小平为核心的中共第二代领导集体提出以"和平统一、一国两制"方式解决台湾问题，同时强调不能承诺放弃使用武力，是中共第二代中央领导集体在充分考虑到台湾现状和台湾人民切身利益的基础上所做出的重大战略调整。它立足于通过和平方式，在稳定的基础上完成祖国统一，是探索祖国和平统一方式的一次

① 夏路:《复合权力结构与国家统一模式——对越南、德国、也门的比较研究》，中国社会科学出版社，2011年，第2—3页。

② 王英津:《国家统一模式研究》，九州出版社，2008年，第187—291页。

③ 李义虎等:《"一国两制"台湾模式》，九州出版社，2015年，第27—29页。

重大突破。以江泽民为核心的中共第三代领导集体的对台具体政策，是从两岸关系的历史和现状出发，既照顾到台湾社会各个阶层的利益，又提出具有前瞻性的谈判主张，是“和平统一、一国两制”方针在新形势下的重大发展。以胡锦涛为总书记的中共第四代领导集体提出的对台战略新思路，是在继承第二代、第三代领导集体对台方针政策的基础上进一步的理论创新，是维护战略机遇期、全面建设小康社会、推进中华民族历史复兴进程的必然要求和政治保障。以习近平同志为核心的党中央推动的“两岸一家亲”对台政策是新的历史条件下，中国共产党把握国际国内发展趋势与中共自身历史性转变的时代特征，在两岸关系和平发展进行到新阶段所采取的、更强调主动性、方向感和系统观的对台方略。

二是当前中共对台方略发展思路及建议。在当前两岸实现国家统一条件尚不成熟的前提下，中共对台方略应该如何设计，大体有三种思路：1. 自由主义观点主张通过利益诱导加强两岸合作，以自愿方式逐步走向统一。如李义虎[①]提出，在两岸关系发展中进行“增量改革”，并以其作为两岸关系发展的合理方向，作为增加两岸关系良性发展互动和顺利解决台湾问题的现实选择。今后增量改革的重要任务在于：一是继续加强两岸的文化、经贸和社会交流，二是双方的政策互动形成良性的状态，三是“国际增量”的改革不应因各自的行为对抗（尤其是外交行为）而后退到“国际存量”的旧圈子里，四是“和平统一，一国两制”的内容要有创造性的扩大、丰富，五是促使两岸关系进行增量改革的现实舞台是政治性对话和政治性会谈，特别是双方高层领导人的直接会谈。2. 现实主义观点主张通过政权实力不断增强，以压倒性优势主导两岸统一。如王在希[②]认为，解决台湾问题实现统一，归根结底取决于中华民族伟大复兴的进程。祖国大陆改革开放和现代化建设不断取得巨大进步，在国际社会的影响力进一步增强，是实现祖国和平统一的坚实基础和可靠保障，决定了两岸关系的基本格局和发展方向。孙代尧[③]认为包容国家现代化与国家统一两股历史潮流，是在目前两岸处于暂时分离的现实下的最优选择。随着中国现代化的进展和中华民族的振兴，台湾人民对祖国大陆的向心力提升，两岸必将水到渠成地走向政治统一。3. 建构主义观点主张通过双方接触互动，建构共同的价值观和利益

① 李义虎：开辟解决台湾问题的新思路，《太平洋学报》2005 年第 2 期，第 14—21 页。

② 王在希：《台湾问题与中华复兴》，九州出版社，2014 年，第 28 页。

③ 孙代尧：中国共产党对台政策演变论析，《中共党史研究》2006 年第 6 期，第 32—40 页。

链接，推动两岸统一。如杨丹伟[①]认为，现实主义理论与政策设计适于反对“台独”，但在促进两岸关系朝着国家和平统一方向发展方面则失去了着力点。自由主义理论思维的促进经贸交流的对台政策，推动了两岸经贸关系的发展，但仅仅有经济利益的合作，大陆与台湾无法解决两岸民众认同等两岸关系的根本问题。他认为建构主义理论契合了以和平发展为基调的两岸关系的发展趋向，为两岸重新思考两岸的身份和相互关系、加强两岸之间的互动、发展两岸的集体认同提供了重要的理论依据。

境外学者关于中共对台方略的研究主要集中在：

一是中共对台方略的历史总结与评析。境外学者多站在不同立场研究中共对台政策的特点与得失，并从第三者或对立者的角度提出政策主张。如美国学者陈庆（KING C. CHEN）[②]认为中共统战策略每次都是先建立理论，确定目标，制定方针，按计划推动。中共对台统战工作甚具弹性，变化频繁。但建议对台首要任务，是逐渐建立互解、互谅、互忍、互信的心理与态度，由文化、经贸、体育等方面开始造成和好的气氛。主张中共先不要提“一国两制”，不提并不表示放弃，而是要降低双方的敌意，以后视情况发展而定。“美国在台协会”前理事主席卜睿哲（Richard C.Bush）[③]认为，中共对台政策通过个人化的领导制度反映出来，当权者必须为其倡议建立共识，稍有不当，仍易招致竞争者及体制团体（如军方）的攻击，因此中共负责对台政策的人士不愿太离开20多年前的制定的“一国两制”路线，也小心提防台北有任何走向永久分裂的迹象。

二是当前中共对台方略的解读和对策。境外学者不少是以批判的态度审视中共对台政策，并提出正面或负面的结论建议。如台湾学者谢政谕[④]认为中共对台政策应强调文化建设，称目前中共以“原生论的民族感情”和“经济成就”力倡台湾回归和祖国统一效果有限，武力威胁的高压手段更会激起台湾民众反感，1996年和2000年的“大选”就证明了这一点。他认为正确的做法是实施“王道”与“仁政”，在优质中华文化基础上结合当代宪政民主思想，才能创造

---

① 杨丹伟：两岸关系和平发展新思维的理论分析，《台湾研究集刊》2010年第4期总第110期，第8—16页。

② 陈庆：《中共对台政策之研究》，（台）五南图书出版公司，1990年，第191—204页。

③ 卜睿哲：《台湾的未来》，（台）远流出版事业股份有限公司，2010年，第20—32页。

④ 谢政谕：《文化、国家与认同：打造两岸民族新肚脐》，（台）幼狮文化事业股份有限公司，2007年，第167—168页。

更大交集的“民族认同”。台湾绿营学者颜建发[①]认为，中共对台工作的基本策略就是以“和战两手”的精湛手法推动“统战阳谋”，通过政治压迫、经济磁吸、军事威慑、外交打压与社会统战等手段的交互运用，配以舆论战、心理战、法律战。台湾绿营学者罗致政[②]认为中共对台战略的基本前提就是一个中国原则，中共对台战略框架下的具体目标包括：两岸关系国内化、两岸谈判国共化、台湾海峡内海化、台湾“国境”内地化、国际空间内部化、“国家安全”空洞化、两岸市场一中化。

综观上述研究，虽然境内外学者对中共对台方略从不同角度总结出不同时期的特点，并提出了一些很有见地的思路和建议，但存在的不足也较为明显：

第一，研究方法需要创新。早期大陆学者对中共对台方略的研究主要是以马克思主义理论解释政策内涵。学者们对每个历史时期的对台政策，都会在马列主义经典著作中找出论据来支持，同时强调该政策是有中国特色的、符合中国国情的马克思主义本土化政策。马克思主义理论原理是具有持久生命力的逻辑严密的科学理论，但中共对台方略往往是根据新的国内外形势不断调整和更新的政策体系，马克思和列宁的原话无法解释各种新现象和新政策。近期大陆学者对中共对台方略的研究思路也各有长短：现实主义在强调自身实力增长的时候忽略了在具备足够实力以前应该对台采取何种方略；自由主义在强调利益诱导的时候无法提供从利益共同体到政治共同体的途径；建构主义在强调对台互动以谋求国家认同的时候忽略了国家认同与政权认同之间的矛盾性，在建构一个中国框架的过程中阻力重重，举步维艰。这些研究方法上的不足同样也存在于台湾学者与海外学者的研究中。与早期大陆学者的研究类似，台湾学者也常常习惯于用三民主义理论或西方政治学理论教条来检视和批评中共对台方略，其结论往往主观色彩强烈而流于偏颇。海外学者抱着历史主义的态度尽可能客观描述两岸关系发展与中共对台政策，却因缺乏系统观而使分析停留在政策表面。总体上对中共对台方略的研究及对策建议普遍存在“头痛医头脚痛医脚、只见树木不见森林”的缺陷，需要以系统观统领和把握全局。

第二，量化分析应用较少。在当前境内外的相关研究文献中，普遍对中共

---

① 颜建发：《中国对绿营的策略分析》，《台湾两岸关系与中国国际战略》，吴钊燮主编，“新台湾国策智库”有限公司，2011 年，第 137—172 页。

② 罗致政：《中国对台政策与台湾主权危机》，吴钊燮主编《台湾两岸关系与中国国际战略》，“新台湾国策智库”有限公司，2011 年，第 29—50 页。

对台方略的实施背景与效果较少进行量化分析，把握事物发展规律及政策成效的准确性自然会打折扣。社会经济现象中人的主观能动因素较复杂，加之人们往往会以历史为鉴从而改变现实条件，使得社会科学比自然科学更难建立理论模型和计量分析。但如果能够抓住影响中共对台方略的最主要变量，省略掉不重要的变量，建立模型并进行计量分析也是可行的。对相关问题的计量分析可以更精确地理解推动国家统一的条件和时机，从而制定更可行的对台方略。

第三，相关建议不够具体。现有研究文献中提出的调整中共对台方略、推进两岸关系和平发展新局面的各项举措不胜枚举，但多数学者的研究结论和对策建议比较空泛，不够具体，针对性与操作性还不够强。例如常常有结论认为两岸统一归根结底要等大陆现代化的实现与综合实力的极大增强才能实现，但在这些条件满足之前应该做些什么？有的研究提出要在政治、经济、社会、文化等各方面同步推动两岸关系向前发展，但每个领域的具体政策措施与目标是什么？推动条件是什么？相互关系是什么？一些看似具体的政策目标尚无可行步骤，如提出两岸应建立共同发展与亚太区域经济合作相衔接的可行途径，但建立的原则、方式、阶段是什么？当前研究的很多对策建议都没有具体实施方案。

第四，整体方略缺乏综合。当前相关研究中不少是在某一领域提出独到见解的政策措施，但中共对台方略涉及方方面面，在实际应用中不同子系统之间会相互作用、相互影响，单一领域的好的政策却可能在实际应用过程中作用相互矛盾、效果相互抵消。经济学是从理性人假设出发，研究个人选择或者扩展到公共选择，提出引导方案；社会学是研究不同社会群体之间如何选择，提出相关措施；政治学更多是研究国家与国家之间的关系，政权决策者如何选择，提出各种方案。各种学科领域研究的侧重点不同，需要整合各子系统的政策功能，调动各方面因素向国家统一方向自发运行，减少内部损耗，这恰恰是中共对台方略现有研究的不足之处。

本书研究的特色和创新主要有以下方面：

第一，首次运用复杂性思维研究中共对台方略。复杂性思维是历史唯物主义和辩证唯物主义的理论发展。唯物史观揭示的正是人类社会发展的系统规律，而复杂性科学则是当前研究自然界和人类活动及思维的最前沿的科学成果，是唯物史观的最新发展。复杂性科学也是建立在唯物辩证法基础上的辩证系统观。钱学森曾说：“局部与全部的辩证统一，事物内部矛盾的发展与演变等，本来是辩证唯物主义的常理，而这就是系统概念的精髓。”[①]

古代思维方式多凭直觉认识事物变化，近代思维方式重视分解研究事物的局部细节，前者不能精确，后者忽略全局。复杂性思维则兼顾了整体与局部，可以洞悉人类社会复杂多变的现实，更能适应现代科学技术发展的需要，对国家统一等社会现象有着更强大的解释力。自 1973 年冯·贝塔朗菲出版《一般系统论：基础、发展和应用》以来，系统论经历了从经典系统论到现代系统论的发展，现代系统论的主要特点在于：一是认为系统方法可以用于研究人类社会和人类思维；二是将整体与部分的关系问题作为系统化的核心问题；三是与相关学科共同发展；四是以现代数学为主要工具；五是认为系统的发展变化是要素、层次、结构、功能及环境共同作用的结果；六是研究对象空前复杂化下的产物。[②] 也因此，现代系统论（modern system theory）也被称作复杂系统论（complex system theory）。

本书运用复杂性思维将国家统一问题看作系统演化过程，创造性地提出人类社会复杂巨系统的三个层次：大系统—国际环境，系统—国家和地区，子系统—未统一国家的局部领域，认为按照系统演化规律采取内部逻辑自洽的组合政策，可以推动系统自动向国家统一方向演化。

第二，首次从政权角度、运用计量方法评估当前两岸形势及需要采取的对台方略。本书提出国家统一的根本是政权认，政权认同不同于民族认同和国家认同。政权认同的建立，归根到底是要增强政权的软硬实力，使政权保护人民福祉的能力和意愿不断扩大，这也是保护国家利益的体现，与维护国家统一的宗旨是完全一致的。政权实力的构成，包括政治影响力、经济推动力、社会控制力、文化凝聚力、军事动员力和政府意志力，这些要素可以通过指标的制定和选取进行量化比较。

第三，本书运用同一个分析范式，创新性地选取了古今中外 22 个国家统一与分裂的案例进行比较分析。这些案例涵盖 12 个与中国有关的历史案例和 10 个与中国无关的统独案例，前者包括：江北政权试图统一江南的 6 个案例，中央统一新疆、青藏和台湾的 3 个案例，蒙古、越南与朝鲜与中国分离的 3 个案例；后者包括：战后德国、越南、也门、朝鲜半岛、坦桑尼亚、英国、印巴、加拿大、埃塞俄比亚、俄罗斯等 10 个案例。其中克里米亚与苏格兰通过公民投

---

① 钱学森:《论系统工程》，湖南科技出版社，1988 年，第 174 页。

② 常绍舜：从经典系统论到现代系统论，《系统科学学报》第 19 卷第 3 期，2011 年 8 月。

票决定国家归属的案例均发生在2014年，是最新鲜的时代素材和分析案例。

第四，从国际格局变动的视角，以更大时间跨度和更大空间纵深重新审视中共对台方略。人类社会的文明进化，是从无序到有序的演化。自原始社会，人类为获取更多的自然资源更好地生存，会不断聚集扩大集体生活规模，虽然处理人与自然关系的能力大大增加，但如何处理人与人的关系也面临越来越大的挑战，人类需要通过某种组织方式来有效协调人与人的关系，使人类社会由无序状态向有序状态演化，从而降低合作成本，增加合作效能。人类社会本质上是一个非线性世界，矛盾双方在竞争与合作中互相联系和影响，推动系统的演化发展，本书正是从这一宏观角度把握和分析对台问题。

第五，将中国共产党的最高目标与对台方略具体措施有机结合。中国共产党是中国人民和中华民族的先锋队，代表中国最广大人民的根本利益，最高理想和最终目标是实现共产主义。世界必将融合，天下必将大同。中华文明在世界文明的历史上以其长期性、完整性、稳定性、开放性、包容性等特点而与众不同。中国共产党有理由在这一过程中肩负历史使命，承担更大责任。当然，人类发展的历史具有阶段性。当前中国首先要完成的历史任务，是实现国家统一与民族复兴。只有在自身的政治、经济、社会、文化、军事等方面取得举世瞩目的辉煌成就，才能成为引领世界文明走向天下和谐有序的楷模与典范。

第六，始终坚持理论研究与政策研究相结合，全面规划未来10年的系统性对台政策框架。本书的核心目标不仅在于建立复杂性思维下的国家统一理论，更重要的是在准确把握当前面临的综合形势基础上对未来施政提出具有可操作性的政策建议。

本书具体的研究方法采用以下几种：

一是文献分析与深度访谈相结合。本书是以复杂性思维方法研究中国共产党对台方略问题，首先需要对相关理论和政策发展及最新情况有清晰全面的把握，因此主要还是以梳理消化吸收国内外的各种文献为研究基础，同时针对现代系统论最新进展及其在社会科学领域的运用情况等具体问题向特定领域专家学者深度访谈，探索研究对象的最深刻的运行规律，寻求最具建设性的对策建议。

二是学术研讨与田野调查相结合。本书是跨学科、跨领域的综合性研究课题，需要通过学术研讨获取信息，集思广益。通过举办研讨会方式邀请包括理论研究部门与实际工作部门的外部专家座谈咨询。此外，针对研究对象的具体问题，如岛内民意对两岸政治现状、两岸经济一体化、两岸社会共同体等政策议题的看法，采用“焦点群体访谈”研究方法进行。

三是实证方法与规范方法相结合。本书对中共对台方略的评析和建议都需要建立在对历史和当前形势的准确评估基础上，因此以实证方法研究两岸政治、经济、社会、文化、军事、外交等方面的最新状况是得出结论的前提基础。在回答了“是什么”的问题后，本书将以规范方法进一步回答“怎么办”的问题，根据复杂性思维把握事物运行演化规律，对未来中共对台方略提出系统性建议。

四是分析方法与综合方法相结合。将研究对象分解成若干局部事物进行解析的分析方法是科学研究中的常用方法，但本书研究的中共对台方略涉及范围极广，政治、经济、社会、文化、军事、外交等方面各要素间的联系密切而复杂，需要我们不仅对各个子系统分解研究，还要从全局视角将要素看作一个整体进行综合研究。事实上，“系统”这一复杂研究对象本身就是“由相互作用和相互依赖的若干组成部分结合的具有特定功能的有机整体”。①

五是定性方法与定量方法相结合。本书研究重点着眼于事物发展的长期性规律，着重剖析台湾问题及两岸政策质的变化，针对中国共产党对台政策大政方针提出对策建议，因此必然需要定性分析方法，把握问题的核心属性。但在定性分析的过程中，需要对一些具体问题进行量化分析，诸如两岸经济实力对比、经济依赖程度变化、两岸政党的软硬实力比较等，必须采用计量手段才能准确把握当前实际情况与所处的历史发展阶段，在此定量分析的基础上才能提出扎实的有可靠依据的工作建议。

六是归纳方法与演绎方法相结合。本书研究既立足于历史，又着眼于未来。对中共对台方略的发展历史、两岸关系的发展过程，以及二者的相互影响，需要用归纳的研究方法进行分析，在大量历史事件和数据中寻找和发现规律性的认识。在此基础上，运用复杂性科学思维对相关问题进行演绎推理，预测事物发展的未来方向和新的特征，在此过程中特别要避免僵化的线性思维。

七是比较方法与辩证方法相结合。本书创新性地在中共对台方略研究中广泛运用比较方法，选取了古今中外22个国家统一与分裂的案例进行比较分析，既是对相关规律的归纳总结，也是对相关理论的检测验证。国家统一问题既然有其自身运行规律，就必然有一些古今中外国家统一或分裂案例中共同性的东

① 钱学森：《论系统工程》，湖南科技出版社，1988年，第10页。

西，在比较研究的过程中，共性与特性均将呈现。同时，在运用这些规律分析当前及未来台海形势及对台政策时，要以辩证的方法研究问题。经济学家赫克曼说：“问题的产生在于现在和过去不一样，而问题的解决在于现在和过去的相似性。”①

八是理论研究与政策研究相结合。本书的核心目标不仅在于归纳总结中共对台方略的政策效果及相关规律，更重要的是在准确把握当前面临的综合形势基础上对未来施政提出具有可操作性的政策建议。理论研究大多是事后行为，是根据过去政策及其产生的影响分析事物间的联系规律；政策研究大多是事前行为，是为实现某种预期目标制定某些政策以影响和控制事物的发展。本书既要对已有的历史现象进行归纳性的理论研究，也要对未来系统演化施加影响，进行前瞻性的政策研究。

本书的结构分为七章。第一章从理论的角度介绍复杂性科学的基本概念与术语，阐述复杂性思维视角下的国家演化过程和动因，提出“势”“力”“策”分析框架（3S 模型）。第二章选取 10 个当代世界国家分裂与统一的案例来验证 3S 模型对于理论解释当代现实的有效性。第三章选取 12 个中国古代国家分裂与统一的案例运用 3S 模型对中国历史进行案例分析。第四章以 3S 模型的分析框架解析当前台湾问题面临的国际形势、两岸关系与岛内民意的形势与难点。第五章通过梳理中国共产党六个重要历史时期的对台政策，以及当前两岸学界对中共对台政策的研究，提出 3S 模型下的对台工作政策建议。第六章运用计量经济学检验和预估 3S 模型下的两岸关系与大陆对台政策效果。第七章总结主要观点。

① 林毅夫：《本体与常无—经济学方法论对话》，北京大学出版社，2012 年，第 16—17 页。

第一章　复杂性思维与国家演化

复杂性科学的最新研究使人们对系统论的认识由构成整体论发展到进化整体论，对系统演化的动力、条件、方式、机制等问题有了更深入的了解，也使国家统一问题的研究得以从系统演化的角度把握其哲学层次的客观发展规律，对政策制定与科学决策有重要的现实意义和参考价值。本研究从复杂性科学的理论框架入手，将复杂性思维运用于国家系统的演化研究中，再将国家演化规律应用在具体的国家和地区的统一进程分析，为解决台湾问题提供新思路。

第一节　复杂性思维

复杂性研究最早可追溯到20世纪40年代贝塔朗菲的系统论开创性研究，随后以耗散结构理论的诞生为先导，协同学、超循环理论、突变论、混沌学和分形学等一系列复杂性科学的兴起及其蓬勃发展，极大地改变了世界科学图景以及当代科学家的思想方法和思维方式，使人们看到了一个更加丰富的世界。中国最早明确提出探索复杂性方法论的是著名科学家钱学森，他在20世纪80年代，复杂性研究刚刚兴起的时候，就敏锐地提出要探索复杂性科学的方法论。后来成思危在《复杂性科学与管理》一文中提出：研究复杂系统的基本方法应当是在唯物辩证法指导下的系统科学方法，包括四个方面的结合，即定性判断与定量计算、微观分析与宏观分析、还原论与整体论、科学推理与哲学思辨相结合。目前的复杂性研究几乎遍及所有学科领域，而非个别部门的特有现象，相关文献迅速增长。复杂性研究已经是一个十分广阔的战线，对很多复杂性问题的研究直到不能替代的作用，并日益得到科学主流的承认。复杂性科学的发展在哲学和方法论方面引起了深刻的变革，为人们提供了认识复杂世界的一种新的思维范式，也为国家统一等社会科学研究课题的推进提供了新的视角和思路。

一、系统性

复杂性科学以复杂性系统为研究对象，是系统科学的延伸和新阶段。系统科学不是一门具体学科，而是一个学科互涉的学科群，也是一个方法论的集合。其发展大体分三个阶段：一是系统理论阶段，兴起于20世纪40年代，包括系统论、信息论和控制论（俗称“老三论”，SCI论）。该阶段的系统科学研究了系统的结构与功能，揭示了既存系统如何通过信息反馈来控制系统，维持系统整体稳定，确定了“整体性”的研究方向和方法论。二是自组织理论阶段，确立于70年代，包括耗散结构论、协同论、突变论（俗称“新三论”，DSC论），以及超循环论。该阶段通过对系统结构如何组织起来的研究，揭示了性质迥异的各种系统在诞生过程中所遵循的共同规律，第一次在生命与非生命之间、物理学与生物学之间、科学与人文之间架设了沟通的桥梁，形成进化式的整体论。三是非线性科学阶段，发展于90年代，包括分形、混沌、孤立子、复杂网络理论等。该阶段系统科学开始探讨整体生成的逻辑起点与生成尺度问题，即组织起来的整体是如何生成演化的。[①]

系统科学的理论大体沿着“构成整体论”——“进化整体论”——“生成整体论”的路径演化。构成整体论是偏向静态意义的整体论，与机械构成论思想尚未严格区分；进化整体论在时间因素的参与下，重点研究系统内部自组织的过程与机制、系统形态的整体重建；生成整体论既关注系统的空间结构，更关注时间的连续性与系统的动态演化性，沟通了有机界与无机界，自然与人。三者的差异在于：构成整体论认为整体是由部分构成的，主张从整体出发认识部分，强调整体的涌现性，主要回答系统整体由哪些部分构成、怎样构成的；进化整体论认为进化就是选择和创造，其主要内容是探究新整体诞生的条件、如何形成平衡有序结构，研究如何整体进化；生成整体论从形态和动力的角度寻找部分过渡的整体的方法，研究在未分化的生成元的整体信息作用下，系统内部通过信息反馈、复制与转换生长而涌现出部分的不同表现，探究生成的过程、机制、规律。而系统科学整体性思想的核心正是涌现，研究涌现的实质是研究新质产生和显现的路径和机制。[②]

---

① 分形被认为是系统整体生长的形态学，并揭示了复杂性系统信息的储存方法；混沌是系统生长的动力学，揭示了大自然的信息在生成与生长过程中创生的秘密；孤立波是关于特殊性非线性孤立波的传播学，揭示了一种独特的信息传播现象与方法。

② 刘敏：《生成的逻辑——系统科学“整体论”思想研究》，中国社会科学出版社，2013年，第5、8、107、122、127页。

系统科学思维与经典科学思维在理论体系、研究对象、研究方法及哲学意义等方面均截然不同。经典科学是关于“存在”的机械自然观，描绘的是静态的、简单的、可逆的、确定性的、去主体化的、永恒不变的世界；而系统科学则是关于“演化”的过程世界观，描述的是动态的、复杂的、不可逆的、随机的、包括观察者在内的、充满变化的自然图景。从研究对象看，经典科学关注重点是实体的存在；系统科学关注重点是关系的演化，认为没有实体的中心，只有信息的中心，信息遍布系统的全体（信息遍载）。从方法论看，经典科学是构成论，认为整体由线性的、可加和的部分组成；系统科学是生成论，认为整体的任何一个部分都不能孤立于整体而被研究，整体由具有非线性相干性的部分组成，这些部分组成的是一个开放的、多层次的充满关系耦合的复杂网络。从哲学角度看，经典科学核心是还原论，认为整体可分，解构为原子组成的部分；系统科学核心是整体涌现论，认为整体不可分，虽然存在生成元，但却是整体生成整体。总之，与经典科学相比，系统科学的自然观和方法论由还原论转向整体论，原子论转向信息论，构成论转向生成论。

两种思维模式体现两种科学范式的差异：

表 1–1　经典科学范式与系统科学范式比较

类别	经典科学范式	系统科学范式
主客体关系原则	客体性原则： 对象和主体绝对分离，不同的观察者或实验者进行的验证足以表明客观性，在科学认识中尽量消除任何有关主体的问题。	主客体统一原则： 主体与对象相关联，观察者或实验的机器设备与实验结果直接关联，科学研究有必要引入人类主体。
	对象环境相分离原则： 通常将研究对象设为在单纯介质中运动的状态，脱离其真实环境。	对象环境一体化原则： 认识任何物理或生物等组织都要求认识与其本身相互作用的环境。
客体原则	普遍性原则： 局部性和特殊性是规范下的意外，应视为偶然因素被排除。	统一性与多样性共存原则： 肯定普遍性原则的前提下，局部性、特殊性不可分离。
	决定论原则： 坚持严格的因果决定论，随机性只是表面现象。	非决定论原则： 充分尊重随机性及随机事件带来的后果，执行概率决定论。

续表

类别	经典科学范式	系统科学范式
客体原则	线性因果原则： 部分之和以叠加原理构成整体，线性系统的时空特征呈现连续、可微的平滑运动，因果之间不存在要素相干效应的影响。	非线性因果原则： 包含相互关联的因果性、相互反馈、滞后、干扰、协同、偏转、重新定向，以及自组织现象中的内外因果性原则。
	时间可逆性原则： 时空可逆，事件没有“历史性”	时间不可逆原则： 历史和时间参与到对系统的解释中
	构成性原则： 把对事物的认识划归为对其固有的结构有序性的认识	生成性原则： 重视事物有序性背后的过程性、主张正视事物自组织机制问题
逻辑方法原则	还原性原则： 把对系统或整体的认识还原为对其基本组成部分和单元的认识	涌现性原则： 否定将整体割裂为各个部分去认识，注重对整体涌现出的性质的认识
	形式化和数量化原则： 通过量化和形式化消除具体的存在物和存在活动	有限形式化和有限数量化原则： 强调需要探索非形式化和非数量化等新的科学原则
	单值逻辑原则： 形式逻辑作为理论的内在真理标准是绝对可靠的，任何矛盾的出现都必然意味着错误	多值逻辑原则： 形式逻辑有限度，应以两重性逻辑方式通过宏大概念思考，以互补的方式把可能是对立的概念连接起来

资料来源：刘敏《生成的逻辑——系统科学“整体论”思想研究》，中国社会科学出版社，2013 年，第 136—137 页。

自 1973 年冯·贝塔朗菲（Ludwig Von Bertalanffy）出版《一般系统论：基础、发展和应用》以来，系统科学发展的领域不断拓展。在中国，钱学森在总结已有系统研究成果的基础上，于 20 世纪 70 年代末首先提出了系统科学和系统科学部门内的层次结构：一是直接用于改造客观世界而处在工程技术层次上的系统工程，如工程系统工程、经济系统工程、社会系统工程等；二是直接为系统工程提供理论基础而处于技术科学层次上的控制论，如工程控制论、生物控制论、经济控制论、社会控制论等；三是揭示系统普遍性质和一般规律而处在基础科学层次上的系统学，或称系统论（系统观），属于哲学范畴。系统科学思维给思考和研究问题提供了几个新的方法与特点：

一是将研究对象聚焦在关系和过程，而不是实体与结构。随着科学研究的不断深入，人们发现粒子可以无限细分，最终找不到构成实体的最基本粒子，与其说世界由原子或更微观的粒子组成，不如说世界是一个由信息连接的关系网络。“这里存在着活动，但却没有活动者；这里有舞蹈，但却没有舞蹈者。”[①]在系统科学思维中，经典科学范式中的基本结构实质是一种基本过程的表现。许多基本粒子，如亚原子粒子，并不是由实质的物料组成的，而仅仅是一种能量的构象。[②]这些粒子本质上是动态的、过程性的，因此我们看到的不断变换的动态图像，既不是任何物质，也不是任何基本结构，而是能量的不断变化。

二是研究规律时确定性和随机性并重。经典科学范式以简化模型人为排除了偶然性，发展成为强调必然性的决定论。决定论的核心思想是只要初始状态确定，则未来状态可以根据因果法则准确预测。然而系统科学告诉我们，所有的科学理论都是有限的和近似的，科学永远不能提供绝对完备而确定的认识。道可道，非常道。系统科学主张和重视对概率的研究，对于很多系统，尤其是复杂系统的演化预测，本身就是不确定的，只能用概率表述。“我们发现我们自己处在一个可逆性和决定论只适用于有限的简单情况，而不可逆性和随机性却占统治地位的世界之中。”[③]科学研究中，我们对不同现象用不同规律表达：确定性现象用动力学规律表达，随机性现象用统计学规律表达，混沌现象用非线性规律表达。[④]

三是确定研究目标时要理解有序性与无序性的辩证关系。自然法则既包括有序性，也包括无序性。有序性表现为稳定性、规律性、重复性、和谐性，无序性表现为变易性、无规律性、随机性、混乱性。没有有序性将无法生成任何组织，没有无序性世界将不存在变化创造。系统具有变无序为有序的自组织能力，但无序是不可能被彻底消灭的，无序充满宇宙。无序一方面破坏着组织的有序性，另一方面又催生着新的有序。

四是明确研究过程中认识主体的不可分割。经典科学一贯采取认识主体与认识对象绝对分离的原则，关于观察者或实验者的一切自身的、主观的因素都

① [美]F. 卡普拉：《转折点：科学、社会、兴起中的新文化》，中国人民大学出版社，1989年，第66页。

② [美]F. 卡普拉：《物理学之道：近代物理学与东方神秘主义》，北京出版社，1999年，第316页。

③ [比]普里戈金、斯唐热：《从混沌到有序》，曾庆宏、沈小峰译，上海译文出版社，1987年，第40页。

④ 林夏水：《非线性科学与决定论自然观变革》，社会科学文献出版社，2013年，第162页。

被排除在外。系统科学则认为，对研究对象全面的认识从来不能靠独立的“客观观察”来获得，它总是包含着人们或多或少的主观的身心投入。科学实验的主体在科学发展的不同阶段扮演着不同的角色。经典科学中实验主体是局外人，狭义相对论中实验主体是观察者，量子力学中实验主体是参与者，系统科学中实验主体则是整体的组成部分，因为无论是认识主体还是认识对象都只是构成整体的组成部分，是相互关联的动态关系，它们共同组成相对稳定的图像。

系统是不断演化的有机整体。一般系统论的创始人贝塔朗菲认为：“系统是相互联系相互作用的诸元素的综合体”。[①] 钱学森的定义是：系统是由相互作用相互依赖的若干组成部分结合而成的、具有特定功能的有机整体，而且这个有机整体又是它从属的更大系统的组成部分。演化意味着系统在运动、发展和变化，存在表示系统的静止、恒常和不变。静止是相对的，只有研究相对静止的世界，才能区分此物与他物的区别。运动是绝对的，天地万物都在不断演化之中。演化的方向可能是越来越复杂有序，称之为进化；也可能是越来越单调无序，是为退化。进化和退化都在发生，系统发展的不同阶段可能有不同的演化方向，进化和退化也相互作用，进化中可能有退化，退化中也可能有进化。

非平衡非线性热力学揭示出系统演化的方向及动力机制，发现系统演化从混沌到有序、再从有序到混沌的发展过程中，非平衡不可逆性是有序之源，涨落具有建设性作用。系统通过涨落达到有序。有序是指系统内部要素之间、系统与系统之间联系的规则性。有序和无序都不是绝对的，且在一定条件可以相互转化。无序向有序的转化可以通过涨落实现。涨落也被称作干扰、噪声，是对系统稳定状态的偏离。任何系统都不可能处于绝对静止的平衡状态，因此涨落普遍存在。传统思维将涨落仅视为不利于系统稳定存在的因素，但涨落其实对系统稳定具有双重性，一定条件下也是系统发展演化的建设性因素。涨落的发生，使一些子系统瞬间具有更大不稳定性，而另一些子系统瞬间具有更大稳定性，系统中出现了差异和不平衡，加上非线性相互作用形成的关联放大效应，诱发系统演化。

开放系统只要达到稳态就必定表现出异因同果性，即从不同的初始状态经过不同的途径可以达到相同的位置。系统的开放与系统的远离平衡是一个问题的两个方面，系统远离平衡离不开系统的充分开放。封闭系统将退化为平衡态，

① [美]冯·贝塔朗菲：《一般系统论：基础、发展和应用》，林康义等译，清华大学出版社，1987年。

也就没有远离平衡可言。即使系统处于近平衡状态时，系统与外界的种种交换也会逐渐减少，开放程度降低，系统内产生的熵大于从环境引入的负熵，导致系统内部自发趋于无序无组织。通过开放，内因与外因相互作用、相互转化，引起系统质量互变。通过系统与环境的交换，内因可以外因提供的可能性，把自己转化为现实性。系统向高层开放，使系统与环境发生竞争与合作的相互作用，向低层开放，使系统内部可能发生多层次的、多水平的协同作用，更好地发挥系统的整体性功能。

系统优化是研究系统演化的目的。系统优化是对系统的组织、结构和功能的改进。系统演化方向既可能是进化，也可能是退化，优劣判断其实是人的价值判断。优劣是相对的，也是可以转化的。因此系统的优化也是相对的。系统优化分为自然优化和人工优化两种，前者是自然系统的自组织优化，也被称为进化，后者则是人对系统的组织、结构和功能的改进。根据人们对自然优化规律的研究，可以将系统优化方法运用到人工优化过程中去，使系统演化从不自觉优化进入自觉优化的阶段。这是人们研究系统演化的核心目的。①

二、复杂性

本质上看，复杂性科学是以复杂性系统为研究对象，以超越还原论为方法论特征，以揭示和解释复杂系统运行规律为主要任务，以提高人们认识世界、探究世界和改造世界的能力为主要目的的一种学科互涉的新兴科学研究形态。从还原论科学的一统天下到开创复杂性研究的演化过程中，决定性的一步是20世纪40年代创立的系统科学和信息科学的学科群。这个学科群包括系统论、控制论、信息论、博弈论、运筹学、计算机科学等，提供了一套新的科学方法、观点和哲学思想。复杂性科学的发展，不仅引发了自然科学界的变革，而且也日益渗透到哲学、人文社会科学领域。其特点包括:（1）只能通过研究方法来界定，其度量标尺和框架是非还原的研究方法论。（2）不是一门具体的学科，而是分散在许多学科中，是学科互涉的。（3）打破传统学科之间互不来往的界限，寻找各学科之间的相互联系、相互合作的统一机制。（4）打破从牛顿力学以来一直统治和主宰世界的线性理论，否认还原论适用于所用学科。（5）创立新的理论框架体系或范式，应用新的思维模式来理解世界。

① 魏宏森、曾国屏:《系统论——系统科学哲学》，清华大学出版社，1995年，第349—353页。

与传统经典科学相比，复杂性科学主要揭示物质进化机制的耗散结构和导致复杂过程的自组织现象，突破了机械论科学的孤立性、片面性、静止性等局限，将被经典科学的简化理性所排除的多样性、无序性、个体性因素引进科学的视野，将矢量时间、熵、不可逆性、偶然性、不稳定性、突现性、非线性等大量新概念运用到科学研究之中。到目前为止，尽管人们关于"复杂性"还没有一个严格、精确的定义，但人们一般认为，整体性、非线性、不可逆性、不确定性、不稳定性是复杂性的重要特征。从这些特征来看，社会的发展问题是典型的复杂性问题。

在近代，尤其是20世纪上半叶，西方哲学的主流思潮是分析性的、还原论（Reductionism）的。这种思维方式认为世界是由可以分割开来的大小不等的实体组成的，这些实体之间由某些作用力来维系，较高等级实体的属性都能从组成较低等级实体的属性和相互作用中得到解释，它们都受某种决定论的支配，沿着单一轨迹进化。这种认知图像遵从的是一种简化还原原则，为了认识的方便，把复杂系统分解还原为简单系统，把复杂对象划分为一个个部件，用分析的方式，略去了对象中的很多因素，对对象只作局部的认识和近似的把握，认为认识局部就可以求得整体的认识。但还原的每一步，实际上都是对整体、对过程、对复杂性的一种抽象和切割。复杂性科学揭示，世界从本质上讲是复杂的、非线性的，线性的相互作用和规则简单的秩序乃是一种特例，而非定则。复杂性科学揭示了线性、还原方法的局限，主张把复杂事物当作复杂事物来处理，考虑客观事物的更多因素，以一种复杂性思维来认识和把握世界。

复杂性科学的系统观是对还原论和整体论的超越，它通过统合两派各自所有的部分真理来寻找一个理解原则：它不应该为了部分而牺牲整体，也不可能为了整体而牺牲部分。重要的是阐明整体与部分之间的关系，他们互相凭借。

从科学和哲学思想史上来看，法国哲学家笛卡尔是还原论思想的奠基者，他提出的指导人们思维活动的著名的"四条原则"完整地表达了还原论的基本内涵。[①] 还原论认为，各种现象都可被还原成一组基本的要素，各基本要素彼此独立，不因外在因素而改变其本质，通过这些基本要素的研究，可推知整体现象的本质。笛卡尔的方法论思想经过牛顿到爱因斯坦历代科学家的补充和发

① "四条原则"：除了清楚明白的观念外，绝不接受其他任何东西；必须将每个问题分解成若干个简单的部分来处理；思想必须从简单到复杂；我们应该时常彻底地检查，确保没有遗漏任何东西。

展，经过四百年科学实践的检验不断完善，形成了还原论在现代科学体系中的支配地位。如果我们从方法论层面上来理解还原论，就会发现近代科学的产生、发展与所取得的成就都离不开还原论的作用，诺贝尔奖获得者所取得的成就大部分是在还原论思想的指导下取得的。由此可见，在科学研究领域内，包括复杂性科学研究领域，都不能否定还原论。与还原论相对应的是整体论。

整体论（Holism）是指用整体的观点来考察有机界的理论。贝塔朗菲总结了生命科学的新成就，在批判机械论和活力论的基础上，系统地提出了有机体论即整体论。实际上，整体论思想应该比还原论思想诞生得还要早，只不过后来随着西方近代科学的兴起，整体论在科学研究中起到的作用逐渐衰微。整体论强调生命系统的组织化、目的性特征，反对机械论把世界图景归结为无机系统微观粒子无序的、盲目的运动，但是整体论却忽略了偶然性、随机性在生命发展中的作用。复杂性科学的兴起，首先举起了反对还原论方法的大旗，因为复杂性科学的研究对象是复杂系统，而复杂系统本身的多样性、相关性、一体性必然是与其自身的整体性紧密联系在一起的。由此可见，复杂性科学与整体论的渊源关系很深。

从整体论的角度看，系统是由若干要素组成的具有一定新功能的有机整体，这种新功能是独立要素不具有的，也不等于各个要素的功能相加。从事物的存在性看，系统的整体性是该系统区别于其他系统的规定性。如果在演化过程中系统的整体性消失了，也就意味着这一系统的消亡或崩溃。例如秦灭六国，诸侯国原有的整体性表现——合法强制功能消失，虽然土地和人民仍在，原有的国家系统消亡了，或者说融入了新的系统之中，具有了新的整体性。系统具有整体性，才有系统的整体突变，否则系统就仅仅具有量变。例如台海两岸只有经济子系统的融合是难以完成重新统一的，需要在政治、文化方面也发生变化，通过要素间的非线性相互作用，才能实现整体突变。复杂性科学把系统整体具有而部分或者部分和所不具有的属性、特征、行为、功能等特性称为涌现性。也就是说，当我们把整体还原为各个部分时，整体所具有的这些属性、特征、行为、功能等便不可能体现在单个的部分上。

结构是系统内部各要素间相对稳定的联系方式和组织秩序。任何系统总是有一定结构，结构不同，系统的质的规定性就不同，系统就有质的区别。系统结构发生改变，系统就会发生质变。功能是系统与外部环境相互作用中表现出来的性质和功效。结构是系统的内在规定性，功能是系统的外在规定性。任何系统均有内部结构，也总有外部功能。系统结构具有相对稳定性，系统功能则灵活易变，不同条件下可能表现出不同功能。一个国家在国际舞台上的功能，既可以是维护和平的稳定者，也可以是穷兵黩武的侵略者。系统功能依赖于系统结构，结构改变功能也改变。系统的结构和功能之间的矛盾不断产生又不断解决，由此推动系统不断发展。功能在受制于结构的同时，为适应环境的不断变化而对结构产生反作用，促使结构具有更佳功能。晚清中国的国防功能较弱，特别是对日本甲午一战北洋水师全军覆没，由此导致公车上书和戊戌变法，这是功能变化对系统结构的影响。当清政府无法依靠自身力量改变国家结构以适应新形势的时候，辛亥革命使系统结构发生突变。当系统结构仍然不能适应环境要求其具备的功能时，中国共产党领导的新民主主义革命又一次推动中国国家系统结构发生突变，建立中华人民共和国。中国在 1949 年前后领土面积和人民数量变化不大，但由于政治、经济、文化系统的结构改变，整体国家系统功能发生改变，抗美援朝战争时期的中国军队战斗力与二战时期乃至晚清时期表现迥异。

当然，复杂性科学超越还原论和整体论，不是否定还原论和整体论。“超越”是西方哲学中经常用到的一个术语，超越不是彻底否定和抛弃原来。钱学森说：“我们所提倡的系统论，既不是整体论，也非还原论，而是整体论与还原论的辩证统一，是更高一层次的东西，即我们的系统论既要包括整体论，也要包括还原论。”具体的策略则是：把非线性当作非线性处理、把远离平衡当作远离平衡来处理、把混沌当作混沌来处理、把分形当作分形来处理。

复杂性科学的发展在哲学和方法论方面引起了深刻的变革，为人们提供了认识复杂世界的一种新的思维范式。首先，对于复杂的非线性系统，复杂性思维范式强调重视复杂系统中的各种要素及其相互关系，以一种整体思维来把握事物性质和规律。一个复杂系统，绝不单单是元素的简单堆积，各个部分之间有机性和相互作用，以及这些有机性对各部分行为和整体行为的影响才是系统构成的关键。我们在考察和分析事物时，要把事物放在一个系统整体中作全面、动态的研究，深入全面地考察事物内部诸因素、事物与其生存环境间的相互作用、事物演变的原因、机制与阶段，探寻整体内各部分科学而有机的组织机制，并最终实现整体大于部分之和的效应。其次，复杂性思维范式强调重视复杂系统中的各种要素及其相互关系，从事物不断变化的过程中，从事物与周围环境要素的关联上来考察和分析。传统思维对事物的考察总是从某一实体性的事物出发的，但事实上，由于演化的单元并不是孤立的实体，而恰恰是由实体与其周围的环境要素所组成的一种组织模式，从而使得我们在很多情况下必须以一种关联思维来进行分析和考察。再次，复杂性思维范式强调非线性的方法论，关注系统的非线性特征。非线性是复杂性的必要条件，是复杂性的数学本质。复杂性的突出特性是涌现性，而涌现性的机制是非线性的，也就是说，正是通过微观元素的非线性才可能出现整个的涌现性。

三、自组织性

复杂性科学发展的第二阶段是自组织理论阶段，包括耗散结构论、协同论、突变论、超循环论。这个阶段的研究特点是：1. 在基础科学层次上探索复杂性，理论视角高。普利高津（耗散结构论）、哈肯（协同论）、艾根（超循环论）、巴克（自组织临界性理论）等人都是理论自然科学家，其复杂性研究都建立在物理学、化学和生物学基础理论之上，追求建立数学模型，注重揭示内在机制；2. 自组织理论是他们共同的学术旗帜，用自组织揭示复杂性的生成机制，强调自组织产生复杂性；3. 重视从哲学高度审视复杂性，提出大量深刻的科学思想。其中，思想最深刻的是普利高津，数学工具应用最充分的是哈肯。[①]

自组织指系统从一种组织状态自发地变成另一种组织状态的运动，这种自发运动是以系统内部矛盾为根据、以系统环境为条件的系统内部及系统与环境的交叉作用的结果。钱学森认为“系统自己走向有序结构就可以称为系统自组织”[②]。组织是指系统内的有序结构或这种有序结构的形成过程。德国理论物理学家哈肯首先阐明其创立的协同学是一种自组织理论，他依据组织的进化形式把“组织”分为他组织和自组织两类。自组织是相对于他组织而言的，一般把不能自行组织、自行创生、自行演化，不能够自主地从无序走向有序的组织称为他组织。他组织只能依靠外界的特定指令来推动组织向有序演化，从而被动地从无序走向有序。相反，自组织是指无须外界特定指令就能自行组织、自行创生、自行演化，能够自主地从无序走向有序，形成有结构的系统。社会发展运动也是一个自组织的演化发展过程。但任何系统的自组织总是在与其他系统的相互作用中实现的，也总是在不同程度上受到作为其环境的其他系统的制约。只有开放系统才有自组织。国家系统由分裂走向统一是社会自组织的运动过程，

① 苗东升：《复杂性科学研究》，中国书籍出版社，2013 年，第 31 页。

② 钱学森等：《论系统工程》，湖南科学技术出版社，1982 年，第 242 页。

但绝不是该社会系统可以孤立完成的运动，要考虑国际因素。

自组织理论揭示了系统的演化过程。系统自组织演化的前提条件是充分开放，初始诱因是涨落（耗散结构论）。其过程是：涨落使个别子系统偏离原来状态，其超越常规的新发现得到其他子系统的响应后，在整个系统内放大涨落，系统进入新的更有序状态。系统从无序到有序的自组织演化动力和机制，是子系统之间的非线性相互作用，竞争与协同（协同学）。线性作用下，系统内各子系统间缺乏关联，无法产生竞争合作；但在非线性作用下，各子系统间的相互作用密不可分，你中有我，我中有你，表现出强烈的整体行为，个别涨落才能引起系统的整体自组织。自组织演化发展采取循环发展的组织形式，从低级循环到高级循环（超循环论）。相变和分叉体现了系统自组织演化方式的多样性（突变论），混沌和分形揭示了自组织演化从简单到复杂（混沌和分形理论）。

自组织理论以生命系统、社会系统等复杂自组织系统为研究对象，探究自组织系统形成和发展机制问题，即在一定条件下，系统是如何自发地由无序走向有序、由低级有序走向高级有序的。组成自组织理论的耗散结构理论、协同学、突变论、超循环理论、分形理论和混沌理论的具体理论研究角度各有不同：耗散结构理论是解决自组织出现的条件环境问题的，协同学基本上是解决自组织的动力学问题的，突变论从数学抽象的角度研究了自组织的途径问题，超循环论解决了自组织的结合形式问题，分形理论和混沌理论则从时序和空间序的角度研究了自组织的复杂性和图景问题。一般认为，系统开放、远离平衡、非线性相互作用、涨落是自组织形成的基本条件。协同学是研究有序结构形成和演化的机制，描述各类非平衡相变的条件和规律。协同学认为，千差万别的系统，尽管其属性不同，但在整个环境中，各个系统间存在着相互影响而又相互合作的关系。突变论是研究客观世界非连续性突然变化现象的一门新兴学科。突变论提出的一个有意思的观点是，高度优化的设计很可能有许多不理想的性质，因为结构上最优，因而可能存在对缺陷的高度敏感性，产生特别难于对付的破坏性，以致发生真正的灾变。

突变论中的突变，一般指的是系统层次上的整体质变，系统通过失稳从一种组织状态变成另一种组织状态。系统通过涨落和突变实现自组织有序的过程大体是：系统的要素发展总是存在不平衡性，当要素差异得到其他要素响应时，系统内的不平衡性增大，当涨落放大到整个系统发生响应时，系统就会发生质变进入新的状态。突变与渐变的区别在于速度。相变过程中，中介态不稳定的相变对应于突变，中介态稳定的相变对应渐变。突变和渐变都可以导致质变。理论上讲，“台湾独立”导致国家分裂的可能性是存在的，以渐变方式完成也是可能的。系统内部与系统环境都是不确定的。非平衡自组织系统对于某些涨落格外敏感，微小的随机涨落往往带来出乎预料的后果。一旦条件具备，既可发生从无序到有序的进化，也可发生从有序到无序的退化，究竟怎样质变，进入何种组织状态，是难以精确预见和把握的。通过突变分叉，发展过程发生了对称性破缺，线性发展被打破，系统有了多种发展方向。分叉使系统演化有多种可能性，既可是系统进化的创造性源泉，也可能是系统退化崩溃的路径。理论上两岸统一既可能如愿实现，也可能成为泡影。

系统发生突变或渐变与系统的稳定性有关。稳定性是系统在非平衡状态下保持自身有序性的稳定的能力。没有开放就没有稳定。一个系统有各种涨落，通常这些涨落在系统的自稳定机制调节下不至于影响系统的总体稳定性，但在一定条件下这些涨落也可以通过系统中的反馈机制放大，以致影响系统原有的总体稳定性，使系统失稳，超过原有稳定阈值，进入新的系统状态。系统的稳定性是在与环境的动态交换中保持的，是一种动态的稳定性。静态系统不一定稳定，“危如累卵”就是不稳定的、随时可能崩溃的系统状态。动态稳定实质就是系统的自组织的稳定。发展变化以稳定存在为基础，稳定存在以发展变化为前提。

自组织理论中的一个重要概念是反馈。反馈是系统的输出和输入之间的相互作用。负反馈是使系统运动发展保持既有方向的反馈，也是使系统保持稳定的因素。例如政府通过对施政成效的检测、评估和分析，采取措施纠正偏差，可以使国家系统稳定运行，向前发展。正反馈促使系统运动偏离已有状态，使系统运动趋于失稳，一旦突破量的规定性发生质变，系统就进入新的稳定状态。负反馈抵消系统中随机偶然的因素，使系统稳定运行；正反馈放大系统中随机偶然的因素，使系统演化创新。正负反馈相辅相成，相互转化，形成了系统整体的、多层次的联系之网，使系统的存在与演化相统一。

四、非线性

20 世纪 90 年代以来，复杂性研究进入非线性科学阶段，包括分形、混沌、孤立子、复杂网络理论等新理论层出不穷。简单性科学推崇线性思维，但自 20 世纪 70 年代以来，非线性思维的说法开始出现，1994 年迈因策尔在其专著《复杂性中的思维：物质、精神和人类的复杂动力学》中提出并论述了“从线性思维到非线性思维”的命题，标志着学界终于意识到科学系统转型演化所导致的思维方式转变。

线性思维的哲学基础是假设现实世界本质上是线性的，非线性只是一种扰动因素，一般情况下都允许忽略不计，按照线性系统识物想事才能抓住本质。非线性思维的哲学基础是假设现实世界本质上是非线性的，线性因素只是可以忽略不计的简单情形，把非线性当作非线性来认识才能抓住事物的本质。线性系统的特征是存在因果开链，非线性系统的特征是存在因果闭链。按照线段式因果关系思考是线性思维，按照环状或网状因果关系思考是非线性思维。俗话说“一个巴掌拍不响”就属于非线性思维，很多国际关系案例的分析都可以看出这两种思维方式的区别。

线性思维是一种直线的、单向的、单维的、缺乏变化的思维方式，非线性思维则是相互连接的，非平面、立体化、无中心、无边缘的网状结构，类似人的大脑神经和血管组织。线性思维如传统的写作和阅读，受稿纸和书本的空间影响，必须以时空和逻辑顺序进行。非线性思维则突破时间和逻辑的线性轨道，随意跳跃生发，是超越时空限制的网状连接路径。线性思维是意识和逻辑的主要形式，非线性思维更多的是在人的潜意识里完成的。数学上线性方法主要用“加减法”，非线性方法是“乘法”，复杂程度加大了。

线性思维方式有助于深入思考，探究到事物的本质。非线性思维方式有助于拓展思路，看到事物的普遍联系。真实的情况中很多因素都是难以预测的，要把现实描述得更好、越来越精确，人类的研究就必须向非线性靠近。线性可以解决问题，但也有很多问题不能解决，还是要用非线性理论，这是一种科学的进步。

系统发展的本质是非线性相互作用，体现为要素间的排斥和吸引、竞争和协同。在自组织系统中，当协同的因素成为竞合双方的主导因素时，系统便处于稳定态，产生出相对稳定的有序组织。竞争因素如果得以放大，通过非线性作用系统就可能会失稳而产生相变。线性系统发生变化时，往往是逐渐进行的；而非线性系统发生变化时，往往有性质上的转化和跳跃。受到外界影响时，线性的系统会逐渐地做出响应，而非线性系统则很复杂，有时对外界信号拒不理睬，而有时又反应激烈。作为一个整体，线性系统连续变化，会随着时间而改变状态，而非线性系统却可以长时间保持自己的稳定。

系统不同层次之间发生非线性作用，推动系统演化。层次性是系统的基本特性。系统的层次区分是相对的，不同层次间相互联系。系统发生自组织时，系统出现了众多要素、多个层次的相干行为，使涨落得以放大，造成整个系统发生相变，进入新的状态。自然系统进化的路线表明，进化就是分化和产生出新的层次系统，并相应有了新的功能。系统的层次性就是系统发展的连续性和阶段性的统一。一条进化链条上，高层次总是由低层次发展起来的，高级循环总是由低级循环发展汇聚而成（超循环论）。

任何一个复杂系统都是不同层次大量子系统组成的，子系统总是存在着自发的无规则的独立运动，同时又受到其他子系统运动的影响。在临界点前，子系统之间的关联弱到不能束缚子系统独立运动的程度，子系统本身无规则的独立运动起主导作用，系统呈现无序状态。随着控制参量的不断变化，当系统靠近临界点时，子系统之间的关联便逐渐增强，同时子系统无规则的独立运动在相对变弱。当控制参量达到阈值时，子系统之间的关联和子系统的独立运动从均势转变到关联起主导地位的作用，因此在系统中便出现了由关联所决定的子系统之间的协同运动，出现了宏观的结构或类型。序参量是系统在演化时出现宏观有序的重要标志。序参量来源于子系统之间的协同合作，同时序参量有起着支配子系统行为的作用。系统究竟形成何种有序结构，就要由这些序参量的协同合作和竞争来决定。在研究系统演化机制的过程中，常遇到两种情况：一种是认为影响系统演化的因素多不胜数，难以确定，无从入手；另一种是虽发现了影响系统演化的因素是能够确定的，但在对这些因素如何影响系统的演化方面认识有错误或不够深刻，非线性相互作用的研究方法为此提供更有效的方式方法。

五、不确定性

复杂性科学揭示，混沌或潜在的混沌是非线性系统的本性，一个系统中微小的不确定性通过反馈耦合而得以放大，在某一分叉点上引起突变，也就是系统对初始条件具有极大的敏感性，即使是一个简单微小的变化也可能产生惊人的复杂性，从而令整个系统的前景变得不可预测。正是由于确定性和不确定性的相互联系和相互转化，才构成了丰富多彩的现实世界。世界的万物变化充满着随机性和偶然性，由此决定了事物变化的不确定性。不确定性是基本的，确定性是它的特例。因此，在一个复杂的非线性世界中，复杂性思维要求我们排除那种对复杂系统演化进行长期预测的妄想，而坚持一种有限的预测观。

系统负反馈与正反馈同时存在，因此系统的目的性与非目的性也同时存在，系统发展的确定性和不确定性也就同时存在。系统未发生质变时进行调控属于不违反系统自组织的调控；若系统已经发生重大质变时进行调控，只能是强制的、以牺牲系统自组织为代价的调控。目的行为的特征表现为：一方面当系统已处于所需要的状态时，就力图保持系统原状态的稳定；另一方面当系统不是处于所需要的状态时，则引导系统由现有状态稳定变到预期状态。系统具有目的性的根本原因在于系统内部及系统与环境之间的复杂的非线性相互作用。对于环境向系统进行的不同输入，系统能够通过自己的反馈调节机制去应付不同的影响，表现出自主性、自稳定、自协调，从而产生相同或基本相同的输出，使系统保持不变的发展方向性。因此也可以说，系统具有目的性是系统内部的复杂反馈机制发挥作用的结果。系统发展变化的目的性总是跟发展的阶段相联系。同时又表现为系统发展的规律性。只讲阶段性，就会过分强调不连续性；只讲规律性，则会将系统发展方向简单化。国家存在的阶段中，国家统一是国家系统的目的性，分裂状态具有向统一状态发展的目的性，总体规律性是人类合作效率的提高，但这与统一政权的效率密切相关，统一政权的制度和效率出现严重问题，统一状态也将不再是国家系统的运行方向，系统演化因此存在不确定性。

半个世纪以来，科学家发现许多自然现象即使可以化为单纯的数学公式，但是其行径却无法加以预测。1963 年美国气象学家洛伦茨（Edward Lorenz）发现简单的热对流现象居然能引起令人无法想象的气象变化，产生所谓的“蝴蝶效应”，于是提出混沌理论（Chaos），解释了决定系统可能产生随机结果。理论的最大的贡献是用简单的模型获得明确的非周期结果，在气象、航空及航天等领域的研究里有重大的作用。60 年代美国数学家 Stephen Smale 发现某些物体的行径经过某种规则性变化之后，随后的发展并无一定的轨迹可循，呈现失序的混沌状态。混沌现象起因于物体不断以某种规则复制前一阶段的运动状态，而产生无法预测的随机效果，所谓“差之毫厘，失之千里”。混沌现象发生于易变动的物体或系统，该物体在行动之初极为单纯，但经过一定规则的连续变动之后，却产生始料所未及的后果，也就是混沌状态。但是此种混沌状态不同于一般杂乱无章的混乱状况，此一混沌现象经过长期及完整分析之后，可以从中理出某种规则出来。混沌现象虽然最先用于解释自然界，但是在人文及社会领域中因为事物之间相互牵引，混沌现象尤为多见。如股票市场的起伏、人生的平坦曲折、教育的复杂过程。混沌理论研究同协同学、耗散结构理论紧密相关。它们在从无序向有序和由有序向无序转化这一研究主题有共同任务，因而混沌理论也是自组织系统理论的一个组成部分。混沌理论与相对论与量子力学同被列为二十世纪的最伟大发现和科学传世之作。量子力学质疑微观世界的物理因果律，而混沌理论则否定了包括宏观世界的决定型因果律，将不确定性引入系统科学研究。

第二节　国家演化

一、国家

系统是"由相互作用相互依赖的若干组成部分结合而成的、具有特定功能的有机整体,而且这个有机整体又是它从属的更大系统的组成部分"。[①]"用于演变的动力学模型也应该是最适于人类社会系统的模式。"[②]人类社会是地球生态系统中的一个层级，国家则是人类社会复杂巨系统下面层级的子系统。国家作为人类社会发展阶段的产物，在历史上有一个从氏族部落到古代国家再到现代国家的系统形成和发展过程，符合复杂系统演化从混沌到有序的演化规律。原始人类为提高获取生存资料的能力形成有组织的群体，并由氏族部落逐渐演化出国家的形式。恩格斯（Friedrich Von Engels）考察了"国家在氏族制度的废墟上兴起的三种主要形式"，提出国家是在阶级冲突中产生的："为了使这些对立面，这些经济利益互相冲突的阶级不致在无谓的斗争中把自己和社会消灭，就需要有一种表面上凌驾于社会之上的力量，这种力量应当缓和冲突，把冲突保持在秩序的范围以内，这种从社会中产生但又自居于社会之上并且日益同社会相异化的力量，就是国家。"[③]国家的建立可以保证人类社会的秩序和文明，避免个体之间的混乱和伤害。从这个意义上说，"国家不仅是阶级统治的工具，而且是管理全社会公共事务的机关……原有的古老的氏族组织面对着日益复杂而尖锐的社会事务已经显得无能为力了，于是一种新的社会管理机构（国家）便

① 《钱学森系统科学思想文选》，中国宇航出版社，2011 年，第 4 页。

② ［比］G. 尼科里斯，I. 普利高津：《探索复杂性》，罗久里、陈奎宁译，四川教育出版社，2010 年，第 268 页。

③ 恩格斯：《家庭、私有制和国家的起源》，《马克思恩格斯选集》第四卷，人民出版社，1995 年，第 1—179 页。

应运而生。”[①]霍布斯（Hobbes Thomas）、洛克（John Locke）等17世纪社会理论家的著作中对国家的起源和意义有过深刻论述。1648年欧洲各国达成《威斯特伐里亚公约》标志着包括主权、领土、人口三要素的现代民族国家，即“以民族主义原则确立其合法性的国家”[②]的开始出现。现代国家体系更强调主权和民族的特点不同于此前分别以封建（feudal）原则和宗主权（suzerainty）原则构成的西方国家体系与东方国家体系。

关于国家本质的认识主要有三种思路。马克思（Karl Heinrich Marx）以“统治阶级”为权力主体的研究思路认为国家反映的是阶级和社会利益，阶级和社会斗争驱动国家权力向力量最强大最先进的阶级和阶层转移。韦伯（Max Weber）以“官僚体系”为权力主体的研究思路认为国家反映的是行使国家权力的官僚体系的利益，官僚体系在自我利益的驱动下会扩张自身权益与加强国家干预。第三种思路以“国家自主性”强调其独立的行政资源、信息渠道和治理国家的专业知识，主张国家并不总是代表主导阶级的直接利益，而是要维持普遍的政治秩序。新多元主义（neopluralism）理论很大程度上沿着这种思路，将研究重点放在由不同阶级、精英和利益群体组成的政权如何自我运作上面，更强调国家和政权的公共服务功能。相较于马克思主义和韦伯主义，新多元主义秉持多元主义价值，更强调组成国家的利益集团的自发性、自由性和自愿性。

马克思认为国家是统治阶级的工具，现代国家则是资本主义发展的产物，“到目前为止的一切社会的历史都是阶级斗争的历史”，“现代的国家政权只不过是管理整个资产阶级共同事务的委员会罢了”[③]。后来的新马克思主义学者在这一认识基础上继续发展，20世纪60年代普兰查斯（Poulantzas）等学者率先提出国家并不总是阶级统治简单而被动的机器，他还与米利班德（Miliband）就国家在资本主义阶级社会中的作用展开辩论。[④]杰索普（Bob Jessop，1982）对新马克思主义阵营持续了十余年的辩论提出综合性结论：国家权力反映了复杂的社会关系和阶级关系，并不总是代表占统治地位的资产阶级；国家在阶级之间的政治斗争过程中建立了自在的制度结构，也拥有了多样的社会基础，从

---

① 黄英贤、吴少荣、郑淳：《国家产生的原因是多样的》，《中国社会科学》，1984年第4期。

② 韩献栋：《分裂国家的统一：理论与实践》，知识产权出版社，2014年，第15页。

③ 马克思、恩格斯：《共产党宣言》，《马克思主义著作选编》，中共中央党校出版社，1994年，第13页。

④ Martin Carnoy, *The State and Political Theory*, vol.11（Princeton University Press Princeton,NJ,1984）,pp.104—107.

而获得了相对自主性，国家是“政治战略的结晶体（crystallization of political strategies）”，即竞争性的团体和利益用以竞取统治或霸权的各种制度机构的汇集。[①]

韦伯开创的“权威（authority）”理论提供了另一种理解国家的思路。他将国家的本质特征定义为“在特定的疆域范围内垄断了暴力的合法使用权”。[②]与马克思注重国家阶级结构分析不同，韦伯强调国家权力形成过程中的“理性行为”，这种理性行为意味着社会行为的可计算性、高效率性和有秩序性，他认为欧洲宗教改革导致理性行为扩展，由此建构的官僚体系最终形成一定范围内某个合法权威的垄断统治，即现代国家。现代国家权力既来自暴力权力，也来自合法权力，即权威，因为国民如果不服从权威，再多的暴力都不能强迫他们服从统治。[③]韦伯将权威的来源分为三种：传统（traditional）、魅力（charismatic）和法理（legal-rational）权威，认为权威的差异是不同历史阶段的政权与时代之间的主要差异。韦伯的理论也是从国家统治者角度出发的思路，但更强调国家工具的合法性来源，只是他没有意识到政治行动主体对各自利益的理解不同，采取的行动也会不同，因而也就没有深入分析国家统治者内部的资源分配和权威形成过程。后来的新韦伯主义学者一定程度弥补了他的不足。蒂利（Tilly，1990）、唐宁（Downing，1992）、波特（Porter，1994）等人将国家权力主体视为自利的统治者，认为现代国家的形成是有严重路径依赖的，最初统治者与控制资本和军事力量的被统治者之间的交易形塑了国家的组织结构。[④]在国家演变过程中，蒂利提出了集体行动的动员模式，包含利益、组织、动员和时机等基本要素，集体行动挑战权威的结果改变国家现状，而集体行动有多种形态，不一定是马克思的革命与韦伯的社会运动。[⑤]

第三种思路认为他们在很大程度上都低估了国家的自主性和国家能力。回归国家学派代表人物斯科克波尔（Theda.Skocpol，1985）从自主性（autonomy）

① Bob.Jessop, *The Capitalist State*：*Marxist Theories and Methods*, Martin Robertson Oxford, 1982.

② Max Weber, *Politics as a Vocation*, in Gerth and Mills, From Max Weber,78.

③ Reinhard Bendix, *Max Weber:An Intellectual Portrait*, Garden City, NewYork:Doubleday&Co., 1962.

④ ［美］理查德.拉克曼（Richard.Lachman）:《国家与权力》，郦菁、张昕译，上海人民出版社，2013年，第28—30页。

⑤ ［美］安东尼·奥罗姆（Anthony M.Orum）:《政治社会学导论》，张华青等译，上海人民出版社，2014年，第50—58页。

和国家能力（capacity）两个方面分析国家与社会关系：一方面，国家被视为官员集体在特定的国家资源与社会关系中高效或低效地去实现明确目标的组织，另一方面，国家被看作更加宏观的结构，这种结构影响着社会中所有群体与阶级的政治目的及其实现方式。国家的自主性来自其独立的行政资源、信息渠道和治理国家的专业知识，因此国家并不总是代表主导阶级的直接利益，而是要维持普遍的政治秩序。新多元主义将研究重点放在由不同阶级、精英和利益群体组成的政权如何自我运作上面，更强调国家和政权的公共服务功能与多元主义价值，认为组成国家的利益集团的互动具有自发性、自由性和自愿性，而并非马克思主义与韦伯主义强调的对抗性、暴力性和强制性。多元论政治理论家林德赛（A.D.Lindsay）对此的解释是社会的共同生活是由各种社会关系维系的，每一种生活都存在一种“不能被国家通过强制机制占据”的“自动、自主和自由的领域”。[①] 国家处于各种团体和利益以及所有社会阶级影响之下，并不偏向特定的利益或团体，也没有与所在社会相分享的自我利益。施瓦茨曼特尔（Schwarzmantel，1994）称国家是“社会之奴仆而非其主人”。[②] 理由是政党竞争和利益团体活动确保了政府对公众舆论保持敏感和积极反应，国家则从属于严格公正的政府官僚体系。

比较以上三种主要思路，无论将国家视为阶级斗争的统治工具、具有权威的官僚体系、还是利益集团的协调平台，均是从系统功能的角度来理解国家的本质和特点，都认为国家具有集中和分配集体权力与利益的功能，差异主要是利益集团间的矛盾关系和博弈方式。归根到底，国家系统的形成在提高了人类社会生产效率与生活质量的同时，也需要解决内部权益的分配秩序问题。这里的“权益”是广义的范畴，不仅包括政治权力和经济利益，还包括宗教信仰、语言文化等方面的支配权，这种支配权也涵括各级子系统各方面的自由发展权。由于国家系统由多种利益集团的子系统构成，必然存在权益分配的分歧与对立，如果在一个国家框架内无法通过和平的或者暴力的手段解决这些分歧，国家将发生分裂。相反，如果权益分配可以在国家内部得到调整，原来统一的国家不会走向分裂，原来分裂的国家却有可能在共同利益和政权强大的吸引力下走向统一。国家系统的演化方向最终趋于统一还是分裂决定于权益弹性。

---

① A.D.Lindsay, *The Modern Democratic State*,London：Oxford University Press,1943, I, p.245.

② ［英］安德鲁·海伍德（Andrew Heywood）:《政治学》，张立鹏译，中国人民大学出版社，2013 年，第 98 页。

二、权益

系统分为三种：与外界完全没有物质能量交换的孤立系统、只有能量交换而无物质交换的封闭系统（在量子力学中封闭系统等同于孤立系统）、与外界同时有能量和物质交换的开放系统。在前两种系统里，系统演化方向趋于无序，但在开放系统中系统演化趋于有序。现实中的系统基本上都是开放的，国家系统总体演化方向是趋于有序统一，过程往往不是直线，而是进化与退化交织。系统退化与进化的机理相同，方向相反，是从有序到无序、从高级到低级、从复杂到简单的倒退下降的方向，国家演化过程中可能统一也可能分裂。

系统演化中的“熵流”[①]概念为国家演化研究提供了很好的视角。熵（entropy）指的是系统的混乱程度，任一系统内部自发产生的熵总是大于或等于零，由于孤立系统与外界没有熵流，必然趋于熵增，无序度增大，一直大到不能再大的程度时，系统内部达到一种完全均匀的平衡状态，不会再发生任何变化，除非外界对系统提供新的能量。当一个系统保持开放性时，即熵流不等于零时，有三种情况：第一种情况是热力学平衡态，熵流大于零，物质、能量和信息的涌入大大增加了系统的总熵，加速了系统向无序平衡的运动；第二种情况是线性平衡态，熵流约等于零，这种系统一般开始时有一些有序结构，但最终无法抵抗系统内自发产生的熵的破坏而趋于平衡态；第三种情况是远离平衡态，即熵流小于零，物质、能量和信息交换给系统带来的是负熵，结果使系统有序性的增加大于无序性的增加，新的有序组织结构就能从中形成，例如生命系统、社会系统、国家系统等。

国家系统内部各方力量总是处于此消彼长的变化之中，从而导致系统整体的演化，在此过程中国家系统内部会自发产生熵，即无序性。因为国家系统由作为子系统的多种利益集团组成，这些子系统由作为孙系统的次利益集团组成，可以如此不断细分，直到个人。从每个层级系统的角度，无论个人还是利益集团，为了存在都有趋利避害的本性，个人到各层级利益集团都在追求自身权益最大化，如果没有任何相互制约，逻辑结果必然是每个人或每个利益集团的权益趋于无穷大，整个社会将处于无序状态。无序指系统中要素的存在或变化有很多种可能性，有序则是系统内部要素之间及系统之间的联系具有规则性，其

① 熵在物理学上指热能除以温度所得的商，在系统学中是一个系统中“无秩序”的程度，熵流即系统与外界交换物质、能量和信息而引起的熵，熵增表示系统有序性降低，熵减表示系统有序性增加。

存在或变化的可能性较少。对人类社会而言，无序意味着不稳定和脆弱，但有利于释放创造力；有序意味着稳定和强大，但创新性约束较大。因此无序和有序各有利弊，没有哪种状态是绝对的好或坏。个人与每个层级的利益集团都需要与外界进行物质、能量与信息的交换，不断追求自由度的本能要求会产生熵增，而现实中任何系统的外部资源都存在有限性，个体与外界不可能无限自由地产生熵流，任何个体与利益集团在获取资源时都要受到其他个体与利益集团的制约，这些外力产生熵减，系统只有在与外界相互作用与交换的条件下才能保持有序和无序的平衡。

现实中人类社会系统没有绝对无序和绝对有序的状态，但在无序和有序之间的宽广区间内，可以根据形势需要出现多种不同程度与不同组合的系统形式，例如战争时期常见集权制而和平时期流行民主制等社会组织方式。国家系统采取的具体组织方式由外部环境和路径依赖所决定，并对国家走向统一还是分裂的演化方向有决定性影响。国家系统内的任何个人或利益集团都有从外部获取权益的需要和扩张本能，这些权益包括政治、经济及意识形态等多个领域的自由支配权、选择权和发展权，但每个系统都只能享有一定规则下的配额，即有限权益。这些规则有利于某些利益集团，而对另一些利益集团不利，受损的利益集团会反对并采取游说请愿、罢工游行、阶级斗争、民族冲突等和平或暴力的多种方式进行抗争。如果这些权益配额可以根据形势需要进行调整和修改，抗争得以在原有国家框架内解决，国家就将呈现统一状态。假如在原有框架内已无法平息矛盾，配额争夺呈现相峙局面，国家趋向分裂。理论上讲，没有任何具体的差异和对立必然导致国家分裂，决定国家统一或分裂的最根本因素不是政治对立、经济差异、语言文化、民族宗教，而是权益弹性。

国家的权益弹性是指国家系统内部要素发生不平衡变化时，权益安排的规则可以化解矛盾与对立的程度，它体现了国家制度的权益包容性和可变性。权益弹性越强，国家越不容易分裂。在一个权益弹性强的国家，当某一利益集团发展壮大后提出宗教信仰、民族待遇、政治权力、经济利益等领域更高的权益要求时，可以通过有效途径得到满足，例如具有与其他利益集团进行公平合理协商的平台与渠道，或该利益集团中的个人可以自由流动到其他利益集团中满足自身的权益需要，不需要通过国家分裂解决激化的矛盾。而在一个权益弹性弱的国家，某一利益集团提出的新的权益要求得不到有效解决或缓解，不同利益集团间的矛盾和冲突将日益加剧，如果居于主导地位的利益集团对其进行暴力镇压，甚至干脆消灭该利益集团，固然暂时不会出现国家分裂，但如果镇压效果不好形成权力对峙的局面，国家就开始走向分裂。

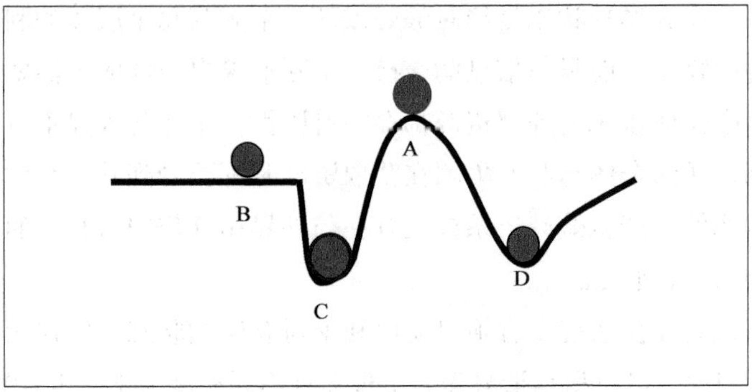

图 1–1　国家的权益弹性

权益弹性是国家系统稳定程度的重要影响因素。权益弹性强意味着系统存在自我调节的负反馈机制，任何偏离会通过国家运行机制将系统拉回原来状态，即系统是稳定的。相反，权益弹性弱则系统稳定性也差。系统在平衡状态（静止或匀速运动）下有三种稳定形态：稳定、随遇稳定和不稳定（如图 1–1）。图中的系统小球在 A 点是不稳定平衡，此时如果合力为 0 则系统处于相对静止状态，一旦偏离平衡位置，因为回复力小于致偏力，小球无法自行回到 A 点；B 点是随遇平衡，偏离平衡位置后由于回复力等于致偏力，小球将继续保持静止或匀速运动状态；C 点和 D 点是稳定平衡，偏离平衡位置后由于回复力大于致偏力，小球向两边移动后会自发返回 C 点或 D 点。

外部环境也会影响权益弹性进而影响系统稳定性。国际势力对国家系统内部事务的介入可能改变该国的权益弹性，强化系统的稳定性。系统的稳定状态表现为平衡被打破后可以迅速恢复原有状态，稳定系统不易发生相变。打破平衡的力量往往是系统内外的合力。国家系统发生相变常常是外部条件改变或内部力量从外部环境获得足够的物质和能量，打破系统原有的平衡状态，促成系统演化。权益弹性本质上是国家系统内部制度力量，但国家系统的外部力量对内部力量有放大或制约作用，从而影响系统的稳定性。国家系统上面层级有国际环境母系统，或称“超系统（super-system）”，下面层级的子系统包括统一国家的各州县或分裂国家的各方政权，以及政治、经济、社会、文化、军事等子系统，互相交叉。各层级系统间相互作用和影响。每一层级的系统内相互作用以系统与环境的相互作用为前提，二者又总是相互转化。国际格局的力量增强国家系统现状的稳定性，国家系统的相变也可能改变国际格局。

国家的权益弹性来源于制度设计，其制定和执行者是政府或政权。个人权益的设定由每个人所处的群体决定，这些群体的权益由上一层级群体决定，决定权不断向上延伸，直到国家层级。当前人类社会发展阶段中拥有最高权益分配权力的系统层级仍然是国家，没有更高权力对国家有强制权。国家通过政府或政权形式使用最高权力减少因争夺权益而引发的不同利益集团间的冲突。政权数量和关系的变化既是国家统一或分裂的标志，也是国家系统发生相变的演化结果。国家系统的相变有多种表现形式，例如国体和政体的改变也会使国家系统演化为不同的相，系统结构功能发生改变可能使一国国民由高度无序的一盘散沙转变为高度有序的铜墙铁壁。统一和分裂之间的转化只是国家系统各种相变中的一种。

三、政权

政权或政府[①]作为国家的神经中枢代表国家行使合法权力，并与所有国民共同组成国家。一个国家的领土和人口通常由一个政权管辖，多种原因影响下，也可能出现由两个或两个以上的平行政权分别管辖的情况，但一个统一国家在国际上只能由一个政权代表。因此可以用政权是否拥有国家内外最高权力并具有唯一性作为判断国家是否统一的重要标准。政权既是由多种利益群体组成的拥有最高合法权力的实体，也是具有自身利益和意识形态的官僚体系。达尔（Dahl，1961）、罗斯（Rose，1967）等人认为不同社会利益集团通过国家机构和政治体系进行讨价还价，完成国家权力资源分配，作为统治者的政权其实是利益群体多元化的组合。[②]斯科克波尔（Theda.Skocpol，1992）提出政权是拥有其自身全部权力与能量的自治的社会公共机构，由各种特殊的组织和参与者构成，国家变迁的目标就应该是建立强而有力和富有成效的国家官僚机构和行政体系。[③]迈克尔·曼（Michael Mann，1988）的理论体系提出社会由“相互重叠交叉的社会权力网络”构成，权力来源有四种：意识形态、经济、政治和军

① 二者在通常语境中没有差别，但严格说来，政府比政权更具有合法性。在统一国家中政权即指中央政府，在未统一国家中，政府通常指国内国际均获得承认的那个政权。

② ［美］戴维·波普诺:《社会学》(第十一版)，李强等译，中国人民大学出版社，2013 年，第 526 页。

③ ［美］安东尼·奥罗姆（Anthony M.Orum）:《政治社会学导论》，张华青等译，上海人民出版社，2014 年，第 58—61 页。

事权力，其中只有政治权力是国家特有的权力，人类历史就是统治者如何通过整合不同权力来源将国家权力制度化的过程。[①] 拉克曼（Richard.Lachman）提出国家首先是一个场域，一个权力斗争和整合的领域，关键因素始终是国家内部精英关系的结构，即到底是只有一种精英统摄局面，还是有两种或多种精英处于联合或斗争的状态，这种结构极大地制约了国家的力量和自主性。在一个未统一国家，所谓的"精英斗争"就是政权企图攫取敌对政权的组织机构为己所用的过程。[②]

政权作为国家内部精英权力斗争的场域，不仅有协调不同利益集团进行权益分配的职能，同时具有自身的权益诉求。政权在将国家权力制度化的过程中，通过阶级斗争、社会运动、集体行动和讨价还价等方式完成社会权益的分配和转移，同时必然追求自身权益的最大化。某政权的内在扩张动力与其他政权或利益集团的反对和制约共同构成该政权的权益边界，该权益边界往往也是国家的边界。在该政权控制下的国家内部，由于不同利益集团的发展呈现不平衡性，无论多么合理的权益分配方案都必然需要根据情况变化而调整，如果该政权拥有使利益集团间权益分配具备足够的可调整弹性的能力，国家也相应具备维持统一的条件。相反，如果权益弹性较小，不能解决或控制权益分配中出现的政治路线差异、民族宗教纷争、经济利益失衡等矛盾和冲突，统一国家就可能发生分裂或分治。

从国家最高权力[③]的角度可将国家分为统一、分裂和分治三种状态。国家的最高权力包括对内的最高权力和对外的独立地位，前者指可以行使和分配颁布法律、司法、任命公职人员、征收捐税、发行货币、组织和调动军队等权力的权力，后者是被国际上绝大多数国家承认、并具有行使对外战争与和平、缔结国际条约等权力的权力。[④] 一个国家如果对内最高权力和对外独立地位都是唯一的，国家是统一状态；如果二者都不唯一，国家是分裂状态；如果对外独立地

① 迈克尔·曼（Michael Mann）:《社会权力的来源》，上海人民出版社，2007 年，第 6—22 页。

② ［美］理查德·拉克曼（Richard.Lachman）:《国家与权力》，郦菁、张昕译，上海人民出版社，2013 年，序言，第 5—6 页。

③ 很多文献将国家最高权力视为"主权（Sovereignty）"或"立法权"，但"主权"内涵与意义在国际学术界有较大争议，因此本书不采用"主权"概念，而用"最高权力"表述可以行使诸多终极权力（包括"立法权"）的权力。换言之，国家最高权力派生出立法、司法、行政等具体的终极权力。

④ 英国学者布尔（Hedley Bull）的"内部主权"与"外部主权"的分类概念与此类似。Hedley Bull, *The Anarchical Society*：*A Study of Order in World Politics,* London：Macmillan, 1977，P.8.

位是唯一的，国际上只承认一个代表该国的政权，但同时对内最高权力不唯一，存在两个或更多互不隶属、各自为政的政权，则国家处于分治状态。统一或分裂状态如果得到各方政权的认可均可以是稳定状态，但分治状态意味着一国内部不同政权间对国家演化方向存在根本分歧，很难有持续的稳定性。

国家在统一、分治和分裂三种状态间转化是系统的相变。政权是相变的序参量。序参量是描述系统有序程度的参量，决定着演化的进程与系统的最终结构，扮演“建序者”的角色。国家由不统一状态向统一状态演化是系统形成宏观有序结构的过程，统一国家一定是只有唯一的一个中央政权。如果国家系统存在两个或两个以上的政权，政权之间必然存在竞争，竞争的结果既可能是统一也可能是分裂，取决于不同序参量的增长率，增长率最高的序参量通常获得优势并决定宏观结构。系统演化的关键是具有支配能力的序参量推动系统从无序向有序演变。序参量通过支配（slave）原理来左右子系统的行为，支配微观层次上的子系统服从集体的命令。序参量一旦占有优势，就会趋向主导地位，迫使其他因素服从其支配。这种情况下，各种因素在系统中的作用不再相等，形成“对称破缺”，系统演化的整个过程被序参量主导。有时系统可能受到几个序参量的控制，在一段时间内，一个序参量占主导地位，支配其他序参量，规定其运动，但不久后这个序参量就失去主导地位，把支配地位让给另一个序参量。在国家系统的演化过程中，社会舆论、主流观念和政权都是序参量，当一种社会舆论兴起，需要一段时间之后才能影响或改变主流观念，继而改造或更迭政权。政权序参量一旦占据支配地位，会运用各种力量影响社会舆论与主流观念，主导国家演化的方向。

政权向心力决定国家系统的稳定性与政权之间的竞争力。政权的制度和政策是否具有权益弹性对向心力强弱有重要影响（外部维权也可通过如何调动内部力量转化为内部权益弹性问题）。权益内涵本身是涉及多领域的内容丰富的各种支配权，因而政权的向心力必然是多方面的各种表现形式的综合性力量。这些能力构造出民众对政权的信任、认同和服从。离心力则相反，如果政权的上述能力有严重缺陷，民众将会对其失去信任，转而支持或生成其他政权。向心力与离心力的对比决定国家系统演化方向趋于统一还是分裂。政权的向心力受历史传承、文化传统、经济社会发展水平等因素制约，具体体现为政治影响力、经济推动力、文化凝聚力、社会控制力、信仰包容力、军事战斗力、外交亲和力与统一意志力的合力。这些合力也可以简化为两类：“硬实力”和“软实力”，即政权在经济、军事、科技和人才等方面可量化可衡量的刚性力量，以及包括价值观、文化、政策和制度等方面的政权可以施加影响但难以量化的柔性力量。[①] 通常政权如果具有较强的软实力则国家系统较具有稳定性，因为软实力可以调动自愿力量促使民众对政权产生信任和认同，在民众与政权具备较高互信的国家系统内，不同利益集团之间的权益分配矛盾有渠道可以通过自愿方式解决；而政权如果运用硬实力通过强迫手段解决纷争，除非同时也具备较强软实力，否则这种系统稳定性是脆弱的，甚至是不稳定的。

不稳定系统一定要向稳定系统的目的点演化。国家内部如果出现了互不隶属且互不承认的两个最高权力中心，国家系统宏观结构必然是不稳定的，此时国家系统会向消除根本政治分歧的稳定结构演化。在两个政权之间的博弈中，消除根本政治分歧有三种途径：一方改变意志；双方改变意志；在均不改变意志的情况下一方消灭另一方。三种途径的演化方式最终由政权的向心力决定，向心力强的一方将获得优势，占据主导地位，迫使另一方改变意志。在主导政权运用软硬实力推动国家系统演化时，外部环境将对不同实力的运用产生重要影响。当国际形势处于和平发展的时代主题时，政权更倾向运用软实力对双方控制下的民众产生影响，改变民意对比；而在时代主题是战争与冲突的国际形势下，作为非自愿力量的军事手段将作为政权使用的优先考虑。民意主要是由历史惯性、时代潮流、舆论引导等因素决定；军力则取决于资源禀赋、发展阶段、组织士气等因素。政权的决策直接决定己方意志是否改变、是否坚定要求对方改变意志，以及即使自己有足够军事能力毁灭对方但是否愿意这样做。政权之间根本政治分歧的消除伴随着国际结构的演变，意味着国家系统进入新的稳定态。即使在这种新的稳定态下，国家系统并非静止不变的，新的政治观点和政治力量仍会不断出现，即系统涨落。很多政治观点和力量并不会演化到足以挑战主流观点和政治力量的程度，但在特定情形下，某些政治观点和力量通过正反馈机制形成自聚集、自生长的自组织结构，就可能迅速壮大，成为可能挑战和打破现状的新的力量，因此不稳定系统向稳定系统的目的点演化所发生的相变也只是系统演化中的一个阶段。

① ［美］约瑟夫·奈：《软实力：权力，从硬实力到软实力》，马娟娟译，中信出版社，2013年，第41页。

四、相变

相变是系统状态发生的改变。相变是有序和无序两种倾向相互竞争的结果。系统发生相变的运行原理是：当外部条件及内部要素改变时，系统状态变得不稳定，在临界点附近，系统通过不断涨落测探有序宏观状态的各种新的可能性，某种新的集体运动形式将越来越强，最终压倒所有其他的集体运动，通过自组织方式出现一种新的宏观有序状态。国家系统演化是一个自组织产生新系统的演化发展过程，其中能否形成耗散结构是一个新系统能否诞生和进化的关键。耗散结构是指远离平衡态下动态的稳定化有序结构，与平衡结构不同，它不是“死”的稳定化有序结构，而是“活”的稳定化有序结构。耗散结构系统在性质上与守恒系统的重大区别就在于有时间发展行为。耗散结构的形成条件可以归纳为：开放是整体进化的前提，非平衡是有序之源，涨落是有序实现途径，非线性导致自组织。如果未统一国家系统满足耗散结构条件，系统可以通过自组织功能恢复稳定有序的国家统一状态，完成从分裂或分治到统一的非平衡相变。

开放系统可以使系统从外界引入足够强的负熵流来抵消系统本身的熵产生而使系统总熵减少或不变，从而使系统进入或维持相对有序的状态。国家系统不可能是孤立系统，现实中或多或少都是开放的，与外界有着物质、能量与信息的交换，因而国家系统进化的前提始终存在。但在国家系统由未统一向统一演化的过程中，外部环境对系统演化未必是正效应，如果国际势力的介入是强化分裂或分治国家的现状稳定性，主张统一的政权就需要借助有利的外部因素快速发展自身力量，克服国际势力的阻挠，压制分裂势力，才能为实现国家统一创造条件。

非平衡条件的满足关键有赖于政权向心力的变化，政权向心力对比决定了国家趋于分裂还是统一，以及由谁来主导完成统一。非平衡态意味着力量分布不均匀，政权之间力量存在差异。远离平衡态就是远离系统的无序状态，只有远离平衡态，才可能使原来的结构状态失稳，达到某个特定的临界点后发生相变。非平衡是形成和维持宏观有序结构的必要不充分条件，只有出现有强大向心力的政权才有条件结束国家混乱状态、主导完成国家统一，但强有力政权的出现并不意味着国家统一的必然实现。国家系统内部要素不平衡发展引发系统失稳是国家系统发生相变的最重要动力，而系统所处的外部环境对系统的非平衡程度有重要影响，有时需要通过系统与外部环境互动改变国际势力的平衡策略、打破系统内部平衡。一国内部的政权之间的竞争离不开与国际势力的关系处理，很多情况下需要排除或转变外部力量的介入才可能进入国家系统的非平衡态。

涨落是系统宏观量对平均值的偏离。在非平衡态，如果系统中存在着正反馈机制，涨落就会被放大，导致系统失稳而被推到临界点上。系统在临界点上的行为有多种可能性和不确定性，涨落在其中起着重要的选择作用。系统演化的规律“常常是一种不可预见的涨落在两个等价的有序状态之间作出了最终选择”①。国家系统任何时候、任何条件下都存在政治事件、经济波动或社会运动等各种涨落，即使整体是稳定的，系统中也可能存在局部的不稳定。最初是个别的、局部的不稳定因素，在一定条件下会放大，走出系统在原先条件下保持自身稳定的条件，系统保持自身稳定的能力遭到破坏，整体失稳，在震荡后进入新的稳定态。非平衡自组织系统对于某些涨落格外敏感，微小的随机涨落往往带来出乎预料的后果，国家统一的发生常常不是按预定计划实现，而是随机涨落引发的突然进化。

非线性是国家系统天然具备的功能。在产生耗散结构的系统中，基元间以及不同的组分和层次间通常都存在错综复杂的非线性作用。线性作用下，系统内各子系统间缺乏关联，无法产生竞争合作；但在非线性作用下，各子系统间的相互作用密不可分，表现出强烈的整体行为，个别涨落才能引起系统的整体自组织。“线性律和非线性律之间的一个明显区别就是叠加性质有效还是无效：在一个线性系统里，两个不同因素的组合作用只是每个因素单独作用的简单叠加。但在非线性系统中，一个微小的因素能导致用它的幅值无法衡量的戏剧性结果。”②系统发展的本质是非线性相互作用，体现为要素间的排斥和吸引、竞争和协同。在临界区域附近，涨落加上非线性相互作用形成的关联放大效应，主宰系统演化的方向和模式。国家系统内部的政治、经济、社会、文化、军事等各领域子系统之间会产生非线性作用，国家系统与母系统及子系统之间也存在非线性作用，国家系统发生统一相变不一定是政治因素直接导致的结果，很多时候是通过经济、社会等领域的涨落对政治领域产生非线性作用，诱发统一相变。

---

① ［德］哈肯：《协同学：大自然构成的奥秘》，凌复华译，上海译文出版社，2013 年，第 211 页。

② ［比］尼科里斯、普利高津：《探索复杂性》，罗久里、陈奎宁译，四川教育出版社，2010 年，第 63—64 页。

在以上四个形成耗散结构的条件中，开放、涨落和非线性是国家系统自然而然会具备的条件，非平衡条件具备与否则与政权的能动性密切相关。在一个未统一国家，两个或两个以上政权之间存在向心力的激烈竞争，这种差异随着暴力或和平方式的竞争不断增大而使国家系统远离平衡，逐步具备实现国家统一的非平衡条件。在这个推动系统远离平衡的过程中，最重要的力量是系统正反馈功能。反馈是系统的输出和输入之间的相互作用，正反馈是自我复制自我放大的机制，是“序”产生的重要因素。负反馈抵消系统中随机偶然的因素，使系统稳定运行；正反馈放大系统中随机偶然的因素，使系统演化创新。正反馈促使系统运动偏离已有状态，使系统运动趋于失稳，一旦突破量的规定性发生质变，系统就进入新的稳定状态。政权在运用武力推动国家统一的过程中，胜利会强化己方的士气与战斗意志，同时敌方会因失败产生恐惧和涣散，从而扩大了斗争双方的力量对比，在正反馈的作用下出现“兵败如山倒”的情形。政权通过和平方式推动国家统一进程，同样可以在政权与民意之间形成正反馈，即政权的统一政策得到主流民意的拥护和支持，反过来民意压力下政权推动国家统一的脚步不得不加快以适应舆论的要求，统一于是迅速完成。无论是武力手段还是和平手段，占据绝对优势的政权只需要在正反馈机制创造出的有利形势下对其他政权展现自己的权益弹性，国家统一“传檄可定”，国家系统可以在较短时间内进入稳定状态，完成系统相变。

系统演化规律正是建立在正反馈机制的基础上形成自组织理论。“系统自己走向有序结构就可以称为系统自组织”。[①] 自组织的表现形式包括“自聚集、自整合、自创生、自发育、自生长、自稳定、自适应、自调整、自更新、自修复、自复制、自繁殖、自演化、自衰落（老化）、自消亡等”。[②] 自组织实质上是在大量要素以混乱无序的方式互动中寻找确定性的自发行为过程，并以某种有序结构模式把这种确定性固定下来，在不确定性中寻找确定性，从而实现有序。自组织理论主要由耗散结构理论、协同学、突变论和超循环理论等构成，对系统的演化规律形成较清晰的轮廓。普利高津（I.Prigogine）创建的耗散结构理论研究了系统自组织演化发生的条件。“耗散结构一旦形成，时间以及空间的均匀性可能就遭到破坏。”[③] 哈肯（H.Haken）创立的协同学回答了系统演化的临界点上

① 钱学森等:《论系统工程》，湖南科学技术出版社，1982 年，第 242 页。

② 苗东升:《复杂性科学研究》，中国书籍出版社，2013 年，第 143 页。

③ [比]普利高津:《从存在到演化》，曾庆宏等译，北京大学出版社，2007 年，第 62 页。

各子系统如何通过自组织形成新的有序结构，揭示了系统演化的动力。“最终哪种结构得以实现，将取决于各个集体运动形式（方式）的增长率，这一观点意味着这些不同的运动形式不断相互竞争。”[①] 托姆（R.Thom）的突变论研究了自组织的演化途径，阐明系统演化如何采取突变和渐变方式从一种稳定态跃迁到另一种稳定态。“突变是系统得以生存的手段。”[②] 艾根（Manfred.Eigen）的超循环理论从生命系统的角度探索了系统整体生成的内在机制。“超循环是通过循环关系联结多个自催化和自我复制单元构成的系统。”[③] 综合这些理论的主要观点，系统演化以自组织的形式完成。自组织表现为在系统整合其要素的过程中，没有出现专职的组织指挥者，所有要素或组分都在行动，整体上却能形成、维持、发展、改变系统结构。系统发生相变的条件包括开放、非平衡、涨落和非线性，系统形成新的整体结构的演化动力是序参量之间的协同竞争。相变过程中，中介态不稳定的相变对应于突变，中介态稳定的相变对应渐变。突变分叉使系统演化有多种可能性，既可能是系统进化的创造性源泉，也可能是系统退化崩溃的路径。国家系统的自组织就是由各种关系的个人、利益集团或政权自行组织成为统一有序的国家，在这个过程中，并没有高于国家的主宰设计和推动国家系统的演化进程，要素间通过非线性相互作用完成自组织，形成具有质的提升、更为复杂有序的多层次国家系统。国家发展过程中的某些涨落事件经过正反馈机制的放大可能演变成为重大政治事件，系统与母系统及子系统之间，以及各层级系统内部不同要素之间的非线性作用下对政权序参量产生重要影响，政权向心力的变化引发国家系统失稳，在民意的热情推动下国家系统进入新的状态。

五、政策

按照上述逻辑思路，国家是由个人及利益集团等多层级系统组成的复杂系统，权益安排是其最重要功能。权益弹性大小决定国家系统的稳定性。国家内部不同利益集团之间的权益斗争是推动国家系统演化的根本动力。政权作为权益弹性的制定者和执行者，既要维护和协调国家系统内外不同利益集团的权益，又要顾及或扩张政权自身的权益，扮演着国家系统演化序参量的角色。未统一

---

① [德]哈肯:《协同学：大自然构成的奥秘》，凌复华译，上海译文出版社，2013年，第208页。

② [法]托姆:《突变论：思想和应用》，周仲良译，上海译文出版社，1989年，第106页。

③ [德]艾根:《关于超循环》,《自然科学哲学问题》，1988年第1期。

国家内不同政权之间的竞争决定国家系统演化的方向。权益弹性大的政权具有更强的向心力，取得政权竞争中的优势，推动国家系统远离平衡，逐步满足系统形成耗散结构的条件，在临界点附近发生的涨落被正反馈机制放大后，国家系统发生相变，进入完全统一或彻底分裂的状态。这种突变的发生是通过武力还是和平方式具有不确定性，可以确定的是国家系统的演化动力最关键的是政权力量的不平衡增长，只有政权实力对比远离平衡才能实现国家系统发生相变。政权实力的核心是其制度及政策的权益弹性，因此对国家系统演化进行人工优化的合理途径是通过扩大权益弹性增强推动国家统一的政权的实力，为相变发生创造条件。

一个统一有序、管理高效的多层级国家系统有利于国家系统功能涌现和提升并且符合民众利益最大化。国家系统向统一演化符合复杂系统趋于有序的演化方向及人类社会组织形式的总体发展趋势。对于推动国家统一的政权而言，重点是要在制度和政策层面扩大权益弹性，具体需要在三个方面加强国家建设（3S 模型）：外部形势（简称“势”，Situation）是政权运作和发展过程中的外部国际环境，上一层系统对下一层系统有重要作用和影响，政权需要处理好国家系统与国际超系统的关系；内部力量（简称“力”，Strength）是政权自身具备的实力和能量，政权力量增长率是国家系统演化的重要序参量，对国家系统的各个子系统都会产生重要影响；政权策略（简称“策”，Strategy）是政权采取的施政策略，系统一旦具有自我意识就会主动影响系统演化，客观上可以加速或改变系统演化进程。

政权追求国家统一或权力最大化目标时有三个约束条件：国际形势、自身能力和国内民意，因此政权进行权力扩张的着力点也在于上述的“势”“力”“策”三方面。首先是“势”，因为国家系统本身也需要从外部获取权益，国家系统与超系统之间的联系和作用决定了政权的外部权益边界，与此相对应的是国家系统与子系统之间的互动决定了政权的内部权益边界。追求国家统一可能带来国家整体力量的增强，总会对国际格局产生或多或少的影响，意味着国家在国际上权益配额的改变，由此必然产生与国际势力的相互作用。“环境条件的微小变化可造成全新的序参数或序参数系统。”[①] 国际格局的权益弹性较大体现为国际形势处于和平发展的时代主题，有利于政权通过和平方式取得国际势力对本国

① [德] 哈肯：《协同学：大自然构成的奥秘》，凌复华译，上海译文出版社，2013 年，第 73 页。

统一的谅解和支持，例如冷战结束时的德国统一；而在国际格局的权益弹性较小的情况下，时代主题是对抗与冲突，政权使用非和平手段实现国家统一目标将成为优先考虑和现实途径，例如冷战时期的越南统一。

相对而言，“力”是慢变量，但也是最根本的序参量，因此长期而言国家建设主要是“力”的建设，即自身全面发展进步。政权的“硬实力”和“软实力”通过使民众产生畏惧与热爱的不同情感形成推力和引力从而共同构成民众对其的向心力。与缺乏最高权力中心的多元的国际秩序不同，政权治理下的国家系统是具有最高权力的有序系统，政权可以通过权益弹性的提升改善自身的软硬实力。在政治、经济、文化、社会、信仰等方面让民众有更大的自由度与选择权意味着国内权益弹性的增大，当然这并不等同于完全依赖自愿力量的无序性扩张，事实上，政权的军事、法制和外交力量的增强同样是扩展权益弹性的表现，有助于解决内外权益的纷争。二战后印度独立初期国家在宗教信仰方面权益弹性低，导致印度和巴基斯坦的分裂；独立后的巴基斯坦在政治经济方面缺乏权益弹性，终于酿成东巴与西巴分裂，孟加拉国独立；战后独立的埃塞俄比亚在政治权力方面明显缺乏权益弹性，迫使厄立特里亚人由和平请愿争取权益最终转为武力方式实现从埃塞俄比亚分裂出去；英国在宗教信仰和经济文化方面的权益弹性较高，北爱尔兰和苏格兰虽然有分离倾向但迄今都没有独立出去；加拿大也是在不断提升语言文化和政治经济的权益弹性，得以将魁北克留在国内；俄罗斯拥有强大的军事实力和外交实力，不但可以粉碎车臣的分裂行动，还可以让克里米亚从乌克兰重新回归俄罗斯，这种处理子系统分裂的方式也是高权益弹性的表现。

国家系统演化进程中，特别是处于临界点时，政权能否把握涨落实现统一相变很大程度上取决于政权的“策”。策略核心应该是展示权益弹性，表明政权有能力向更多国民提供更有吸引力的公共产品从而赢取国民的信任。权力的合法性来源于信任感，有了信任才能使权力、制度、社会和政治机构持续运作。[①] 政权作为国家最高权力的代表，在维护掌权党派利益的同时，要让国民相信其政策或政策主张能代表广大的社会公共利益，或者未来能够提供国民更多、更优、成本更低（绝对优势）的公共服务，以更好满足国民生存和生活的福利需求。这种信任应通过软硬两种策略在长期施政中建立。在未统一国家内

---

① ［美］安东尼·奥罗姆（Anthony M.Orum）:《政治社会学导论》，张华青等译，上海人民出版社，2014 年，第 2—3 页。

存在两个以上的政权，每个政权都在采取类似的举措争取民心与向心力，那么政权要着重充分发挥比较优势，从而取得对其他政权的竞争优势。比较优势产品的形成取决于由政权“软实力”和“硬实力”构成的政权资源禀赋（resource endowment）。未统一国家内不同政权控制的区域、人口不同，社会经济发展理念与阶段不同，因此资源禀赋不同，其在不同领域形成正负不一、程度不同的优势。政权资源禀赋较丰富的一方提供公共产品的生产可能性边界更高，但对每个政权而言采取比较优势策略都是效率最高的选择。比较优势在硬实力的政权应更多为国民提供经济上的就业、收入提高和国防上的安全以获取国民尤其是对方管辖民众对自己的信任与支持，而比较优势在软实力的政权则需要更多宣扬其价值观、文化、政策及制度等以获取民众认同。同样是吸收式统一的成功案例，德国更多是发挥软实力，而越南则更多依靠硬实力。政权不但要向民众展示权益弹性，同时也要向竞争对手展示自己具有政权合并后合理安排双方权益的能力与诚意，使其认识到统一的成本低于分裂而收益却更大，换言之，通过正反馈机制向对手反复传达其坚持分裂必须要付出远大于统一的代价的信号。二战后的国家统一成功案例中，坦桑尼亚与也门均采取了联合式统一方式，显示政权处理权益弹性可以存在多种策略。

第二章　当代世界案例

本章选取当代世界的国家统一与分离的典型案例进行分析。当代世界上的国家统独争端大体上有两种：一种是只有政权之争、没有民族之争的国家统一与分裂的演化；另一种是具有民族、语言、文化差异的国家统一或分裂之争。前者如德国、越南、朝鲜、也门、坦桑尼亚等国家追求统一时都没有民族争议的问题。后者如：英国的英格兰人和爱尔兰人及苏格兰人的统独之争，塞浦路斯的希腊族与土耳其族的统独之争，科索沃的塞尔维亚族和阿尔巴尼亚族的统独之争，斯里兰卡的僧伽罗族和泰米尔族之争，比利时的弗拉芒人和瓦隆人的统独之争，西班牙的巴斯克人分离运动，法国的科西嘉人分离运动，加拿大的魁北克人分离运动，美国的夏威夷土著独立运动和美属波多黎各分离主义。此外，还有苏联解体，原来统一的多民族国家分裂成15个独立的民族国家；厄立特里亚脱离埃塞俄比亚获得独立；印尼的亚齐特区和巴布亚省分离主义；菲律宾棉兰老岛摩洛人穆斯林分离主义；巴布亚新几内亚的布干维尔岛和所罗门群岛的分离要求。本研究将这两种情形分为两节选取部分案例进行分析，第一节是同一民族追求国家统一的案例，第二节是不同民族或不同语言文化地区追求国家分离或独立的案例。

第一节　战后追求国家统一的案例

本节选取欧洲的德国、东南亚的越南、中东的也门、非洲的坦桑尼亚和东北亚的朝鲜五个国家的统一过程进行分析。其中，德国和越南是吸收式统一的成功案例，前者是和平统一，后者是武力统一；也门与坦桑尼亚是联合式统一的成功案例，前者是两个规模相当的分裂国家实施统一，后者是规模相差悬殊的分裂国家完成统一；朝鲜半岛则是尚未成功完成国家统一的地区。

一、德国

1990年德意志民主共和国（简称民主德国）加入德意志联邦共和国（简称联邦德国）意味着两德完成了法律意义上的统一，并成为二战后世界历史上通过和平方式实现国家统一的典型案例。

（一）德国统一之“势”

德国分裂是二战的结果。二战前德国是统一国家状态。这个统一国家始于1871年宰相俾斯麦主导下的德国统一。当然，如果探究更深层次的成因，16世纪马丁路德的宗教改革与俾斯麦的统一运动对德意志民族和民族国家的形成具有同等重要的决定性意义。“某种程度上，历史上德国人说的、写的实际上不是同一种德语，而是很多种德语。直到宗教改革后，马丁·路德翻译的《圣经》才赋予德国人一种通行各地的共同书面语。在相当长的时间里，这种普通话成了维系德国人唯一的纽带。”①19世纪俾斯麦建立的第二帝国使德国人在语言文化基础上终于有了一个统一的民族国家，经济、政治、文化、社会的发展都有了一个全民性的保护性框架。②1887年德意志帝国正式成立，1918年德国在一战中战败，德意志帝国灭亡，德意志共和国与纳粹德国相继出现，但都是国家统一状态。

纳粹德国发动的侵略战争导致了德国的分裂。1943年德黑兰会议上，美英苏三国元首达成对德国实行军事占领的共识。1944年三国在伦敦签署《关于德国占领区和大柏林管制的议定书》。1945年2月三国在雅尔塔会议上对德国战后处理政策逐渐定型和明朗。6月美苏英法四国发表了《关于击败德国并在德国承担最高权力的宣言》，宣布接管德国的一切权力，并公布《关于德国占领区的声明》，规定将德国划分为四个占领区。随后，苏联立即宣布在苏占区成立军事管制委员会，允许成立民主政党和自由工会。英美法三国军管局也分别于8月、9月、12月发布命令宣布允许成立工会和民主政党。苏联军管会迅速建立了苏占区的行政管理机构和各级地方自治机构。1946年11月，苏联军管会宣布将地方权力移交给新选举产生的议会和政府。1947年1月美英正式合并了两国占领区。此举引发苏联的不安，2月苏占区长官表示“双占区的协定可能对

---

① 李伯杰：《一个麻烦的祖国——德意志民族的德国认同危机》，《清华大学学报》（哲学社会科学版），2012年第2期。

② 韩献栋：《分裂国家的统一：理论与实践》，知识产权出版社，2014年，第110页。

德国的未来政治产生严重的后果”。[1]1948 年 2 月法国同意将其占领区并入“双占区”，共同成立“三占区”。苏联对此采取反制措施，宣布改组苏占区经济委员会，并组成 400 人的“德国人民委员会”，作为苏占区临时常设机构。美苏对抗升级的同时，两个占领区的政治独立步伐都在加快。1948 年 6 月，苏联宣布彻底封锁柏林，全面切断西柏林与联邦德国之间的水陆交通，停止苏占区对西柏林煤电和副食品的供应，第一次柏林危机爆发。1949 年 4 月，美英法三国发表《华盛顿声明》，宣布新起草的《占领法规》，表示联邦德国国家成立后军政府将宣告结束。9 月 20 日，“德意志联邦共和国”正式成立。10 月 7 日，苏占区正式成立“德意志民主共和国”。德国由此分裂。“两个德国的成立并不是德国人民的意愿，它首先是占领国的意志。”[2]

德国人民自身是渴望和追求国家统一的，国际强权对此有清醒认识。因此，即使德国分裂为民主德国和联邦德国，苏美双方并未对反对德国的统一。苏联对德国统一始终持积极态度。1947 年苏联外长莫洛托夫在《德国与赔偿问题》的声明中提出，“德国应成为一个统一的爱好和平的国家——设有两院组成德国国会和全德政府的民主共和国”，建议立即在柏林成立德国临时中央政府，以实现德国的政治统一。美英虽也认为德国应成为一个新的统一国家，但反对建立中央集权政府，主张实行联邦制，并认为经济统一是成立德国政府的基础。由于双方主张的政治经济制度完全不同，未能取得任何进展。两德取得政治独立后，苏联在 1952 年提出一份对德和约草案，建议建立个统一、独立和军事中立的德国，统一后的德国可以加入联合国。民主德国对此表示支持，联邦德国却坚决拒绝，理由是“自由先于统一”，“不能以脱离西方范围和放弃欧洲一体化的成就为代价来换取统一”。[3] 美英法三国坚持以自由选举作为德国统一的第一步，并要求统一后的德国加入北约。1955 年 1 月，民主德国政府发表声明，同意举行全德自由选举，前提是联邦德国不加入北约，全德政府必须是中立的。联邦德国拒绝了这一提议，并于 2 月加入北约。民主德国随即于 5 月加入华约。新形势下苏联调整了对德政策，9 月先后承认联邦德国与民主德国的主权国家地位，并与联邦德国建立外交关系。但此时苏联与西方国家的政策仍然分歧严

① 丁建弘、陆世澄、刘祺宝:《战后德国的分裂与统一（1945—1990）》，人民出版社，1996 年，第 64—65 页。

② 吴友法:《德国现当代史》，武汉大学出版社，2007 年，第 311 页。

③ 陈云林主编:《当代国家统一与分裂问题研究》，九州出版社，2009 年，第 78 页。

重且各自立场强硬，苏联主张德国统一并实行中立化并在此基础上签订对德合约，西方国家则坚持维持柏林现状、不承认民主德国政府、坚持统一后的德国加入北约。1958年美苏对抗升级，引发第二次柏林危机，由此诞生加深德国分裂的柏林墙。1973年9月，两德同时加入了联合国。

两德统一肇始于20世纪80年代末期的苏东欧剧变。1988年波兰和匈牙利发生政治巨变，在其影响下，次年民主德国出现动荡。面对民主德国多城市大规模的游行示威运动，自身问题重重的苏联表示不会干预，领导人戈尔巴乔夫反而倡导“新思维”，对民主德国的抗议活动推波助澜。不过戈尔巴乔夫同时也认为，战后存在两个德国，这是欧洲现实不可改变的事实，人为地催促解决德国统一问题没有法律依据。[①] 为稳住民主德国的后台，联邦德国总理科尔1990年2月访问苏联，就德国统一问题与戈尔巴乔夫进行会谈，双方的会谈公报明确表示：德国的统一问题应由德意志人民自己解决，由他们选择以任何国家形式、在何时、以何种速度和条件实现统一。

同时联邦德国也力争取得盟国对德国统一的支持。美国明确表示支持德国统一，但设定了原则条件：一是必须实现自决原则，由德国人自己选择统一方式；二是统一后的德国继续留在北约和欧共体；三是统一过程必须和平渐进；四是承认战后欧洲各国的现行边界。此外美国还提出苏联在德国领土上的军事力量应尽量减少或取消，美国则必须在德国驻军。这些条件综合考虑了对德国统一持消极态度的英法及波兰等国的意见。英国是看到苏联同意德国统一后才由原来的反对态度改为有条件支持，主张德国渐进统一，统一后的德国留在北约并保留北约在德驻军。法国与德国历史上积怨较深，本不愿德国统一，但在看到德国统一之势不可避免的形势下也转而赞成，同样要求统一后的德国归属北约。波兰则因与德国的边界问题一直未被联邦德国承认而对德国统一深感不安。

战后德国的分裂原本就是苏联与西方国家为确保自身势力范围而形成的结果，为维护自身利益，苏联在德国统一相关问题上与美国等西方国家有严重分歧。苏联外长强调德国统一的外部条件不能同有关国家的内部形势分离开来，并拒绝统一后的德国成为北约成员以及在德国驻军等方案。但由于民主德国内部形势发生剧烈变化，民主德国新政府修改了原政府的立场，在统一后的德国

① 陈云林主编：《当代国家统一与分裂问题研究》，九州出版社，2009年，第87页。

归属问题上站在西方一边，给苏联形成较大压力。在两德统一已经势不可挡的背景下，苏联逐渐失去了干预和控制的能力，加上美国对苏联的说服与协调，力有不逮的苏联被迫放弃统一德国的中立化主张，但要求统一德国需要一个过渡期才能享有完全主权，该要求被西方国家拒绝。联邦德国领导人随后于 1990 年 7 月访问苏联，加大对苏联的说服工作，并承诺向苏联提供巨额无息贷款，最终使苏联做出重大妥协和让步，使德国统一进程得以按联邦德国的设计迅速完成。8 月两德签署《统一条约》，9 月双方立法机构通过，10 月美英法苏与两德外长在纽约签署宣言宣布两德在 10 月 3 日统一后德国拥有完全主权。国际格局演变中，西方国家战胜了苏联，打破了势力均衡，从而导致民主德国的彻底消失和以联邦德国国名“德意志联邦共和国”为统一后国名的德国统一。

（二）德国统一之“力”

战后德国的统一是以联邦德国吸收民主德国的方式完成的，联邦德国在软硬实力上的绝对优势决定了民主德国民众自愿作为一个地区加入联邦德国。尤其是联邦德国凭借雄厚的财力和经济基础可以使统一后的民主德国地区民众过上更加富裕自由的生活，最能赢得民心。统一意味着均质化，实力较弱、发展较落后的一方会因统一有较快的生活品质提升，就会成为国家统一的坚定支持者。实力较强、发展较先进的一方则因政治利益、民族情怀和长远目标等因素影响而主导国家统一。1990 年初，联邦德国有关机构民意调查表明：90% 的民主德国民众希望两德重新统一，85% 的联邦德国民众赞成德国统一，其中 27% 的人愿意将自己的积蓄奉献给祖国统一。[①]

两德在经济实力的竞赛中民主德国无疑输给了联邦德国。二战前民主德国地区是原德国相对发达的地区，1936 年联邦德国地区（除西柏林外）的人均生产率比民主德国地区低 7%，但到 1990 年，民主德国劳动生产率只有联邦德国的 1/3 到 1/2，制造业民主德国生产率只有联邦德国的 1/6。民主德国人均排放的二氧化硫是联邦德国的 7 倍。[②] 统一前两德的实力差距还可以从以下指标中较明显地体现出来：

1989 年，民主德国、联邦德国的人口分别为 1640 万和 6230 万，民主德国仅为联邦德国的 26%。民主德国、联邦德国以市场价格为准的 GDP 分别

① 陈云林主编：《当代国家统一与分裂问题研究》，九州出版社，2009 年，第 87 页。

② ［德］格琳德·辛恩、汉斯 - 维尔纳·辛恩：《冰冷的启动：从国民经济视角看德国统一》，晏扬译，上海三联书店，2012 年，第 23—24 页、第 38—39 页。

为 3534 亿民主德国马克和 22370 亿联邦德国马克，民主德国仅为联邦德国的 15.8%。当然，由于就业率等方面的不同，实际人均值的差距没有那么大：民主德国从业人员人均值、劳动力人均值、人均 GDP 分别是联邦德国的 49.2%、52.7% 和 59.2%。更直接的数据看，民主德国平均每月总工资（包括雇员的社会保障金）是联邦德国的 33%，月人均可支配收入是 45%。下表可以更具体地比较当时双方的生活水平：①

表 2-1　民主德国、联邦德国生活水平比较

拥有耐用消费品的家庭	民主德国（%）	联邦德国（%）
汽车	54	96
电视	96	99
彩电	57	95
电话	17	99
冷藏冰箱	99	81
冷冻冰箱（含冷藏）	43	75
洗衣机	99	97
有卫生间的住房单元	82	96
战后新建住房	35	70

联邦德国雄厚的经济实力为其和平统一民主德国奠定了坚实的物质基础。两德统一先从货币入手，再进行经济、军事、政治等领域的统一。1990 年 7 月 1 日，在两德实现政治统一之前，先在货币体系上完成了统一，联邦德国马克取代民主德国马克成为在两德流通的唯一法定货币。民主德国公民的工资、养老金、房租及其他经常性支付按 1∶1 兑换联邦德国马克。以民主德国马克计算的一切债权和债务原则上按 2∶1 兑换。民主德国居民的银行存款按 1∶1 兑换，但有每人限额，其余存款按 2∶1 兑换。外国人在民主德国的存款兑换比率要高一些。当时联邦德国马克与民主德国马克的市场兑换比价是 1∶3，按上述规定的兑换比率进行货币兑换，实际上大大增加了民主德国居民的财富总量，因此有人评论说联邦德国是将民主德国买下来的。

经济统一最重要的是经济体制的统一。联邦德国将其私有制为基础的市场经

① ［德］格琳德·辛恩，汉斯 - 维尔纳·辛恩：《冰冷的启动：从国民经济视角看德国统一》，晏扬译，上海三联书店，2012 年，第 251—260 页。

济体制直接移植到民主德国地区，取消原来以公有制为基础的计划经济体制，将民主德国原有的8000余家大型国有企业及不动产私有化。最初预算原本以为出售这些资产至少可获得6000亿马克的收入，但因企业负债和托管局的运营经费过高，最后财政缺口达2564亿马克，全部靠联邦德国财政买单。统一前联邦德国税收是民主德国税收收入的近6倍，这使联邦德国在经济统一民主德国的过程中有足够的财力弥补民主德国的窟窿。

硬实力中的军事统一在两德法律统一之前进行。民主德国军队的2337辆坦克、5980辆装甲车、2245门大炮、479架飞机、71艘军舰、10万辆车和30万吨弹药均由联邦德国接收，其中10%的装备和弹药可以再利用，其他则于1993年前出售或废弃。1990年10月3日起解除10万余民主德国军队的任务，陆续予以复员转业或审查任用。联邦德国的联邦国防军原来就实力强于民主德国军队，兵力约25万人，军事装备先进，虽然按规定只能是一支纯粹防御性军队，但在收编了民主德国的军事力量后德国的军事实力在欧洲已经是首屈一指。

政治统一突显了联邦德国在软实力方面的优势。政权软实力是对民众的吸引力，成百万的民主德国民众向联邦德国逃离，暴露出民主德国在政权软实力方面出了问题。民众意见较为集中的地方表现在：民主不够、高官特权、出国受限等，关键是民主德国领导层面对这些问题和群众意见不愿改革。[①] 由此民主德国游行示威浪潮一浪高过一浪，游行群众要求政府发扬民主并实行改革，要求“新闻自由”“旅游自由”和“选举自由”。如果民主德国政府能够大刀阔斧推行改革，也许人们对联邦德国的追求没有那么强烈，事实是民主德国政府改革的决心和魄力不够，步子太小，“政府朝改革方向迈出的每一步，仅仅增加了人们的期待，而并没有丝毫地增加政府已然微弱的幸存机会。有一阵子人们似乎满足于被允许观看西德电视，接着他们似乎满意于国内改革，此后他们希望与西德建立邦联。最后，当形势看似接近时，目标转向完全的统一。同样地，人们的同情心迅速地从一个政治集团转向另一个。”[②]

（三）德国统一之“策”

国家统一问题上的策略运用是在既有的“势”与“力”的前提条件下谋划和选择的。在德国统一的过程中，民主德国政府由积极统一到消极统一，再到

① 陈云林主编:《当代国家统一与分裂问题研究》，九州出版社，2009年，第85页。

② [德]格琳德·辛恩，汉斯-维尔纳·辛恩:《冰冷的启动：从国民经济视角看德国统一》，晏扬译，上海三联书店，2012年，第15—16页。

拒绝统一，最后不得不接受被统一的现实，从背后的深刻国际形势剖析，攻守之势异也。第二次世界大战后，世界上社会主义革命、人民革命、民族解放运动蓬勃发展，严重地冲击着殖民主义、资本主义体系。20世纪50年代苏联国力正处于上升势头，在苏联的支持下，民主德国努力主导两德统一，提出建立一个中立的全德政府，联邦德国却以“自由先于统一”为由回避。20世纪60年代苏联强势扩张，美苏争霸格局形成，双方在德国问题上各不相让，以柏林墙的建立为标志，民主德国认为此时两德统一是“不现实的”，逐渐放弃了德国统一的旗帜，转而谋求其独立主权国家地位能够得到国际法意义上的承认。20世纪70年代联邦德国提出“一个民族两个国家”理论，成为德国统一的主导者，此时民主德国则提出“两个国家两个民族”理论，转攻为守，拒绝统一。20世纪80年代美国在全球争霸中重新获得优势，而苏联则是全面收缩，国内经济出现严重困难和停滞，此时面对联邦德国对民主德国的统一攻势完全没有抵抗能力，民主德国政府在缺乏苏联支持的国际形势下只能顺应民意，听众西方国家的安排，接受被吸收的命运。

反观联邦德国的统一之策，虽然也是“势”与“力”条件下的产物，但带有明显的强硬色彩和时机观念。二战结束的德国分裂局面在联邦德国政府看来是世界分化为两大对立阵营的现实结果，在两极对峙的格局下，谋求统一民主德国事实上是不可能的，同时由于西方国家的占领和保护，联邦德国被民主德国武力统一的可能性也不大，因此联邦德国政府实施一边倒的政策，坚定地站在美英法一边，将融入西方国家阵营和推动欧洲一体化置于国家统一之上，对民主德国政府屡屡提出的统一倡议与方案采取强硬的拒绝和不理睬态度。不理睬是表示否认民主德国政府的合法性，拒绝与民主德国谈判而主张举行全德选举，是为宣扬自己的合法性并发挥联邦德国地区人口数量的优势。后来民主德国同意举行全德选举，联邦德国又断然拒绝民主德国提出的选举制度与办法，甚至在1952年拒绝接触抵达波恩希望商讨举行自由选举可能性的民主德国代表团。[①] 联邦德国的强硬政策某种程度上可以理解为其制度自信和道路自信的体现，联邦德国政府相信自己可以在两德发展的竞争中获胜，时间在自己一边，但当时推动国家统一的时机并不成熟，因为双方的实力差距还没有明显拉开。

即使是时机不到，联邦德国政府也没有一味等待时机的到来，在讲究战略

① 韩献栋:《分裂国家的统一：理论与实践》，知识产权出版社，2014年，第127页。

定力的同时还采取积极主动的对策为日后推动国家统一铺垫基础。特别是在国际场合坚定维持自身的合法性。1955 年联邦德国宣称除苏联外任何国家与民主德国建立外交关系都是对联邦德国的不友好举动，封堵民主德国的同时还积极发展与东欧国家的经贸关系，以求孤立民主德国。后来联邦德国政府根据形势的变化调整策略，1966 年发表声明表示："本届联邦政府同样认为自己是德国唯一的政府，是自由、合法和民主选举的政府，有权代表全体德国人民。但是，这并不意味着我们要想约束德国另一地区能自由选择的同胞。"[①]1968 年民主德国公布了新宪法，放弃了 1949 年宪法在全德具有效力的主张。而联邦德国在政治和法律上坚持不承认民主德国的同时，开始从低政治领域调整统一政策，与民主德国开始进行接触。

1969 年上台的联邦德国新一届政府推行"新东方政策"，对两德关系的定位是："联邦德国政府并不考虑从国际法上承认民主德国，即使德国存在两个国家，但是它们彼此不是互为外国，它们之间的关系只能是特殊性质的关系。"[②]民主德国也接受了这种"特殊关系论"。此后两德开始了正式的接触和会谈。在签署了一系列有关通邮、通航，以及从事商业、文化、体育、宗教和旅行活动的协议后，两德于 1972 年 12 月 21 日正式签署了《关于德意志联邦共和国与德意志民主共和国之间关系的基础条约》。在该条约基础上两德于次年 9 月同时加入联合国。两德通过民间交流和政府官员互访乃至最高领导人会面不断推动双方关系的密切化。1985 年两德领导人在莫斯科举行非正式会晤，再次确认两德为"命运共同体"。

联邦德国调整策略的背景是其软硬实力已经开始取得对民主德国的优势，可以转守为攻，"以接触求变化"，向统一民主德国迈进。随着双方接触的加深，民主德国民众对联邦德国政府的国家治理能力逐渐了解和认同，民意日渐向有利于联邦德国的方向转变。20 世纪 80 年代国际形势变化，苏东动荡之际，联邦德国政府利用民主德国政府求稳定的诉求，顺势同意民主德国 1989 年 11 月提出的建立两德"条约共同体"的设想，并敏锐捕捉时机，同月底趁机提出《消除德国和欧洲分裂的十点计划》，并在 12 月对民主德国进行高层访问，承诺提

① 丁建弘、陆世澄、刘祺宝：《战后德国的分裂与统一（1945—1990）》，人民出版社，1996 年，第 230 页。

② 丁建弘、陆世澄、刘祺宝：《战后德国的分裂与统一（1945—1990）》，人民出版社，1996 年，第 264 页。

供经济援助。此时民间对德国统一的热情被激发出来，联邦德国政府迅速做出反应，1990 年 2 月成立“德国统一委员会”，就国家统一相关问题进行研究并提出愿意与民主德国立即进行会谈。此时联邦德国政府一方面通过访苏稳住苏联并取得理解，另一方面积极介入民主德国大选，在 3 月份的大选中获得联邦德国政府支持的民主德国政党（基督教民主联盟）获得胜利，为德国统一政治上铺平道路。5 月和 8 月，双方签署了两个《国家条约》，对统一后的货币、经济、社会、行政、司法、产权、政党、国际条约等各领域事项做出详细规定。10 月 3 日，民主德国和平消失，联邦德国统一民主德国的国家演化历史进程得以完成。

（四）观察与启示

两德双方从低敏感议题着手开始了正式的接触和会谈。在签署了一系列有关通邮、通航，以及从事商业、文化、体育、宗教和旅行活动的协议后，双方通过民间交流和政府官员互访乃至最高领导人会面不断推动关系密切化。在双方最高领导人会面中提出和确认双方为“命运共同体”。

如果没有特别说明两德，上面这段德国统一前的历史描述几乎可以被视为台海两岸 2008—2016 年的发展过程和状况。经过 30 多年来的发展，两岸关系形势与德国统一前的状况有许多相似之处，但当初两德交往接下来的历史轨迹是国家实现和平统一了，2016 年 5 月 20 日台湾民进党领导人上台后，两岸却中断了制度化协商。两岸与两德的情况相差在哪里？两岸不少学者早都建议借鉴德国统一模式解决台湾问题，实现中国和平统一，但在借鉴德国模式前须知德国案例的背景有许多不同于中国之处：

“势”的方面，德国的分裂与统一与国际冷战格局的形成与结束密切相关，中国台湾问题的形成却是中国内战遗留并延续的政治对立。当然，台湾问题虽是中国内战的结果，但也受国际格局的重大影响。与德国实现和平统一时的条件相比，中国面临的台海两岸形势更为复杂和困难。当时支持联邦德国的美国在美苏争霸中取得优势，而支持民主德国的苏联却已经处于剧变和解体的前夜，苏联没有决心和能力维持民主德国的政治独立；当前影响两岸关系的国际势力中，美日是台湾的后台，没有迹象表明美日支持台湾拒绝与大陆统一的决心和能力有所削弱，恰恰相反，与大陆提出“和平统一”对台政策之初相比，美国已经不需要像当初那样对中国让步以实现“联中抗苏”战略格局，当前中国已取代俄罗斯成为美国的头号竞争对手，作为遏制中国崛起战略的一部分，美日与中国在南海、东海问题上对立不断加剧，更不可能轻易放弃台湾这颗棋子而在台湾问题上让步，中国统一面对的国际阻力远大于德国实现统一之时。

“力”的方面，联邦德国是在具备软硬实力的全面优势条件下吸收民主德国的，中国大陆 1979 年提出“和平统一”对台政策时经济政治文化等很多方面并不具备对台优势。当前大陆在硬实力建设方面虽然综合水平优于台湾，但软实力还远没有达到预期效果。和平自愿方式的统一主要依靠民意的自愿力量。当初德国统一前民主德国民众向往联邦德国，主要是抱怨民主德国“民主不够、高官特权、出国受限”等问题，并提出“新闻自由”“旅游自由”和“选举自由”的要求。与之相较，台湾民众对台湾当局并没有太多这方面的抱怨，相反在这些方面有优越感，认为大陆网络封锁不自由、政府官员特权腐败、大陆民众不能像台湾人那样有 150 多个国家免签证可以自由地世界旅行。客观地讲，大陆在软实力建设方面几十年来进步巨大，有目共睹，但对台湾民众产生具有吸引力的优势还有待时日。

“策”的方面，两德统一得以通过和平自愿的途径进行，与其双方未曾发生战争、民意没有敌视情绪密不可分，两岸之间因内战而分隔且台湾岛内长期进行“反共”宣传和教育，岛内对大陆敌意极重，这使两岸实现和平自愿统一的困难度远高于德国。政策上看，大陆对台湾始终抱持亲情和友善的姿态，并予以经济利益的优惠、输送和支持。这一点与当时的联邦德国做法相同，但联邦德国当时无论整体经济规模还是人均产值收入都高于民主德国，且民主德国民众对联邦德国并无深刻的敌视情绪，因此联邦德国的善意能转化成民主德国民众对联邦德国政府的好感。大陆在对台经济交流和优惠时，经济发展阶段和人均收入水平均大大落后于台湾，且岛内存在以“皇民意识”为基础的“反中”情绪和以“民国意识”为基础的“反共”情绪，对大陆的敌视非一日之寒，化解不易，加之政党力量的操弄，大陆释出的善意常被歪曲而无法有效转化为岛内民众的好感与信任。

从以上内外因素看，台湾无论是马英九执政还是蔡英文执政，两岸和平统一的条件都还没有成熟。关键的一点，是大陆对台湾民众的吸引力还不够强。和平统一的核心是较落后的一方加入较先进的一方，两岸如果通过和平方式实现统一，就是要靠大陆的快速发展让广大台湾民众心甘情愿、心悦诚服地愿意与大陆同属一个国家，这就需要中国政府能够充分展现卓越的国家治理能力，使大陆成为大多数台湾民众羡慕和向往的地区。这一天还没有到来，还需要时间。因此，习近平讲，“从根本上说，决定两岸关系走向的关键因素是祖国大陆发展进步。”这也是大陆经常提到“战略定力”的内涵与背景。

当然，讲“战略定力”不等于无所作为，听之任之。一方面要积极处理好大陆内部的事情，另一方面要针对台湾方面的不同施政路线采取不同的博弈策略。这就是大陆为什么非常关心台湾新当局的政策方向。如果不认同“两岸一中”的民进党当局公然推动“法理台独”，两岸关系发展到不得不摊牌的地步，和平统一的方案可能要调整。如果蔡英文当局真能做到在两岸问题上维持现状，大陆的对台方针政策当然无须改变，因为大陆综合实力增长速度较之台湾和美日增长更快，这是大陆能够保持道路自信、理论自信、制度自信的源泉和体现。

二、越南

在越南民主共和国（北越）击败越南共和国（南越）之后，1976年越南南北举行普选，正式宣布南北统一，将国名改为越南社会主义共和国。越南是二战后通过战争方式获得国家统一的典型案例。

（一）越南统一之“势”

越南是中国的南方邻国，但在历史上有很长时期，尤其是自秦始皇在该地区设置郡县后的1000多年间，越南属于中国版图。五代十国末期，越南开始有独立政权。北宋以后的近千年间，越南与中国大体维持了稳定的宗藩关系。19世纪，法国入侵越南，并与越南的宗主国清朝发生战争，虽未取胜，却通过谈判将越南变为法国的殖民地，直至二战时期的日本入侵。二战结束后，以北纬16度线为界，中国与英国分别占领越南并接受日本军队投降。法国通过与英国及中国谈判重返越南，并实际控制越南南部，试图恢复在整个越南的殖民统治，但遇到了成立于1945年9月的“越南民主共和国（北越）”的抵抗。经过9年的越法战争，失败的法军1956年4月全部撤出越南。在美国的支持下，1955年10月越南南部的“越南共和国（南越）”成立，取代了法国控制下的傀儡政权“越南国”。根据1954年的《日内瓦协定》，以北纬17度线为界，越南形成南北两个政权的对峙。

当代越南分裂与统一也是二战后的冷战对峙的国际格局产物。北越政权成立之初，北越政府主席胡志明曾8次致电致函美国，建议美国承认越南的独立。但当时美苏冷战已经展开，从冷战思维出发，美国国务院认定胡志明是“国际共产主义代理人”“彻头彻尾的共产主义者”。[①] 在美国看来，北越是共产主义政权，是反资本主义的，与美国的国家利益根本对立，因此美国完全拒绝承认北越政府。相反，美国还默许和支持法国发动对越南的大规模殖民战争。北越政权被迫撤退到北部山区开展孤立无援的抗法游击战争。这种状况在新中国诞生后发生了根本性的转变。

1950 年中越两国正式建立外交关系，中国成为世界上最早承认和与北越政权建交的国家。此后苏联及欧亚一些国家也先后承认并与北越政权建交。1950 年 6 月朝鲜战争爆发是越南政治局势发展的转折点，它标志着两大阵营冷战对峙的局面在东北亚和东南亚的形成。美国也对越南事务调整为公开干涉的政策，在冷战格局下将“韩战”与“越战”视为“双管齐下的战争”。[②]1953 年朝鲜停战后，美国将更多注意力集中到越南战场。但在中国“全面援越”的政策下，北越军队对法军展开反攻，并取得奠边府战役的重大胜利，对法国撤军和日内瓦会议签署停战协定发挥重要影响。

1954 年，联合国五个常任理事国与越南、老挝、柬埔寨三国通过《日内瓦会议最后宣言》，内容包括越南应在 1956 年举行全国自由选举以实现民主和统一，这是日内瓦国际会议所确认的在越南实现停战和以和平方式实现国家统一的道路。然而美国却担心“共产党在越南进一步扩张”最后并没有在这个《宣言》上签字，总统艾森豪威尔宣称“不受这个会议决议的约束”。此后美国大力援助南越政权，扩军备战，南越政权并以“北方人口比南方多”“北越没有民主自由选举的条件”为借口拒绝实现日内瓦协议。美国还牵头纠集英、法、澳、新、菲、泰和巴基斯坦等 7 国于 1954 年 9 月组成东南亚军事集团，将越南南方、柬埔寨和老挝划为“保护区”。可见，法国为重建殖民制度在二战后发动对越南的侵略战争和美国后来的干涉是导致越南南北分裂的主要因素。

在北越和南越对峙期间，北越组织力量以游击战争形式在南越发动解放战争，并引发美国军事介入的越战。越战是二战以后美国参战人数最多、影响最重大的战争，经过 12 年战争最后美国在越战中失败撤军。1960 年 9 月，越南劳动党[③] 召开“三大”确定越南革命的两个战略任务是在北方进行社会主义革

① [美] 托马斯·帕特森等:《美国外交政策》，李庆余译，中国社会科学出版社，1989 年，第 715 页。

② 陈云林主编:《当代国家统一与分裂问题研究》，九州出版社，2009 年，第 19 页。

③ 越南共产党 1930 年 2 月在香港成立，初名越南共产党，1930 年 10 月曾改名为印度支那共产党，1951 年改称越南劳动党，1976 年改回越南共产党。

命以及解放南方，自此将解放南方和建设北方置于同行重要的地位。同年 12 月成立“越南南方民族解放阵线”，在南方开展反美解放运动，南越政权受到严重威胁。自 1961 年开始，美国以军事力量直接介入越南南方的解放运动，协助南越政权与“越南南方民族解放阵线”领导下的越南反政府武装作战。

当时北越政权以武力方式发动国家统一战争与国际格局的变化密不可分。美苏冷战发展到 60 年代，苏联进入强势扩张期，美国则处于战略守势。苏联迅速缩小了与美国的实力差距，特别是在军事实力上逐步超过美国。苏联国家主席赫鲁晓夫通过强硬手段与恫吓方式，例如 1961 年在民主德国一夜修建柏林墙封锁西柏林并恢复核试验等，试图使美国总统肯尼迪在某些争端上向苏联让步。美国认定要在越南问题上显示出美国的力量和对抗社会主义阵营的决心，于是派遣美国国防军特种部队进驻南越，被认为是越南战争开始的标志，并使越南战争成为当时冷战格局中唯一的热战。此后战争逐步升级，由有限战争转变为局部战争。

在美国和北越均付出惨重战争损失之后，1968 年美国国内反战示威游行已遍及全国各地，10 月美军宣布停战。从 1969 年开始美国军队逐步撤出越南，但北越和南越的战争并未结束。1972 年中美关系改善对越南局势产生重要影响。美国总统尼克松的访华和美国国务卿基辛格的访苏为美国结束越战创造条件。在中国和苏联的压力下北越政权回到谈判桌前。1973 年 1 月参加关于越南问题的巴黎会议四方（美国、北越、南越、南越反政府武装）在巴黎正式签署了《关于在越南结束战争、恢复和平的协定》（巴黎和平条约）。随着美国军队陆续全部撤出越南，北越军队彻底击溃南越政府军，1975 年消灭了南越政权。4 月 30 日，美国驻南越使馆的最后一批人员乘直升机离开越南，当天南越总统府被反政府军占领，南越政权通过广播宣布无条件投降。美国势力的撤出和中苏对北越的支持为越南的武力统一提供了必要的外部条件。

（二）越南统一之“力”

北越武力统一南越是凭借硬实力优势完成国家统一的典型案例。军事和经济实力的比拼不仅在中苏与美国两大国际势力之间进行，更在北南双方之间军事斗争中起到关键作用。按照《日内瓦协定》以北纬 17 度线划分的南北越，北越面积 15.58 万平方公里，南越面积 17.38 万平方公里，人口分别为 1500 万和 1300 万（1958 年联合国专家估计数据）。

军事实力方面，北越军队虽然数量和武器装备并未占优，但在长期的战争训练下其动员能力、组织能力和战斗能力明显强于南越军队。相关资料显示，1973年巴黎协定签署前北越的武装力量为21.9万人，而南越的正规部队则为23.3万人，其中陆海空军分别为21万、1.4万和0.9万人，此外还有35万人的地方部队。① 南方军队的武器装备优于北方军队。北越正规军和越共游击队的主要武器是：T-54坦克、MiG-17、MiG-19、MiG-21、85毫米和37毫米、57毫米、100毫米高炮和14.5毫米高射机枪。南越政府军及美国、韩国、澳大利亚、泰国、新西兰等国联军的主要武器包括：M48坦克、M-113装甲运兵车、F-100、F-104、F-105、F-111、F-4、F-8、A-1、A-4、A-5、A-6、A-7、A-37型等战斗机、攻击机，EB-66电子战飞机，B-52战略轰炸机，UH-1系列直升机、支努干运输直升机、AH-1直升机。使用"百舌鸟"反辐射导弹，子母弹、气浪弹、凝固汽油弹、毒气弹等武器。

经济实力方面，南北越分裂之前其经济总量基本处于对等的状态和水平。② 分裂之后双方都进行了经济恢复与重建工作，北方经济发展速度和效果优于南方。经过三年的恢复，北越的现代工业在国民经济中的比重由1955年初的1.5%增加到1957年底的10.5%，③ 具有了较好的北方的工业资源和工业基础，比较容易形成一个相对完整独立的产业体系。1955年到1964年，北方通过国家计划和主导的方式，在重工业、轻工业和农业各领域都实现了较好发展，煤炭、电力、水泥、棉织、香烟、砂糖等均实现了大幅度增长。随着土地改革的开展，北方农村生产力获得极大解放，农业也有大幅增收，只用2年时间就恢复并超过了战前1939年的水平。北方原是缺粮地区，依赖从南方调运大米，到1959年人均粮食产量为367.2公斤，跃居东南亚各国的前列，并实现了经济资源的内部循环。日本学者资料表明，北越在经济恢复时期工农业总产值增长了1.32倍，社会主义发行时期增长了33%，"一五"计划时期增长了32%。④ 南方由于缺乏工业资源，不具备建立独立工业体系的条件，经济发展较不均衡。分裂前其所需工业品主要从北方输入，分裂后为维持民众正常的社会生活，不得大力发展工业，煤炭从无到有，电力也有较大增长，但与北方相比产量低下得多。由于大量日用工业品均需仰赖进口，以大米和橡胶为主的出口商品结构又过于

① 韩献栋：《分裂国家的统一：理论与实践》，知识产权出版社，2014年，第40页。

② 韩献栋：《分裂国家的统一：理论与实践》，知识产权出版社，2014年，第44页。

③ 《越南经济》，世界知识出版社，1962年，第143页。

④ [日]江桥正彦、山田康博：《战后北越经济三十年（1945—1975年）》汪慕恒译，《南洋资料译丛》，1981年第4期。

单一，南越外贸出现巨额逆差，主要靠美援平衡财政。长期依赖外援的南越经济在实力上无法与北越抗衡。

接受外援方面，北越接受了社会主义国家特别是中国的大量援助。早在1950年1月中越建交后，新中国就作出了全面援越的重大决策，中方先后派遣陈赓将军、以韦国清为首和以罗贵波为处的政治顾问团入越，协助其训练干部，进行军队建设和作战，扫清中越边界敌军，将中方援助物资送到北越。1955年中国无偿援助北越8亿元人民币，赠送机车和车辆，帮助装备航空部门和邮电系统，援建火柴厂和纺织厂，同时派遣技术人员和专家前往参加恢复重建工作。即使在中国三年经济困难时期，1961年中越仍签订《中国向越南提供长期贷款和成套设备的协定》，给予北越1.4亿卢布的长期贷款，用于兴建和扩建越南的冶金、电力、轻工业和铁路等28个工业交通企业与设施。[①]1965—1970年，中国先后派出防空、工程、铁道、后勤保障和海军扫雷部队共32万人协助北越保卫住宿和交通运输。在200亿美元的援助物资中，绝大部分是无偿援助。[②]相较之下，南越接受外援更多，除经济援助外，军事援助更加直接。美国先后投入60多万军队，出动最多时占其步兵的68%，海军陆战队的60%，战术空军的32%，战略空军的50%。1973年《巴黎协定》签字前，美国将价值60亿美元武器和军事物资运往南越，此后两年又给予南越政权20多亿美元的援助。[③]

软实力层面，北越优于南越。从政治影响力看，北越一贯坚持的国家统一主张及各种和平统一方案反映了越南全体民众反对国土分割、要求祖国统一的强烈愿望，因此深得人心。南越依靠美国援助被争取民族独立的越南民众认为是帝国主义侵略战争，失去正义，失掉民心。政治稳定性方面，北越执政党强于南越政权。1969年胡志明去世之前，胡志明始终是执政党越南劳动党的核心，其地位和威望在党内没人能够撼动，这在相当程度上保证了越南劳动党高层领导的稳定。1951年9月越南劳动党进行整党，有力地保证了越南劳动党的团结和统一。南越政权却在激化的社会矛盾背景下缺乏有力的政治领导中心。1963年吴庭艳在军事政变中被击毙后，南越政权领导人进入走马灯式轮换交替的时期，除阮文绍时期外，其他总统的任期基本只有几个月甚至几天，总理更是频

① 越南史学院编:《1945—1975年的越南事件集》，第一集，河内：越南社会科学出版社，1975年，第195页。

② 陈云林主编:《当代国家统一与分裂问题研究》，九州出版社，2009年，第64页。

③ 陈云林主编:《当代国家统一与分裂问题研究》，九州出版社，2009年，第58页。

繁更迭，无法制定并执行能有效促进社会改革的政策，愈发丧失民众支持。政治凝聚力方面，北越在越南劳动党的主导下，1951 年组成“越南国民联合阵线”，形成了一个由越南劳动党为领导核心的包括各阶层、各团体的统一战线，从而将民众团结在执政党周围，保证了越南劳动党的政治动员能力。南越政权的政治凝聚力不强，吴庭艳可以进行政治动员的资源和范围都很有限，保证政令执行，强化总统权力，利用血缘和亲缘进行政治动员，实施家族统治，大搞裙带关系，南越 60% 的省长由吴的亲信担任。南越政权采取的高压控制方式使阶级矛盾更加尖锐。文化凝聚力方面，南越政权不能扬长避短。1954 年，《日内瓦协议》签署后，北越政权实行苏联模式的田地改革及限制宗教发展，近一百万北越人，尤其是前地主、资本家和天主教信徒，随法美和联合国的海舰迁居南越，史称“自由之路行动”。南迁与南越本土合在一起的百余万天主教徒成为天主教背景的吴庭艳的主要社会支持基础。但吴庭艳政府在对天主教徒特殊优待的同时压制佛教，激起佛教教徒抗议，上街游行乃至引火自焚，总体上南越政权未能处理好文化和宗教信仰的问题。

（三）越南统一之“策”

1954 年《日内瓦协议》签署后，越南北方完全解放，建立了社会主义国家，南方被美国扶植的吴庭艳集团统治，建立了资本主义政权。在国家分裂的情况下，北越制定战略任务是：“第一，在越南北方建设社会主义，第二，在南方完成民族民主革命。”[①] 北越将壮大实力为统一培育基础作为该时期的主要策略，同时没有放弃国家统一目标，1955 年提出通过全国范围内的自由普选实现国家和平统一的建议，设计了南北方通过协商组织选举的方案，把握了民意的主动权。南越却对该主张置之不理，从 1955 年底开始还封锁了临时军事分界线，切断了南北之间的正常交往。其拒绝北越提议的理由主要是“北方不存在自由选举的条件”。此举明显违背民意，1956—1957 年南越各界民众掀起各种要求和平统一与自由民主的运动，仅 1957 年前三个月就爆发了 50 次罢工。

随着实力增强和形势变化，1959 年北越的越南劳动党调整了国家统一路线，强调南方革命的基本发展道路是暴力道路，需要通过武装斗争完成国家统一。此后越南南方人民的武装反抗运动汹涌澎湃，游击队在解放区成立了人民自管委员会，没收地主土地分给农民。1961 年 2 月，南方各地武装力量统一整

① 胡志明：《越南劳动党的三十年》，载《越南劳动党光辉的三十年》，世界知识出版社，1960 年，第 49 页。

编为“越南南方人民解放武装力量”，即“越南南方解放军”，组建了统一的指挥部，发展出主力部队、地方部队和游击部队三种形式的武装力量，其中主力部队基本由北方输入。随着斗争激化，1961 年美国发动了针对北越的“特种战争”，又称“反游击战争”或“次有限战争”。同时美国与南越发表《联合公报》，提出美国扩大对直越的援助并派遣美国专家等 8 项措施。然而在对手的强大攻势面前，旨在切断北越与南方广大农村联系的“斯特利—泰勒计划”完全失败，吴庭艳政府垮台，本人被政变部队打死，到 1964 年美国在南越推行的“特种战争”战略宣告破产。

为了挽回败局，美国约翰逊政府将“特种战争”升级为“局部战争”，大量派遣美军进入南越，实施“南打北炸”。到 1968 年驻越美军人数达到 53 万人，南越军队扩大到超过 100 万人，韩国及东南亚条约集团国家的驻越军队近 7 万人。开始，北越军队实施消耗战略，在精心准备的有利地形下吸引美军进攻，激战至伤亡达到一定程度就撤离战场。1968 年 1 月底，北越发动了规模空前的春节攻势。超过 8 万北越军队和越共游击队对南越几乎所有的大小城市发起了进攻，其规模和惨烈程度令美国人大为震惊。在这次攻势中，北越损失了超过 5 万人，牺牲巨大。南北越之间的力量对比在春节攻势之后发生了有利于南方的变化，北越开始同意谈判。同时，春节攻势使约翰逊不得不承认失败，1968 年 3 月，约翰逊发表演讲，表示美军将逐步撤出越南，并宣布放弃竞选下任总统。1969 年，尼克松成为美国总统，表示要推行“越南化”政策，或称“非美化”，即“越南人打越南人”，让美军逐步撤出越南，并于当年 6 月撤出首批 25000 名美军。

1969 年 1 月起越美四方会谈（美国、北越、南越、南越反政府武装）开始巴黎进行。谈判中美国提出先解决军事问题后解决政治问题的方案，北越提出二者要同时处理。美国是希望北越从南越撤出军队以维持南越政权有效统治，北越是希望通过军事让步换取美国压迫南越阮文绍政府辞职，从而使南方反政府军力量进入政权核心，组建北越具有控制力的联合政府。但在巴黎谈判持续的前三年半期间，谈判毫无进展，战争仍在继续。美国试图在保存南越亲美政权的前提下“体面地撤军”，为此不断向对手施加军事压力。1969 年 3 月，美军开始秘密轰炸柬埔寨境内的北越军事基地。1970 年 5 月，美军入侵柬埔寨，直接进攻那里的北越军事基地。到 1971 年，美军死亡人数已超过 4 万。1972 年 3 月，北越动员了全部军事力量，发动了比 1968 年春节攻势更大规模的“复活节攻势”。为摆脱困境，尼克松下令美国 B-52 战略轰炸机对北越进行全面轰炸。北越在复活节攻势中损失超过 10 万人，越南解放军总指挥武元甲也因此被撤职。在此背景下，一度停滞的巴黎会谈在 1972 年 4 月得以恢复。1973 年 1 月四方签署了《关于在越南结束战争、恢复和平的协定》，即《巴黎协定》，并附有四个议定书。《巴黎协定》规定美国及其他外国军队从越南撤军，承认越南南方存在两个政权、两个控制区的现实。但也规定：“越南的统一，将通过南北方之间的讨论和在达成协议的基础上，在不受任何一方的压制或吞并以及在没有外来干涉的情况下，通过和平方法逐步实现。”

南北越均没有严格履行《巴黎协定》。南越政权在美军撤出之后采取各种措施占领交通要道，巩固各级政权，进犯解放区。北越军民利用美军撤出南越、南越政权面临严重统治危机的有利形势，以北方正规军为主，在南越人民武装和人民群众的配合下，于 1975 年 3 月发起了“春季攻势”，经过 55 天奋战，共歼灭和瓦解敌军 100 多万人，推翻了南越政权，实现了越南南北方的统一。北越取胜的策略是多方面的：首先是利用了美军实行战略收缩的有利时机；其次是正确选择攻击目标，直指敌之要害和弱点，使敌指挥失灵，运输保障困难，进无力退无路，最终导致失败；三是乘势扩大战果，不给敌以喘息之机，利用敌调整部署、兵力收缩等时机，迅速达成作战目的；四是适时转换作战形式，敢于进行阵地争夺战、城市攻坚战、大兵团正规作战。在与美军作战时，主要采取袭击战这一作战形式。在力量对比发生根本变化时，适时将北方主力部队投入南方战场，进行战略决战；五是军事打击与政治瓦解互相配合；六是重视炮战和特工战，特工战是北越军作战的一个重要特点，其任务通常是破袭敌指挥机关、水陆交通枢纽、后方补给仓库、小股部队。

实际上，越南南方民族解放组织及其武装运动一直都是北方领导的，因此南北越南的统一逻辑也不可能脱离北方的设计框架。1975 年越南南方共和国政权取代南越政权后，南北越南分别于当年夏天向联合国提交了入会申请。但下半年北越在统一问题上的设想发生明显变化，统一进程加快。11 月南北双方代表团举行政治协商会议，就统一问题进行了协商，并成立了国家及地方的选举委员会。1976 年 4 月越南全境进行普选，6 月新国会举行第一次会议，正式宣布南北统一，决定统一后的新国家名为“越南社会主义共和国”。

（四）观察与启示

“势”的方面，越南推进并完成国家统一的时代背景是二战后如火如荼的亚非拉民族解放浪潮高涨时期，北越政权高举抗法抗美的反侵略旗帜，在很大程度上赋予了其政治斗争的合法性与正统性。虽然越南南部与北部民众之间在文化、生活习惯及社会心理等方面存在很大差异，但北越提出的“独立、统一”政治诉求符合当时的时代潮流，具有正义进步的感召力，能够获得越南南北广大民众的政治认同和支持。而在这股时代潮流中，支持北越政权的中苏两大社会主义国家当时在国际上的影响正在蒸蒸日上，两国特别是中国对北越政权源源不断的物资援助与武器装备使其在面对强敌长达数十年的连续战争中拼得起资源消耗，最终靠坚持不懈的武力统一政策实现了越南的国家统一，创造出国际冷战格局下以武力自己主导完成国家统一的典型案例。从“势”的方面回顾越南统一历程，应该庆幸其在国际社会主义阵营强势时期完成了国家统一任务，如果再拖个 10 年，放在冷战后期美国处于攻势苏联处于守势的背景下其结局如何又当别论。

“力”的方面，通过战争形式完成国家统一的越南案例主要还应视为软实力统一。虽然北方在人口数量和经济实力方面都略优于南方，但对比并不悬殊。战争更主要拼的是军事实力和经济实力，南越在美国的援助下这两方面并不逊于北越，相反，从数量和武器装备上看北越军队并未占优。北越在长达 10 余年的战争中最终赢得了胜利，关键在于其在军事方面的出色的动员能力、组织能力和战斗能力，明显强于南越军队。北越军队在战争中的损失大大超过美军和南越军队，但强大的动员能力使其可以迅速恢复战力，例如在 1968 年的春节攻势和 1972 年的复活节攻势中，动员了全部军事力量的北越军队分别付出 5 万人和 10 万人惨重代价，但每次都在几个月后就可以补充兵员恢复战力，并确保军队仍然具有高昂的士气。根据美国退伍军人事务部（United States Department of Veterans Affairs，VA）2015 年公布的统计数据，越战美军阵亡人数是 47434 人，非阵亡人数是 10786。估计南越军队死亡 316000 人，而北越军队死亡高达 1176000 人，大约三倍于对手。战争会使双方受损，但谁能承受更大的损失本身是组织能力、动员能力的体现，共产主义思想和集体主义信念在组织和动员方面拥有更大的优势，这是战争中的软实力。有能力承受更大损失的一方往往可以成为战争最后的获胜者，从而实现其优先考虑的战略目标。

“策”的方面，北越充分运用和发挥了自己在软硬实力方面的优势，不断施压迫使对手向自己的战略目标靠拢。在当时的时代背景下，北越政府要求国家统一代表越南民族的主流民意，也得到南方大量民众的支持，南方反政府武装力量愿意在追求统一独立的旗帜下接受北越政府的领导，北越对南越形成明显的优势。阻碍越南实现国家统一的障碍主要是以美国为代表的外部干涉势力，因此北越的策略首先是要求美国及其他外国军事力量的撤出。为此，北越不惜代价发动持续而有力的进攻，边打边谈，边谈边打，一直打到美军承受不起支持南越的代价，不得不全部撤出，为越南以军事手段实现国家统一创造出充分条件。在这一过程中，北越清楚与美国的实力差距悬殊，因此运用了积极的外交手段，在周旋于中苏之间获取双方大量的对越援助之外，还借助美苏对抗的国际格局和中苏的大国实力迫使美国在谈判桌上最终让步。在清除了南越的强大外部支持力量后，北越就可以联合南方反政府武装轻松击败南越政府，为南北统一铺平道路。南越政权被消灭后，南方反政府武装力量成立了越南南方共和国，与北越相互独立，计划五年后，即 1980 年以后，双方讨论国家统一问题。北越坚定的国家统一目标在此时又一次发挥了重要的作用，避免了南北分治的夜长梦多。北越利用当时对自己绝对有利的南北关系，在南越政权灭亡的当年，即 1975 年下半年就发挥对南方政权的影响力，与越南南方共和国政府加紧协商国家统一方案，次年就南北合并完成了国家统一。在共同组建的统一国家中，北方人士在政府机构中占据了压倒性优势，越南南方共和国的一些领导人和知名人士虽然进入新的国家机构中，但并未占据核心决策位置，因此越南最后的国家统一方式也被认为是与联邦德国合并民主德国类似的“吸收”方式。

三、也门

1990 年 5 月，阿拉伯也门共和国（北也门）和也门人民民主共和国（南也门）议会批准了统一宪法草案和《萨那协定》，选举出统一国家的最高权力机构，总统委员会主席萨利赫宣布也门共和国诞生，将北部的萨那定为统一国家的政治首都，南部的亚丁为经济首都。也门是二战后通过战争与和平手段综合运用完成国家统一的案例。

（一）也门统一之“势”

也门的分裂与殖民主义的国际背景有关，但其统一与德国和越南一样是美苏争霸的国际冷战格局背景下的产物，所不同的是，越南统一完成于苏联强势、美国弱势时期，而也门和德国的统一完成于美国强势、苏联弱势时期，也因此，越南是苏联支持的北越社会主义政权完成了统一，而也门和德国则是美国支持的北也门和联邦德国资本主义政权完成了统一。也门与德国的统一都在 1990 年实现，次年苏联解体。

也门历史上曾经是阿拉伯帝国的一部分，信仰伊斯兰教。从阿拉伯帝国独立后建立过几个王朝，后来两度被奥斯曼帝国统治。第一次世界大战前，也门被奥斯曼帝国殖民统治，但奥斯曼帝国承认此前以军事和政治手段实际控制也门南部的英国统治权力。一战结束后，奥斯曼帝国土崩瓦解，也门随之于 1918 年宣布独立，同时新政权也不得不承认英国对南也门的占领。

1962 年，北也门“9·26”革命后建立了共和制度的阿拉伯也门共和国，与被推翻的封建王朝进行了长达 8 年的内战。共和政权得到了苏联、埃及和叙利亚的支持，封建政权得到美国、英国和沙特的支持。1967 年第三次中东战争之后，出于阿拉伯国家团结的需要，以及各国自身问题，埃及和沙特都停止了原来的援助政策，主张和解。北也门的共和派和君主派均做出妥协，签署了《吉达协议》，同意停止内战，君主派控制地区的行政管理维持不变，由原班人马负责，共和派并接纳部分原王室成员参政，进入中央政府，共和派与君主派合作成立联合政府。北也门的统一很大程度上是两大外部势力埃及和沙特调整对北也门的干预政策后的结果。原本敌视北也门共和政权的沙特和英法在 1970 年共和派和君主派签署了《吉达协议》同意和解后，均于 7 月正式承认了阿拉伯也门共和国。统一后的北也门开始着手与南也门实现国家统一的任务，一是试图通过与南也门的合并来壮大自己的力量，二是国家统一是也门人民的主流民意，三是南也门可能有大油田，统一后可加速北也门经济发展。

二战后西亚北非地区掀起了风起云涌的民族解放运动，统治南也门的英国殖民当局调整了殖民政策，迫使几个酋长国和苏丹国的首领在其拟定的“南阿拉伯酋长国联邦”宪法上签字，1959 年 10 月“南阿拉伯联邦”成立。1962 年北也门共和政府成立之后支持南也门的民族主义运动，南也门的民族主义者经过武装斗争，于 1967 年成立了“南也门人民共和国”。独立后南也门政权内部存在保守派与改革派的斗争，后来改革派占据上风，决定选择与北也门不同的社会主义道路，外交上同苏联等社会主义国家结盟。1970 年颁布了第一部宪法，将国名改为“也门人民民主共和国”。南也门政权在推进社会主义变革的速度上分成激进派与温和派，激进派主张全面依靠苏联，快速推进社会主义变革，并与持不同观点的温和派发生冲突和政变，1986 年最终赢得胜利。此时苏联势力在国际格局中已经消退，南也门出于摆脱经济困难和政局不稳的考虑，希望与北也门改善关系。当时由于多年模仿苏联僵化的社会主义体制，南也门经济状况不佳，并因与苏联跟得太近，在保守的阿拉伯世界十分孤立。内部的贫困和外部的孤立促使其在苏联解体前加速与北也门的合并。北也门抓住时机，1987年实现双方最高领导人的高级会谈，并于次年签署了有助于推进统一的《边境协议》和《萨那协议》。1989年南北双方开始磋商两国统一的形式，并于次年得以实施。

（二）也门统一之“力”

北也门硬实力略强于南也门，但并不明显。1970年到1990年，北也门每年的GDP基本上维持在南也门GDP的4到7倍。当然，从绝对值水平看，也门南北双方的经济实力都比较薄弱。北也门的支柱产业是农业，占国民收入的70%，农业人口占总人口的90%以上。财政收入主要来源于海湾地区阿拉伯产油国的外援和侨汇，但难以维持财政收支的平衡，经常入不敷出。然而南也门情况更糟。财政收入同样主要来源于农业和原油出口，以及外援、借款和侨汇，债台高筑，难以为继。据1990年的统计数据，北也门的人口是716万，南也门的人口是258万，北方是南方的近3倍。不过北也门幅员较狭小，只有南也门面积的1/2强。

软实力方面北也门并未占优。1918年北也门宣布独立后，其实力与此前相比并无明显增长。新政权统治者叶海亚（伊玛目叶海亚）在软实力方面可能不进反退了。在第二次统治也门期间，奥斯曼人对北也门实施了比较开明的政策，进行了司法、行政方面的改革，如在一些地区设置了具有代议性质的“行政会议”，设置了教育行政管理机构，颁布了教育法，还创立发展了医院、邮局、铁路等。叶海亚统治时期不但没有承袭奥斯曼时期制度，还将其在北部山区实施的传统部落式的统治模式扩展到全国，建立了一个政教合一的伊斯兰教国家。作为国王，叶海亚既是政治上的最高领导，也是宗教领袖和国家最高军事统帅以及最高法官，各部大臣及首相均由其直接任命。国家没有议会和宪法，伊斯兰教成为北也门司法的唯一来源。这种专制制度令自由派人士不满，他们发起“1948年革命”运动，刺杀了叶海亚，成立了联合政府，但随后被叶海亚之子艾哈迈德镇压。封建神权专制统治得以延续，内部矛盾未能解决，北也门社会经济发展停滞。1962年，北也门的“自由军官组织”发动革命，推翻了伊玛目王朝，建立了阿拉伯也门共和国。此后北也门的共和派与君主派经过8年内战，最后建立了维持政治平衡的联合政府，虽然通过《民族宪章》标榜实行三权分立的民主政治，但北也门不允许任何政党存在，也不存在真正的立法机构。

南也门的社会主义制度也没有显示出制度方面的软实力优势。早先，也门社会较为落后和分散，共有 160 多个较大的部落。每个部落都有自己的组织结构，有自己的传统领地和武装力量。英国正是利用也门南部各部落分散落后的特点，采取武力威胁与金钱收买相结合的手段，通过一系列条约将其势力扩展到整个也门南部地区。南也门独立后，依靠具有政治权力集中的组织官僚体系对社会进行有效控制，通过社会主义改造了地方部落的势力，但官僚体系内的派系斗争始终存在，并伴随冲突和流血，最终丧失了民众的信任和支持。南北也门的政权权力都集中在少数政客手中，在一个由众多的传统部落构成的政治结构中，主要均依靠个人关系网络和部落的忠诚维持政权运转，而不是通过选举或其他制度性机制有序进行，因此南北也门的政治权力交替过程均缺乏合法而稳定的程序或机制，常常出现通过暗杀或政变手段实现更替的现象，这一点双方均没有强于对方。

社会结构方面，北也门 90% 的居民为阿拉伯人，全体居民均信仰伊斯兰教，伊斯兰教在 1970 年宪法中被定为国教，是一切法律的源泉。南也门居民的 75% 是阿拉伯人，另有 11% 的印度人和 8% 的索马里人。伊斯兰教信徒占 91%，基督教徒 4%，印度教徒 3.5%。南也门的社会人口和文化结构比北也门更加多元。亲苏的南也门政府推崇马列主义，但在伊斯兰教信徒为主体的社会中，实际上并未成为南也门居民的主流价值思想，除在男女平等、提倡妇女解放的方面外，南北也门居民的生活方式与价值观并不存在太大差异。共同的宗教信仰与共同的语言风俗在拉近南北也门的民族情感和民族认同的同时，也使双方在软实力方面不相上下。南北也门的软硬实力的接近形成双方力量的平衡分布，由此决定了双方在相当长时期内无论以协商手段还是战争手段推动国家统一都难以产生有效结果。

（三）也门统一之“策”

在南北也门要不要统一、以何种方式实现统一的问题上长期存在不同声音，不过，由于也门南北双方的民意都有国家统一要求，总体而言提出推动国家统一在南北都是有强大支持力量的。当然，反对势力也存在，而且有时表现得非常坚定，甚至屡屡出现暗杀等极端手段。虽然主张统一是主流声音，但在策略运用上南北也门政权均没有明确是通过和平还是非和平方式进行统一，而是在推动统一的过程中边谈边打，时战时和。武力从来没有被排除使用，即使双方起草了国家统一宪法仍有战争，甚至南北已经统一后仍会爆发全面内战。武力使用和战争伤害并没有导致南北也门反目成仇，放弃国家统一，很大程度上应该归因于也门南北民众具有共同的历史、共同的文化、共同的语言、共同的宗教和共同的风俗习惯，南北双方民意具有高度的共同的民族情感和民族认同，南北政权在以协商或战争手段推动国家统一时都有赖于此。如果反思最成功的策略，应该首推统一时机的把握。没有美苏争霸和冷战的结束，南北也门的统一进程也可能有不同的结果。当然，把握历史时机与掌握政权的领导人政治力量密切相关。

从也门统一的过程看，国家统一的推动力量往往是在政权强势领导人形成后出现的。1962 年也门北部成立阿拉伯也门共和国、1967 年也门南部成立“南也门人民共和国”之后，双方都很重视统一问题。南北也门领导人都想高举统一旗帜以赢得民心，不过当时任何一方政权的领导人在国内都不足够强势，也不具备能够以武力手段实现统一的硬实力，因此虽然屡屡发生战事，但都没能一举以武力方式完成国家统一。在阿拉伯国家协调下，1972 年南北双方签署了停火、统一协议并发表了统一宣言。由双方组成 8 个统一委员会就统一事宜进行具体协商，委员会涉及宪法、军事、外事、经济财政、法律、教育和文化新闻、卫生等。

1974 年北也门武装部队副总司令哈姆迪成立了由 10 名军官组成的指挥委员会，并担任指挥委员会主席兼武装部队总司令，全面接管了北也门国家政权。哈姆迪曾经担任过传统的宗教法官，并接受过现代军事训练，使其具有强化国家权力的雄心和魄力。哈姆迪接管政权后，采取了一系列措施，取消了共和委员会，冻结了协商议会，终止了宪法，强化了中央权威，限制了部落酋长的权力，严禁部落酋长干政，清除了部落主义倾向严重的军人，使北也门中央权威得以建立。在政治强人稳定国内政局后，其必然会顺应民意雄心勃勃地着手实现国家统一。然而北南也门在推动国家统一的进程中均存在国内外的强大阻力。北也门最高领导人、指挥委员会主席哈姆迪积极推动与南方领导人互访探讨国家统一的举动遭到受政治打压的北也门部落势力的反对。1977 年 10 月 11 日，在准备前往南也门讨论南北也门统一方案的前一天，哈姆迪遇刺身亡。继任的加什米在 1978 年 6 月 24 日会见南也门政府特使时，特使的手提箱发生爆炸，加什米及特使当场被炸死。事件第二天，南也门亲苏派发动武装政变，将南也门主席鲁马伊逮捕并处决。南也门亲苏派上台后全面依靠苏联，于 1979 年 2 月在苏联支持下向北也门发动武装进攻，企图走越南模式，与北也门的“民族民主阵线”武装力量里应外合消灭北也门政权，以武力方式实现国家统一，但力有未逮，未能如愿。

也门统一的任务在北也门的另一个政治强人出现后得以实现。1978 年 7 月，在北也门总统加什米遇害后，年仅 36 岁的萨利赫被人民议会选举为总统兼武装部队总司令。萨利赫出身于也门最有势力的哈希德部落，得到部落酋长们的认同和接受，其长期的军旅生涯带给其政治军事资本，因此担任总统后，萨利赫实行铁腕统治，通过武力和谈判并举的刚柔相济之策逐步解决了全国各地的反政府武装，确立了在国内的政治权威。此后于 1979 年 2 月与南也门爆发了第二次大规模边境战争。在阿拉伯国家调解下北南双方再次签署统一联合公报，成立宪法、经济、军事、司法、文教等五个委员会，分别进行会谈。在苏联东欧剧变的前夜，南北也门最高领导人于 1987 年到 1989 年实现互访，1990 年 5 月 22 日实现合并统一，建立只有一个立法、执法、司法机构的也门共和国。

也门统一后的南北政权整合并不稳固，1994 年南北之间再次爆发军事冲突，南方领导人比德发表声明正式宣布脱离也门共和国，成立“也门民主共和国”，恢复南也门的独立地位。但萨利赫立即发表声明，谴责该举动为非法，并迅速依靠军事手段粉碎了国家分裂举动，维持了也门统一局面。此次内战死亡 5 万人，几十万人受伤和流离失所，直接经济损失 100 亿美元以上，大大超过也门的 GDP 水平，对也门这种人口和经济规模的国家来说是付出了巨大代价。最终统一后的也门没有重新分裂，首先应归功于政权领导人对国家统一的坚定意志。没有强势领导人就难以统一和整合政权内部的不同意见，没有对国家统一战略目标的坚定追求就会在巨大的损失和代价面前犹豫不决、错失良机。在这一点上，南北也门的几位强势领导人的决策和遭遇会让人联想到美国南北战争时期为追求国家统一而遭暗杀的林肯总统，如果当初没有林肯总统的坚定意志，北方政权在战争中的军事失利面前会做出怎样的决策同样是难有定论的历史假设。

（四）观察与启示

通过和平方式实现统一不仅需要双方都有推进国家统一的诚意，还需要有各自均能接受的统一方案。该方案既可以是一方制度和管理权力的扩展，也就是吸收式统一，如德国模式；也可以是分阶段过渡的联合式统一，先保留各自政权及制度的基础上，未来实现权力与制度的统一。也门模式属于后者。1989 年南北也门在磋商统一形式时，北也门倾向在联邦构架内与南方统一，而南也门则主张先建立邦联，第一阶段保持两个独立的政府，然后逐步向最后的统一过渡。经过协商，最后南也门的方案被采纳。双方签署的《亚丁首脑协议》规定：同意和批准统一宪法草案，依照各自宪法体系6个月内在各自议会通过；启动也门最高委员会、联合内阁委员会和统一委员会。1990年的《萨那协定》规定：南北也门融合成国号为“也门共和国”的完全的统一体，它拥有单一的立法、行政和司法机构。过渡期内，双方议会联席会议选举产生由5人组成的总统委员会，过渡期限定为两年半。总统委员会将组建也门共和国政府，共和国政府将获得宪法赋予的一切权力。

也门模式尤其适合双方政权实力相差不大的状况。过渡政权由双方执政党遵循平衡原则进行权力分配后组成，正副总统、正副总理、正副议长、正副部长均按平衡原则均衡分配指标。这种方式暂时维持了双方政治精英阶层的既得利益，回避了统一过程中最为敏感的权力得失问题，避免或减少了统一过程中因个人政治社会地位变迁可能引发的对国家统一的反对和阻挠，降低了社会的震荡程度。缺点是政府组织的机械合并不仅使统一后的政府组织庞大重叠，还造成各部门机构间运行缺乏一致性，甚至相互冲突。权力斗争虽然得到暂时回避，但终究会在各个领域展开，处理不好仍然会爆发激烈冲突，1994年也门南北再次爆发内战就是这个问题的最终产物。如何更好地解决权力分配问题仍是也门模式需要进一步研究的内容，这属于“策”的范畴。

四、坦桑尼亚

坦桑尼亚位于非洲大陆东部。1964年，原来的大陆国家坦噶尼喀和海岛国家桑给巴尔统一为坦桑尼亚联合共和国。前面德国和越南是吸收式统一的成功案例，坦桑尼亚则是与也门相似的联合式统一的成功案例。与南北也门两个规模相当的国家实施统一不同，坦桑两国是规模相差悬殊的国家完成统一。

（一）“势”的影响

坦噶尼喀和桑给巴尔拥有共同的语言和文化，但联合统一前是两个新兴的独立主权国家。坦噶尼喀近代历史上先后作为德国和英国的殖民地，二战后联合国大会将其作为托管地交由英国管辖，1961年宣告独立，1962年成立坦噶尼喀共和国。海岛国家桑给巴尔也曾受英国统治，1963年宣告独立，成为由苏丹王统治的君主立宪国家，1964年当地民众推翻了苏丹王的统治，建立了桑给巴尔人民共和国。这两个新独立的东非国家在国际格局中的立场和位置是不一样的。

坦噶尼喀与西方关系很好，接受西方援助，政治制度实行西方的总统议会制。美英等国支持坦噶尼喀与桑给巴尔合并，因为坦噶尼喀很大，桑给巴尔很小，其合并被有些人认为是坦方的影响延伸。美国《纽约时报》1964 年 4 月 25 日的社论说，由于与坦噶尼喀合并，桑给巴尔成为非洲沿海的古巴的危险消除了，“我们现在看到了顶好的事情。”桑给巴尔与社会主义国家友好，接受中、苏、民主德国、古巴的援助，与美英关系紧张，政治制度上革命委员会主宰一切。在桑给巴尔内部又分为三派，总统卡鲁姆派、“亲苏”的汉加派和“亲华”的巴布派，巴布派发展尤其迅速。然而意识形态和政治制度的差异并没有形成坦桑之间尖锐对立，因为主导联合统一的坦方政治倾向并不激进。坦方领导人尼雷尔是著名的泛非主义者，一直致力于建立东非联邦乃至非洲合众国，其对帝国主义的反对和对社会主义的宽容使得支持桑方的社会主义国家也不反对二者合并，当然，更重要的是坦桑双方的最高领导人都是坚定的和平统一者，且具有高度的政治互信。

在桑给巴尔独立建国之初，总统卡鲁姆仍要面对外部东西方两大阵营对峙的压力，并因外部势力的影响导致内部政坛纷纭复杂。新政权迅速得到众多社会主义国家的承认，中国、苏联等并提供大量经济援助。美英迟迟不予承认新政权，且在附近海域派遣舰队，没有军队的桑给巴尔担心美英海军随时可能发动武装进攻。除外部威胁外，内部各派势力也在纷纷壮大自己力量，例如巴布派势力就开始有自己的武装力量支持。没有自己武装的总统卡鲁姆感到势单力孤，于是向坦噶尼喀总统尼雷尔借来 300 名武装警察维持治安，稳定局势。1964 年 4 月，尼雷尔总统和卡鲁姆总统分别宣布坦桑两国将合并成为一个主权国家的消息，当月交换批准书，正式宣告成立坦桑联合共和国。

坦桑合并过程中没有太多的国际势力的强力介入，使得统一过程迅速完成，但对外交环境还是产生巨大影响。该地区曾经是德国的殖民地，与德国关系深厚。合并前坦方与联邦德国有外交关系，桑方与民主德国建交。统一之初，桑方要求保持与民主德国等社会主义国家的外交关系，坦方也答应同时承认两个德国。但联邦德国的外交原则是不与民主德国的邦交国建交，坦方被迫回过头来压桑方，遭到桑方激烈反对，最后迫使坦方与联邦德国闹僵，驱逐了所有联邦德国援助的技术人员，转向中国求助。

（二）“力”的对比

坦噶尼喀和桑给巴尔联合统一得以顺利进行的关键是双方具有统一基础且

互有需求，而小的一方对统一的需求更强烈。两国都使用斯瓦希里语，使得合并后的国家很容易将斯瓦希里语定为国语，与英语同为官方通用语。信仰方面，坦噶尼喀居民中 32% 信奉天主教和基督教，30% 信奉伊斯兰教，其余信奉原始拜物教；桑给巴尔 99% 的居民几乎全部信奉伊斯兰教。两国大小相差悬殊：大陆国家坦噶尼喀面积 94 万平方公里，是海岛国家桑给巴尔的 355 倍，人口 1964 年是 900 多万，是桑给巴尔的 30 倍。且双方距离很近，桑给巴尔距坦方重要城市达累斯萨拉姆只有 40 多公里。双方力量相差悬殊，统一对双方的安全都有好处。

历史上桑给巴尔对坦噶尼喀乃至整个东非沿海都有举足轻重的影响，有时是威胁。自中世纪起，桑给巴尔就是阿拉伯奴隶贩子和商人去非洲大陆的基地，从非洲大陆贩卖奴隶、象牙、犀牛角等物品的市场和转运站，是近代欧洲探险家向非洲大陆出发的据点。坦噶尼喀总统尼雷尔曾经担忧桑给巴尔会受外国势力入侵进而对自身带来威胁，因此将其视为坦噶尼喀的最重大问题之一，曾说“这是一个外国君主国，它的臣民在涉猎政治，它很容易受到外来的影响。”[①] 桑给巴尔发生革命推翻了阿拉伯封建统治后，尼雷尔积极推动双方的联合统一可以提升自身的安全。

双方联合统一对力量弱小的桑给巴尔当然更有利。桑给巴尔经济结构单一，主要靠出口丁香，人均收入水平低。坦噶尼喀虽然也是低发展水平国家，但合并后大陆可以为桑岛供应电力、燃料、建材、食品和日用品，为桑岛进口贸易提供港口服务。统一除了经济上可以带来好处，政治上也会带来安全。尤其是桑岛革命爆发之初，总统卡鲁姆面对的不仅有革命前亲英国的苏丹君主政府，还有其他对立政党，以及党内不同派别，卡鲁姆需要借助坦噶尼喀的力量顶住外部压力、击退国内反对势力，维护和巩固新生政权。

从软实力的角度看，坦噶尼喀和桑给巴尔联合统一很大程度上是领导人个人魅力的引导结果。第二次世界大战后，亚、非、拉兴起了巨大的民族解放斗争风暴，殖民地纷纷独立，帝国主义的殖民体系上的瓦解。全世界 180 多个国家中，有近 100 个国家是在战后宣布独立的，其中非洲 48 个。这些新兴的非洲国家民主意识和民主制度都刚刚起步，领导人的个人魅力往往对国家决策起到至关重要的作用。桑给巴尔卡鲁姆总统在革命成功后立即访问坦噶尼喀，提出

① 尼雷尔:《非洲合众国》，1963 年，转引自：陈云林主编:《当代国家统一与分裂问题研究》，九州出版社，2009 年，第 144 页。

一系列援助要求，表示愿意在不久的将来与坦方讨论联合或联邦关系问题。两个月后坦方正式提出联合问题，卡鲁姆总统马上表示“现在就准备好了”。事实上桑给巴尔内部对双方统一并不知晓，基本上是领导人秘密谈判的结果。桑给巴尔革命委员会大部分成员反对联合，卡鲁姆总统召集革命委员会开会，不少委员缺席，审议时不少人反对，是卡鲁姆总统施压强行通过的结果。卡鲁姆总统召集党员干部训话，威胁说：“谁敢带人到我面前说不赞成坦桑联合，我马上就用枪打死他。以后如果发现有人还继续在外面散布反对联邦的言论，也将被枪毙。”①

执政者对联合统一的坚定态度也是影响国家统一的软实力表现。后来有些政党和政客鼓动桑给巴尔独立，遭到双方领导人的强烈反对，维护了国家统一。对于1992年的“桑独”运动，桑给巴尔总统阿穆尔明确表示：“那些想乘实行多党制之机分裂大陆和桑岛联合的人只能玩火自焚。”坦桑尼亚总统尼雷尔也警告说：“谁破坏联合，谁就要犯叛国罪，就要被立即处置。”在坦桑尼亚执政者的坚持下，执政党全国大会正式通过决议：未来正常注册的条件，必须是包括大陆和桑岛都有党员的全国性政党……任何政党都不准以武力或其他手段破坏国家的统一。②

（三）“策”的内容

坦噶尼喀和桑给巴尔均有联合统一的强烈意愿，决定了其自愿力量可以作为系统的序参量主导国家的联合统一。接下来的问题是采取怎样的策略和制度安排实现统一。

坦桑尼亚统一模式具有联邦国家的特征，但也有自己的特色。它没有像通常的联邦结构那样成立三个政府：两个成员政府上面设有中央政府，而是仅有两个政府：联合共和国政府和桑给巴尔政府，大陆部分由中央政府直接治理，海岛部分桑给巴尔政府有高度自治权，但受中央政府管辖。这种制度安排有利于坦桑尼亚最终从联合走向统一，而三个政府的存在其实不利于最终统一，反而会侵蚀联盟，因此尼雷尔在20世纪80年代初期和90年代初期两次坚决制止了关于再成立坦噶尼喀政府的要求和议会动议。由于统一前双方都在联合国拥有席位，统一后由中央政府取代原有的两个席位，只占有一席。原来在桑给巴

① 陈云林主编：《当代国家统一与分裂问题研究》，九州出版社，2009年，第149页。

② 裴善勤：《坦桑尼亚革命党决定在坦桑尼亚实行多党制》，新华社达累斯萨拉姆1992年2月20日电讯。

尔设立的各国大使馆降级为领事馆。

坦桑尼亚中央政府管辖范围包括：宪法、政府、外交、国防、警察、公民身份、移民、外贸、税收、全国性公用事业、港口民航邮电、货币银行外汇，并规定桑给巴尔公务员、警察和国防经费由中央政府预算支付。桑给巴尔则有很高的自治权，有单独的行政、立法和司法机构，并有参加中央政府行政和立法机关的宪法权利。桑给巴尔拥有的这些权利远远大于其按面积和人口的比例，体现出中央对坚持统一的地方的优待政策。

桑给巴尔有自己的宪法和国歌，1979 年由此前三位一体的革命委员会改为行政、立法、司法三权分立。桑给巴尔有自己的政府，首脑称总统，最高权力机构是革命委员会，政府各部长官由桑给巴尔总统任命，中央政府不干涉。中央政府的正副总统由全国选举产生，但不能由任何一方包揽，即如果总统是大陆人，副总统必须是桑岛人，反过来如果总统是桑岛人，副总统必须是大陆人。桑给巴尔立法机构原为革命委员会兼职，1979 年新设代表院取代，1984 年后大多数议员才改由民选产生，只有少数议员由桑给巴尔总统指定。桑给巴尔有单独的司法机构，不从属于中央政府司法系统，桑给巴尔最高司法长官由桑给巴尔总统任命。坦桑尼亚宪法规定，桑给巴尔高等法院享有有中央政府高等法院并行的法权。为处理和解决中央政府与桑给巴尔政府之间的法律争端，1977 年成立特别宪法法庭。坦桑尼亚中央政府虽在全国范围内拥有立法征税的权力，但也给予桑给巴尔一定程度的单独征税权。桑给巴尔在出入境和军务上也行使一定的自治权。入境时来自大陆的访问者在进入桑岛时需要出示护照、身份证或其他官方旅行证件。桑给巴尔海关对来自大陆的产品同样征收关税。出境时桑岛人前往大陆也需要持有出境许可证。1969 年桑给巴尔政府还宣布任何娶了桑给巴尔新娘去大陆的人必须偿付桑岛培养她而花费的医疗和教育费。在军务上，桑军司令和各级指挥官都由桑岛人担任，其部队有时也派驻大陆，但大陆部队只被允许少量派驻桑岛部分地区。

坦桑双方的执政党合并也在客观上有利于双方真正走向统一。坦桑尼亚联合初期尼雷尔就试图搞两党联合，但因桑方领导层反对和抵制而被搁置。桑方领导人更迭后，尼雷尔又提出合并方案，桑方新领导班子原则上同意该建议，但强调党的政治活动不能渗透到双方的行政机构中去，要求合并后保持一定的独立性。1977 年两党合并，新党章规定党的代表大会是最高权力机关，其一切决定都需由坦桑两地各有 2/3 代表的同意。这意味着桑方对一切问题都拥有否决权，从而在法律上保证桑方可通过其政府机构对非联合事务如财政、司法等行使主权。两党合并后桑方仍可保持很大的独立性。

（四）观察与启示

坦桑尼亚与也门都属于联合式统一模式。与吸收式统一模式相比，该模式较为机械，后续整合问题较多，分裂倾向波动较大，但能较好地照顾双方的利益和感受，对外部条件要求较低，更易操作。这种模式的具体实施也同样各有特色，坦桑尼亚较之也门有以下不同：

第一，也门统一过程长，坦桑尼亚过程短。南北也门从1970签署《塔兹协议》确认南北也门将组成一个邦联国家到1990年双方正式统一为一个主权国家共用20年时间，而坦桑尼亚是在坦桑双方领导人互访后极短时间内就签署并批准《联盟条款》的，次日就宣告成立坦桑尼亚联合共和国，前后只有几个月时间。

第二，也门是先有统一宪法，后有统一国家，坦桑尼亚正好相反。也门统一宪法生效后，原来两国各自的国家宪法即被废除，坦桑尼亚统一宪法出台后，桑岛仍保留自己的宪法。南北也门1972年签署《开罗协议》规定成立联合专家委员会，其中的宪法事务委员会负责起草统一宪法。根据《开罗协议》的制宪思路，1981年完成了统一宪法的起草工作。1990年南北也门议会批准了统一宪法草案，随即实现国家统一。坦桑尼亚是在1964年4月先根据《坦噶尼喀共和国和桑给巴尔人共和国联盟条款》正式成立一个统一的主权国家，再根据《联盟条款》的规定，新国家成立后一年内召开制宪会议通过联合共和国宪法。后来的1965年临时宪法、1977年宪法、1992年宪法都延续了《联盟条款》中的基本原则。

第三，也门统一是从邦联制入手向单一制过渡，坦桑尼亚统一是采取联邦制。1989年10月南北也门开始磋商统一形式，北也门倾向在联邦构架内与南方统一，南也门则主张统一的第一阶段在邦联的框架内进行，起初基本保持两个独立的政府，然后逐步向最后的统一过渡。协商的结果是先从邦联的方式开始，再向单一制过渡，并加以实施。后来由于也门国内局势变化，2014年也门政府宣布国家由单一制变为联邦制。坦桑尼亚则采取了联邦制统一方式，联盟条款和后来的宪法都规定了联邦制下中央和桑岛的各种权利。

第四，也门统一后又爆发统独内战，坦桑尼亚统一后的独立风波没有激化到内战程度。联合式统一模式虽然开始难度小，降低了反对和阻挠，便于操作，减轻社会震荡，但往往遗留问题也较难消化，在权力重新整合的过程中也容易出现矛盾激化。也门两党联合政府只是一个临时性过渡政权，为赢得过渡期结束后的议会大选，双方明争暗斗，导致合作危机爆发，后来甚至演化为1994年内战，造成直接经济损失超过100亿美元。坦桑尼亚统一后也出现过几次反联合风潮，中央政府采取断然措施，打破惯例，将大陆军队派驻桑岛，实行军事控制，并追查有关责任人员，罢免破坏统一的官员，以不流血的方式平息了分裂活动。

五、朝鲜

朝鲜半岛自二战后出现分裂局面，象中南半岛的越南一样，北南两个政权及主流民意都积极要求国家统一，但迄今为止却没有取得实质性突破，为学界提供了与越南实现国家统一进程不同的比较案例。

（一）"势"的变化与影响

自1948年8月和9月大韩民国（韩国）和朝鲜民主主义人民共和国（朝鲜）成立以来，朝鲜半岛一直处于分裂状态。其分裂的产生同样是二战后的国际格局产物。战后形成的美日韩"南三角"与中苏朝"北三角"的对立，成为维系朝鲜半岛南北分裂局面的主要外部背景，同时也是避免朝鲜半岛再次爆发战争的重要决定因素。冷战结束后，世界局势及东北亚局势的缓和加速了朝鲜半岛的统一进程，南北政权之间出现和解进展，但双方关系时冷时热，分歧与对立仍然巨大。

二战结束前的1943年11月，中、美、英三国举行的开罗会议上，美国总统罗斯福提及其设想：被日本占领的满洲、台湾战后归还中国，日本占领下的朝鲜由美国、中国和其他一个或两个相关国家进行国际托管。之所以提出托管方案，是因为罗斯福认为殖民地人民获得解放并建立和运行民主制度还需要接受一定时间的教育和训练。因此，《开罗宣言》对朝鲜问题的表述是："三大国念及朝鲜人民所遭受的奴隶待遇，决定在一定期限内朝鲜应取得自由和独立。"[①]1945年8月15日日本宣布投降前，美国提出以北纬38度线为界，美苏两国分别接收日军投降并维持朝鲜社会秩序，苏联表示接受。随后苏军和美军分别进驻朝鲜北部和南部，并按各自的方式开始了对占领区域的管理。12月，苏美英三国外长在斯科召开会议并就朝鲜实施托管达成协议，但随后遭到朝鲜

① United States Department of State, Foreign Relations of the United States: the Conference at Cairo and Teheran, 1943,Pubn., 7187. Washington: United States Governmtent Printing Office, 1961, p.404.

民众的强烈反弹。

随着1946年1月丘吉尔发表“铁幕”演说和1947年3月“杜鲁门主义”的出台，美苏冷战正式拉开，双方各自在朝鲜南北占领区组织本土政权。朝鲜北部，1946年2月金日成建立北朝鲜临时人民委员会，1948年8月在北方选举产生最高人民代表大会，9月公布宪法，成立朝鲜民主主义人民共和国（朝鲜），金日成任首相。朝鲜南部，1948年5月联合国朝鲜临时委员会在南部实施全面普选，7月通过宪法并选举李承晚为总统，8月成立大韩民国（韩国）。由于美苏两国对朝鲜的分割占领，南北政权的正式成立标志着朝鲜分裂格局的形成。美苏两国分别将南北政权纳入其主导的冷战阵营，朝鲜半岛南北之间不仅存在强烈的意识形态对立，也形成日益紧张的军事对峙。

1950年6月，朝鲜内战爆发，北方攻入南方，开始了历时三年的朝鲜战争。7月联合国安理会通过第84号决议，派遣联合国军支援韩国抵御朝鲜的进攻。8月朝鲜人民军将韩军驱至釜山一隅，攻占了韩国90%的土地。9月以美军为主的联合国军（美国、英国、加拿大、澳大利亚、新西兰、荷兰、法国、土耳其、泰国、菲律宾、希腊、比利时、哥伦比亚、埃塞俄比亚、南非、卢森堡）在仁川登陆，开始大规模反攻。10月中国人民志愿军应朝鲜请求赴朝，与朝鲜并肩作战，战事陷入胶着状态。1951年7月，中华人民共和国和朝鲜方面与联合国军的美国代表开始停战谈判，经过多次谈判后，终于在1953年7月签署《朝鲜停战协定》。以北纬38度线为界的朝鲜南北政权分裂格局终告定型。

整个20世纪50年代，朝鲜半岛北南政权均认为自身是朝鲜半岛唯一合法政府，希望以消灭对手的方式实现半岛的统一。在当时世界已经出现美苏两大对立阵营的情况下，南北双方不论何方如果实行武力统一都将涉及两大阵营边界的变动，都会引起美苏强权的干涉，从而难以实现。朝鲜战争焦点谈判开始后，韩国李承晚政权对停战谈判持强烈反对立场，李承晚称在朝鲜半岛实现完全统一之前进行停战是不能想象的事情。美国对当时的国际格局和双方实力对比显然有更准确的了解和更理智的判断，继续在朝鲜战场打下去并无胜算，因此通过同韩国签署相互防卫条约迫使李承晚政权停止了“北进统一”的主张，转为通过联合国协调实现统一。朝鲜方面在战后相当长一段时期也没有放弃武力统一计划，金日成虽然宣称其政权是“统一朝鲜的决定性力量”，但在冷战双方势力均衡的50年代，朝鲜不可能摆脱国际形势制约在半岛统一的进程中发挥决定性作用。

美苏冷战发展到60年代，苏联进入强势扩张期，美国则处于战略守势。苏联迅速缩小了与美国的实力差距，特别是在军事实力上逐步超过美国。中国则在60年代后半期发动了意识形态激进的“文化大革命”。外部形势的变化对朝鲜方面起到刺激作用，其统一立场由60年代初期的较温和的“联邦制统一方案”转为较强硬的“南朝鲜革命论”。金日成认为“美帝国主义在南朝鲜的殖民统治危机进一步加深，形势变得有利于革命。”并明确提出“解放南朝鲜人民，实现祖国的统一”口号。[①] 韩国方面，1961年通过军事政变上台的朴正熙政权在国家统一问题上根据国际形势变化转为守势，主张“先建设后统一”，以“胜共统一”取代“武力统一”的政策。实质上是暂时放弃了对实现国家统一的追求，转为自保。1966年韩国政府第一次发表的统一问题白皮书中提出的主张反映了这种认识和主张：通过现代化培养国力，构筑胜共统一的基础；统一问题与国际形势密切相关。换言之，韩国方面当时已经认识到当时国际形势并不利于其推动统一。

20世纪70年代，社会主义阵营结构发生变化，中苏关系恶化，中美关系改善，中日关系正常化，朝鲜半岛的紧张局势也趋向缓和。朝鲜方面降低了调门，由“南朝鲜革命论”回到“过渡性联邦制”统一方案的政策轨道，并继而提出“高丽联邦共和国”的统一方案，其核心是通过“一国两制两府”的形式组成联邦制国家。韩国方面也抓住国际局势变化的时机，放弃了60年代拒绝同朝鲜对话的政策思路，着手缓和与北方的关系，开启了朝韩关系史上的“第一对话时代”。1971年至1979年，双方对话共进行了124次。在1973年9月两德同时加入了联合国的国际背景下，韩国方面提议朝韩双方同时加入联合国，但遭到朝鲜方面的拒绝。金日成认为如果以“两个朝鲜”进入联合国朝鲜半岛必将永久分裂。这个立场与中国政府反对国际上制造“两个中国”或“一中一台”的态度如出一辙。80年代中国政府正式提出“和平统一、一国两制”政策，朝鲜方面详细阐述的“高丽民主联邦共和国”构想也体现了这一精神。“为了实现祖国的统一，就应当根据谁也不吞并谁，谁也不被谁吞并，一方不压倒另一方，哪一方也不被另一方压倒的共存原则，照旧保留两种制度，以两个自治政

① [朝]金日成:《金日成著作集（第25集）》，外国文出版社，1986年，第247页;《金日成著作集（第21集）》，外国文出版社，1985年，第400页。转引自韩献栋:《分裂国家的统一：理论与实践》，知识产权出版社，2014年，第194—195页。

府联合起来的方法形成一个统一的国家。"[①]韩国方面，也在这一时期先后提出"和平统一"（朴正熙）、"民族和解民主统一"（全斗焕）、"韩民族共同体统一"（卢泰愚）等方案。总之这一时期朝韩双方在中美关系缓和的背景下采取了以对话代替对抗的政策，但在实质问题上缺乏交集而没有突破性进展。

90年代国际形势的最大特点是冷战结束、苏联解体。在德国等国家实现了国家统一的事实激励下，朝鲜半岛统一进程开始加快，在原有对话的基础上进入了"渐进统一"的实际操作阶段。1991年9月，朝韩同时加入联合国。苏联和中国分别于1990年和1992年与韩国建交。1992年，朝韩双方签署了《南北和解、消除紧张局势和合作交流协议书》及《朝鲜半岛无核化共同宣言》。在美国取得冷战胜利的国际背景下，韩国对国家统一的态度与上一阶段相比非常积极活跃，提出了三阶段统一方案：和解合作、南北联合、统一国家。朝鲜方面的政权交接没有改变其国家统一政策，继位的金正日将金日成曾经提出的"统一祖国三大原则""高丽民主联邦共和国创立方案""全民族大团结十大纲领"统称为统一祖国的三大宪章。朝方并根据1991年金日成新年贺词提出"初级阶段的联邦制"，主旨是以一个民族、一个国家、两种制度、两个政府为基础，设置民族统一机构以适应民族共同的利益。该主张与韩国希望的统一于民主价值观和市场经济制度的"一国一制一府"的政策存在巨大分歧，因此双方关系很容易因观点分歧而矛盾激化。2000年朝韩双方首次实现首脑会晤，签署了《615南北共同宣言》，推动了南北关系的迅速发展。但由于基本分歧并未消除，且每次韩国政府换届都会出现统一政策的波动和摇摆，致使朝韩双方的信任程度始终不高，南北关系仍然时热时冷。

回顾1990年以来的朝鲜半岛统一进程，可以发现，冷战体制结束后上台的韩国政府，在国际形势变化的背景下对美国的信心更加强烈，由此带来双重影响：一方面坚信自己实行的美国式自由民主制度有更强大生命力，有更强的信心和动力去推动吸收式南北统一；另一方面美国在"一超多强"国际格局中的地位使韩国对美国的依赖更深，不肯放弃并不断强化韩美同盟，反过来招致朝鲜的怀疑和反对，无法与朝鲜主张的"自主性"达成一致。苏联虽然解体了，但战后形成的美日韩"南三角"与中俄朝"北三角"的六方关系始终都在，各自力量的变化并未改变半岛南北对峙双方集团的均衡状态，尤其是中国国力的

① ［朝］金日成：《金日成著作集（第41集）》，外国文出版社，1996年，第193—194页。转引自韩献栋：《分裂国家的统一：理论与实践》，知识产权出版社，2014年，第200页。

迅速提升对稳定朝鲜政局发挥了重要作用，相当程度上影响了韩国方面企图以德国模式对朝鲜实施吸收式统一的尝试，迄今朝韩以外四方仍是对半岛政治走向有决定性制约力量的外部环境因素。这也可以解释为什么朝鲜和德国、也门一样经历了相似的90年代的国际形势却没有像德国、也门那样实现国家统一，因为在影响朝鲜半岛局势的外部因素中，苏联的解体和影响减弱对局势的影响并非最关键的因素。

（二）“力”的变化与影响

从要素禀赋结构来看，朝鲜半岛南北各具优势。韩国人口多，2015年约为5000万，比朝鲜的2500万多一倍。但朝鲜自然资源比韩国丰富，朝鲜国土面积12万平方公里，是韩国的1.2倍。主要矿产资源储量占整个半岛储量的80%～90%，具有经济开发价值的矿产蕴藏区约占国土面积的80%，其中菱镁矿的埋藏量在全世界处于第1位，占全球储量的近一半，其他矿产包括钨、钼、石墨、重晶石、萤石等7种在全球储量中排前10位。朝鲜森林面积比韩国的多290万公顷，人均森林面积几乎是韩国的3倍。朝鲜人均耕地面积接近韩国的2倍。

由于人均资源较充沛，且日本殖民统治时期对北部开发较多，有工业基础，因此朝韩政权各自成立时北方的经济实力优于南方。按照官方公布数据，1950年代朝鲜GDP约为韩国的2倍多，人均GDP是韩国的3倍多。按照Madison项目对实际购买力的估算，1950年两国人均GDP同为854国际元，经济发展水平相当。硬实力中的军事实力北方也占优，虽然总人口不如南方，但朝鲜战争内战阶段朝鲜军队数量为12.7万人，高于韩国约9.8万人的总兵力，且战斗部队比例较大，而韩国军队的后勤部队占有较高比重。当时朝鲜军队拥有装备了高速火炮的苏式坦克旅，南方则没有装备任何坦克。在双方的迫击炮和野战炮等火炮配置方面南方也远不如北方。空中力量也相差悬殊，北方拥有各种飞机120架，南方只有10架左右。加上当时北方部队士气高昂，因此在战争初期北方部队能取得势如破竹的战果和胜利，如果没有美国操纵的联合国军参战，朝鲜半岛实现国家统一的进程应该会没有悬念地以武力方式结束。

然而国际力量的介入改变了朝鲜半岛南北的力量对比，导致分裂局面一直持续了几十年。在此期间因双方制度不同等原因，实力对比发生根本性变化。根据英国《经济学家》杂志的资料，2014年韩国经济规模是朝鲜的40余倍，人均GDP近30倍，贸易规模140余倍，可见南方经济实力已经大幅超越北方。

军事实力一般评估均认为南方占优。虽然在数量方面韩国与朝鲜各有所长，北方军队数量是南方的1.8倍，且拥有南方所没有核弹头，但多认为南方军队装备性能更优，质量更高，飞机舰艇设备技术更新，保养更好，训练时间更长，因此硬实力方面目前韩国明显领先朝鲜。当然，军事力量并不完全看军事装备，政权资源禀赋及动员能力、军事人员技术水平、军队组织和士气都会直接影响战斗力。但在当前的实力对比下，北方不太可能主动采取以武力方式推动国家统一，而南方在没有取得中国和俄罗斯同意或默许的条件下也没有战争取胜的把握，更何况其国内民众普遍不赞成武力统一。

"力"的分布状态决定国家向哪个方向运动。如果国家分裂双方力量相差悬殊，往往实力强的一方主张统一，而实力弱的一方因统一对方无望而倾向分裂；但如果双方力量相仿，都有机会统一对方的情况下，更可能出现双方都追求统一的局面。朝韩双方在相当长时期内力量相差不大，双方都想按自己设计的方式推进国家统一，加之南北民众有高度的民族认同，因此没有出现主张分裂的一方。但在"势"的条件没有发生重大变化的前提下，南北双方各自的力量都没有大到可以改变现状的程度。

（三）"策"的变化与影响

"策"决定系统如何优化，国家系统如何向统一状态演化。朝鲜方面先后提出了"革命统一"政策和"高丽民主联邦共和国"政策。"革命统一"政策的要点是，在朝鲜劳动党领导下，把北方建设成为南方革命的稳固基地和战略后方，利用南方人民对军事独裁统治的不满，支持并发动南方人民民主革命，利用亚非拉民族解放运动的有利时机，迫使美军撤出韩国。在南方取得革命成功后，北方与南方的民主进步政府和平谈判取得朝鲜半岛的最终统一。该方案的核心是，在北方的领导下取得南方革命的成功。实质上是变更韩国政权的性质，以吸纳方式实现统一。"高丽民主联邦共和国"方案最初是作为革命统一政策的补充方案提出的，随后逐渐演变为推动朝鲜半岛统一的主要方案。1963年金日成首次提出联邦制的统一模式，1973年金日成又提出统一五点计划，明确把未来统一的国家命名为"高丽联邦共和国"。1980年金日成又提出"高丽民主联邦共和国"方案，其要点是：1.在自主和平民族大团结的三项原则下，在北方和南方互相承认和容许对方指导思想和社会制度的基础上，双方以同等资格组建联邦制的"高丽民主联邦共和国"；2.以北方和南方同等名额的代表及适量侨胞代表组成最高民族联邦会议，由最高民族联邦会议及其常设机构——联邦常设委员会——来领导北方和南方的地方政府，并被授权讨论和决定国家内部事务、外交和国防政策及其他双方感兴趣的问题，“高丽民主联邦共和国”应当成为不加入任何政治联盟的中立国家，同时主张该联邦政府在双方地方军之外，考虑成立一支混编的国家武装力量。在联邦共和国内，任何一方不得把自己的意识形态和社会制度强加于对方，相当长时期内尊重各自的制度选择。1998 年 4 月，金正日阐明朝鲜半岛统一的方针政策，其核心内容是，继承金日成的遗训，强调在民族大团结旗帜下坚持民族自主原则，以民族的共同性和共同利益代替意识形态和制度的差异，自主实现朝鲜半岛的统一。

韩国方面则先后提出了四种政策：1.“北进统一”政策。李承晚提出“先统一、后建设”方针，主张韩国政府是朝鲜半岛的唯一合法政府，朝鲜应尽早实施自由选举，并选出 100 席议员参与韩国已成立的国会，如果朝鲜不答应，韩国则不惜以武力收复北部地区完成国家统一。2.“胜共统一”政策。1963 年韩国总统朴正熙提出的该政策主张“先建设、后统一”，即对内采取一切必要的手段，全力巩固政权，大力推动经济建设，对外拒绝与朝鲜接触谈判，以求在政治经济军事各方面优于朝鲜，以达到胜共统一的目的。朴正熙在执政的第二阶段，又提出了“先和平、后统一”的政策基调，并开始主张通过南北对话共同解决双方悬而未决问题。3.“民族和解和民主统一”方案。作为对朝鲜“高丽民主联邦共和国”方案的回应，1982 年韩国总统全斗焕提出该政策。主张通过和平与民主的程序，南北双方互派代表组成民族统一协议会，讨论涉及国家形态、选举模式等问题，并起草新的统一宪法；4.“韩民族共同体统一政策”。该政策由卢泰愚总统提出，金泳三、金大中、卢武铉三任总统得以完善。1989 年，卢泰愚提出“韩民族共同体统一方案”，主张南北双方应放弃使用武力，以和平手段、民主程序，经由民族自决方式完成国家再统一。在统一之前，首先设立南北阁僚机构、南北高级会议等最高决策机构，促进交流合作，然后再通过统一宪法举行大选，组成统一政府，建立一个制度统一的单一国家。1993 年金泳三进一步提出以尊重民主、发扬共存共赢的精神，增进民族繁荣三原则为基础的和解合作南北联合一个国家一个政府的三阶段统一方案。1998 年金大中上任后把三阶段统一模式具体化。第一阶段是组建一个南北联合体，保持两个独立政府，第二阶段是组建联邦，拥有一种体制一个联邦政府两个地方政府，具有事实上统一国家的形式。第三阶段为“一个国家一个政府”，成立完全统一的国家。2003 年卢武铉上任后几乎全盘接收了金大中的统一政策，只是在名称上做了修改。[①]2008 年上台的李明博政府对朝采取强硬立场，2010 年朝韩关系倒退至冷战结束后的最低谷。此后李明博开始强调统一问题，四次发布《统一白皮书》，提出了和平、经济、民族共同体等三大共同体统一构想，并提出了征收统一税的问题。[②]2013 年执政的朴槿惠政府提出“朝鲜半岛信任进程”政策，目标是：发展南北关系，巩固半岛和平，构筑统一基础。

朝韩双方实际上都随着形势的变化作出了由武力统一向和平统一转变的策略调整。朝鲜方面前面提出的“革命统一”方案可以视为越南模式，即在南方发动革命，以武力方式推翻南方现政权，建立与北方性质相同的政权，两个政权再进行协商统一。后来提出的“高丽民主联邦共和国”方案则是和平统一方案，有点类似也门模式，即先组成一个名义上的统一国家，但保留两个独立的政府和两套政治制度，完全统一是下个阶段的任务。韩国方面开始提出的“北进统一”政策也是武力统一政策，是将统一任务放在国家发展的首位，打完了再建设。但与朝鲜方面一样，在意识到武力统一的条件并不具备之后，韩国方面也调整为“先建设、后统一”的和平统一政策，并且南北主张不断趋同，后来提出的“三阶段统一”方案已经与朝方的主张有很大程度的共同路径：保持两个独立政府的联合体——拥有一种体制两个地方政府的邦联——成立统一议会统一政府的统一国家。然而双方在最终前景与方向上存在根本分歧：朝鲜信奉“主体”思想，实行计划经济和高度集中的社会主义国家体制，韩国信奉自由民主主义价值观念，实行市场经济和西方国家体制，双方都难以接受对方的政治模式作为统一的基础和前景。其他诸如国家安全政策和外交政策等方面的分歧也严重制约双方的协商合作：朝鲜主张统一后的国家“应当不做任何国家的卫星国，不依赖任何外来势力的完全独立自主的国家和不结盟国家”[③]韩国方面虽也主张由南北双方自主实现民族和国家统一，但回避统一后的外交政策和“中立国家”定位，基本上仍然将美韩同盟关系视为韩国外交政策基石，这是朝方难以接受的条件。

（四）观察与启示

在二战后国际大格局的变动中，20 世纪 70 年代苏联势力扩张的国际形势下，走社会主义道路的北越政权完成了国家统一，为什么经历同样的国际形势变化、

① 陈云林主编：《当代国家统一与分裂问题研究》，九州出版社，2009 年，第 130—133 页。

② [韩] 统一部：《统一白皮书》，2012 年，第 38 页。

③ 金日成：《关于建立高丽民主联邦共和国方案》，外国文出版社，1990 年，第 44—45 页。

同样走社会主义道路的朝鲜没有完成国家统一？ 90 年代美国在冷战对抗中战胜苏联，走资本主义道路的联邦德国和北也门政权完成了国家统一，为什么同样作为美国盟友、走资本主义道路的韩国在同样的国际形势下没有完成国家统一？

虽然国际格局的变化背景对各分裂国家来说是一致或相似的，但每个国家在国际大格局的位置和作用是不同，其具体面临的国际形势其实是不同的。在美苏争霸的 1970 年前后，苏联处于攻势，美国处于守势，同时中苏关系恶化，美国此时需要联合中国对付苏联，当时中国在越南战场上正全力支持北越进行抗美战争，美国放弃越南可以同中国缓和关系，拉拢中国对抗主要敌人苏联，因此在全球范围的国际大格局来看，美国可以放弃对南越政权的支持。美军的撤出使得越南在国家统一问题上减少了外部势力介入，北越政权得以有能力消灭南越政权从而实现越南国家统一。而同一时期在朝鲜半岛的美军却始终没有撤出，使得朝鲜从来没有摆脱过外来势力在国家统一问题上的介入。朝鲜方面虽长年要求美军撤出朝鲜半岛，却从来没有获得美国响应。因为美国不但有韩美同盟的协议约束，而且当时也没有必要撤出朝鲜半岛。美国撤出越南是国际战略布局和美国国内的反战情绪共同影响的结果，美国政府从越南战场撤军是出于美国认为越南战争成本高于收益的认识，而不是美国没有能力继续这场战争。朝鲜当时如果想仿效越南以军事手段迫使美军撤出朝鲜半岛，能不能得到中国和苏联的支持是有疑问的，如果没有外力支持仅凭其自身军事实力对于再一次发动对南方的战争迫使美军撤出半岛并没有胜算把握。可见在“势”相同的条件下“力”的对比就显得格外重要。

1990 年德国的统一客观上给了韩国巨大的信心和借鉴，韩国政府也想仿照德国模式推动统一进程。1993 年上台的金泳三政府判断朝鲜体制将崩溃，民心所向，将出现两德统一前的民主德国状态，因此调整了上一届政府的对朝政策，转为强硬对立，以朝鲜体制的崩溃为目标制定政策，却毫无建树，被称为“空白的五年”。这一时期的朝鲜与德国统一前的民主德国其实有很大不同，在“势”的方面虽然没有了苏联的保护，但却还有中国这个重要的盟友给予各方面的强力支持，加之国内金氏父子的统治集团比民主德国执政党的软实力更强，统治更稳固，韩国金泳三政府想模仿联邦德国对朝鲜进行吸收式统一并不具备“势”与“力”的条件。因此 1998 年继任的韩国总统金大中在任职典礼上就明确提出“不追求吸收统一”的主张，不得不改变了前任急于仿效德国统一的策略。

第二节　战后谋求分离或独立的案例

2008年世界上国家的数量是1800年的6倍，特别是二战之后涌现大量独立的国家，冷战结束后苏联解体没有经过战争的过程就产生了15个独立国家。民族主义浪潮的兴起是这种现象产生的最主要原因。民族分离主义属于当代民族主义的一种特殊形式，与民族独立解放运动不同。它不是经过和平协商与谈判的方式达成协议转移主权或成立自己的国家，也不是去殖民化情况下的独立运动。其表现方式一般是单方面宣布独立，而其成功的标志一般是其政权被大多数国际社会的国家所承认并且成为联合国的正式会员国。民族分离主义现象的主要原因在于民族群体与政府之间缺乏互信。因为分离主义挑战的是现存的主权国家，当事国政府一般都强烈反对分离主义分解国家的要求并且视分离的要求为非法行为。各国中央政府处理地方分离主义的策略也不相同，有谈判方式、镇压方式或武力与协商相结合的方式。本节选取的案例包括欧洲的英国、亚洲的印尼、美洲的加拿大、非洲的埃塞俄比亚及横跨欧亚的俄罗斯。

一、英国

英国由大不列颠岛上的英格兰、威尔士和苏格兰，爱尔兰岛东北部的北爱尔兰以及一系列附属岛屿共同组成。除本土之外，其还拥有十四个海外领地，总人口超过6400万，以英格兰人为主体民族。1688年的光荣革命后，英国是世界上第一个工业化国家，国力迅速壮大。18世纪至20世纪初期英国统治的领土跨越全球各大洲，号称日不落帝国，是当时世界上最强大的国家。两次世界大战结束后，殖民地解放运动蓬勃发展，英国统治领土迅速减少，1931年通过《威斯敏斯特法案》正式形成英联邦，大多数前英国领土和殖民地都留在英联邦。英联邦只是一个供各成员国进行政治、经济磋商与合作的松散组织，各成员国地位平等，不受英国管辖，英国只能统治英格兰、威尔士、苏格兰和北爱尔兰四部分本土及一些海外领地。而在英国本土中，苏格兰和北爱尔兰的分离倾向相当严重。

（一）苏格兰问题

苏格兰位于大不列颠岛北部，面积近8万平方公里，约占大不列颠岛面积的三分之一。苏格兰人口约占英国总人口的8%，主要为凯尔特人。17世纪，苏格兰国王詹姆斯六世同时继承英格兰王位，苏格兰和英格兰形成共主联邦。

1707年苏格兰和英格兰两国共同签署通过《联合法案》，苏格兰和英格兰放弃独立地位，共同组成一个统一的大不列颠王国，持续了八百多年的苏格兰王国从此消失。20世纪上半叶的两次世界大战对于苏格兰的伤害可能超过了英国其他许多地区，英国军队在战争中在这个地区的征兵率远远超过其人口比例。20世纪下半叶，苏格兰的本地工业受到了重大冲击，其原本赖以生存的纺织、制造等重工业不得不从英国乃至整个西欧逐渐转移到世界其他地区，苏格兰独立的呼声开始出现，并在1979年举行过民意表决，但独立派未获得足够支持。后来北海油田的发现促使苏格兰经济逐渐复苏，但英国中央政府控制着油田股份，且苏格兰每年还要向英国政府缴纳石油税，引起了苏格兰民众的不满，成立于1936年的苏格兰民族党始终声称北海油气田归苏格兰所有，并称苏格兰独立后将控制90%的北海油田，这将有望使苏格兰成为全球最富裕的国家之一。在苏格兰的强烈要求下，2014年9月19日，苏格兰举行独立公投，但结果以44.7%的选民赞成独立少于55.3%的选民反对独立而没有通过。不过此后要求再次公投的呼声一直存在。

为什么苏格兰要通过公投从英国分离出去？一般认为原因包括：一是独立后的苏格兰因为有更多的石油等自然资源分配和经济自主权而更加繁荣；二是苏格兰人可以借此保持甚至提高养老金和社会福利，控制社会公平度下降和收入差距拉大趋势；三是政治上摆脱英国中央政府“强加”给苏格兰的“不公正、不民主”待遇；四是满足苏格兰人历史遗留的民族文化自豪感。以上均是从苏格兰的角度找原因。如果将分析视角从苏格兰转移到英国中央政府的角度，可以运用国家统一的“势、力、策”研究范式分析英国政府在维护国家统一过程中的问题与失误。

“势”的层面，首先是英国政府的政治影响力下降。18世纪后，在工业革命推动下，大英帝国进入了全盛时期，苏格兰人跟在英格兰人后面享受着“日不落帝国”的荣耀。但进入20世纪后，英帝国开始走下坡路，而现代的苏格兰民族独立运动也正始于20世纪初。一战以后英国的世界霸主地位被美国取代，其原来管辖的加拿大、澳大利亚、新西兰、爱尔兰、印度、缅甸等地区纷纷建立与其关系或远或近的独立主权国家。苏格兰人也日益不以衰落的英国为荣，对于本民族文化、身份的认同感也日趋增强，独立呼声日渐高涨。其次是英国政府的统一意志力欠缺，1997年中央政府权力过度下放，苏格兰作为一个地区恢复了独立的议会和政府，不受英国国会和中央政府的领导，苏格兰首席大臣不需经中央政府认可，直接由英国女王任命，为苏格兰独立公投创造了条件；再次是英国政府的政策感召力下降，英国积极参与对中东圣战分子的军事打击政策在苏格兰不得人心，英格兰竭力离开欧盟的主张反过来成为苏格兰离开英国的理由。最后是英国政府的社会控制力下降，苏格兰民族党吸收大量左翼人才大肆宣传苏格兰独立的好处，英国执政党保守党和支持国家统一的工党与自由民主党却在公投前很长时间内对苏格兰独立声势缺乏作为。

“力”的层面，虽然苏格兰与英国整体实力相差悬殊，但由于英国中央政府并未表示会对苏格兰独立进行经济和军事制裁，加之欧盟、北约、美国等势力让苏格兰独立势力抱有期待，苏格兰在从事独立运动时并不顾忌英格兰的经济和军事实力，相反，还要在分家时获取较大的一份“家业”。苏格兰拥有人口531万，约占英国总人口的8.34%，经济总量约占英国的9.2%。若苏格兰独立，英国和苏格兰GDP将分别为24800亿和2344亿美元，全球排名英国将由目前的第6降至第7，苏格兰为第43。虽然经济规模相差悬殊，但按照苏格兰民族党的独立白皮书所说，脱离中央政府后，苏格兰将以不到英国10%的人口分到英国95%的油田和60%的气田，人均国民收入可以跃居世界第10。军事力量分割也会进一步削弱英国军力，然而英军并未对苏格兰发出警告，只是在苏格兰公投前一天，英国军队的14位高级将领发表“致苏格兰人民的公开信”，认为独立将破坏苏格兰和英国其他地区的国防。当然，英国军事力量的运用也确实成问题，不仅因为苏格兰面积占英伦三岛三分之一，实力不容低估，更重要的是统一的三百年间，苏格兰与英格兰民众互相移居，双方早已你中有我，我中有你，实际上难以开战。

“策”的层面，英国中央政府对苏格兰独立倾向应对不当导致形势日益恶化。在1997年苏格兰取得高度自治权后，英国中央政府又做让步，允许其进行独立公投，这几乎是没有底线的政策。曾有英国上议院议员提出，苏格兰的前途不应由苏格兰居民单方面决定，而应该由整个英国居民决定，但这项提议很快被否决。在独立公投的时间选择上，苏格兰民族党主张定在苏格兰国王战胜英国军队赢得民族独立700周年的2014年，以激发民族情绪，此外，为提高胜算，苏格兰民族党主张将公投最低年龄由18岁降到16岁，将公投选项由原来的3个减为2个，去掉“不独立但增加自治权”选项，英国中央政府均让步同意。虽然最后公投结果苏格兰并未实现独立，但这些不当的策略其实增大了国家分离的风险。

（二）北爱尔兰问题

爱尔兰人口总数约460万人，其中，80%以上是爱尔兰人，其余主要是英格兰人和苏格兰人等。爱尔兰人属于凯尔特人。公元前6世纪，凯尔特人陆续从中欧入侵爱尔兰，逐渐形成统一的文字和语言，建立起许多小王国，成为现代爱尔兰人的祖先，但未能形成统一国家。1169年英国入侵爱尔兰，1541年起英王成为爱尔兰国王。但爱尔兰的原住民即凯尔特人与英格兰人之间长期存在矛盾，当英国发生内战时，凯尔特人暗中支持反对党，当英国与欧洲发生战争时，凯尔特人与英国的敌人合作。1845年因为马铃薯歉收问题造成爱尔兰大饥荒，英国政府在能进口美洲粮食的情况下却未提供太多协助，造成爱尔兰人口减少了四分之一，让许多爱尔兰人对英国产生不满，独立运动由此开始。1919年爱尔兰议会以“爱尔兰共和国”的名义发布了单方独立宣言，但没有得到国际上的承认。1921年英国允许爱尔兰南部26郡成立“自由邦”，成为永久中立国。双方达成《英爱条约》并于1922年获得各方通过。根据该条约，爱尔兰南部26个郡成立自由邦，而被新教徒控制的北方6郡则选择留在英国。爱尔兰从此处于南北分治状态，北爱尔兰问题也由此开始。1949年英国承认爱尔兰独立建国，但同时英国议会通过《爱尔兰法案》，重申对北爱尔兰的主权。1955年爱尔兰加入联合国。次年致力于武力统一爱尔兰的北爱尔兰准军事组织爱尔兰共和军重新在仍属英国的北部6郡开始活动，英国政府对其引发的暴力冲突极为头痛。1973年北爱尔兰就北爱归属问题举行公民投票，结果大多数人愿意留在英国，但以新芬党为代表的另一部分人坚决主张脱离英国，以实现南北爱尔兰的统一。为什么北爱问题迟迟难以解决？

“势”的层面，美国及爱尔兰对英国北爱问题的介入大大增加了解决的难度。北爱尔兰问题的发展和最终解决与美国一直有莫大关系。美国的爱尔兰后裔是北爱尔兰民族派的主要支持力量。1845年至1852年爱尔兰发生历史上最严重的“大饥荒”，7年间爱尔兰人口锐减四分之一。除病死、饿死外，还有接近200万人移居美国，他们构成后来支持爱尔兰独立的最大一支海外力量。爱尔兰裔美国人对北爱尔兰民族主义运动的支持使其得以坚持。前总统克林顿即是爱尔兰裔，他对北爱尔兰和平进程发挥了关键性作用。正是克林顿在1998年谈判最后时刻的斡旋，才促成了《复活节协议》的达成。此外，围绕北爱尔兰问题，英国和爱尔兰之间一直存在主权争端，爱尔兰支持北爱脱离英国实现爱尔兰南北统一。在此背景下，爱尔兰共和军对英国政府的暴力活动不断升级，

90年代达到顶峰。1993年英国和爱尔兰签署了一项具有历史意义的“唐宁街协议”，双方同意通过协议和合作的方式结束爱尔兰南北的分裂局面。爱尔兰政府同意修改其宪法中有关北爱领土问题的条款，但表示应将其作为整个政治解决的一部分。该协议设定了若干框架，成为北爱和平进程正式启动的标志。1994年在北爱尔兰进行了长达25年的暴力活动后，爱尔兰共和军发表声明实行“无条件的和不限期的”停火。1995年英爱两国政府宣布达成“新框架协议”，其内容包括建立一个北爱议会，拥有有限行政和立法权；两国承诺修改关于北爱地位的法建；根据北爱多数人意愿决定北爱的地位等。1998年英国、爱尔兰及北爱两派等冲突各方终于达成一项旨在结束长达30年流血冲突的历史协议。根据该协议，北爱尔兰继续留在英国，但将与爱尔兰建立更加紧密的关系，北爱将成立新议会和负责协调同爱尔兰关系的“南北委员会”。同时，英国和爱尔兰都将修改宪法，英国废除《爱尔兰法案》，爱尔兰放弃对北爱的主权要求等。5月英国的北爱尔兰地区和爱尔兰共和国举行历史性全民公决，并分别以71%和94%的投票结果通过了上述北爱和平协议。

“力”的层面，英国的政治影响力不复当年使其对北爱的吸引力和控制力都大幅降低，不易掩盖或转移宗教信仰等方面的矛盾问题。北爱尔兰问题集中在宗教歧视方面。在北爱尔兰内部，历史上新教徒对天主教徒的歧视和抑制延续下来，并且愈发严重。除新教徒一直独揽政权外，在社会福利和教育方面，天主教徒也一直受到多种限制，如因学校采用新教仪式而使得天主教徒的孩子无法接受教育等。这些分歧使得北爱尔兰天主教徒和新教徒之间的界限非常分明，如同存在两个社会。在两次世界大战之前，英国冠于全球的综合实力压制了这些矛盾，反抗势力也无力改变现状。但战后的英国不比从前，被第一次世界大战弄得虚弱不堪的英国，无力再打一场国内战争，被迫于1921年与爱尔兰临时政府签订和约，承认爱尔兰南部26郡为“自由邦”。即使如此，该和约仍然遭到爱尔兰共和军部分领袖和战士的坚决反对，他们立即宣布自己不再属于自由邦，选出了自己的领袖，并展开了争取南北爱统一的武装斗争。不过当时在北方6郡，由于英国几个世纪的移民，英格兰和苏格兰的后裔已占多数，他们坚决主张北爱留在英国，这使北爱的“独派”力量弱于“统派”力量。正因如此，英国政府认为，北爱尔兰的归属应由北爱尔兰全体居民决定。从1968年起，主张北爱脱离英国的天主教徒与愿意继续留在英国的新教徒以及英国当局之间的暴力冲突不断升级。英国政府在既无力靠自愿力量使对手放下武器，也无力靠非自愿力量使对手缴械投降的情况下，只有凭借不断让步的谈判力求解决争议。当然，爱尔兰也没有足够实力迫使英国放弃对北爱的主权要求。

“策”的层面，英国政府在北爱尔兰问题上没有及时调整政策导致问题不断升级和激化。爱尔兰南北分治以来，英国政府没有意识到自身实力的相对下降和国际形势的变化，对北爱尔兰寻求自治权的行为一直采取强硬态度和“以暴制暴”的做法。为消弭北爱地区民族主义（“独派”力量）和联合主义（“统派”力量）之间的冲突，英国政府采取了“隔离”战略。首先，根据《英爱条约》安排新教徒获得议会多数席位，并通过不公正地划分选区的做法，使得新教徒能够长期保持这一优势。这一做法直接导致1921年新选举出来的12名“独派”天主教议员拒绝向北爱尔兰议会宣誓，转而向爱尔兰议会宣誓。其次，收回了地方议会加入自由邦的权力。“隔离”战略使得对天主教徒的歧视进一步恶化。受60年代美国民权运动的影响，一些北爱尔兰青年组成北爱尔兰民权协会，走上街头要求废除对天主教徒的歧视做法，给予天主教徒以平等权利。该运动最终由于民族派和联合派的冲突，演化成一场大规模的民族骚乱。英国政府于1969年派军队进驻北爱尔兰，但是由于军方采取了偏袒联合派的做法，不仅没有消除骚乱，反而导致骚乱的进一步升级。1972年，英国收回了北爱尔兰的自治权，对其进行“直接统治”，并解决了一些民权运动的要求。但是，持续发生的暴力冲突证明英国政府的策略对北爱尔兰问题已经难有作为。直到1997年新工党赢得大选，年轻的布莱尔提出了“第三条道路”的政纲。具体到北爱尔兰问题上，“第三条道路”主张以分权为核心，采取更为灵活和务实的政策，通过和平谈判的方式解决双方存在的分歧。首先，在谈判问题上采取不设前提条件的做法。之前在保守党执政的18年里，保守党一直以爱尔兰共和军交出武器为前提，导致和谈始终处于停滞状态。布莱尔改变了这一立场，采取在谈判的同时共和军平行解除武器的折中做法。其次，赋予北爱尔兰政府以更多自主权，建立一种“联邦式分权”和“分权式联邦”的双层政府与地方的关系。在这一结构中，北爱尔兰政府享有特殊地位，其行政和立法权力将大于苏格兰和威尔士议会。第三，建立更为平等的北爱尔兰族群关系。由民族派和联合派组成跨族群和党派的联合政府。采用“单一可转移投票”制，即依据各党比例分配议会议席，在给予选民更多选择的同时实现党派平等。在国际层面上，布莱尔政府同爱尔兰就领土主权问题进行谈判，促使爱尔兰修改宪法放弃对北爱尔兰的主权要求，为北爱尔兰问题消除了最大的外部障碍。同时利用美国爱尔兰裔对北爱尔兰党派施加影响，推动和谈进程。1999年北爱议会选举产生权力共享（由新教徒和天主教徒联合组成）的北爱尔兰地方政府执行机构，正式吸纳新芬党进入北爱地方政府。英国议会上下两院相继通过了地方管理权力法案，英国女王伊丽莎白二世批准该法案后，完成了向北爱尔兰地方政府移交管理权力的所有法律程序。12月北爱历史上第一个由原先对立的新教徒和天主教徒联合组成的地方政府开始运作，标志着英国政府对北爱尔兰长达27年的直接统治正式宣告结束。当日，爱尔兰议会对宪法进行了修改，决定正式放弃对北爱尔兰长达几十年的领土要求。

（三）观察与启示

西方学者的视角中，有的认为民族分离主义的原因是由民族结构和宗教信仰体系以及政治发展引发的，有的认为经济的发展是民族分离主义的动因，也有的认为文化、民族、宗教差异与严重的经济，政治和社会不平等的结合产生了民族分离主义，还有的指出民族分离主义是由包括政治和经济等一系列因素造成的。有人运用成本效益分析框架解释民族分离运动的成因，围绕下述四个主要变量展开分析：留在既有国家的效益，留在既有国家的成本，分离的效益和分离的成本。留在既有国家的效益下降，留在既有国家的成本上升，分离的效益上升，分离的成本下降，这几种情况都会催生民族分离的企图。另有人认为民族分离主义影响民族分离主义的因素有两个大类：第一类的影响因素包括种族、宗教、价值观、文化和领土；第二类可称为“触发民族分离主义集体意识的机制”包括对民族分离地区和人民的疏忽，对民族分离地区的剥削，对民族分离地区和人民的高强度控制和内部殖民，对民族分离主义地区和人民的压迫和歧视以及兼并领土。[①]

总的来说，社会的同质性越高，稳定性越强，国家易于统一，但发展活力相对较弱；相反，社会的异质性越高，稳定性越差，国家倾向分裂，社会发展活力却可能更强，各有利弊。异质性可能由多种因素构成，包括民族、宗教、文化、政治、经济等方方面面。异质性产生的矛盾和对立如果不能在一个国家的框架内得到解决，就产生了国家分裂的动力。在英国案例中，苏格兰问题主要是民族文化差异的对立，北爱尔兰问题主要是新教徒和天主教徒之间的宗教对立，当然在此之外还有政治权力和经济利益的分配问题，这些矛盾其实是互

① 杨洁勉：《西方学者视阈下的民族分离主义》，《学术月刊》2013年4月。

相关联并可以互相转移的。如果能有一种制度或渠道，使民族文化差异或宗教信仰差异的对立可以通过另一种方式化解或转移，国家是不必通过分裂才能解决矛盾的，这是执政者的“策”的运用。事实上，我们看到中国、美国、南非等国家都是多种民族文化和宗教信仰并存的国家，却并未因为民族文化差异或宗教信仰差异出现国家分裂，其途径虽然并不相同，各具特色，但归根到底是能够通过某种力量抑制那些差异性矛盾，使之能够在一国框架内解决。这种状态符合孔子所说的“和而不同”。

二、俄罗斯

俄罗斯联邦地跨欧亚两大洲，国土面积为1707万平方公里，人口近1.5亿。1283年莫斯科公国正式建立，隶属于蒙古四大汗国之一的金帐汗国（钦察汗国）。1328年伊凡·卡里达获得了金帐汗册封的“弗拉基米尔大公”的称号，同时获得授权代理金帐汗国征收全罗斯的贡赋，成为众罗斯大公中的第一人。1502年，莫斯科人与克里米亚人（克里米亚汗与金帐汗同为成吉思汗长子术赤后代）联合灭亡了金帐汗国。1547年，莫斯科大公伊凡四世加冕称沙皇，莫斯科大公国逐渐发展为东北罗斯的政治、经济、文化和宗教中心。1721年，彼得一世与瑞典王国进行北方战争胜利，俄罗斯参政院授予其“俄罗斯皇帝”头衔，俄罗斯随着领土不断扩张成为全球性帝国。1917年俄罗斯帝国灭亡，十月革命后成立了俄罗斯苏维埃联邦社会主义共和国。1922年俄罗斯、乌克兰、白俄罗斯和外高加索联邦一起正式组成苏联。1991年苏联解体，俄罗斯苏维埃联邦社会主义共和国改国名为俄罗斯联邦。俄罗斯联邦成立后，仍然有统一与分裂的困扰，车臣共和国想独立没有成功，克里米亚却成功地从乌克兰独立出来与俄罗斯实现统一。

（一）车臣问题

车臣共和国位于俄罗斯南部联邦管区的北高加索山区，面积17300平方公里，人口近130万。1859年沙俄经过近半个世纪的高加索战争把车臣并入俄国版图。苏联时期成立车臣自治州（后合并为车臣－印古什苏维埃社会主义自治共和国）。1944年，在斯大林领导下的苏联政府以车臣人同德国侵略者合作为由，将几乎整个车臣民族强行迁出，并撤销了车臣的自治共和国地位。直到1957年赫鲁晓夫执政时期，车臣－印古什苏维埃社会主义自治共和国才得以恢复。苏联解体后，俄罗斯联邦的不少成员，特别是外高加索地区的共和国，都希望享有独立的地位。1991 年，时任车臣共和国总统的杜达耶夫发表了独立宣言，1992 年印古什共和国与车臣共和国分开。1994 年，俄罗斯总统叶利钦指派俄军大举攻打车臣，内战持续了 20 个月，杜达耶夫在这场战争中被打死。之后，双方的冲突不但一直没有平息。1997 年俄联邦与车臣签署和平与相互关系原则条约，但是车臣领导人始终未放弃其“独立”主张。1999 年爆发了第二次车臣战争，俄罗斯第二任总统普京以非常强硬的态度出动 10 万军人，大股车臣武装被消灭，俄军几乎控制了车臣全境。2000 年 2 月初，俄军攻下车臣首府格罗兹尼，取得了平叛行动的决定性胜利。6 月普京签署命令，对车臣实行总统直接治理。2001 年 2 月起俄罗斯当局从车臣撤军。2009 年 4 月 16 日，俄国当局宣布车臣战争正式结束。但在此前后车臣分裂势力在车臣和莫斯科的恐怖袭击始终存在。车臣分裂活动为什么会发生？为什么不能彻底解决？

“势”的层面，世界政治格局由美苏争霸转为美国一超多强后，俄罗斯国际地位大不如前，自身的衰弱会导致原来有分离倾向的地区分离行动趋于活跃，正如人体的免疫力下降会诱发各种潜伏疾病。十七八世纪，高加索地区战火不断，内有民族争斗，外有波斯、奥斯曼帝国、沙俄帝国的争夺。沙俄终于在 19 世纪下半叶控制了高加索的命运，但高加索地区的反抗运动时有发生。即便在苏联时期，高加索局势也不是很稳定。苏联时期高加索地区的民族和宗教矛盾没有得到很好地解决，历史遗留的心理隔阂遇到形势变化就会促成分离运动和暴力冲突。1991 年苏联解体就是促成分离势力抬头的重大条件变化，当时车臣的分离主义势力趁着政局动荡、中央政府顾不到边远地区之际，开始谋求独立。

高加索地区位于里海和黑海之间，里海蕴藏着丰富的油气资源。苏联解体后，特别是“9·11 事件”以来，美国等西方国家已大踏步地进入了外高加索地区，美国视外高加索为里海能源的理想“外运走廊”，想通过控制外高加索而掌握里海能源的走向。北约和欧盟也对该地区表现出了浓厚的兴趣，以便为各自的下一轮“东扩”物色“候选人”。土耳其则仗着自己背后有人，欲通过加强与阿塞拜疆和格鲁吉亚的关系，而实现自己的“地区大国梦”。伊朗也认为该地区是自己的北部屏障和与俄罗斯联系的中间地带，不愿美国人在这里指手画脚。北高加索和外高加索“唇齿相依”。在波罗的海三国加入北约、美国军事力量进入中亚的情况下，一旦外高加索成为北约的势力范围，俄罗斯将处于北约的半包围之中。为介入北高加索事务，西方国家在反恐问题上一直坚持双重标准：口头上支持俄在车臣的反恐行动，暗地里却为车臣恐怖分子提供方便甚至政治庇护。为了能保住自己的“南部屏障”，俄罗斯在不断加强高加索地区的军事存在，使北高加索军区成为俄军兵力最多、战斗力最强的军区。而且，苏联解体后随着独立地区的增加，民众凝聚意志并没有瓦解，反而激发了俄罗斯人强烈的国家主义，纷纷支持俄国政府维护国家统一战争，使得车臣独立遭到严厉打击。并且，这种打击随着俄罗斯国力的恢复与增强力度在增大，车臣分离主义势力受到有效遏制。

“力”的层面，从二战结束后俄军的战斗力下降已经是不争的事实，在阿富汗战争中苏联军队惨败而回，这些情况对俄军内部人员来说非常了解。1991 年 10 月，在阿富汗战争中曾被授予苏联英雄称号的退役将军杜达耶夫当上车臣共和国的总统后，就公开宣布车臣独立，并建立了车臣的第一支正规部队——国民卫队，人数最多时达到六万人。然而俄罗斯政府当然不能允许车臣的武力独立，乃至可能引起的骨牌效应，因此 1994 年 12 月，俄国总统叶利钦签署《解除非法武装和在车臣境内恢复宪法法律制度》的命令，俄联邦武装力量和内务部部队 3 万余人进入车臣。据俄国防部统计，截至 1996 年 8 月 30 日，在车臣战争中，俄军阵亡 2837 人、伤 13270 人、失踪 337 人、被俘 432 人；损失飞机 5 架，作战直升机 8 架，坦克、装甲输送车、步兵战斗车和装甲侦察车 500 余辆；直接经济损失约 50 亿美元；车臣武装分子有 15000 人被打死。此后尽管车臣仍为俄罗斯共同体的其中一员，但实质上却享有非正式的独立。因此 1999 年 8 月 26 日开始，俄罗斯发动了第二次车臣战争，重夺车臣的控制权。根据俄军总参谋部宣布，至 2000 年 6 月 15 日，俄军和内卫部队亡 2091 人，伤 5962 人；击毙车臣武装分子超过 10000 人；以相当于前次三分之一的代价取得了全面的战争胜利。俄军进攻车臣消耗了大量军费，使经济危机形势更加严重。安置和救助从车臣逃亡的 30 多万难民以及重建变成废墟的格罗兹尼城市需花费大量资金，到 1996 年 8 月俄罗斯和车臣达成和平协议，俄罗斯政府在车臣战争中耗费的资金约为 50 亿美元—60 亿美元（约合 3 万亿卢布），这对俄罗斯是一个沉重的负担。然而俄罗斯毕竟是有相当经济基础的大国，不但能够从两次车臣战争中恢复过来，而且整体国力不断上升，这使其在与车臣分离势力斗争的过程中有足够的实力进行遏制。

哈佛大学贝尔福科学与国际事务研究中心的西蒙·萨拉江（Simon Saradzhyan）的研究显示：1999 年，俄罗斯 GDP 还不到美国的 5%。而到了 2015 年，这一比例上升到了 6%，增幅为 36%。同一时期，俄罗斯占全球

GDP的份额从1999年的1.32%上升至2015年的1.6%，增幅为23%。同一时期，美、英、法、德、意五国占全球GDP的份额分别下降了10%、11%、19%、20%及32%。凯莉·卡德拉（Kelly Kadera）与杰拉尔德·索罗金（Gerald Sorokin）提出的“国力几何指标”的估算表明，1999至2014年间，俄罗斯的实力增长了6.53%，而同期美、英、法、德、意五国的实力分别下降了13.14%、24.42%、24.23%、29.92%及27.29%。中国学者佛光大学的张锦隆国家综合实力设计结果显示，1999至2015年间，俄罗斯的实力增长了28%，而美、英、法、德、意五国的实力分别下降了6%、15%、29%、29%及41%。各种算法都表明，俄罗斯的实力经过苏联解体后的低谷期后上升了。

“策”的层面，车臣与俄罗斯当局开始都过于相信武力的作用。车臣“副总统”巴萨耶夫公开称，他的任务是要“解放整个高加索”，“如果俄罗斯不撤军，车臣战争将持续至少100年”。车臣武装力量在没有得到美国、北约等国际军事支持的条件下贸然与世界一流军事强国俄罗斯进行武装斗争，胜算有限。高加索地区位于欧亚大陆连接处，属于“欧亚大陆的心脏地带”。该地区人口总数不足3000万，有50多个独立的民族，民族问题极其复杂。北高加索问题的解决与俄罗斯未来的民族、宗教政策高度相关，解决北高问题实质上也是在解决俄罗斯与境内其他民族的民族关系和宗教关系。一方面，尽管俄罗斯宪法规定并强调各民族完全平等，甚至给予其他民族更多的优惠政策，但实际上，苏联解体后俄罗斯国内民族主义情绪有增无减。另一方面，随着苏联解体，民众的信仰真空被宗教填补，伊斯兰教在俄罗斯日渐兴盛便在所难免，不同价值观之间的冲突日益凸显。无论在车臣、印古什还是在达吉斯坦，发端于北高加索地区的恐怖主义组织无一不是以谋求“独立”为终极目标，只要恐怖主义不消除，谋求独立的暗流就会涌动不止，这无疑是对俄罗斯国家主权和领土完整的最大威胁。俄国政府虽然打算用更多的“怀柔”政策平息该地区事端，但是当恐怖主义露头时，他们采取了坚决打击的政策，因为国家统一是俄罗斯的最高国家利益。车臣战争胜利后，俄政府在北高加索地区的政策已经发生了显著变化，逐渐由过去“打压多、安抚少”的做法逐渐过渡到恩威并重、以恩为主的思路，力图通过扩大政府投入和各种优惠措施发展当地经济，安抚民心，为消除社会对立做长期准备。

（二）克里米亚问题

克里米亚位于黑海北部海岸，是俄国通往黑海并借此控制地中海与中东地区的重要战略枢纽。面积26100平方公里，人口250万。在古代，克里米亚半岛曾经被不同民族占领，1783年俄国将整个克里米亚半岛纳入版图。1955年苏联最高苏维埃主席团决议将克里米亚由俄罗斯划归乌克兰。苏联解体后，克里米亚半岛成为乌克兰的一部分。2014年3月，克里米亚通过公投脱离乌克兰独立，并重新加入俄罗斯。俄国得以实现与克里米亚的国家统一原因何在？

“势”的层面，一是俄国政治影响力较大。虽然20世纪90年代初期苏联刚解体时，俄国政治影响力大幅下降，但普京执政后的俄国在综合国力与世界政治地位方面均有大幅改善，俄国政府能够得到多数克里米亚人的拥护。二是俄国统一的民意支持度较高。苏联解体后大片领土的丧失激发了俄罗斯人强烈的国家主义，因此后来在俄国政府维护国家统一的高加索战争中，俄罗斯国内有着高度的民意支持。俄国国家民意研究中心3月24日公布的一项民意调查显示，89%的俄罗斯人一直认为克里米亚是俄罗斯的一部分，80%的人都赞成俄国接纳克里米亚，即使这意味着与乌克兰之间产生冲突。在人口不到300万的克里米亚，占60%左右的俄裔民众强烈拥护俄国政府，仅占24%和12%的乌克兰裔与鞑靼裔民众左右不了主流民意。投票率高达83％的克里米亚公投中，97%民众支持克里米亚脱离乌克兰独立，并立即申请加入俄罗斯，这是决定克里米亚与俄罗斯实现国家统一的关键因素。三是俄国的统一意志力坚决。在克里米亚因政治前途分歧内部爆发武装冲突后，俄罗斯国会立即授权总统普京出兵克里米亚，使俄罗斯可以迅速对克里米亚展开军事行动，控制形势。克里米亚公投结果刚一公布，不待各方观望，俄总统普京立即与克里米亚方面共同签署有关克里米亚共和国和塞瓦斯托波尔市加入俄罗斯联邦的条约，向议会上下两院发表电视演讲，宣称“克里米亚是我们共同的财富，是地区稳定的重要因素。这片战略要地应当处于强大而稳定的主权之下，而在今天，这一主权国家只能是俄罗斯”。四是俄国中央政府有足够的社会控制力，在统一克里米亚的过程中保持了俄罗斯境内与克里米亚境内的社会稳定。五是俄国的文化凝聚力较强。克里米亚是以俄罗斯族为主的多民族地区，俄国文化影响一直占主导地位，乌克兰的文化影响很弱，绝大多数居民只讲俄文，俄文报纸杂志比乌文的多20倍，只有7%—9%的克里米亚人看基辅电视台的节目。

“力”的层面，俄国的经济、军事实力足以支撑对克里米亚的统一。俄罗斯经济发展水平高于克里米亚，统一克里米亚后俄国政府立即将当地退休人员的养老金提高了将近一倍，与俄罗斯的平均水平持平，这个费用在俄罗斯的预算中微不足道，却大受克里米亚民众的欢迎。俄国还宣布支持克里米亚经济发展，准备将其建设成为一个经济特区，在该地区投资的企业可享受减税。外债高达300亿美元的乌克兰在经济方面难以匹敌俄罗斯，乌克兰所依赖的西方国家虽然经济实力强大，但却难以撼动俄罗斯。欧盟和美国对俄公司、银行及某些经济部门采取了一系列制裁措施，但俄国不为所动，普京反而因其在与西方政治和经济对抗中的强硬表现为自己奠定了"收复克里米亚的民族英雄"的历史地位。在军事实力方面，反对克里米亚与俄国统一的乌克兰军力更是远远无法与俄国军队抗衡，普京曾在与欧盟委员会主席巴罗佐通电话时称："如果我想，俄罗斯军队能够在两周内占领基辅（乌克兰首都）。"乌克兰所依赖的美欧也不想与俄国为克里米亚进行军事对抗，当俄罗斯增兵克里米亚后，美国宣布考虑在"经济和外交"上采取全面的措施以孤立俄罗斯，事实上已经排除了军事介入的可能。因为如果美国要还击，就不得不顾忌在伊朗核问题、叙利亚和阿富汗问题等重要事务上与俄方必不可少的合作，更何况美军介入也是鞭长莫及，因为黑海是十分封闭、狭小的海域，俄陆基航空兵可以为俄黑海舰队提供强大的空中掩护和空中支援，俄海空力量能在这里构筑一道强大的海空防线，而美国海军航母如果驶入黑海则难以施展身手，且土耳其也不允许美军为此飞越其领空。至于英国的军事对抗表态则对俄国军事行动构不成实质的威慑。

"策"的层面，俄罗斯在克里米亚事件中的一系列动作都严格遵守国际法，所有军事动作都根据相关条约进行，并模仿当年北约轰炸南联盟、武力干涉科索沃的做法，高举保护人权的大旗军事介入克里米亚公投，反倒是美国如果想要在此问题上通过大规模出兵进入黑海，很有可能违反国际法。因此，在道义上俄罗斯获得了一批国家的支持，在国际舆论上也并未遭遇一边倒的攻击。更重要的是，俄国低调的军事介入并没有发生交火和伤亡事件，正如普京在演讲里所说的："你听说过历史上有不放枪、不死人的军事干涉吗？"这是典型的武力威慑型国家统一方式。

（三）观察与启示

比较近两年发生的苏格兰公投和克里米亚公投，可以有以下观察：

第一，中央政府应有维护国家统一的坚定意志。虽然无论统一还是分离的国家形式，都只是人们追求福祉的治理模式，但何者更优却需要理性认清。民主自由应适度，走向极端必然导致社会的无秩序，反而不利于追求个人与集体福祉。如果任何地区或集团都可以根据自身利益分离独立，逻辑上将会出现天下大乱的无秩序局面。中央政府基于历史与现实的需要，有维护或实现国家统一、保障与增强民众福祉的责任，其责任感和意志力越强，对国家统一越有利。英国政府对苏格兰独立公投的不够坚决的态度差点酿成国家分裂的灾难，英国首相卡梅伦也称“我们本可以阻止公投，也可以将其推迟”。俄国政府这方面做得很好，在克里米亚出现国家统一的有利时机后，果断出兵控制形势，为实现国家统一不惜一战的姿态迅速平息混乱局面，以令人吃惊的速度完成了与克里米亚的国家统一。

第二，中央政府的治理能力与国家建设是国家统一的关键。“远人不服，则修文德以来之，既来之，则安之。”“文德”修得好不好，政治、经济、社会、文化建设得好不好，是民意是否支持国家统一的根本。英国在光荣革命后，各种建设飞速发展，全球政治影响力骤然增强，苏格兰也接受了国家统一。但两次世界大战后，英国不再具有“日不落帝国”的政治影响力，苏格兰的国家分离活动也重新活跃。苏联解体之际，俄罗斯国内混乱，弊病丛生，面对国家分离无能为力。但在普京“重振俄罗斯”后，凭借对克里米亚居民的政治影响力，不费一枪一弹实现对克里米亚的国家统一。统一克里米亚后俄国政府立即将当地退休人员的养老金提高至俄罗斯的平均水平，很难想象如果克里米亚经济水平远高于俄罗斯平均经济水平的情况下会对与俄国统一有那么高支持率。

第三，经济问题处理不好可能危及国家统一。苏格兰独立公投的最主要诉求就是经济利益，据英国媒体报道，由研究机构 TNS 所做的民意调查显示，大多数受访民众认为经济因素是苏格兰独立与否的首要因素。公投结果支持苏格兰独立的民众没有过半，很重要的原因是英国中央政府的核心政治人物发表了联合签署的承诺书，保证只要苏格兰不独立，苏格兰议会马上可以获得更多经济权力，包括税收权和国民医疗服务开支自主权，且英国各地公平共享资源和机会、国防安全、经济繁荣与公民福利。更大范围看，近年来在欧洲盛行的国家分离主义，诸如西班牙的加泰罗尼亚、比利时的弗拉芒、意大利的威尼斯、德国的巴伐利亚、法国的科西嘉等地区，大部分发生在经济发达地区，不愿受欠发达地区的拖累，国家发生经济或债务危机时尤为明显。中央政府有责任处理好不同地区间的经济均衡发展与利益公平分配，同时要注意加强各地区间的经济依赖，使之难以切割。

第四，经济、军事等硬实力的雄厚是维护国家统一的根本保障。作为世界第 6 大经济体的英国，凭借对苏格兰的多方面的经济影响对公投结果发挥了作用。正如公投前英国首相卡梅伦所警告的，如果苏格兰独立，苏格兰人将“不再有英国养老金，不再有英国护照，不再有英国英镑，不再有一个统一的保护自己的军队，在外旅游的苏格兰人不再得到英国大使馆的保护，给你们提供房贷的银行一夜之间变成了外国的银行，苏格兰的银行不再能有整个英国来担保，我们的边界将成为国界不再能随意跨越”。俄国在统一克里米亚时也展现了强大经济军事实力的重要作用。西方国家虽然对俄国统一克里米亚实施经济制裁，却无法击垮俄国经济从而改变俄国政府决策，相反俄国还有能力对西方进行反经济制裁。军事上更是如此，在普京下令接纳克里米亚加入俄联邦之后，美国宣布排除军事干预危机的可能，奥巴马强调要用外交手段解决克里米亚危机，称“即便是乌克兰也明白美国卷入与俄罗斯军事冲突，无论对我们还是乌克兰都是不利的”。

第五，中央政府在维护国家统一时须尊重和照顾好当地民众的情感。英国首相卡梅伦对苏格兰民众采取动之以情的策略，公投前以哀求的口气演讲：“我们由衷地请求你们选择‘在一起’，选择留下。请投票拯救我们的英国。”公投后立即在演讲中予以安抚：“我也要对支持独立的人们表示敬意——你们进行了一场很精彩的活动”，并表达清晰立场：“结论无可争议，也不会重来，我们已经听到了苏格兰人民的坚定愿望。”俄国在统一克里米亚时，总统普京也强调“让克里米亚人民自古以来头一回决定自己的命运……公投已经表明，这些人中相当一部分期望加入俄罗斯……我们将会满怀尊敬地对待居住在克里米亚的少数民族。”即使在军事力量占绝对优势的情况下，俄军依然低调行事，没有流血冲突，在大量乌克兰军人投降之后，普京演讲称“感谢乌克兰的军人，他们为数不少，一共有两万两千全副武装的士兵。我想感谢你们没有用流血解决问题，没有用血玷污了自己。”同时普京也对乌克兰人民说：“我们无论如何都不想伤害你们，不愿伤害你们的民族感情，我们始终尊重乌克兰的领土完整。”在很大程度上，中央政府的柔性表态可以化解敌意，为实现国家统一的长期目标奠定民心基础。

三、加拿大

加拿大是英联邦国家之一，位于北美洲最北，领土面积998万平方千米，世界第二，人口约3500万人。从16世纪起，加拿大沦为法、英殖民地。1756—1763年，英、法在加拿大爆发“七年战争”，法国战败，加拿大正式成为英属殖民地。1926年，英国承认加拿大的“平等地位”，加拿大始获外交独立权。1931年，加拿大成为英联邦成员国，其议会也获得了同英议会平等的立法权，但仍无修宪权。1982年，英国女王签署《加拿大宪法法案》，加议会获得立宪、修宪的全部权力，加拿大事实上从英国独立。联邦成立时，将新国家定名为加拿大。魁北克位于加拿大东部，是加拿大最大的省份，面积170万平方公里（约为法国3倍），占全国总面积的15%，人口近800万，占全国人口的25%，其中80%是法国人后裔，通行法语。1967年魁北克人党提出了要求魁北克独立的问题，1976年该党在省选举中获胜。在以该党为代表的一些魁北克的法语民众的独立要求下，魁北克于1980年和1995年举行了两次全民公决，主张独立的一方以40%及49.4%的得票率未能获得通过。之后，加拿大修改了相关法律，清晰法案规定在魁北克全民公决中所提出的问题足够明确且得到明显多数的支持时，魁北克可以与加拿大政府进行脱离联邦的协商程序。

（一）“势”的变化与影响

魁北克问题的产生应溯源到英法国际争霸。两个老牌资本主义强国在瓜分世界殖民地的过程中，法国在加拿大尤其是魁北克地区占了先机。1534年法国海员雅克·卡迪埃在法王的支持下进入圣劳伦斯湾探险，最早进入现在的魁北克。1608年，法国人建立魁北克城并创建了新法兰西殖民地。随着移民的不断增加，法王决定在新法兰西建立统治机构。到18世纪中叶，基于法国文化传统并具有其自身特色的法裔魁北克社会已经形成。1763年，英法“七年战争”中法国败北，法王路易十五将北美的新法兰西让与英国，魁北克开始了英国统治时期。法国统治结束，法国的一些官吏、庄园主、商人和宗教界人士从魁北克撤离，但法国移民人口的大多数留了下来。由于法国移民在当地占绝大多数，魁北克人要求政治权力的斗争一直存在，英国统治当局对魁北克的语言文化和风俗习惯采取宽容态度。因为当时英国打败法国的同时，北美南边的13个殖民地也在闹独立，英国需要避免加拿大的法国人和南方的起义军联合起来。1774年的“魁北克法案”使当地法国移民获得很多特权，这就为魁北克的日后独立要求埋下伏笔。

20世纪英国衰落，加拿大获得同英国平等的独立地位后，魁北克占主体的法裔居民认为其特有的法语文化及特殊利益未得到重视和照顾，民族主义情绪开始酝酿。正式提出独立要求的外部背景与二战后亚非拉民族解放运动形势密切相关。二战后民族解放运动时间长，持续半个世纪，范围广，亚非殖民地半殖民地全部获得独立，帝国主义殖民体系彻底崩溃，而且大多数国家是通过和平方式取得胜利的。在这种国际大环境的影响下，20 世纪 60 年代魁北克民族主义思潮高涨。1967 年 7 月 23 日，法国总统戴高乐应魁北克省总理邀请，参观蒙特利尔国际博览会。戴高乐对夹道欢迎他的 50 万人群高喊“自由的魁北克万岁”，蓄意鼓动魁北克独立，更是为分离运动火上浇油，法裔民族情绪推向极端。从内部发展形势看，魁北克民族主义思潮高涨是魁北克现代化转型的平静革命的伴生产物。平静革命大致发生在 1960 年至 1966 年魁北克自由党执政时期，是二战后从法裔传统农业社会向现代社会转变的一次深刻社会变革。平静革命不是以魁北克的独立为目的的，但魁北克在向现代社会转变的过程中，孕育了新型的民族主义思潮。魁北克民族主义主导了魁北克现代化的进程，但与此同时，魁北克民族主义也为魁北克主权独立运动的兴起奠定了基础。

（二）“力”的变化与影响

魁北克作为加拿大的一个省，能否取得独立很大程度上取决于该省与其他反对魁北克独立各省的力量对比。魁北克虽然自然资源丰富，长期以来却是加拿大经济发展水平较为落后的省份。二战使这种情况有所改变。二战爆发后，远离战争中心的美国和加拿大成了同盟国的战略后方，以及武器、弹药和其他军用物资的主要供应地。这极大地刺激加拿大的经济发展，以制造业和采矿业为例，作为加拿大面积最大省份的魁北克，本来就拥有丰富的矿产资源，战争又进一步带动了魁北克的军工生产，结果，刺激了采矿业和制造业的空前繁荣。从 1939 年到 1950 年，魁北克制造业投资额增长 188%，制造业产量增长 92%。同时，同战后美国资本成为加快整个加拿大工业化的源泉一样，美国大量的资本投资，以及当地廉价而充足的水电资源，也成为魁北克经济大发展的动力。战后魁北克的重工业仍然比较薄弱，和邻省安大略相比，1955 年时，其重工业（钢铁工业和交通运输业）只及安大略制造业的 30%，即使是在魁北克本省的比重也只有 13%。从 1961 年到 1971 年魁北克人口不断增加，城市人口达到了 80%以上，第三产业的比重也有了很大的提高。这样，经过 60、70 年代持续发展后，魁北克经济也就赶上了国内英裔省份的发展，实现了现代化。

经济水平的迅速提升使魁北克人有底气争取独立。而且，争取独立也有助于改变其收入分配结构的不均衡。1961 年外国公司控制了魁北克 42%的工业，其中美国的投资额占 74%，其余绝大部分由英裔加拿大人控制。另外，利润高的垄断性经济部门完全由英裔人和外国资本控制，而法裔加拿大人拥有的则是利润低的竞争性部门。魁北克法裔加拿大人的经济地位也相对底下，主要是工资收入低于外国人和英裔加拿大人。另外，在英裔企业中，法裔中产阶级大都也只是外国资本家和英裔资本家的雇员而已。他们努力寻求升迁机会由于语言问题和种族原因，而受到歧视和限制。而在由教会拥有并控制的学校、大学、医院和社会服务机构中，虽然法裔加拿大人从业人员受过良好教育，但升迁又受到了天主教会势力的压制。从1951年至1961年，他们的社会比重仅从15%增至18%。因此，法裔加拿大人反对美国资本和英裔资本家控制魁北克经济，强烈要求政府进行经济干预，发展魁北克民族经济。

软实力方面，在美国的影响下，英裔加拿大人对法裔加拿大人的文化冲击日益显著，也促使法裔族群的民族主义抬头。工业化和城市化浪潮削弱了长期以来支配法裔族群生活的农业经济和宗教势力的基础，改变了魁北克法裔的社会经济结构，法裔加拿大人的传统价值观和文化结构解体，天主教教会的政治和社会权力也随之削弱。美国的通俗文化通过电视节目、电台广播、杂志、书报等大众传媒，不断冲击魁北克的法语文化市场。法裔加拿大人无形中受到外部世界的生活方式和价值观念的影响，其传统文化受到冲击最大。由于魁北克与北美和加拿大内地各省的经济联系日益紧密，英语作为商业和科技语言的地位在魁北克骤然升高，魁北克省内的法裔居民为适应加拿大市场经济条件下的就业和晋升竞争的需要，纷纷学习英语，省外移来的居民大多将子女送入英语学校读书。这就使得法语在全国甚至在魁北克本省的地位大为降低。魁北克的民族主义分子和天主教教会的首领将此迁怒于英裔族群的侵权，而强烈要求修改联邦宪法，重新确立魁北克特殊权力的地位，以促进法语和法语文化的复兴与发展。

同时，魁北克省内的法裔加拿大人开始反思经济和社会发展落后的原因，尤其是具有强烈民族意识的法裔新中间阶级的知识精英，包括法语大学的教师以及新闻媒体、出版业界的记者和编辑。作为新思想的传播者，他们认为魁北克的乡村保守势力和天主教会应为法裔魁北克社会保守与落后承担责任。他们在关注法语文化传统和语言保存的同时，更关注魁北克经济和政治地位的提升，并且认为必须建立一个积极改革的强有力的政府机构，加强和扩大政府的经济干预力量，实行国有化政策；只有法裔人自己控制了魁北克的经济，克服魁北克经济的依附性，才能发展法裔民族经济，彻底改善和提高法裔加拿大人的经济社会地位，魁北克的文化和特殊性才能得以保存。愈来愈多的法裔人认为，没有法裔经济的发展，要维护法裔文化也是不可能的；要发展经济和维护法裔文化，没有政府的干预是不可能的。这样，在魁北克，传统的法裔民族主义就逐渐发展成以国家为中心的魁北克民族主义。

（三）"策"的变化与影响

"魁独"势力制造国家分裂有和平与暴力两种方式。和平方式一直是主流。20 世纪 60 年代出现魁北克民族主义旗帜下的主权独立派与联邦主义派的对立。在魁北克社会向现代化过渡的进程中，社会精英总体都汇集在魁北克民族主义旗帜下，达成了社会共识：魁北克是一个"法语社会"，是一个"特殊社会"，是一个"次国家行为主体"。但在这些社会共识下，却派生出了两大政治派别：以魁北克自由党为代表的联邦派和以魁北克人党为代表的主权独立派。联邦派主张魁北克留在加拿大联邦内，即便是有部分联邦派人士也要求魁北克主权，但这是在联邦框架内的一种主权。而主权独立派寻求魁北克的主权，并最终脱离加拿大联邦；但其中的很多人主张在获得主权独立后与加拿大结成一种特殊的紧密联盟，这又像是一种邦联的构想。相对于全面改革魁北克传统社会的"平静革命"，魁北克解放阵线从事的行动也被称为"喧闹革命"。20 世纪 60 年代，魁北克解放阵线开始了长达 10 年的反政府行动，该组织从 1963 年起选择了一条暴力和恐怖主义的道路来寻求独立，他们与主流的魁北克独立主义运动有很大区别，是魁北克民族主义的最极端派别。20 世纪 60 年代到 70 年代 该组织先后制造了 200 多起暴力事件。该组织 1970 年 10 月策划绑架了英国驻蒙特利尔一名贸易专员和魁北克省劳工部长，并将其杀害。

针对这两种类型的"魁独"活动，加拿大政府采取了刚柔并济的双轨政策，以镇压手段对付"喧闹革命"，以法律手段对付和平分裂。在魁北克第二次独立公投前，加拿大政府主要从三个方面来缓解魁独势力威胁。第一，部分承认魁北克社会的独特性。在语言方面，1969 年，联邦政府颁布《官方语言法》，专门确认法、英语同为官方语言。虽然 1979 年和 1982 年联邦高等法院两度宣布魁北克否定英语官方地位违宪，但并无实质措施对之予以限制，实际上接受了魁北克法语单语制的现实。在移民及外交方面，1978 年，联邦政府准许魁北克省自行制定移民标准。1985 年，联邦同意魁北克和联邦政府同时加入法语国家和政府首脑会议。第二，坚决打击极端的分裂活动。如 1968 年魁独政党解放阵线发起绑架和杀害政府官员的恐怖活动，联邦政府颁布战时条例，以军事手段予以镇压。第三，以自由主义公民身份解构族群身份。二战后到 70 年代初，加拿大完成了基本公民权利体系的构建，公民权利的授予取消了族群歧视和等级区分，个体公民不分族群差异被授予了同样的民权、政治权及社会福利权，此举意在将法裔等族群身份认同变为个人私事，淡化族群认同以提升法裔等少数族群的国家认同。

1995年第二次独立公投后，加拿大联邦政府加强了对魁北克分离主义的安抚和限制。第一，以财政和政治“胡萝卜”拉拢魁北克。联邦政府宣布，只要魁北克不独立，会继续向魁北克提供高额财政补贴。1995年12月，加拿大国会决议承认“魁北克是加拿大内部的独特社会”，承认它“法语人口占多数、独特的文化和法律传统”。2006年，国会通过联邦总理的动议，宣称魁北克在语言和文化上是一个“国中国”。第二，以法律“大棒”限制魁北克分离。1996年，联邦政府邀请一批著名的法学家研究魁北克问题，结论认为魁北克没有遭受殖民统治、外国占领或托管及种族主义的压迫，无独立依据。2000年，联邦《明晰法》规定，省区公投前必须清晰地向公众表明独立意图和后果，表明是否清晰由众议院在30天内判定（大选时50天），公投赞同比重是否达到明显多数由众议院判定。省区独立必须获得联邦议会通过、2/3以上省区支持，必须获得宪法认可。第三，以统一阵线抑制魁北克分离倾向。1996年2月底，联邦总理强调魁北克独立问题应由全国国民决定。1996年，加拿大《宪法否决法》规定，没有各省50%以上的人口同意，宪法不得修改。1997年9月，除了魁北克外，加拿大各省区省长发表《卡尔加里宣言》，反对给予魁北克超越其他省区的权利。同时，鉴于魁北克内少数族裔和原住民对魁北克独立多持反对立场，联邦政府宣布魁北克独立必须征得魁北克内少数族裔和原住民的同意。①

（四）观察与启示

在诸多具有主权争议的地区中，人口构成往往是最重要的决定因素。魁北克存在统独主张的争议，最根本原因还是该地区人口构成与加拿大其他省份有所不同，存在民族语言文化的差异性。这种差异性使魁北克人认为自己具有特殊性，加拿大联邦政府对魁北克人特殊要求的认可和妥协对魁北克人的自我差异认识形成正反馈，直到具备了“势”与“力”的条件后，独立要求就成为一种社会潮流四处泛滥。对魁北克而言，当60年代国际上民族解放运动蓬勃发展推动众多新兴主权国家出现时，加上复兴法国的支持，也就具备提出独立要求

① 贺建涛：《加拿大如何应对分离主义》，《学习时报》，2013年11月4日。

的“势”。而魁北克平静革命在经济文化方面取得显著成绩，使其具备提出独立要求的软硬实力条件。“势”与“力”的条件往往会催生要求独立的政治力量。1968年10月，主张通过渐进民主方式推动魁北克成为主权国家的魁北克人党诞生，并在1976年赢得省大选。执政党对左右政局走向会起到关键作用。魁北克人党1979年10月正式提出政治独立的主张，并在1980年5月20日就是否要同中央政府谈判独立问题举行公民投票，支持者没有过半。但该党在1995年10月30日再次组织的公民投票中，支持独立的人数已经达到49.4%的近半人数。如果中央政府不采取有效措施，这样下去过半魁北克人支持独立可能只是时间问题。

如果魁北克分裂出去，加拿大领土面积将从全球第二降到第五，经济规模也将大幅滑落，国际地位大大降低，因此加拿大联邦政府并不想放弃魁北克，这不符合加拿大的国家利益。在策略上必须立场坚定才能有效维护国家利益。在魁北克人民族意识高涨的60年代，中央政府采取安抚策略，以立法形式确认法语与英语同为加拿大官方语言。此举反而激发了魁北克人与其他省的对立。随着魁北克与中央在统独问题上的矛盾激化，加拿大中央政府对该问题诉诸法律，1996年8月加拿大最高法院做出历史性判决：一个省无权单方面决定从加拿大联邦分裂出去，无论是加拿大联邦宪法，还是国际法中所说的人民自决权，都不允许一个省单方面决定独立。2000年3月加拿大联邦议会通过了为魁北克脱离联邦设置重重限制条件的《明晰法案》，对“清晰问题”“清晰多数”、中央同意、其他省同意作出明确规定。根据该法案，魁北克人党在1980年和1995年全民投票中的议题都是不能接受的，投票结果是无效的。这样严厉而强硬的法案出台后，魁北克统独矛盾并未激化，分离运动反而弱化，证明中央政府在国家统独问题上的坚定立场和严厉手段是控制事态发展的正确策略。

四、埃塞俄比亚

埃塞俄比亚与厄立特里亚位于非洲东北部。历史上埃塞俄比亚形成国家后，其历代君王始终未放弃对厄立特里亚的统治。近代厄立特里亚先后成为意大利殖民地和英国托管地。1952年联合国大会决定厄立特里亚和埃塞俄比亚合并为一个联邦。后来埃塞俄比亚以其具有压倒性优势的军事力量击败了厄立特里亚，并于1962年单方面废除联邦，使厄立特里亚成为自己的一个省。此后厄立特里亚开始以武力争取独立。1993年厄立特里亚举行全民公决，以绝对多数赞成正式宣告独立。

（一）“势”的变化

正如地缘战略学者很早就指出的：埃塞俄比亚与厄立特里亚几十年的冲突实际是两极世界角逐中东、北非、印度洋一带主要战略地区的一个组成部分。美国与苏联支持该地区有关国家各自的政治诉求，实际上都是为了保持和扩大自己的战略利益。埃塞俄比亚与厄立特里亚的统一与分裂都是美苏争霸下的产物。

美国当年促成建立埃塞俄比亚厄立特里亚联邦出于以下战略考虑：一是防范苏联的影响扩大到中东和非洲之角地区，威胁那里的石油产区及其运输航道；二是确保美国占用厄立特里亚军事设施，以对抗苏联的扩张。1950 年 7 月，美、英、意三国代表在华盛顿会晤，认为可以满足埃塞俄比亚对厄立特里亚的政治要求，建立一个在中东地区反共的堡垒。1952 年美国国务卿杜勒斯在联合国安理会直言：“从正义角度而言，厄立特里亚人民的意愿应得到考虑。然而，美国出于红海盆地及世界和平的战略利益，需要这个国家与我们的盟国埃塞俄比亚联合起来。”[①]1949 年 5 月在联合国大会上英国和意大利曾提出将厄立特里亚均分给苏丹和埃塞俄比亚的动议，埃塞俄比亚支持，厄立特里亚反对。美国则首次提出埃厄联邦方案。1950 年初，受四届联大指派，由危地马拉、巴基斯坦、缅甸、南非和挪威代表团组成调查团访问厄立特里亚，此举的结果是：危地马拉、巴基斯坦主张由联合国托管一段后让厄立特里亚独立，缅甸和南非建议厄立特里亚与埃塞俄比亚结成联邦，挪威则主张厄埃合并。英、美、巴西等 14 国提出“联邦方案”草案，要求厄立特里亚与埃塞俄比亚结成联邦。1950 年 12 月联大拒绝苏联东欧集团、巴基斯坦和伊拉克关于厄立特里亚立即独立的提案，通过了《联合国 390- A（Ⅴ）决议》，决定厄立特里亚作为一个自治体同埃塞俄比亚结成联邦。联合国关于埃厄联邦决议的《联邦法》规定：“（1）厄立特里亚应作为一个自治体在埃塞俄比亚帝国主权下与埃塞俄比亚结成联邦；（2）厄立特里亚政府在国内事务方面拥有立法、行政和司法权。”这意味着埃塞俄比亚皇帝是联邦的唯一元首或联邦政府唯一首脑，将在埃塞俄比亚和厄立特里亚行使其联邦权力，埃塞俄比亚和厄立特里亚在各自领域享有剩余的权力。

由于当时的埃塞俄比亚政府在美苏争霸的世界格局中选择了倒向美国，苏

① 延飞：《埃塞俄比亚与厄立特里亚冲突的根源——埃塞俄比亚厄立特里亚联邦始末》，《西亚非洲》，2008 年第 9 期。

联自然支持厄立特里亚独立。苏联代表当时批评美英主导的做法："如果联邦制是解决厄立特里亚问题的方法，也应由厄立特里亚人民自己、而不是由一个国际组织来决定。"然而1974年9月埃塞俄比亚皇帝下台后，美国终止发展与埃塞俄比亚的外交关系，并停止向其供应所有军火。苏联及其盟国则随即填补真空，态度180度大转弯，开始全力支持埃塞俄比亚镇压厄立特里亚的独立运动。社会主义古巴曾在1967年—1971年精心挑选并培训了大量厄立特里亚青年准备从事独立运动，亲美的埃塞俄比亚政府倒台后，古巴总统卡斯特罗接受法国《非亚》杂志记者采访时称埃塞俄比亚军政权是"真正进步的力量"，而厄立特里亚人是为"国际反动阴谋"服务。苏联《真理报》也认为厄立特里亚争取自决斗争是"为他人玩游戏"。苏联、东欧和古巴向埃塞俄比亚援助大量军火，派遣军事顾问，直接指挥军队和驾驶战机，但仍未帮助埃塞俄比亚平息厄立特里亚的武装斗争。戈尔巴乔夫成为苏联总统以后，苏联对其社会主义盟国的援助不断减少，埃塞俄比亚军政权统治也开始岌岌可危。1991年5月埃塞俄比亚军政权垮台。厄立特里亚全境解放，成立了厄立特里亚临时政府。随即厄立特里亚同埃塞俄比亚过渡政府达成协议，厄立特里亚将在两年内举行全民公决，决定厄立特里亚的独立问题。1993年4月厄立特里亚如期举行全民公决，5月24日厄立特里亚正式宣告成立。

（二）"力"的对比

从力量的对比看，双方差距是巨大的。埃塞俄比亚的国土面积为110万平方公里，是厄立特里亚的近10倍，厄立特里亚只有11万平方公里。厄立特里亚拥有510万人口，而它的对手埃塞俄比亚则有8250万人，约为厄立特里亚人口的16倍。

厄立特里亚属世界上经济最不发达的国家之一。80%的人口从事农牧业，生产落后，丰年粮食自给率仅60%—70%。工厂只有十几家，均为纺织与服装加工（9%）、制革、制鞋、食品加工（50%）、农畜产品加工、金属加工、化工及塑料制品加工（8%）、建材等现代化程度不高的小厂。全国仅一家柴油发电厂，人均年用电量不及70度。除首都和马萨瓦外，其他城市每日仅供电6—7小时，农村普遍无电力供应。2007年工业总产值占当年国内生产总值的19.2%。2014年GDP为38亿美元，人均GDP为680美元。埃塞俄比亚也是世界最不发达国家之一。埃塞俄比亚以农牧业为主，工业基础薄弱。农业系国民经济和出口创汇的支柱，占GDP约50%。农牧民占总人口85%以上，主要从事种植和畜牧业，另有少量渔业和林业。工业门类不齐全，结构不合理，零部件、原材料依靠进口，2013年工业产值占国内生产总值的9%。制造业以食品、饮料、纺织、皮革加工为主，集中于首都等二三个城市。2013年GDP为388亿美元，是厄立特里亚的10倍多。人均GDP为426美元，仅为厄立特里亚的60%多。厄立特里亚长期居于埃塞俄比亚的殖民地地位，超过70%的对外贸易都要依附于埃塞俄比亚，而埃塞俄比亚却拥有多元的贸易伙伴。

军事力量方面，埃塞俄比亚2010年国防军总兵力约18万人，其中正规军约15万人，安全部队和民兵预备役约3万人，空军约8000人，有作战飞机120架。厄立特里亚常备4万正规军。1998年—2000年厄埃边界战争期间，政府大量扩军，曾达30万人。陆军有约150辆坦克、80辆各式火箭炮、自行火炮、自行防空炮和大约50余套防空系统。厄陆军士兵主要装备的是以AKM为主的苏式步枪。空军有60余架作战飞机和30余架直升机，海军有20余艘舰艇。厄立特里亚年度国防开支相当于国内生产总值20%。厄军士兵占全国劳动力11%强，广泛参与农业生产、修路筑桥等经济建设活动。

（三）“策”的运用

埃塞俄比亚与厄立特里亚统一的过程采取的是威慑统一方式。1952年成立的埃塞俄比亚厄立特里亚联邦是在联合国主持下的封建佃农经济和高度集权绝对君主制的埃塞俄比亚与资本主义经济和多元政治的厄立特里亚结成联邦，埃塞俄比亚皇帝从一开始就没准备让厄立特里亚人保持《联邦法》中的独立。1952年3月底，厄立特里亚通过间接选举产生议会，在英国当局操纵下，亲埃塞俄比亚、亲英的议员取得议会席位的2/3。6月，由于埃塞俄比亚操纵厄立特里亚联合党在厄立特里亚境内搞恐怖暴力活动，英国人推举的行政长官颁布紧急状态令。9月，埃塞俄比亚皇帝任命厄立特里亚行政长官，埃厄联邦事实上已名存实亡。1958年12月，厄立特里亚议会被迫表决降下厄立特里亚国旗，改用埃塞俄比亚国旗。次年，厄立特里亚改称“厄立特里亚行政当局”，“行政长官”改称“首席行政官”，放弃厄立特里亚“国玺国徽”，厄立特里亚成为“埃塞俄比亚皇帝海尔·塞拉西一世统治下的厄立特里亚行政区”。1959年9月，议会通过更换厄立特里亚《宪法》，并接受埃塞俄比亚《宪法》。1962年11月，埃塞俄比亚驻厄立特里亚部队占领主要城镇要害地带，喷气战机在上空盘旋恫吓市民。厄立特里亚议员在枪口威逼下开会，“首席行政官”用少数议员才听得懂的阿姆哈拉语宣读事先备好的声明：“我即将向你们宣读的声明是厄立特里亚一事的最终解决，你们只能原封不动地接受，我们将宣布联邦完全无效，从今以后我们完全同祖国统一起来。”埃厄联邦废止，埃塞俄比亚吞并了厄立特里亚。

厄立特里亚人的独立则是由和平方式转为武力方式才最终得以完成的。1953年—1962年，厄立特里亚政治领袖以为能说服埃塞俄比亚政府放弃破坏联邦体制，曾派代表团分别到埃塞俄比亚政府和联合国请愿，同时组织游行、罢工，并试图让厄立特里亚与埃塞俄比亚两个政府直接磋商。一切努力均未成功。1958年底厄立特里亚人从请愿转向违抗，埃塞俄比亚则报之以铁腕镇压。逃亡国外的一部分原厄立特里亚联邦政府官员成立了“厄立特里亚解放运动”，并在厄立特里亚境内发展组织，进行反抗埃塞俄比亚占领军的武装斗争。1962年埃厄联邦被废止，厄立特里亚民族主义力量认为此后的目标是“反殖民斗争”，最终实现民族自治乃至全面独立。埃塞俄比亚封建君主政府被社会主义军政府取代后，“厄立特里亚解放运动”与“厄立特里亚人民解放阵线”均要求通过公投实现厄立特里亚独立，埃塞俄比亚军政权在无法与之达成一致意见的情况下发动“红海战役”，调动了埃塞俄比亚85%的军队，并邀请苏联、民主德国、利比亚和南也门等国派出大量部队参战，但未能取胜。反倒是埃塞俄比亚人民革命民主阵线通过与厄立特里亚人的共同战斗，1991年5月推翻了埃塞俄比亚军政权，解放了厄立特里亚全境，成立了厄立特里亚临时政府。

五、印巴

从英属印度到印巴分治、再到孟加拉国建国是两次国家分裂的案例。印度沦为英国殖民地之前，处在统一的莫卧儿王朝，在帝国的全盛时期，领土几乎囊括整个印度次大陆。1858年英国取消了东印度公司，由印度事务大臣接管其全部职权，并成立以印度总督为首的印度政府，正式结束了印度本土的莫卧儿王朝，印度进入由英政府直接统治的时代，此时印度并未分裂。二战结束后，英国实力急剧衰落，其在印度的殖民统治已经不可能维持。1947年英国提出蒙巴顿方案。根据该方案，英国在印度的统治宣告结束，巴基斯坦和印度两个自治领分别于1947年8月14日和8月15日成立。1950年1月，印度共和国成立，为英联邦成员国。1956年3月，巴基斯坦伊斯兰共和国正式成立，仍为英联邦成员国。后来巴基斯坦又发生分裂，1971年3月，东部巴基斯坦宣布成立孟加拉人民共和国，同年12月孟加拉国正式独立。印度与巴基斯坦的分裂，以及巴基斯坦与孟加拉国的分裂虽然属于内生型国家分裂的案例，但外部形势的影响仍然起到至关重要的作用。

（一）印巴分裂

“势”的层面，英国统治印度期间埋下分裂的种子，美国出于美苏冷战的战略考虑为拉拢巴基斯坦而最终支持印巴分裂。印度在16世纪以后的莫卧儿帝国时期，伊斯兰教仅次于印度教是南亚次大陆的第二大宗教。在穆斯林逐渐成为次大陆统治者的过程中，伊斯兰教被作为国教在帝国统治区内推广，穆斯林征服者为低种姓的印度人提供了通过改变宗教信仰来改变处境的渠道，原来大量的印度教徒皈依伊斯兰教，莫卧儿王朝不同统治者采取宗教宽容和宗教歧视政策，穆斯林和印度教徒之间的宗教矛盾时而缓和时而突显。英国统治者在殖民统治印度近二百年的时间里，没有去消除两大教派之间的矛盾，而是利用这种矛盾巩固自己的统治。在莫卧儿王朝统治时期，穆斯林不仅垄断了政治、军事权力，而且在经济与文化领域也占有举足轻重的地位。为削弱其传统势力，英国统治者在法律、行政权力等方面严厉打击穆斯林势力，并对穆斯林上层保持疏远。到了19世纪70年代末至80年代初，由于印度民族独立运动的逐步兴起，对英国殖民统治形成威胁，殖民当局开始改变策略，实行拉拢穆斯林上层、牵制以印度教为主的国大党的政策。总之在英国殖民统治时期，英国殖民者的统治政策加剧了穆斯林和印度教徒之间的矛盾。

在宗教矛盾难以化解的情况下，1940年3月穆斯林联盟正式提出将印度分裂成印度和穆斯林两个国家的目标，并逐步得到国际支持。1941年太平洋战争爆发后，美国为换取印度参加对日本作战，竭力主张印度独立。英国首相丘吉尔对此十分不满。后来随着二战战场上盟国的胜利已成定局，面对印度民族主义者的要求，印度独立问题也到了必须解决的时刻。与此同时，南亚次大陆的两极政治形势也渐趋明朗，国大党领袖甘地对印度的分裂已无能为力。1947年春，英国当局感到印度形势极其严峻：临时政府无法工作，制宪会议形同虚设。穆盟开始是不愿意加入临时政府，后来同意了，但仍然以实现巴基斯坦为目标，当制宪会议召开的时候，穆盟宣布抵制。因为穆盟要求召开单独的立宪会议，制定巴基斯坦宪法。教派冲突接连发生，工人罢工，农民运动也掀起高潮，土邦人民的斗争也有进一步的发展。英国当局急于在形势没有完全失控前移交政权，1947年2月，英国政府发表一个声明，宣称在不迟于1948年6月实行把权力转移给负责任的印度人手里。新上任的总督蒙巴顿在和各党派的磋商中也曾提出保持印度统一的希望，但防止分治的种种努力均告失败。

在印度分裂的问题上，美国开始的态度是坚定的，即支持一个统一的印度。在当时的亚洲，中国的内战已经让美国大伤脑筋，由于印度与中国和苏联接壤，美国认为分裂将严重削弱印度的国力，从而给苏联扩张制造可乘之机。1945—1946 年的印度大选，真纳领导的穆斯林联盟取得了巨大的胜利，这让美国真正感受到了其在印度的力量不可忽视，美国政府开始考虑关于对真纳和巴基斯坦的新的政策声明。发生转折的关键还是苏美之间开始了冷战。1947 年 3 月美国提出“杜鲁门主义”标志着冷战的开始。美国将遏制苏联作为美国全球战略的重点，于是极力拉拢印度和巴基斯坦。1947 年 8 月真纳宣誓就任巴基斯坦总督之时，美国第一个给予了其外交上的承认，也是唯一一个派出外交代表正式表达祝贺的国家。① 而苏联将印度和巴基斯坦视为西方的势力范围，对与两国建立友好联系兴趣不大，这使印度和巴基斯坦的分裂具备了充分的外部条件。

“力”的层面，主张印巴分治的穆斯林力量已经足够强大。由于英国的殖民统治，印度的上层社会普遍接受英国的西方化教育及西方政治影响。在此背景下 1885 年印度人成立了第一个政党“国民大会党”（或称国大党），并于 1892 年颁布印度议会法，建立地方自治机关和地方行政区，选举范围扩大到印度人，但其党员及干部 90% 以上是印度教徒，不能充分照顾穆斯林利益。1906 年印度成立了由穆斯林组成的“全印度穆斯林联盟”（或称穆斯林联盟，穆盟）。作为穆斯林领袖的真纳因不同意国大党领导人甘地的不合作纲领脱离国大党。1940 年他提出“巴基斯坦”计划，首先提出印度教徒和穆斯林为“两个民族”，只有坚持政治上的平等，才能实现印度的安定和穆斯林自治。主张在穆斯林聚居地区建立独立的伊斯兰国家。此后，“全印穆斯林联盟”在政治上控制了旁遮普以外的穆斯林占多数的省份。1945 年，“全印穆斯林联盟”参加了中央立法议会选举，赢得了穆斯林的所有席位。

长期以来，在英国殖民当局的“扶印抑穆”的政策下，穆斯林资产阶级集团在竞争中居于劣势地位，他们为了改变自己的劣势，以便在经济竞争中取胜，便要求本集团内部协调一致和在政治上争取更多权益。这种诉求很容易获得了响应。印巴分治得到穆斯林上层的支持。当民族独立运动蓬勃发展、印度独立已成为大势所趋时，穆斯林上层害怕自己在独立后继续处于劣势地位，因而坚决要求建立独立的巴基斯坦国，以保护自己的经济、政治利益。同时印巴分治

① 李晓妮：《杜鲁门政府的印巴分治政策》，《社会科学战线》，2014 年第 2 期，世界史研究。

得到穆斯林农民的支持。印度的穆斯林农民与印度地主、放债者的利益是相冲突的。例如孟加拉国的农民所以支持争取巴基斯坦自治的运动，是因为他们指望孟加拉国加入伊斯兰教国家能使他们摆脱地主和高利贷者的奴役。这样巴基斯坦运动就得到了广大穆斯林群众的拥护，成为一场具有群众基础的社会政治运动。1946 年，由于二战对英国国力的冲击导致英国无法维持对印度的殖民统治，于是由英国派出的内阁使团与印度各派政治势力讨论印度的自治事宜，并提出了联邦制下自治（或独立）的构想。该方案原本被国大党和穆斯林联盟接受，但以尼赫鲁为首的国大党单方面撕毁协议要求重新谈判。这导致了穆斯林联盟退出建立统一印度的计划，转而寻求建立一个独立的伊斯兰国家。

印度穆斯林联盟同印度国大党之间的分歧不断扩大，仇恨进日益加深，两派爆发相互残杀的流血事件，暴力对抗升级。情况很明显，不分治就要打内战。英国政府于 1947 年 2 月改派蒙巴顿任印度总督，6 月公布了印巴分治的“蒙巴顿方案”。方案中印度被分割成:（1）巴基斯坦国，包括西巴基斯坦和东巴基斯坦，人口 7 千万;（2）印度联邦，包括英属印度的其余部分，人口 2.25 亿;（3）王公土邦 562 个，占印度面积 2/5，人口 8.1 千万，在政权移交后享有独立地位，但可参加印度或巴基斯坦。后来大多数土邦加入了印度，但原北部土邦克什米尔归属未定，印巴两国在此地发生两次大规模武装冲突。国大党和穆斯林联盟虽然一开始对《蒙巴顿方案》不满意，但最终都正式通过决议宣布接受这个方案。1947 年 7 月英国议会通过《印度独立方案》，规定在同年 8 月 15 日前结束对印度的统治，分别成立印度和巴基斯坦两个自治领。印度国大党在坚决主张印巴分治的穆斯林力量面前最终不得不接受印度分裂的结果。

“策”的层面，国大党与穆盟关系如果处理得当，印巴分治还是有可能避免的，至少可以避免暴力分裂，不必要出现至少 50 万人中丧生、1200 万人无家可归的分裂冲突。从国大党方面来看，国大党与穆盟关系的破裂是由于国大党对穆斯林政策上出现严重失误所导致的结果，主要表现是：第一，国大党对教派问题的重要性估计不足，在具体问题上处理失当。甘地领导下的国大党从复兴印度教的角度去激发人们的民族感情，这样做的后果自然引起了穆斯林的不安。第二，对穆盟的地位和实力缺乏正确认识，表现为对穆盟采取兼并、排斥政策。国大党主要领导人不承认穆斯林文化在印度的地位，更不承认穆斯林是一个民族，尼赫鲁甚至说:“国内只有两方——国大党和英国人”，而不存在第三方穆盟。尤其是在 1937 年真纳关于在大选中建立联合战线和组织联合政府的问题上，尼赫鲁提出种种苛刻条件予以拒绝。1936 年到 1937 年举行了各省政府选举，结果国大党在中央立法会议上和五个主要省份中获绝对优势。当惨败的穆盟请求成立联合政府时，遭到了国大党人的拒绝，并要求穆盟并入国大党。曾经愿意与国大党合作的真纳公开说，穆斯林在国大党的统治下不能指望获得公道和公平的对待。

从穆盟方面来看，与国大党关系的破裂、穆盟立场发生重大转变的原因是多方面的。从政治原因看，穆盟的启蒙思想家本来是赞同改革的，但当国大党提出的宪政改革要求在群众中获得越来越大的反响时，他们却认为这对穆斯林的未来地位构成了威胁。印度教徒占印度人口的 3/4，穆斯林只占 1/4 左右，在这种情况下代议制只对印度教徒有利。教派分歧、教派利益至上是态度转变的根本原因。此外，“两个民族”理论的形成对穆盟最终选择并坚定分裂立场起到重要作用。该理论是英国殖民统治时期印度社会的一种政治思潮，认为穆斯林和印度教徒的社会习俗、生活方式、思想观念各异，是独立的宗教、语言和文化实体，从而各自形成独立的民族，应以此为基础，分别建立起独立的印度教国家和伊斯兰国家。这一理论由赛义德·阿赫默德汗（al—Sayyid Ahmad Khan）于 1883 年首次提出，后经旁遮普的诗人哲学家穆罕默德·伊克巴尔（Shaikh Mohammed Iqbal）和穆罕默德·阿里·真纳（Muhammad Ali Jinnah）发展和集成。[①] 真纳对于巴基斯坦的贡献在于，他把作为观念形态的“穆斯林民族”经由公共的想象共同体变成了社会实体，领导次大陆穆斯林民族主义运动走向成功。他提出：印度穆斯林有无可否认的民族自决权。“无论根据何种民族理论，穆斯林都是一个民族，他们必须拥有自己的家园，必须拥有自己的领土和国家。”“我们能够接受的唯一出路是，通过给予其主要的民族单独建国，把印度划分为几个自治的民族国家。这样，这些民族国家之间就没有必要相互为敌了。”[②] 在实践上，“两个民族”理论与建立起伊斯兰国家巴基斯坦的社会运动——巴基斯坦立国运动相结合，成为巴基斯坦的立国之基和印巴分治的推动力量。

（二）巴基斯坦分裂

1947 年印巴分治后，巴基斯坦由东、西两部分组成，分别被简称为东巴和西巴。西巴主要使用乌尔都语，东巴主要使用孟加拉语。东、西巴的领土相隔

① 汪长明:《“两个民族”理论与印巴分治》,《延边大学学报》(社会科学版)，第 44 卷第 4 期。

② Jamil-ud-din Ahmad. *Some Recent Speeches and Writings of Mr.Jinnah*, Vol.1. Lahore：Shaikh Muhammad Ashraf, 1952. 129—131, 177—180.

1500多公里，中间被印度分开。由于中央政府的大权长期控制在西巴人手中，东巴人愤愤不平，东巴与西巴之间的隔阂日渐加深。1971年印度介入巴基斯坦西部与东部的纷争，导致第三次印巴战争，战争后巴基斯坦分裂，1972年1月东巴基斯坦独立为孟加拉人民共和国。

“势”的层面，印度是巴基斯坦的宿敌，该外部力量的介入是巴基斯坦最终分裂的决定性力量。印度对巴基斯坦的政策是继续分治前国大党对穆盟的政策。分治前，印度总理尼赫鲁把统一的次大陆作为实现印度未来大国理想的基础。对于穆盟的“两个民族理论”和“巴基斯坦计划”，他和其他国大党领导人都坚决、不遗余力地反对。刚分治时，尼赫鲁认为“新的巴基斯坦不会长期存在，穆盟将因巴基斯坦的出现而受到惩罚，巴基斯坦在短期内一肯定会垮台。”“印度这个先进的世俗制国家注定要合并落后的神权制国家巴基斯坦。”当时英属印巴军队总司令向伦敦报告说，他和他的同僚都认为尼赫鲁领导的政府下决心要竭尽全力不让巴基斯坦建立在稳固的基础上。随着巴基斯坦政权的稳固和印巴间冲突不断，印度认识到巴基斯坦不可能短期内垮台和灭亡，而且自己又面临需要和平建设经济，因此适当调整了对巴基斯坦的政策：承认印巴关系敌对一的现实，试图与巴基斯坦和平相处，维持印巴地区现状，将巴基斯坦威胁印度的能力限制在最低点。后来因为克什米尔问题双方爆发了两次战争。巴基斯坦镇压东巴分裂后，巴政府领导人指责印度目标就是分裂巴基斯坦。印度则转变初始的谨慎行动政策，开始大力支持东巴行动，并决心武力干涉，帮助东巴独立。最终两国爆发第三次战争，东巴独立，巴基斯坦分裂。

从更广阔的国际背景看，美苏争霸仍然是南亚次大陆分分合合的主旋律。南亚是苏联向第三世界渗透与扩张战略中的一个重要的组成部分，也是美苏争夺的重要地区之一。苏联打着支持民族独立运动的旗号，指望通过加强与印度的关系来扩大自己在第三世界和不结盟运动中的影响，苏联领导人曾声称：“当各种各样的外部势力向捍卫切身利益的印度施加压力的时候，苏联总是和印度站在一起。苏印关系是两个不同社会制度国家之间关系的典范。”在印度同邻国的争端中，苏联明显袒护印度，这一点在第三次印巴战争中得到了充分的表现。美国也曾经设想过同印度结盟，但尼赫鲁的不结盟政策未能使美国如愿以偿，于是美国将南亚政策的重心从印度转向巴基斯坦，密切同巴的关系以其作为南亚战略的平衡力量。从1954年起，美国开始对巴基斯坦提供军事援助。这一决定损害了美印关系的发展。随后，美国又把巴基斯坦拉入东南亚条约组织和巴格达条约组织。美国“重巴轻印”的南亚政策使印度认为，其政策和举动威胁了自己的国家安全。美苏在背后各自支持一家，这样就为印巴矛盾的深化提供了源源不断的动力。

1969 年中苏爆发边界战争，中苏关系的恶化到最低点。苏联为极力遏制中国制订了包括印度在内的亚洲集体安全体系。美国通过巴基斯坦对中国的主动接近使苏联将以前较为平衡的南亚政策改变为坚决支持印度的政策。1971 年中国还处于“文化大革命”时期，国内政治不稳定。中国的处境和苏联的积极拉拢政策使印度意识到这是诉诸战争，削弱巴基斯坦的难得机会。东巴反叛后，印度舆论强烈要求政府进行干预。但印度政府刚选举结束，新政府需要稳固自己的政权，同时也害怕支持东巴的独立运动会刺激国内地区分裂势力活动。再者军事镇压刚过，国际社会对此持什么样的态度还不明朗。联合国宣称这是巴基斯坦的内政问题。如果印度这时按照公众的意见公开支持东巴，那么国际社会就会指责印度干涉别国内政。基于以上的考虑，印度政府采取了密切关注事态发展的谨慎政策。

孟加拉国大批难民涌入印度给了印度政府掌控舆论的很好机会。当巴基斯坦改变立场配合联合国的行动时，印度却利用难民问题阻挠政治解决的顺利进行。印度政府派出代表团出访东西欧、北美、亚洲的一些主要国家，总理英·甘地也亲自进行了为期近一个月的国事访问，先后到过苏联、比利时、澳大利亚、联邦德国、英国、法国和美国等国。每到一地都是向所在国政府和人民讲述这次孟加拉国危机的“真相”、严重性以及山此而引发的难民问题，并多次强调这些都正在威胁着印度的安全，威胁着印度的“生存”。印度的“难民牌”外交达到了它的目的，其访问过的所有国家几乎都对印度表示同情，并对东巴人所处的困境以及印度所面临的难处表示理解。世界舆论倒向印度一方，巴基斯坦在国际上日趋孤立。印度利用难民问题，阻挠了东巴危机的政治解决，为它的军事干涉做了时间准备。

印度为防止在干涉巴基斯坦事务时会遭到中国军事反对，1971 年签署了为期 20 年的《印苏友好合作条约》，这形同印度放弃了自独立以来一直奉行的“不结盟”外交政策，没有哪个国家料到印度会如此突然地选择与苏联签订有结盟性质的条约。在此之前，美国国务卿基辛格印度之行时已向英·甘地传达：“如果中国干预由东巴危机而引起的印巴冲突，美国不会给予印度任何支持。”这个信息加重了英·甘地对中国将介入的疑惧心理。为防止中国象 1962 年那样再次重创印军，英·甘地决定在军事干涉前与苏联签订条约。在签约的协商谈判过程中，苏联曾口头许诺：如果印巴战争爆发，苏联将全力支持印度。《印苏友好合作条约》签订后，苏联给印度提供大量的经济、军事援助，在联合国安理会苏联否决每一个可能导致巴基斯坦政治解决而印度坚决反对的建议，如否定东巴人民的自治的建议。条约签订后，以美中巴接近对印苏联合的局势形成。条约的签订壮大了印度对巴基斯坦出兵的胆量，也增强了印度战胜巴基斯坦的信心。战争全面爆发后，内困外孤的巴基斯坦抵挡不住精心备战的印度的强势进攻，印度政府看到巴基斯坦战败已成定局，正式承认孟加拉国独立，完成巴基斯坦分裂的最后一击。

“力”的层面，当时巴基斯坦的政治经济和军事结构决定了西巴比东巴更具优势，如果不是印度出兵，东巴独立难度很大。巴基斯坦全国领土为 880254 平方公里，孟加拉国全国总面积为 147570 平方公里。东巴基斯坦占全巴基斯坦面积 16% 和人口的 56%。孟加拉族是南亚次大陆古老民族之一。孟加拉国在 13 世纪改信伊斯兰教，到 16 世纪时，发展成次大陆上人口最稠密、经济最发达、文化昌盛的地区。17 世纪被莫卧儿帝国征服，18 世纪后半叶沦为英国殖民地，为英属印度的一个省。1947 年印巴分治时，孟加拉地区被分割：西孟加拉地区归印度（今西孟加拉邦），东孟加拉地区（后改名称东巴基斯坦）归巴基斯坦。后来东巴独立成立孟加拉人民共和国。孟加拉国是世界上最不发达的国家之一，经济基础薄弱，国民经济主要依靠农业。巴基斯坦尽管 1947 年独立时很穷，但拥有多元化的经济体系，在随后 40 年中取得了高于世界平均的经济增长，成长为世界第 25 大经济体。在 1959—1960 年，西巴的人均收入比东巴的高 32%；1969—1970 年，西巴的人均收入比东巴高 61%。

1970 年 12 月，巴基斯坦举行首次全国大选。东巴以拉赫曼为首的人民联盟主张东西巴完全平等，得到大多数东巴人的拥护。仰仗东巴人口上的优势，人民联盟在选举中获得了国民议会的多数席位，成为议会第一大党。面对大选结果，东巴人欣喜若狂，西巴人则忧心忡忡。拉赫曼与巴基斯坦总统叶海亚商讨东巴自治问题，以期改变东巴长期遭受的不平等的对待。可是双方分歧太大，会谈最终破裂。第二年的 3 月初，东巴各地掀起罢工和示威的浪潮，纷纷要求实行东巴自治，局势一片混乱。后来出现军队哗变，人民联盟宣布东巴基斯坦脱离巴基斯坦独立。为了阻止分裂，叶海亚总统急忙宣布取缔人民联盟，并且派遣大批军队开赴东巴，镇压人民联盟的独立运动。经过几个月的战斗，西巴军队虽然控制了东巴的局势，但造成一百万孟加拉人丧生，一千万孟加拉难民逃往印度。

印度出兵使刚刚稳定的局势急转直下。军事实力的对比应该是在印巴之间比较，而不是西巴与东巴，因为大部分东巴军队也在西巴控制中。印度在东巴方向投入的兵力共 3 个军部、7 个师，空军 12 个中队，作战飞机 200 架、海军舰艇 26 艘，约 17 万人；在西巴方向投入的兵力共 13 个师 8 个旅，空军 20 个中队，作战飞机 300 架，海军舰艇 20 艘，约 30 万人。巴基斯坦在东巴方向投入的兵力共 4 个步兵师，空军两个中队，作战飞机 17 架，约 9 万人；在西巴方向投入的兵力共 12 个师 6 个旅，空军 20 个中队，作战飞机 200 架，海军舰艇 20 余艘，约 25 万人。双方兵力对比，在东巴方向，印军占有明显优势，巴军处于劣势；在西巴方向，两军旗鼓相当，印军略占优势。

1971 年 11 月印度军队向东巴发动了海陆空全方位的攻击，12 月印军又越过克什米尔军事分界线猛攻西巴，试图牵制巴军主力，不让他们腾出手来支援东巴战场，第三次印巴战争爆发。巴基斯坦总统叶海亚立刻宣布全国处于紧急状态，全力抗击印军的入侵。联合国大会以一百零四票的压倒优势通过了要求印巴双方停火和撤军的决议。可是印度在苏联的支持下，拒不执行联合国的决议，宣布印度将“打到孟加拉国获得解放为止”。印度陆军在顺利完成对东巴守军的合围同时，印度的海军和空军则从海上和空中实施严密封锁，完全卡断了东巴与西巴的任何联系，东巴守军被迫投降。在西巴战场，双方进行了以空战为主的交战。印军凭借其空军力量的优势，力图重创巴空军于基地，破坏巴交通运输线，孤立巴军各战场的相互联系，阻止巴地面部队机动和集结，达到削弱与钳制西巴地面部队的目的。印军已在东巴战场取得胜利后宣布在西巴地区实行“单方面停火”。巴基斯坦被迫接受了印度的停火建议，第三次印巴战争以巴基斯坦的失败而告终。1972 年 1 月，孟加拉人民共和国正式宣告成立，得到释放的拉赫曼就任孟加拉国第一任总统。

“策”的层面，孟加拉独立是被迫选择武力的方式。与印巴分治不同，巴基斯坦分裂并非宗教分歧和对立的结果，而是对权利结构失衡处理不当的结果。巴基斯坦独立之后，虽然东巴孟加拉族人数占全巴的人口 56%，但其中央政权基本上掌握在西巴人手中。因此，东孟加拉人认为在国家机构中受到排挤和歧视。在英国殖民统治时期，东巴的大多数穆斯林都是贫苦农民，因此很少有机会在殖民当局担任重要职务。“印巴分治时，在为巴基斯坦选拔的 133 名印度文官中，仅有1名是孟加拉人。”[①] 西巴军队中的重要职务几乎都是西巴人担任。所以自建国起，巴基斯坦中央和各省级的重要部门都被西巴人所控制。建国后中央政府针对东、西巴间政治权力分配不平衡的现象进行了适当调整。但东巴人即使身居高官也处处受牵制，根本无法掌握实权。在军队高级军官中，东巴人所占的比例很小。在巴独立的最初十年，96%的军队高级官员是西巴人，东巴人中能够任高级军官的人屈指可数。一直到1971年孟加拉国诞生时，仅有两名孟加拉人达到星级军衔。在高级文官中，东巴人同样处于少数地位。巴基斯坦独立初期的十年中，93%的高级文官是西巴人。

在经济方面，东巴的农产品为巴基斯坦创造大量外汇收入，而东西巴之间在国民收入分配上长期严重不均，东巴的大量收入主要用于西巴建设，东巴仅能得到其中的20%左右，而西巴农业发展速度4倍于东巴。东西巴之间的经济差距越来越大，矛盾也随之加深。虽然东巴与西巴两地居民大多信奉伊斯兰教，但在语言、文化、和风俗习惯等方面存在很大差异。在文化上，尽管巴基斯坦有54%的人讲孟加拉语，中央政府却坚持将西巴人使用的乌尔都语作为国语。巴基斯坦中央政府认为，乌尔都语受阿拉伯语和波斯语影响较深，较正统地体现了伊斯兰文化传统，于是定为唯一国语。然而在东巴，使用乌尔都语的人口只占其总人口的1%，使用孟加拉语的穆斯林中产阶级是重要的社会力量。他们认为孟加拉语是其民族世世代代劳动和创造的结晶，否定孟加拉语就是对孟加拉民族历史的不尊重。当然，国语之争的背后掩藏着一种实际利益之争，因为如果确定乌尔都语为唯一国语，那么孟加拉人在与西巴基斯坦人竞争政府部门职位时将明显处于不利地位。为此，学生和知识界人士纷纷起来领导大规模的罢工、罢课、集会和游行示威活动，并与警察发生暴力冲突。后来巴中央政府被迫在宪法中承认孟加拉语和乌尔都语同为国语（但事实上巴政府文件、货币、邮票等上面却只使用英语和乌尔都语），但以国语之争运动为开端，以争取自治权利为主要内容的东巴自治运动已经展开并难以控制。

总之，独立后巴基斯坦国家领导人在各方面偏袒西巴的政策加剧了东西巴间的矛盾，招致东巴人的各种不满。他们不满中央政府强迫他们接受乌尔都语，不满西巴对外国援助投资的垄断，不满中央政府一直将东巴的外贸收入挪用为西巴的进口筹措资金，不满中央政府强迫他们从西巴购买比其他地方价格昂贵

① 唐昊、彭沛：《巴基斯坦 孟加拉：面对种族和宗教的冲突》，四川人民出版社，2002年，第116页。

得多的物资。这些不满情绪导致长期以来东巴孟加拉人为争取自的权利而进行斗争，但开始也并未迅速演化为武装斗争。1970 年巴基斯坦的大选后，军政府一再拖延国民议会的召开，激发了东巴人的积怨，由此引发了对中央政府的反叛。巴中央政府的军事镇压正式导致危机爆发。

（三）观察与启示

关于国家的统一与分裂，有学者曾经提出社会同质性高就易于统一，异质性高则易于分裂，一定程度上的确如此。一国在种族、宗教、语言、文化、政治、经济等各方面都会出现异质性，如果不能很好地解决这些差异问题，分裂主义就会占据上风。印巴分治就是这样的典型案例。印度和巴基斯坦原来是一个国家，由于印度教徒和穆斯林的异质性难以有效弥合，冲突不断加深，到了矛盾难以调和的程度，于是 1947 年分别成立印度共和国和巴基斯坦伊斯兰共和国。

这种分裂的国际背景还是原统治者的衰落，如果仍有一个强大的权力中心可以调和不同种族和宗教间的矛盾，就不一定必须依靠国家分裂解决问题。英国取代莫卧儿王朝统治印度时印巴并没有分裂。二战后英国虽然在战争中取得胜利，然而其国力严重受损，失去了原有的大国地位。加之非殖民化运动的兴起，英国最大的殖民地英属印度的独立已经不可避免。在争取印度独立的过程中，多数派印度教徒和少数派伊斯兰教徒之间的对立日益激化，强烈主张印度教徒和伊斯兰教徒的分离，英国已经无力调和这种宗教矛盾。甘地虽然反对这些分离思想，提倡实现统一印度，但他印度教色彩明显。印度国大党也出于政教分离和世俗主义的立场而对因宗教的分离表示谨慎，印度共产党和印度民族主义者虽然也有各自的反应，但都未能阻止分裂的大势。

巴基斯坦的分裂同样突显“势”的重要。东巴、西巴之间没有宗教信仰方面的差异和对立，矛盾引发点主要是政治权力和经济利益的分配不均，这种矛盾在没有外力的影响下是有办法在国家统一的条件下解决的。但作为巴基斯坦的重要邻国，印度与巴基斯坦一直关系紧张，长期敌对，甚至爆发战争，因此希望通过促使巴基斯坦分裂减少对自己的威胁。印度外力的介入促成了巴基斯坦的最终分裂。巴基斯坦的分裂使之失去了大面积肥沃的领土和大量人口，实力受到严重削弱。这正符合印度的战略意图。同时，通过对危机的干涉，印度的国际地位得到提高，成为南亚地区唯一的地区大国。巴基斯坦的分裂使南亚国际格局发生深刻变化，对以后南亚国际关系的发展有深远影响。另外，东、西巴间地理上的差距也是造成巴基斯坦分裂的原因之一。东巴、西巴隔印度相望，在地理上不是一个整体。由于自 1947 年后印巴关系敌对，东西巴间实际上不可能保持直接的陆路联系。地理上的差距给管理带来诸多不便，也使东、西巴间缺乏经济上的有机联系。西巴与波斯湾地区联系紧密，东巴则与印度、东南亚国家联系紧密。这样，地理的差距逐渐使东巴形成独立的经济主体，确立了东巴逐渐走向分裂的趋势。

第三章　中国古代案例

本章选取中国古代与近代的12个追求国家统一或分裂的案例，既有成功案例也有失败案例，这些案例的演化结果，也都离不开势、力、策三要素的影响。

第一节　长江南北追求国家统一的案例

一、西晋

东汉末年，从黄巾起义（184年）到赤壁之战（208年）的24年，大体形成了以曹操、刘备、孙权为代表的三个主要势力集团，后来分别建立了魏（220年）、蜀（221年）、吴（222年）三个政权，延续了426年的汉朝分裂为三个国家。40多年后实力最弱的蜀国被魏国消灭（263年）。魏国随后祸起萧墙，内部政权更迭，由司马氏建晋。晋国灭亡吴国最终完成国家统一（280年），史称西晋。由于政治形势、软硬实力、策略运用不同，国家统一没有在曹操统一北方后立即实现，而是由曹魏的继承者——司马氏建立的西晋政权完成。

政治形势方面，赤壁之战前曹操已经统一北方大部分地区，并且有“挟天子以令诸侯”的政治优势，对孙权的江东集团形成巨大的震慑，从总体政治形势上看是非常有利的。曹操未能毕其功于一役实现国家统一，虽然策略运用出现较多失误，但在“势”与“力”两方面还是与西晋统一东吴的情况有较大差别。曹操灭袁绍、击乌桓、降荆州，然后大兵压境劝降孙权，虽然形势有利，但当时还有刘备、刘表、张鲁、马腾等军事集团存在，曹操集团在与孙权集团较量时受到的阻挠和掣肘比西晋伐吴时要大很多。西晋伐吴时中原基本统一，蜀汉政权投降后长江上游已被西晋控制，西晋政权可以全力以赴完成对吴作战。政权核心也发生重要变化，曹操当时面对的是战略清晰、善于用人的孙权；西晋伐吴时司马炎的对手孙皓却残暴无道，君臣离心离德，自失民心。

硬实力方面，西晋政权在完成国家统一时具备明显的实力优势。首先是晋伐吴时江北人才明显多于江南人才。赤壁之战孙刘联军得以取胜、三国鼎立最终形成的重要原因之一是当时曹孙刘三大集团的人才均势起了决定性的作用。[①]东汉豪强地主集团分为士族地主集团和庶族地主集团两个阶层。士族地主集团多谋士，庶族地主集团多武将。曹操、孙权、刘备三家都是庶族地主集团，凭借个人的政治魅力和用人路线，收罗众多庶族战将，又得到出色士族谋士的支持，所以在赤壁之战中各有出色人才，江北政权对江南政权的人才优势不大。但到了晋伐吴时，江北人才储备充足，而江南在孙皓的统治下少有人才施展的空间。良臣稀少，将士疲弱，陆抗死后已没有能与晋军对抗的出色将领。体制相似的情形下，君主贤明程度决定人才聚散。

其次是军事实力方面，晋胜于吴，较之赤壁之战时更具优势。晋、吴军队数量分别是50万[②]和23万[③]，最后进行统一战争时晋国动员了20余万军队包围南京，与吴军的数量比例基本上是1∶1。虽然吴军数量也不少，水陆两军各在10万以上，且水军庞大，舰船5000余艘，有可以容纳上百匹马的大船，但晋国凭借雄厚的经济实力迅速建造大型船队，抵消了东吴水军的优势。晋军大船可容纳2000人，能跑马。晋军在长江上游巴蜀地区造战船时砍削下的木片，遮蔽江面，长达7年，这使晋军已经有了一支足以与东吴抗衡的强大水师。赤壁之战时，曹军对孙刘联军虽然有更大的数量优势，但西晋已有自己的水军，且养精蓄锐已久，而曹操当时只能靠刚刚投降的荆州水军伐吴，军心稳定程度和忠诚度都不够，遇乱则溃。战争中，人心之向背与士气高低往往是胜负的决定性因素。

最后是经济实力，晋对吴的优势超过三国时期曹魏的优势。三国时期，魏国人口440万，吴国人口240万，蜀国人口仅90万。赤壁之战前，中原地区战乱频繁，对经济破坏严重，《三国志》载“中国萧条，或百里无烟，城邑空虚，道殣相望”，“天下户口减耗，十裁一在”，加之庞大的养兵开支，曹魏财政紧张，经济优势不明显。后来魏晋政权对农业问题极为重视，大兴农田水利，拓展军队屯田，为后来的灭吴战争提供了坚实的物质基础。晋伐吴时，晋国土地面积是吴国的3倍（晋约700万平方公里，吴约240万平方公里），人口是吴国

① 张大可:《三国鼎立形成的历史原因》,《青海社会科学》，1988年第3期。

② 《资治通鉴》卷七十。

③ 《三国志·吴志·孙皓传》。

的 6 倍（分别约为 1360 万和 230 万人）。[①]晋国的田租高出以前曹魏一倍，绢、绵税收高出一半，吴国也将税收提高一倍，粮食纳税十取四五。但晋国统治下的北方地区生产工具和耕作栽培技术继承了汉代的成就并有重大创新与发展，农业生产恢复较快，而吴国所统治的岭南地区开发程度非常低，人口稀少，生产水平也远远落后于中原地区，其经济力量并不足以与晋国抗衡，在军备竞赛中日益暴露出经济上的不足。东吴宰相陆凯向孙皓指出："臣闻国无三年之储，谓之非国，而今无一年之蓄"，可见东吴经济孱弱。晋对吴的经济实力优势已经相当明显。

策略运用方面，晋国统一吴国策略与时机选择正确，准备工作充分，用人得当，军事指挥有方，成为统一成功的重要条件。相较而言，曹操发动赤壁之战的时机和策略都有问题。赤壁之战时曹操是在连续征战、士卒疲敝的状态下与东吴开战的，当时谋士贾诩提出了安民休军的建议，认为可"不劳众"而可使"江东稽服"。曹操不从其议，"军遂无利"。而孙、刘集团的抵抗策略事后来看判断准确。谋士鲁肃早对孙权说："夫荆楚与国邻接，水流顺北，外带江汉，内阻山陵，有金城之固，沃野万里，士民殷富，若据而有之，此帝王之资也。"孙权本欲按鲁肃设想先沿长江发展，竟长江所极与北方曹操争夺天下，但荆襄投降使曹操突然占领长江中游，强敌当前，孙权改变策略，借荆州给刘备，是极其明智的战略抉择。刘备集团则看到联吴破曹的机会，诸葛亮游说孙权时准确预测到："操军破，必北还，如此则荆、吴之势强，鼎足之形成矣。"当发动战争的时机不成熟时，战争结果有较大不确定性。

晋灭吴的统一战争因准备充分，条件也较赤壁之战时成熟许多。从晋武帝司马炎与羊祜密谋伐吴开始，到发动统一战争，西晋准备了 11 年的时间。期间晋朝多数大臣反对伐吴，而羊祜、杜预、张华、王濬等则力劝晋武帝下决心伐吴，完成统一。王濬以"臣作船七年，日有朽败，又臣年已七十，死亡无日"等理由劝说晋武帝伐吴。从后来的灭吴战争进程来看，羊祜等人的判断是正确的和及时的。晋灭吴的战争规划也比曹操清晰。曹操在赤壁之战时，虽也兵分水陆两路，以江上水军为前锋，以北岸步骑重兵为接应的战略部署，事后又部署了江陵、当阳、襄阳等地的守卫工作，然后北还，[②]但多为随机应变之举，不似晋军出兵前的缜密规划。羊祜在《平吴疏》中指出，灭吴战争要多路进兵、

① 林晓虢:《晋灭吴之战》，http: //lt.cjdby.net/archiver/tid-1390057.html。

② 施丁:《论赤壁之战的几个问题》，《史学月刊》，1981 年第 6 期。

水陆俱下，从长江上游、中游、下游同时发起进攻。同时还要用旗鼓来迷惑敌人，用各种方法造成敌人的错觉，分散吴军兵力。趁其慌乱以益州（四川）和荆州（两湖）的奇兵乘虚而入。一旦晋军占据长江，吴军只能退保城池，放弃水战，如此则必败无疑。这是一份科学的消灭吴国的军事战略规划，被实践证明是正确的[①]。羊祜在荆州的军事实践中对伐吴的策略有了新认识，认为伐吴最好的办法是从长江上游的巴蜀出兵，顺江而下，一举灭吴。这在一定程度上也可视为赤壁之战的失败给予后人成功的教训和启示。

二、前秦

东汉末年至三国时期，人口骤减 7/8，全国只剩不足 800 万人。为弥补人口减少造成的兵源不足，魏、蜀、吴三国均在鼓励人口生育的同时，大力征招少数民族加入，周边大量少数民族主动或被动内迁且军事力量不断增强，为西晋以后“五胡时期”埋下伏笔。五胡时期苻坚统治下的前秦一度几乎完成了统一大业，却因淝水之战的失败功亏一篑。淝水之战爆发前，前秦东西万里战线大军压境，其声势与百年前西晋大军讨伐东吴相似，却没有像西晋一样完成国家统一，也没有像曹操赤壁之战后退踞北方再做准备，而是在战争失败后瞬间解体，彻底失去了推动国家统一的能力。

关键的原因是苻坚发动统一战争的时机尚不成熟，也就是“势”还没到，政治形势和统一条件不充分。前秦虽然在短时间内统一北方，但氐族统治集团的文化先进性远不能与汉族相比，要求北方各民族服从还需要足够长的时间来解决政权认同问题，毕竟这是中国历史上第一次由一个少数民族政权对长期拥有更先进文明的汉族政权发起的国家统一战争，此前近百年间北方地区胡汉之间的民族仇杀造成的民族对立尚未化解，东晋民众对异族政权的认同还远远不够，由此导致东晋军队保家卫国的斗志高昂，而北方各少数民族刚刚统一于氐族政权，也还没有建立起牢固的政权认同，大量手握兵权的将领各怀异志，一有机会就可能兴风作浪，在这样的背景下发动大规模战争有很高的政治风险。

淝水之战爆发前，前秦的政治影响力高于东晋。前秦疆域“东极沧海，西并龟兹，南包襄阳，北尽沙漠”，[②]周围 62 个国家都进贡臣服，“鄯善王、车师前部王来朝，大宛献汗血马，肃慎贡楛矢，天竺献火浣布，康居、于阗及海东

① 袁延胜：《论西晋统一的历史经验》，《中州学刊》，2009 年 7 月第 4 期（总第 172 期）。

② 《高僧传·释道安》。

诸国，凡六十有二王，皆遣使贡其方物。”[①]前秦朝中也是布满各族大臣将领，北方各族均臣服于前秦政权。前秦君主苻坚的个人魅力也远在对手东晋君主孝武帝司马曜之上。苻坚几乎具备各种大国明君的素质和特点，尤其是善用贤能。

淝水之战爆发前，前秦经济实力优于东晋。前秦统治人口约2000万，其中汉族人口约1600万。东晋统治人口约600万，其中在籍人口（非流民）约350万。前秦劳动力是东晋的近3倍。白寿彝主编的《中国通史》认为从财政上看，淝水之战前是东晋财力较为充足的时期。晋帝曾下诏说：京师已有足够消费一年的储备，暂停一年向京师运米、布。[②]但这是建立在高税赋的基础上的，王羲之称其为“重敛以资奸吏”。[③]有东晋官吏在淝水之战后五年上疏揭弊说：“今政烦（苛）役殷（众），所在凋瘵，仓廪空虚，国用倾竭，下民侵削，流亡相属。略计户口，但咸安已来，十分去三。”[④]（可见若淝水之战推迟5年，东晋将处于财政困难。）无论东晋在战前的年景有多好，其经济实力肯定是无法与前秦比肩的。

淝水之战爆发前，前秦军事动员力强于东晋。前秦伐晋动员兵力约为东晋的10倍。苻融等人率步骑25万为前锋，苻坚又发长安戎卒60余万，骑27万，计112万；而东晋动员兵力约8万多。有学者（翦伯赞）认为，苻坚发动南征的总兵力是90万，而参加淝水之战的实际兵力是25万[⑤]。也有人（王仲荦）认为，苻坚南征的总兵力是100万，参加淝水之战的实际兵力是30万，而东晋北府兵不满10万[⑥]。当然，如前所述，淝水之战局部地区双方兵力应该相差不大。

另一方面，前秦也存在明显劣势。淝水之战爆发前，前秦的社会控制力是相对薄弱的。主要是因为北方地区长期战乱，民族矛盾严重，统一局面更多是维持在表面上，社会融合步履艰辛。苻坚下令把氐族人分散到全国各地去居住。氐族人悲歌：“远徙种人留鲜卑，一旦缓急当语谁！”可见氐族人对鲜卑人的敌视和提防心理还很严重。由于苻坚一贯宠任降秦的鲜卑、西羌等贵族，大臣多有建言多加防范，其最亲信的弟弟苻融也劝说：前燕降秦的慕容氏父子兄弟，“森然满朝，执政履职，势倾勋贵”，对前秦政权绝对是一大隐患。苻坚未能重视这一问题，以致后来在淝水之战中，前秦的多民族士兵互相产生消极影响，

---

① 《晋书·载记·苻坚上》。

② 《晋书·简文帝纪》。

③ 《晋书·王羲之传》。

④ 《晋书·刘波传》。

⑤ 翦伯赞：《中国史纲要》第2册，人民出版社，1965年。

⑥ 王仲荦：《魏晋南北朝史》上册，上海人民出版社，1979年。

一退百退，而在氐族政权遭受重创后，异族反叛势力忽成星火燎原之势，不可遏制。与之相比，东晋的门阀制度虽然也有较严重的阶级对立问题，甚至后来爆发大规模五斗米教的农民起义，但内部较少民族矛盾。

淝水之战爆发前，前秦的文化凝聚力逊于东晋。之所以当时南北多数人均以东晋为正朔，很大程度上是其继承了中华文化的主要衣钵，文化人才辈出，文化之风浓厚，有较强的文化凝聚力。苻坚虽然重视文化，个人学习非常刻苦，潜心研读经史典籍，执政后又推动礼治建设，设立学校办教育，提高民众的文化素质，扭转氐族普遍轻视文化知识的落后观念，广修学宫，强制公卿以下的子孙入学读书，并定期到太学亲自考问诸生经义，品评优劣，挑选品学兼优的学生到各级权力机构任职。但文化修养毕竟不是一朝一夕的事，更不能只看少数几个人，前秦的文化软实力总体上距东晋甚远。

淝水之战爆发前，由于统治集团内部意见严重不一，前秦政府意志力弱于东晋。当初西晋伐东吴前内部虽然也有分歧，但主流意见支持，而前秦伐东晋前内部主流意见持反对态度。淝水战前，苻坚曾与他的王公大臣们讨论伐晋问题，参与朝议的王公大臣几乎全部反对伐晋。在前秦朝野普遍厌战的情绪下，伐晋并未形成前秦统治集团的共识，与东晋上下同心抵御强敌的情绪相比，前秦在对待国家统一战争的问题上，政府意志力其实弱于对手，也是国家统一形势未到的重要表现。

因此，总的说来，前秦虽有政治、经济、军事等方面的优势，但在社会、文化和政府意志方面还需要时间巩固，以实现政权认同。如果苻坚能将伐晋战争推迟10年，利用这段时间坚持德治，继续巩固社会基础，扩大政治影响，增强国内外对其政权的认同，捕捉东晋政权内部混乱的时机，那么西晋伐吴时摧枯拉朽的局面完全可能再现。苻坚急于伐晋的结果，是将这一局面推迟了200年，直到隋朝伐陈时才得以实现。

三、隋朝

苻坚伐晋失败后，中国北方重新陷入分裂和混战局面。南方东晋将领刘裕则凭借一系列军事胜利树立起极高的威望，最终取代东晋政权建立刘宋政权，于是中国进入南北朝时期。南北双方互有征伐，均未能消灭对方。直到北朝的北周权臣杨坚称帝建隋，一个当时世界上最强大的国家出现于北方。隋文帝杨坚调动50余万军队，一举灭亡了东晋以来存在近300年的江南政权，实现了国家统一。与200多年前前秦征东晋的淝水之战时相比，北军进行统一战争时君臣齐心，政治形势改善，经济军事实力有压倒优势，社会安定，策略正确，而对手较之淝水之战时更差，故一战克捷。

“势”的方面。一是南北朝后期，南北平衡的局面被打破，北强南弱的非平衡条件形成。[①]二是长时间的民族交往，使北方地区各族人民在政治、经济、文化、社会生活、风俗习惯乃至血缘等方面都大体融合，各族间的对抗情绪大大降低。三是形成于东汉、极盛于魏晋的士族阶层到南北朝后期已经衰落，分裂割据的主要社会基础受到削弱，为统一局面的形成创造了有利条件。四是追求统一日渐成为世人普遍要求。

政治形势方面，杨坚隋朝政治清明，国家统一意志坚定，有强大民意支持。隋文帝励精图治，上下齐心，北击突厥后，君臣都认为平陈战争时机已到，而后向陈朝民众散发数十万份讨伐檄文，对瓦解江南民心起到作用。陈朝疏于防备，后主沉溺歌舞，败亡之兆，朝野可见。战前隋文帝杨坚对统一战争意志坚定，其与前秦天王苻坚的充满责任感的理由没什么区别：“我为百姓父母，岂可因限一衣带水而不拯救江南百姓！”南朝皇帝陈叔宝却明显缺乏坚定的政治理想，亡国之后还在向隋文帝讨要官职，理由是和人打交道可以方便一点。

社会文化方面，北朝地区的统治者和人民基本上完全汉化，皇帝杨坚本人就是汉族，南朝再以激发民族情结来抵拒北方军队已经难以奏效。杨坚利用其总揽军政大权的重臣身份灭周建隋后，令汉人各复本姓，废弃宇文泰所给鲜卑姓。同时恢复汉、魏官制，轻徭薄赋，改革律法，减轻罚则，开创在中国沿用1300多年的科举制度，选贤任能，这些都符合各族尤其是汉族人的愿望，深得民心，为其统一事业奠定雄厚的执政基础。总体社会矛盾方面，北朝也较南朝缓和。[②]

实力对比方面，隋朝人才济济，隋朝开皇七年（587年），尚书左仆射高颎、信州总管杨素、吴州总管贺若弼、光州刺史高励、虢州刺史崔仲方等人纷纷向隋文帝献平陈之策。在战争拉开之前，隋朝就已显示出政治和人才优势。战争期间，高颎、贺若弼、韩擒虎、杨素等名将均一时之人杰。陈朝也有萧摩诃、鲁广达等名将，却未能充分发挥其才能。从软实力角度讲，唯有清明之治，方能人才济济，人尽其能。军事实力方面，隋军战力明显优于陈军。淝水之战时

① 樊广平：《杨坚建隋以及对全国的统一》，《文科教学》，1995年第1期。
② 韩国磐：《简论隋朝的统一》，《历史教学》（下半月刊），1962年第5期。

东晋有由北方人组成的战斗力强悍的“北府兵”，在淝水前线一举击溃了前秦军队，陈朝没有这种精锐的职业军队。隋朝在平陈战争中动员50余万军队，陈朝约有20余万水陆士兵，隋军倍于陈军，而且局部战役看隋军往往发挥以少胜多的更强战力。经济实力方面，隋朝有户360余万，人口2900万，陈朝只有50万户，人口200多万。隋朝开垦土地激增，统一陈朝后的全国垦田数量（1944万顷）及全国人口数量（4600多万人）均为后来的盛唐时期所不及（唐玄宗开元时期全国4100万人）。隋朝统治下的黄河流域当时比陈朝统治下的长江流域及其沿海地区经济更为发达，尤其是手工业方面，北方要远比南方先进。[①]隋文帝进一步推行均田，几次减赋，缩短服役年限，缓和阶级矛盾。史载隋朝赋税富饶，官方文书称府库都满，不能再藏，只好堆积在廊庑下。而陈叔宝却赋税繁重，刑法苛暴，加之自耕农民的破产逃亡和豪强大族的兼并土地户口，小农大量破产，人民怨声载道。

为成功推动统一战争，隋朝做了充分的准备工作，策略得当。内外建设取得丰硕成果，包括安顿内部、集权中央、平服外患等，费时约七、八年，实现了文化认同与中央集权、平服突厥与收并后梁、南北交战转守为攻、秘密进行军事部署等。[②]隋军的军事策略和战术运用也很成功。战争打响前，长江下游隋军大量购买陈朝船只，藏匿起来，又将几十艘破旧船只泊于小河，使陈军以为隋军没有战船。同时，频繁换防士兵，大张旗帜，营幕遍野，还使士卒沿江射猎，人马喧噪，以迷惑陈军，使之习以为常，不加戒备。战争展开后，隋军突然大兵压境，陈军猝不及防，完全陷入被动。

四、北宋

隋唐盛世迎来了中国历史上政治、经济、文化、军事方面的发展高峰，但在“安史之乱”后，唐朝走向衰落，藩镇割据的局面最终导致国家分裂。军阀朱温结束了唐朝统治后，中国进入五代十国时代。后周将领赵匡胤建立了长达300年的宋朝。赵匡胤登基的第三年（962年）开始，宋朝连续进行大规模的消灭各地割据势力的统一战争。用了10年时间剿灭群雄，周围只剩下两个汉族政权还没有彻底臣服：北方的北汉政权和南方的南唐政权。赵匡胤考虑到北汉政

① 魏明孔：《隋唐手工业与我国经济重心的南北易位》，《中国经济史研究》，1999年第2期。

② 高明士：《隋代中国的统一——兼述历史发展的必然性与偶然性》，《唐史论丛（第七辑）》，1998年。

权有强大的契丹（辽）政权支持，一时不易攻取，而南唐政权软弱，于是制定了“先南后北”的统一策略。

赵匡胤具备推动统一的政治意志和手段。与此前推动渡江统一的君主一样，赵匡胤也有旺盛的企图心、权力欲和责任感，而通过兵变方式获取政权的领导人更倾向通过完成国家统一强化自身政权的合法性。例如西晋的司马氏通过兵变夺取曹魏政权后渡江统一孙吴；前秦苻坚通过兵变除掉暴君苻丕夺取政权后发动对东晋的统一战争；隋朝杨坚通过兵变夺取北周政权后渡江统一陈朝；赵匡胤也是通过兵变夺取后周政权，继而发动一系列统一战争，包括对南唐的渡江战争。

政治的核心是民心。赵匡胤是中国古代皇帝中比较宽容的君主。他运用“杯酒释兵权”的办法，不但巩固了中央集权，还赢得了朝野的赞誉和社会的稳定。对外征讨赵匡胤也秉持争取人心的怀柔政策。每次出兵之前都要强调，天下战乱频繁已久，采取武力征讨是迫不得已，将领们要争取做到战争中不杀人或少杀人。平定南唐前，赵匡胤对大将曹彬当面交代：“破城日，不可妄杀一人。朕宁不得江南，不可辄杀也！”赵匡胤的政治吸引力影响到南唐士人。南唐樊若水便是其中之一，也认为宋朝平定南唐是迟早的事，自己在采石矶一带勘察丈量江面宽度，绘制测量图纸潜往开封，向宋朝献平唐之计。宋朝众将认为架设浮桥没有先例，而赵匡胤以为可行。后来架桥施工“三日而成，不差尺寸”，宋军渡江，若履平地，这在历史上还是第一次。南唐李煜在政治号召和用人方面则明显暗弱。他身边的很多重臣都不对他抱有希望，认为南唐政权必亡于宋朝。

文化方面，虽然南唐李后主才情难以匹敌，但北宋赵匡胤在推动文化建设方面绝对不遑多让。赵匡胤尊孔崇儒，完善科举，创设殿试，知人善任，厚禄养廉等一系列重大举措，成为中国历史上最受推崇的一代文治之君，彻底扭转了唐末以来武夫专权的局面，使宋代的文化空前繁盛。

经济实力方面，南唐最盛时幅员 35 州，大约地跨今江西全省及安徽、江苏、福建和湖北、湖南等省的一部分。但被后周军队击败（958 年）后，被迫割让长江以北领土，失去江苏产盐区，从以前的食盐出口国，迅速跌落为食盐进口国，这对南唐经济是个极为沉重的打击。南唐不得不每年由北周供给南唐 30 万石食盐，需要支付铜钱 60 万贯以上，加上此外每年必须支付的数十万贡纳，南唐财政已是捉襟见肘。宋灭南唐那一年（975 年），北宋与南唐的户口分别为 244 万户和 66 万户，人口分别约为 1200 万和 400 万。但南唐东侧的钱氏吴越政权还有 55 万户约 300 万人，在宋灭南唐的战争中坚定地站在宋朝一边，协同出兵进攻南唐，因此交战双方的人口对比接近 4 比 1。

军事实力方面，宋太祖时北宋禁军不过 20 万，禁军厢军合计不过 40 万，对南唐发动军事进攻大约动用了 20 余万的兵力，曹彬、潘美率水军、步军、骑军 10 万作为攻唐主力。南唐全国大约有 20 万士兵，几乎全部调动抵抗宋军南下，其中保卫南京的兵力有 10 万人，因此在宋灭南唐的统一战争中双方的兵力基本是在伯仲之间，但宋军的战力和士气明显更强。

北宋开始发动统一战争后，南方各国在赵匡胤政权的威慑下无一具有抵抗宋军坚定信念的心理基础。各国多讨好宋朝以自保，最终被各个击破。一个重要的原因是，隋唐几百年统一和稳定的社会环境，使大一统观念深植于汉民族心理，在分裂割据的乱世里，军事力量强大的王朝往往成为一统天下的符号，多数对手闻风丧胆，会失去抵抗的勇气和力量。①

五、金朝

北宋时期，崛起于中国东北的女真人建立金政权。金兵一路南下，亡辽灭宋，占领北宋都城，俘虏北宋皇帝。幸运的是，皇室赵构逃跑到南方居然重新受到拥戴，继续维持相对独立的赵宋汉人政权，史称“南宋”。南宋与金大体以江淮为界，金兵几次南征，虽曾跨越长江，却始终未能灭亡南宋。

北宋后金朝向南宋发动了旨在彻底灭亡宋朝的渡江战役主要有两次，却均未实现统一南北的战略目标。第一次是为惩罚和消灭赵氏政权。北宋康王赵构逃过劫难，跑到南方称帝建国，违背了金朝希望南方的汉人政权应由自己指定皇帝的初衷，以“推戴赵构，妄称兴复”为罪名发动了旨在灭亡南宋的跨越长江之战。在宋将韩世忠、岳飞等军队的阻截下，金兵受到重创。接下来的 10 年间，金、宋围绕江淮之地展开反复争夺，战斗艰苦而激烈。后来金朝通过南宋宰相秦桧杀害了主张北伐的南宋重要将领岳飞，宋廷接受称臣、赔款的议和条件，于 1142 年签署和约，史称“绍兴和议”（也称“皇统和议”）。南宋成为金朝的附属国，金朝被视为当时中国的中央政权，西夏、高丽等国均对其臣服。

第二次渡江战役是在 20 多年后的 1161 年，金朝出兵的理由是索取淮南地区，实则企图消灭南宋。金朝第四位皇帝海陵王完颜亮（女真名迪古乃，也称

---

① 章深：《宋朝统一岭南的战争——兼论古代“合纵连横”传统的湮没》，《学术研究》，2007 年第 10 期。

海炀王）发动政变上台后，积极着手攻伐南宋以统一中国。征调牲畜，战马多达 56 万匹。囤积粮食，在北京通州大造战船。对百姓预征 5 年税赋，凡年 20 岁以上、50 岁以下的猛安谋克（相当于清代的八旗）民众，一律纳入军籍，听候调遣。准备了两年后，完颜亮不顾大臣们的反对，执意南征。但在宋将虞允文等人的防御下，金军渡江失败，人心浮动，内部哗变，完颜亮在帐中为部将所杀，金军北退。此战过后，金军再未能渡过长江。金朝南征失败，提出议和。宋朝也发生皇帝更迭，并一度发动北伐，同样失利。这样，在 1164 年，金宋重新议和，史称“隆兴和议”。隆兴和议签订后，金宋两国近 40 年没有发生战事。双方在这段时间都出现了社会稳定繁荣的局面。金朝没能渡过长江实现中国的南北统一还是势、力、策三方面没有到位。

政治形势中最重要的是南北民意对金政权的认同程度远远不够。虽然金朝是当时中国名义上的中央政权，南宋对其称臣，但它和前秦政权一样，是由北方少数民族建立起来的政权，当时女真族文明程度远低于汉文明，金政权也不易得到南宋民众的认同。更何况，原属北宋的中原地区民众刚被征服，也未建立起对金政权的认同和效忠，金朝在消化和巩固华北地区的统治之前，还不具备统一南方的政治形势。后来女真人与汉人不断融合，百年后蒙古灭金时已不分金、汉。

从军事实力来看，虽然金兵勇猛善战，但南宋军队在数量和局部质量上都不可小视。北宋初年军队约 40 万，但因政府财力雄厚，采用雇佣军制度，至宋仁宗时已经膨胀到 140 万的顶峰。[①] 至北宋灭亡时的徽宗朝及钦宗朝，宋军随着政治腐败而日趋瓦解，军队空额颇多，实际数量降至约 30 万。南宋初期的绍兴四年（1134 年），“内外大军凡十九万四千余，而川陕不与。”[②] 若加上川陕军队，宋军总数仍应有 40 万人。宋高宗赵构逝时，宋军总兵力已经多达 70 万人，并大体保持至南宋灭亡。宋军不仅规模比金军庞大，同时也不乏劲旅。南宋军中，不少队伍令金军胆寒，如岳飞军、韩世忠军、张俊军、吴玠与吴璘军等，金军甚至感叹“撼山易，撼岳家军难”[③]。宋军武器装备也领先于金军。宋朝重视军事装备生产，规模庞大。京师有“南北弓坊”和“弓弩院”，地方诸州也设置有军器作坊。据《宋史·兵志》记载，每年宋朝制作的弓弩，中央作坊有 1650 万件，

① 程明生:《宋代军队数量考》,《社会科学战线》, 2009 年第 5 期。

② 李心传:《建炎以来朝野杂记》甲集卷 18。

③《宋史·岳飞传》。

地方作坊有620余万件。铁甲每年3.2万件。不仅冷兵器的制造规模空前庞大，制作工艺有所提高，更引人注目的火器的制造和运用。[①]火器自宋朝开始登上战争舞台，并在很多战役中令金军大吃苦头。

宋军屡败主要弱在不能团结协同作战。宋朝的军事体制和官场文化，造成诸大将之间互不统属，互相猜忌，互不配合，互不支援。同是抗金名将，张俊却依附秦桧陷害岳飞致死。即使在抗金态度最坚决的宋将岳飞被冤杀后，很长时期内朝廷中也没几个人鸣不平。宋军弱势的其他原因还包括：一是在治国方略上，积极推行"重文抑武"的国策，致使文官队伍迅速膨胀，军人地位急剧下降，同一品级的官吏，文职官员的位置在武职官员之上。二是在军事战略上，严守"守内虚外"的消极防御战略，一些"老于边事、洞晓敌情"的战将往往不受重用，且没有好下场，诸如杨业战死以明志，狄青郁郁而病终，李纲被贬，岳飞被杀。三是宋朝军事指挥系统分立与相互牵制及皇权对作战的干预，严重干扰了作战指挥及战场决断。宦官作为内臣，很少能有军事指挥才能，更不要说去实地参与战斗，因此，派宦官监督作战，无异于让外行指挥内行。四是兵源把控不严与歧视政策打击士气。宋代士兵社会地位十分低下，脸上还要刺字，招募士兵称为"招刺"。当士兵带着压抑甚至怨恨的情绪进行战斗时，很难说会有杀敌立功的激情。五是骑兵匮乏直接导致了士兵战斗力的低下。宋代是汉族各个朝代中骑兵最少的，北宋仅有10多万，不到唐朝的1/3，因此其使始终建立不起强大的骑兵部队，在与北军对抗时处于先天劣势。[②]

金朝的经济实力更无法与宋朝相比。由于宋朝是历史上最重视商业发展的朝代（70%财政收入来自商业），宋朝是中国古代最富的朝代，后来的明、清两代都远未达到宋朝的财政收入水平（如果完全折算成银两比较，明朝财政收入约为宋朝的1/8，清朝财政收入在鸦片战争前约为宋朝的1/2）。宋朝经济发达的两大特色，一是海外贸易，二是消费经济。南宋时每年通过市舶司获得的税收已经达到200万贯，占到了全国财政收入的6%。这只是官方的收益，民间也有许多人从事海外贸易，获利颇丰。汴梁城内皇族、官员、军人、商人云集，人口达百万之众，吃穿用不是附近州县能够充足供应的，于是北宋依靠运河漕运，从日渐富庶的江南地区运送大量的物资到汴梁。汴梁城庞大的消费力和强大的

---

① 苏光：《北宋时期军队兵器发展研究》，《搏击（武术科学）》，2011年第9期。

② 周宝砚：《北宋军事衰弱的原因探析》，《世纪桥》，2009年第12期（总第190期）。

购买力，刺激了全国各地的生产力。[1]

策略运用上，金军攻下北宋都城汴梁后，对宋朝君臣及民众采取残酷迫害的态度，后来的几次南侵也是沿途暴行，这对统一战争而言均是完全错误的策略运用，南宋民众因此无法接受金朝的统一。野蛮掠夺和残酷屠杀完全不能使南宋军民放弃抵抗，反而会激起南宋民众的拼死抵抗，而金朝的军事实力又不足以击溃这种抵抗，以致金军虽屡屡南犯，却少有渡江的胜利。

策略运用上的另一个失误是忽略了长江上游在渡江战役中的作用。在中国古代史上，北方政权发动统一南方的渡江战争时，能否在长江上游先取得胜利，往往影响到统一成败。“赤壁之战”“淝水之战”以及金军灭宋之战都是在北军尚未控制长江上游的条件下发动的，均未取得成功。相反，秦国先据有四川再渡江灭楚，西晋先有蜀汉再渡江灭吴，北宋先灭后蜀再渡江灭南唐，元朝以不惜以大汗阵亡的代价攻占四川后才渡江灭南宋，这些历史经验显示出先取长江上游、共享制江权应是渡江统一战争的成功的有效作战策略。

六、元朝

汉唐亡于内，两宋亡于外。这与两宋“守内虚外”“安内重于攘外”的国策有关。宋太宗明确表示：“国家若无外忧，必有内患，外忧不过边事，皆可预为之防。惟奸邪无状，若为内患，甚为可惧，帝王合当用心于此。”[2]故两宋无政变，却多外患。不过，南宋政权何以不亡于金却亡于元？元朝为何能成为中国历史上第一个完全由少数民族建立的南北统一的全国性政权？

自从1206年成吉思汗建立政权以来，一直以族名为国名，称大蒙古国，而没有像北魏和辽、夏、金那样建立国号。忽必烈称汗后，年号“中统”，但也没有另立国名。在建国十多年之后（1271年）才依据汉族的古代文献《易经》正式建国号为“大元”。建立元朝后，元世祖忽必烈将消灭宋朝作为首要目标。此时蒙古帝国已经灭亡了西夏、金国和大理，征服了高丽，蒙古军队不仅控制了中亚，还打败了欧洲联军。对南宋的战争也进行了多年，只是蒙哥之死暂时中止了蒙古的攻宋战争。忽必烈稳定了内部政局后对南宋展开了歼灭战。在较短的时间内，元军造战舰五千艘，练水兵七万，1279年一举完成南北统一。

其实与百年前的金宋战争时相比，南宋国力未必弱于当初。

---

① 波音：《别说宋朝不差钱》，《透过钱眼看中国历史》，北京航空航天大学出版社，2011年。

② 江少虞：《宋朝事实类苑·杨文公谈苑》，上海古籍出版社，1981年。

一是人口规模迅速增加。南宋初年（1159 年，宋高宗绍兴二十九年），其统治人口约 1684 万。但经过高宗、孝宗两朝，（1190 年，宋光宗绍熙元年），人口的统计数达 2850 万，接近于北宋神宗时版图内人口总数。人口快速增加很大程度上是由于北方汉人大量南迁，南宋经济发达也有利于人口繁衍。

二是财政收入继续增长。宋朝税赋主要有钱、金、银、谷、布五种形式，北宋后期将这些项目加在一起折合每年财政收入大约 8000 多万两白银。南宋初年收入锐减，但经过三四十年的发展很快又达到了同等财政收入水平。南宋随着版图的缩小，可征税的土地也随之减少，但北方大量人口南渡，再加上人口的自然增值使南宋人口仍然维持在一个较高水平。有人就有税。南宋政府基本沿袭了北宋的财税制度，对茶、盐、酒等最为重要的生活必需品实现官方专卖制度，税源极其稳定，占据了财政收入的半壁江山。再通过增创新税及扩大旧税的征敛额而增加税收，使南宋财政收入比之北宋还更宽裕。

三是军事力量有所壮大。南宋初期军队总数近 40 万人，后增至 70 万人，南宋末年隶于兵籍的仍有 70 余万人。南宋军队军事装备日益先进。南宋将领杜杲创造三弓弩，“可及千步（1550 米）”。装上火药的连弩当时已广泛装备各军之中。宋军使用霹雳炮、震天雷、引火毬、铁火炮、火箭、火毬、火枪、火炮等火器，投石机方面有车行炮、单梢炮、七梢炮与旋风炮等[1]。《金史》对震天雷做过描述：“火药发作，声如雷震，热力达半亩之上，人与牛皮皆碎并无迹，甲铁皆透。”南宋火器使用远多于北宋。

虽然南宋不弱北宋，但其对手元朝却较金朝更为强大。元朝与金朝相比，在灭宋过程中有以下几个特点：

其一，强调少杀戮的政治攻势比金朝高明。元军在攻宋时一改原来蒙古军队征战时频频屠城的做法，强调力争少杀人，这比金军南下一路烧杀而激发南宋军民强烈抵抗意志的做法有效。忽必烈灭亡南宋统一中国，在中国自秦汉以来的历代王朝更替重建统一帝国的战争中，有人甚至认为是战事最少，杀戮最少，破坏最小的案例。[2]这与元朝君主日渐接受契丹及汉人的仁义劝诫有关。忽必烈重视儒生与汉法，也较多地听取了“行仁政，不嗜杀”而取天下的建议。

① 《中国文明史·宋辽金时期》，第三章 积弱的军事和繁荣的兵学，地球出版社，1995 年，第 376 页。

② 潘修人：《元朝统一中国过程中的杀掠问题辨析》，《内蒙古民族师院学报（哲社版）》1993 年第 3 期。

蒙哥汗去世前也曾留下遗言："日后攻下钓鱼城，当尽屠城中之民。"但南宋灭亡后钓鱼城降元，忽必烈却赦免了城内军民，没有屠城。在元军出发平宋之前，忽必烈对主帅伯颜引用宋初大将曹彬灭南唐不乱杀人的故事进行晓谕："昔曹彬以不嗜杀平江南，汝其体朕心，为吾曹彬可也。"[①]元朝君臣的不杀声明虽有明显的政治宣传意味，但与蒙古军队以往征战时动辄屠城的做法相比的确收敛了许多，客观上有利于争取江南民心。伯颜不仅三令五申严禁扰民，而且在建康（南京）驻军时，还开仓赈济饥民，派军医深入民间为百姓治病。在南宋首都临安（杭州）投降之后，伯颜严禁军士入城扰民，仅遣宋降将持黄榜安抚城内外军民，使整个受降交接过程井然有序。

其二是经济实力较金朝更为雄厚。元朝土地广袤，人口众多，经济实力较之金朝更为雄厚。忽必烈称汗时，实际管辖的政治版图包括中原地区、东北地区（包括整个黑龙江流域）、吐蕃地区（包括今青海、西藏等地）、蒙古草原全境，西伯利亚南部地区以及今新疆东半部。虽不包括蒙古四大汗国所统治的中亚和欧洲地区，但也相当辽阔，经济规模足以支撑元朝的灭宋战争。元朝采取"重农不抑商"的政策使北方经济得以较快恢复和发展。蒙古人初占华北之际，很多蒙古贵族主张将农田全部变为牧场，"汉人无补于国，当悉空其人以为牧地"。将农业区变为牧业区，肯定会造成生产力的巨大破坏。以耶律楚材为代表的汉地官员极力反对，并给蒙古政权算账说，保留汉地农业生产，每年可得"银五十万两，帛八万匹，粟四十万石"，如实行游牧经济，则不会有这么高效益。后来元政府多次下诏："禁以民田为牧地。"[②]元朝皇帝模仿中原皇帝祭祀神农后稷，耕起籍田，并明诏天下："国以民为本，民以衣食为本，衣食以农桑为本。"同时开挖河渠，为发展农业和商业大兴农田水利。据不完全统计，元朝兴修的水利工程多达260处，其中工程最大的有两项：一是修治黄河，疏浚了几十条故道；另一项是凿通南北大运河。[③]此外元朝更将商业传统发扬光大。这样，元朝的经济实力已经大大超越了其所灭亡的金朝。

其三是军事实力更加强大。完全游牧生活的蒙古人比半农半猎的女真人具有更强的攻击性和运动纵深。金初兵力强悍，辽军"每遇女真，望风奔溃"。

---

① 《元史·伯颜传》。

② 《元史·世祖纪》。

③ 王丽英：《试论元初"重农不抑商"政策思想及其对社会经济的积极影响》，《广州师院学报（社会科学版）》，第19卷第10期。

元初军队基本也是如此。据《蒙挞备录》记载，“鞑人生长鞍马间，人自习战，……故无步卒，悉是骑军。”蒙古诸部族“男子十五以上，七十以下，无众寡，尽签为兵。”而且蒙古不但全民皆兵，每名骑兵均有马数匹，可轮流换乘，故长途奔驰，马不疲困。在军事策略上，蒙古军队的军事指挥艺术高于金军。元军有积极主动、灵活机动的战略战术。元军为扬长避短，尽量减少攻坚战，充分利用骑兵机动性强的特点，进行运动战。对坚固设防城邑，一般采取诱敌出城或围城打援战法。如敌不中计，则留部分兵力监视，主力绕道前进。对必须攻取的城池，用火攻、水淹、掘地道等方法实施强攻。此外，蒙古军善用心理战，常驱俘虏攻城，涣散守城军心。元军之敏捷机智，金军很难望其项背。①

最后，汉唐盛世的繁荣稳定让大一统观念在中国深入人心，后来南北分裂时期，不断有人呼吁及投身国家统一事业，民意也一直有国家统一的要求。有宋一代，宋政权无力担负起国家统一的重任，这一事业就只能由综合实力更强大的北方政权完成。更重要的是，辽金300余年的少数民族统治加速了北方各民族的融合及北方汉人对少数民族统治的认同，为蒙古政权入主中原奠定了统治基础，国家统一形势与条件日益成熟，因此最终由元朝完成国家统一。比较而言，在金与南宋的战争中，北方虽被金朝占领，但民众心向南宋。给金军以重创的宋军将领多为北方汉人：岳飞、牛皋河南人，韩世忠、张浚、张宗颜陕西人，吴玠、吴璘、郭浩甘肃人，王彦山西人，李宝河北人，等等。统计诸名将，无一不出自北方。其他不甚著名而守城殉节的将领也多是北方人。②而在元与南宋的战争中，北方被元朝占领，民众历经金朝百余年的统治，对宋朝的文化认同程度已经不比当初。在元宋战争中能战之将多出北方，如元宋两军统帅张弘范和张世杰均是河北范阳人。原金朝治下的民众对宋政权也不再有南宋初期的那种文化认同和忠诚，反而在元朝占领北方后迅速建立起对元朝的忠诚，使元朝在灭宋战争中没有后顾之忧。

第二节　中国边疆地区统一与分裂的斗争案例

一、青藏

西藏与汉地政权的关系几经变化。清朝的藏区分四部分：藏（后藏，今西

---

① 何平立：《蒙金战争略论》，《军事历史研究》，1994年第5期。

② ［清］赵翼：《廿二史劄记·金史》，中国书店，1987年。

藏西部)、卫(前藏,今西藏中部)、康(喀木,今西藏东部及川西)、青(今青海省)。康熙时期,中国西北的蒙古政权准噶尔部突袭拉萨,吞并西藏。中央政府果断出兵平叛,维护了边疆藏区与内地的统一。

政治形势方面,当时西藏的政治形态是三驾马车:宗教领袖达赖,行政主管藏王(藏语称"第巴",是西藏地方政府最高政务官的称呼),军事首领和硕特首领(此时西藏由漠西蒙古四大部落中的和硕特部军事占领)。五世达赖在当时的西藏无论是宗教还是政治领域都有最高的影响力,其去世时,藏王(桑结嘉措)为保持自己的权力地位,秘不发丧,伪称达赖闭关静坐,借达赖之名发布命令长达 15 年。期间,藏王以达赖名义向清朝邀封自己"法王"称号,又称"土伯特国王"。为将和硕特部逐出西藏,藏王还暗中支持准噶尔部的噶尔丹,但噶尔丹败亡后清朝从其降卒中得知五世达赖早已圆寂的消息。康熙派人严词责问,藏王派密使赴京解释,辩称主要是为维持藏区社会安定,且达赖转世已经认定。清朝接受了藏王的解释,并同意藏王寻找的转世灵童仓央嘉措继任六世达赖。新的和硕特部首领拉藏汗继位后,与藏王矛盾迅速激化,双方爆发战争,藏王被擒杀。拉藏汗取得胜利后,立即向清朝报告事变经过,奏称仓央嘉措是假达赖,平日耽于酒色,不守清规,请予废黜,并另找了一个僧人立为达赖。清朝同意了拉藏汗的奏请,并批准新达赖为六世达赖。但藏区很多人不承认这个新达赖,以致西藏局势不稳。准噶尔汗策妄阿拉布坦抓住这一机会,康熙五十五年(1716 年)发动了旨在吞并西藏的突然袭击。他本来娶了拉藏汗的姐姐,又将女儿嫁给拉藏汗的儿子,关系非常亲密。但当他听说拉藏汗改立达赖导致西藏很多人反对,觉得有机可乘,于是制定了奇袭西藏的计划。策妄阿拉布坦派出两支军队,一支以护送女儿、女婿回拉萨的名义突袭西藏,另一支奔赴青海西宁塔尔寺,企图劫持已故六世达赖的转世灵童格桑嘉措,以号令藏区民众。准噶尔军宣称他们已经从青海接到了真正的达赖喇嘛,将送到拉萨来,拉藏汗军心涣散。事实上,派去塔尔寺的准噶尔军队已被清军击溃,并未劫持到转世达赖,但消息难辨真假,拉藏汗仓促撤回拉萨城,立即请求清朝派兵救援。准噶尔军攻破拉萨,拉藏汗在突围时被杀。准军废黜拉藏汗立的新达赖,并处死"护送"来的拉藏汗的儿子,将西藏全境纳入准噶尔部的版图。半年后,西藏准噶尔军被赶来支援的清军彻底击溃,大部分被歼。清军进入拉萨,撤销了原来的"土伯特"国号,改称"西藏",开始了清朝对西藏的直接统治。不但开始驻军西藏,还改由中央政府任命 5 位当地王公组成西藏地方政府,联合执政。

从双方实力对比看，准噶尔的软硬实力均无法与清朝抗衡。其敢于偷袭西藏主要是利用了西藏内讧和其地理距离相对较近之便。正如主政西藏的蒙古和硕特部也是由当年的部落首领固始汗从新疆出发，率兵从青海一路打到日喀则、成为全藏族地区的新的统治者一样，准噶尔汗策妄阿拉布坦也想复制该模式成为藏区的新的统治者。但固始汗是得到中央政权认可的，而策妄阿拉布坦没有。固始汗一入藏就主动和清朝联系朝贡之事。清朝定都北京后，固始汗派其子赴京上书顺治帝，表示对清政府的谕旨“无不奉命”。清政府给固始汗送去金册金印，承认他的统治藏族地区的汗王的地位。自此之后，西藏蒙古贵族与藏族宗教首领几乎年年必遣使莅京，通贡不绝，清朝也厚给回赐。策妄阿拉布坦起初对清廷恭顺供贡，但噶尔丹死后策妄阿拉布坦认为自己完全代表准噶尔部，对清朝的态度开始强硬，并主动挑衅清朝，以 2000 人的军队突袭哈密，被清军 200 人击退了。此次偷袭西藏动用 6000 人马，并利用藏北草原有利地形饿毙全歼清朝第一次派出的约 7000 名士兵，引发清朝的重视，因此后来动用不少于 2 万人的精锐军队再次入藏平叛。藏区民众原本以为准噶尔军队是来帮其振兴黄教，不料进城后准军扶植傀儡，委派官员，向僧俗勒索财物，对不服从的寺院和地方则派兵烧杀抢劫，使藏区民众大失所望。康熙此时则正式册封格桑嘉措为“弘法觉众第六世达赖喇嘛”，并派兵护送入藏，得到藏区民众支持，一举歼灭侵藏的准噶尔军队。并开始加强对西藏的统一管理。

在策略运用上，准噶尔汗策妄阿拉布坦和清朝康熙皇帝均有成功之处。策妄阿拉布坦先是以疑兵进攻哈密，康熙认为是势力渐强的准噶尔大举进攻清朝的先声，于是随即调大军布防。清军兵分三路：阿尔泰山为北路军，天山北路为中路军，天山南路为南路军，严密防守。等到清朝三路大军全都布防到以哈密为中心的南北沿线后，策妄阿拉布坦的两支精兵已经出袭青海、西藏。清朝为应对可能的变局先后出动三十万大军，在很长的西部边界线上不停地调动，而牵制清朝三十万大军的准噶尔兵总共不到万人。康熙对准噶尔入侵西藏的反击应对得当。此前康熙早已意识到西藏局势存在危险，特派人入藏协同拉藏汗办理西藏事务，并警告他要提防策妄阿拉布坦的野心，但未引起拉藏汗的重视。康熙还曾抢在策妄阿拉布坦迎请原六世达赖仓央嘉措到准噶尔之前，命护军统领将仓央嘉措擒解至京。但康熙低估了入藏准军的实力，前来救援的清军因准备不足在藏北草原全军覆没，清廷朝野震动。康熙力排不宜用兵的意见，以护送六世达赖格桑嘉措到拉萨坐床的名义再次出兵西藏。当时诸皇子及大臣对此不甚理解："一假达赖喇嘛，擒之何为？"康熙答："朕意以众蒙古俱倾心皈向达赖喇嘛，此虽系假达赖喇嘛，而有达赖喇嘛之名，众蒙古皆服之，若为策妄阿拉布坦迎去，则西域、蒙古皆向策妄阿拉布坦矣。"①清朝分三路进军，一路进剿驻藏准军，攻取拉萨；一路攻击准噶尔本部，使准军无法向西藏增援；一路边战边进，护送达赖抵达拉萨。

雍正时期，清朝又对同属青藏高原的青海进行了军事平叛。清初，蒙古族和硕特部落首领固始汗曾军事统一青海和西藏，并服从清朝中央政府的领导。他去世后，诸子争位，最后青海和西藏分头领导。西藏这一支到固始汗的曾孙被入侵的准噶尔军消灭政权。青海这一支，缺乏统一领导，大体上各部独立为政，但都接受清朝的册封，固始汗的孙子罗卜藏丹津就承袭清朝册封其父亲的亲王爵位，并曾随同清军进藏驱逐准噶尔势力。罗卜藏丹津是青海蒙古族和硕特部中的唯一亲王，立功后他不满清朝将政治权力分散给青海蒙古各部，在康熙去世、镇守西部边疆的皇十四子回京奔丧之际起兵造反。罗卜藏丹津下令各部恢复原来的称号，不再称清朝册封的王、贝勒、贝子、公等爵号，并集结兵力进攻西宁。雍正做出迅速而强烈的反应，从陕甘调兵往青海平叛。青海各部蒙古首领听说清军将至，纷纷投降。清军长驱直入，奇兵奔袭叛军总部。只用了 15 天时间，平定了面积约 60 万平方公里的青海叛乱。平定叛乱后，清朝采纳了年羹尧的《青海善后事宜十三条》和《禁约青海十二事》，对青海行政建制进行重大改革，青海完全置于清朝中央政府直接管辖之下。例如根据"宜分别游牧居住"原则，将青海蒙古族仿照内蒙古分编为 29 旗，各旗划定游牧界限，规定不得强占牧地，不得互相统属，不得互相往来，这就从制度上杜绝了青海出现挑战中央的政治强人的可能。

乾隆时期清朝再次出兵安藏。清朝在驱除侵藏准军后，由清廷直接任命 5 个西藏贵族，组成管理西藏的领导班子，实行集体决策。但不久又出现一人独大的局面。由于雍正裁撤了康熙设置在西藏的清朝驻军，清朝在西藏的震慑力减弱，驻藏大臣受到排挤。1751 年，驻藏大臣采取先下手为强的策略，诱杀了新郡王。但随后被新郡王的党羽杀害，拉萨发生暴乱。清军再次入藏，调查暴乱事件，认为问题出在西藏"地广、兵强、事权专一"。乾隆以此次平乱为契机，改革西藏地方政制，废除郡王专政，建立由达赖喇嘛领导的一僧三俗的四

① 《清圣祖实录》卷 227，康熙四十五年十月乙巳条。

常委（噶伦）制度。常委之间地位平等，遇事秉承驻藏大臣和达赖喇嘛的指示，共同处理地方各项事务。后来又逐渐演化成达赖、驻藏大臣和摄政王三驾马车的政治体制。1788 年，廓尔喀以钱币兑换问题和西藏地方“商税增额”等争端为借口，出动三千人马入侵后藏三地。由于处理不善，1791 年廓尔喀以西藏方面爽约为由，悍然发动了第二次侵藏战争。在短短的十几天内迅速占领了多处地方，并洗劫了著名的扎什伦布寺。1792 年清军入藏收复全部失地，将廓尔喀军驱除，并乘势长驱直入廓尔喀境内，迫使其投降，交出了从前“贿和”的合同，退还了所有抢去的扎什伦布寺的财物，放回了所抓西藏贵族，签写“永不犯藏”的保证，并定期纳贡。此后清朝中央政府核准颁布实施《钦定藏内善后章程》。根据该章程，驻藏大臣地位与权力有所提升，其地位与达赖、班禅平等，督办西藏行政人事，负责每年两次检阅三千名西藏正规军，并发放粮饷。一切西藏外事交涉权，统归驻藏大臣负责办理。西藏地方与外国行文，须以驻藏大臣为主与达赖喇嘛协商处理。外藩所献贡物，给达赖喇嘛等人的信函须呈驻藏大臣查阅，并代为酌定回书，交来人带回。所有噶伦不得私自向外藩通信，当外藩行文噶伦时，必须交驻藏大臣并达赖喇嘛审阅处理，不得私自回信。外国来藏商旅，必须登记、造具名册呈报驻藏大臣衙门，按其路线签发路证，并由驻扎军队检查路证。《钦定藏内善后章程》显示清朝中央政府对西藏行使完全主权。

无论从军事还是经济等方面对比实力，青藏地区政权都无法与中央政权相抗衡，是以元朝以后西藏一直臣服中央。军事实力的相对薄弱使蒙古骑兵可以长驱直入地打到拉萨或日喀则，占领西藏，这在历史上出现过三次：1239 年蒙古大汗窝阔台之子阔端率军征服西藏、1642 年蒙古和硕特部首领固始汗率兵占领西藏、1716 年蒙古准噶尔部首领策妄阿拉布坦发兵吞并西藏。甚至尼泊尔的廓尔喀军队都可以在 1788 年入侵西藏。但中央政权对西藏的实力优势并不是确保西藏维持稳定的统一局面的充分条件，清朝中央政府是以军事实力为后盾，凭借对西藏僧俗首领的尊重与控制来影响西藏民心的。换句话说，软硬实力并用。西藏民众受藏传佛教影响深刻而久远，且藏传佛教更崇拜自己的祖师，加上后来活佛转世制度的采用，使宗教领袖对民众的影响远比其他地区强大。清朝通过尊奉藏传佛教、拨款修建寺庙、免征喇嘛赋税、差役和兵役等政策措施，与西藏民众建立了强有力的共同精神信仰，使西藏宗教领袖乐于配合中央对西藏的管辖。历史经验来看，康熙五十五年（1716 年）准噶尔军突袭西藏之所以势如破竹，很大程度上是利用西藏民众对拉藏汗更换达赖喇嘛怀疑和不满的心理，谣传接到已故六世达赖的转世灵童格桑嘉措，得以号令藏区民众配合其进攻拉萨，而拉藏汗方面则因宗教问题上没处理好导致军心涣散，无法抵挡准噶尔军的进攻。同样，康熙五十七年（1718 年），清军兵分三路、由皇十四子允禵为抚远大将军统帅诸师进藏，也是以护送青海的六世达赖格桑嘉措到拉萨坐床的宗教名义出兵西藏，并赢得西藏民众的欢迎和支持。

二、新疆

新疆自古以来是一个多民族聚居和多种宗教并存的地区。据历史记载，先后在这一地区居住的民族主要有塞、月氏、乌孙、羌、匈奴、汉、柔然、高车、吐谷浑、突厥、吐蕃、回鹘（原称回纥）、契丹、蒙古、满、锡伯、索伦（达斡尔）等。有确切记载的史料中，最早统一管辖新疆的政权应是匈奴和西汉政权。公元前 60 年天山南北诸地均归汉朝中央政府统属，汉朝设“西域都护府”管辖整个西域。隋唐时期，中原政权恢复了对西域地区的统治，唐朝先后在西域设“安西都护府”和“北庭都护府”，完成了对天山南北的收复和统一。唐朝版图西达波斯边境,曾设“波斯都督府”①。明朝政府承袭元朝对新疆地区的宗主权，设立哈密卫（1406 年），任用哈密当地的世族首领为各级官吏统辖当地军政事宜，维持中西商贸通道安全，并对西域其他地区实施控制。清朝平定了长期割据西北的准噶尔政权以及新疆境内伊斯兰教大、小和卓的叛乱，巩固了对西域各地的军政统辖，维护了国家统一。乾隆时期开始在新疆各地置官立府，行使中央政府对天山南北各地的管辖治理。光绪十年（1884 年），清政府发布新疆建省上谕。

清朝初期准噶尔政权首领噶尔丹在西北经营起一个强大政权，控制地域约为中国版图的 1/3，并企图独立于清朝中央政府。其独立的政治路线是：远交近攻，扩张版图。噶尔丹政权臣服和结交清、俄两强，将战争目标锁定周边，意图先控制漠西四部，再侵入南疆地区，最后征服漠北和漠南蒙古。为此，噶尔丹侵入漠北蒙古之前，几乎每年遣使向清朝进贡，并上奏准噶尔部重大事宜。同时，一改前任与俄国的对立态度，表示愿意为沙皇服务。另一方面，则是集中力量吞并了与其面积相仿的伊斯兰教政权叶尔羌汗国（在今南疆），又出兵哈

① 《剑桥中国隋唐史》，第五章之“对外关系”，中国社会科学出版社，1990 年。

萨克、青海和面积同样广阔的漠北蒙古，战略核心是与已定鼎中原的清政府争夺对相关地区的控制权，实现其“圣上（清朝）君南方，我长（掌控）北方”的战略目标。经济路线是：立足自给，加强商贸。噶尔丹采取一些发展农业和手工业生产的措施。尽管准噶尔部的手工业已有一定的规模和水平，但无论其产品的种类或数量都还不能满足本部的需要，尤其是一些生活用品，必须通过贸易来换取。准噶尔部长期与中亚和内地保持着贸易关系。与内地的贸易以两种形式进行：一是在甘肃和青海特定市场交易；二是以贡使的名义赴北京，商队把携带的牲畜和畜产品等货物在沿途或北京出售，向清朝进献方物的同时，领取赏物赏金，并购买绸缎、布匹、茶叶、药材等货物后返回。噶尔丹重视增强军事实力。噶尔丹将准噶尔分成三部分，轮流出兵对外作战，确保军队不会衰竭，周边各国均感畏惧。噶尔丹还为准噶尔士兵配备先进武器，每人都持有鸟炮短枪，腰挎弓矢佩刀。作战时，骆驼驮着大炮，先炮轰敌军，然后依次用鸟炮短枪和弓箭射击，再用刀剑击刺。另为士兵配备小连环锁甲，轻便得像平时穿的衣服一样，但非常坚固，如能被弓箭射穿，就杀掉制作的工匠。这些装备使准噶尔骑兵的战斗力大大增强。在软实力方面，推行的文化路线是：弘扬黄教，以教领政。噶尔丹以当时在蒙古族盛行的喇嘛教为国教，极力向各地推广，甚至武力传教。其征服哈萨克后要求当地民众改教、交税，即令哈萨克人改以黄教为本民族宗教信仰，并将赋税交给准噶尔部。后来噶尔丹将这些赋税献给了黄教的宗教领袖达赖，以显示其对达赖的虔诚。噶尔丹从小接受藏传佛教，又在藏传佛教圣地拉萨生活十年左右，黄教领袖达赖喇嘛承担了他亲人、师长、良友等角色，所以达赖对噶尔丹的个人生活和政治生涯有深远影响。噶尔丹出兵天山南路，也是接受达赖喇嘛旨意而为，其能顺利接手，同样得益于达赖直接插手天山南路黑山派与白山派争斗。

清朝方面也在积极防范噶尔丹的独立反叛。清朝面对噶尔丹和准噶尔的崛起，采取了先礼后兵、后发制人的策略。康熙在噶尔丹扩张之初按兵不动，静观其变，一是尚不清楚噶尔丹的真实意图，二是忙于巩固清政权，三是并无领土扩张之意。清朝对蒙古通过和亲政策凝聚在一起，但与三部分蒙古的关系远近也有所不同：漠南蒙古已归属清朝，漠北蒙古恭顺友好，漠西蒙古与清廷的关系稍疏一些，准噶尔还未归顺清朝。尽管如此，双方爆发冲突之前，噶尔丹对康熙也还较为恭顺。康熙二十一年（1682 年），清朝遣使赴噶尔丹处赏赐，“噶尔丹俯身两手受之”。当时最令康熙重视的情况是：俄国人正在不断侵扰东北。事实上俄国东侵西伯利亚已经进行了 100 多年。自从蒙古人建立的统治俄罗斯的金帐汗国衰落后，俄罗斯人就开始了长达几个世纪的领土扩张步伐。由于俄国人有欧洲先进的火枪和火炮，又对西伯利亚寒冷的草原与森林地带有无限的兴趣，他们在越过并不算高的乌拉尔山后就迅速地向东扩散。满清入关前后，沙皇俄国分三路侵入中国北部边陲。西路是沿额尔齐斯河而上，侵入准噶尔部游牧地区；中路是沿叶尼塞斯河而上，侵入贝加尔湖和漠北蒙古地区；东路是沿勒拿河而上，侵入黑龙江流域。在西路和中路，俄国主要是派殖民官吏对世居当地的中国少数民族诸部落交替使用政治诱骗和武装蚕食的两面手法；在东路，则组织哥萨克殖民军，对中国黑龙江流域各族人民进行屠杀和掠夺。清朝虽多次对沙俄侵略军予以武力反击，但这些殖民军采取游击战术，敌进我退，敌退我进，清朝不堪其扰。清帝虽多次警告沙俄，都无济于事。康熙二十四年（1685 年）春，清军约 3000 人携战舰、火炮和刀矛、盾牌等兵器，分水陆两路抵达雅克萨城下，击退俄军。次年夏，清俄军再战雅克萨，俄国摄政王（此时彼得大帝尚未亲政）遣使请求清朝撤围，议定中俄边界。清朝答应所请，准许俄军残部撤往尼布楚。中俄边界谈判期间，康熙二十七年（1688 年）噶尔丹进军漠北蒙古，与清朝爆发军事冲突。冲突的实质是对漠北蒙古控制权的争夺和军事实力的较量。

噶尔丹在完成统一新疆和征服中亚之后，将目标锁定为对清朝保持臣附关系的漠北蒙古，意图通过兼并战争建立统一的蒙古帝国，不再对清朝称臣。俄国也支持噶尔丹进攻漠北蒙古，当时中俄尼布楚谈判正在紧张进行，俄国希望借噶尔丹之手，重击漠北蒙古，减少清朝筹码，使俄国在谈判中处于有利地位。在得到俄国的支持后，噶尔丹认为时机已趋成熟。1688 年噶尔丹借口两年前漠北蒙古不尊敬达赖使者，率军 3 万，大举进攻与其屡有摩擦的漠北蒙古。噶尔丹发动侵略漠北蒙古的战争后，清廷最后决定在尼布楚谈判中对俄国作重大让步，不再坚持收回尼布楚。这一决策调整虽使清朝在中俄雅克萨之战中的胜利未能充分转化为实质利益，但策略上有利于中方摆脱在边境问题上与俄国的纠缠，赢得了外交上的主动，可以全力对付咄咄逼人的准噶尔骑兵。漠北三部本来正在抗击俄军侵扰，且有内部矛盾，突然陷入腹背受敌、两线作战的不利境地，加上此前噶尔丹派遣的千余名喇嘛做内应，在与噶尔丹骑兵混战三日后，大败而退，举部内附。康熙先安顿溃逃的漠北蒙古牧民，调粮赈济，再从内蒙古北部划出部分水草地，暂供其游牧。同时，一边派出国防部长带清军接应漠北蒙古，并监视噶尔丹动向；一边派外交大使赴噶尔丹处与之谈判，尝试和平解决漠西蒙古与漠北蒙古的纷争。双方和谈未能达成一致意见。康熙决心严惩，于是立即筹划在最短的时间内汇集主力部队，在漠南蒙古境内一举歼灭噶尔丹军队。噶尔丹致清廷的誓文中曾说："自此不敢犯中华皇帝之所属之众"。但经过数年的休养，1695年，噶尔丹在藏王的支持下，再次进军漠北。康熙发兵10万，分东、中、西三路进击。大败噶尔丹后一路追剿，迫使噶尔丹服毒自尽。

噶尔丹的侄子策妄阿拉布坦发动政变偷袭，其后加速了噶尔丹的失败。噶尔丹兵败自杀后，策妄阿拉布坦遣使清朝，正式登上了准噶尔汗位。策妄阿拉布坦与其儿子统治时期是准噶尔部的鼎盛阶段，领土广大，人口500余万，军队30万。策妄阿拉布坦凭借强大实力四处扩张，北退俄罗斯，西征哈萨克，南袭西藏，东扰清廷。康熙五十四年（1715年），策妄阿拉布坦"以兵二千，掠哈密"。哈密是清朝和准噶尔相邻之地，也是准噶尔与内地交通、贸易的要冲。当初噶尔丹占领了哈密、吐鲁番，噶尔丹败后哈密人即向清廷"诚心归投"，清朝在哈密正式驻军防守。对策妄阿拉布坦发兵进攻哈密，清朝驻军立即进行了反击，策妄阿拉布坦之兵退去。此次攻击哈密，史料中并未明确记载策妄阿拉布坦是想要与清朝为敌还是欲占领清朝土地。策妄阿拉布坦的所作所为严重威胁清朝在西部地区的统治地位，康熙决定对准噶尔部再次用兵。康熙五十五年（1716年），清军出兵占领吐鲁番。清军在吐鲁番地区的军事行动虽然取得了很大成功，但粮食供应却成为一个突出的问题。吐鲁番地区经过长期战乱，农业生产遭到严重破坏，连当地维吾尔人的吃粮都成问题，更无法解决数万清军的粮食。从遥远的内地运送粮食至吐鲁番更是困难重重。为此，清朝政府决定在吐鲁番进行屯田，设立了军屯区。康熙不仅攻下了准噶尔占领的吐鲁番，还从策妄阿拉布坦手中夺回了西藏。正当西征清军士气高涨的时候，康熙却去世了。继位的雍正与策妄阿拉布坦议和。雍正五年（1727年），策妄阿拉布坦死，其长子继位成为准噶尔部首领，并立即派遣使臣到北京朝贡，吐鲁番地区也因此出现了数年较为平静的局面。后来准噶尔部又兴兵与清朝争夺吐鲁番，清军虽屡屡获胜，但清廷出于整体政治形势的考虑，决定放弃对吐鲁番地区的控制。雍正去世前，清、准双方初步达成停战协议，划分了双方控制的大致疆界。乾隆初年，清军只在哈密留兵5000名进行防守。至此，清朝与准噶尔关于吐鲁番地区的争夺暂时结束。

策妄阿拉布坦的外孙阿睦尔撒纳在内部权力斗争中失败后向清朝投诚。乾隆对阿睦尔撒纳率众归附十分重视，发放牛羊、口粮，并晋封阿睦尔撒纳为亲王，给予优厚待遇。阿睦尔撒纳在觐见乾隆时，恳求清廷立即出兵讨伐准噶尔。乾隆二十年（1755年）清军兵分两路，3个月占领伊犁。清廷获胜后，决定“将卫拉特（漠西蒙古）分封四汗，赏功策勋，用奖劳绩”，并晋封阿睦尔撒纳为双亲王，食亲王双俸。但阿睦尔撒纳并不满意，于是寻找机会反叛。后在伊犁公开反叛，袭杀了镇守的清军500人。乾隆二十一年（1756年）和乾隆二十二年（1757年），清廷两次出兵，全歼阿睦尔撒纳。至此，准噶尔部平定。在平定阿睦尔撒纳叛乱后，清廷对新疆地区的地图绘制正式开始，完整地包括了准噶尔统辖的疆域。

自噶尔丹至阿睦尔撒纳这四代蒙古准噶尔部的首领，一心想建立与清朝中央政府平起平坐的蒙古汗国，但最终失败了。政权归属也是一种竞争性质的自然法则，在古代，综合实力，尤其是军事实力较强的一方往往是竞争的获胜者。当时清朝正处在鼎盛时期，国力蒸蒸日上，且康熙与乾隆在统一问题上意志坚定。清廷的成功是“势”之所归，“力”之所至，“策”之所定。

三、台湾

康熙元年（1662年），拥护明朝的郑成功病逝，距其收复台湾仅4个月。清政权当时面对的政治形势虽已趋于稳固，但隐患四伏。首先是三藩势大，足以抗衡清廷。三个降清的明将分别镇守云贵、广东、福建，拥有重兵，互通声息，每年清廷还需向他们提供大量饷银。其次是南明残余势力。最大的武装部队应属距守台湾的郑氏，拥兵数万，为精锐水师，而云南、四川、湖北也有反清武装力量。再有是沙俄不断蚕食东北，在黑龙江流域不断占领土地，掠夺财物人口，还策动少数民族头目叛逃清朝。漠西蒙古的准噶尔部正在壮大，不断侵扰其他各部。内政方面还要考虑如何剪除权臣、治理水患、疏通漕运这三大要务。在当时的清政权看来，台湾问题的重要性和紧迫性并不居首。因为郑氏虽能侵扰沿海，却无力撼动清廷，且清军当下并无可以与其匹敌的水师，剿灭也做不到，因此采取了招抚的策略。

刚上台的郑经也采取了两手策略。为表和谈诚意，他向清朝交出了南明皇帝赐给的敕书、印玺，但开出的条件是：照朝鲜例，不剃发，仅称臣纳贡而已。郑经肃清了内部反对势力、确立了其在郑氏集团的领导地位后，以不能接受清朝提出的“迁回内地、剃发易服”等必要的招抚条件为由，中止了谈判。后来

（康熙六年，1667 年）议和时郑经又补充了拒绝招抚的理由：第一，郑氏有能力在台湾建立不隶属大清的独立政权，“万世之基已立于不拔”；第二，台湾军力足以与清军周旋，甚至可以在沿海反守为攻，“风帆所指，南极高琼，北尽登辽，何地不可以开屯，何地不可以聚兵？”第三，统一缺乏足够的吸引力，台湾经济足以自立，物产丰富，荒地众多，外贸发达，“又何慕于藩封，何羡于中土哉？”①

清政权改变策略的原因还不只是台湾拒绝招抚，更重要的是“三藩之乱”期间郑经出兵大陆的举动，改变了清朝对台湾问题的看法，使其认识到台湾郑氏政权的存在，并不是少一点土地和税收的问题，而是随时会威胁清朝在大陆的政权。康熙十三年（1674 年）“三藩之乱”期间，郑经乘机反攻大陆，占领厦门与漳州、泉州、潮州、惠州等地，声势浩大，且屡败清军。因此，“三藩之乱”后，康熙调整了对台湾郑氏政权的认识，将其提升到清政权的隐患的高度，虽未放弃对台招抚工作的努力，但政策重点已由和平统一转向武力统一。

康熙二年（1663 年），清朝组建第一支海军并以施琅为首任水师提督后，施琅就向清廷提出进攻厦门的方案——《密陈进攻厦门疏》。恰好此时郑氏集团内讧，郑经确立接班后排斥异己，大量郑军降清，军心浮动，清朝出兵攻取厦门，并乘胜夺取金门。郑经退至台湾，清朝采纳施琅意见，出兵台湾。但运气实在不好，两次东征均非台风季节，却都在海上突遇台风，船只沉没或受损，均无功而返。清朝武力攻台的计划暂时搁置。郑经病逝，康熙又开始为武力统一台湾积极进行筹划和准备。然而在清廷内部意见并不一致，反对武力攻取台湾的人仍然很多。康熙最终还是排除了众多反对意见，决定采取“剿抚并用、以剿为主”的方针底定海疆。施琅重新担任福建水师提督一职，于康熙二十二年（1683 年）率兵取得澎湖大捷。当年施琅率军登上台湾岛，郑经的儿子郑克塽上表求降，结束了郑氏在台湾的 22 年统治。康熙二十三年（1684 年），清朝接受施琅的建议，将台湾收入清朝版图称为台湾府，下设三县，由福建省巡抚管理。在台澎分别驻兵 1 万人，设官治理、筑城戍守，台湾得以统一于清朝政府之下。

从力量对比看，康熙时期清朝国力强盛，台湾的经济、军事实力当然无法与清朝相抗衡，但澎湖海战中双方军事力量相差无几。清军两万余人，战船二

① 《康熙统一台湾档案史料先辑》之《郑经复孔元章书》。

百余艘，台湾将领刘国轩所率兵将战船与清军相当。经过七昼夜激战，清军击沉敌船 159 艘，仅剩 31 艘船逃回台湾。郑军死伤 12000 人。清朝军事上的成功得益于几方面：一是正确用将。以力主武力平台且精通海战的施琅为清军统帅，并赋予专征权。二是策略灵活。不指定攻台日期和路线，由施琅相机而动，把握好了海战中最重要的天时地利。三是鼓舞士气。康熙敢于大胆任用郑军降将，并在朝廷内部和战争议不绝中坚定支持攻台方案，稳定军心，振作士气。施琅为鼓舞士气，令家族中 30 余人随船出征，包括其 4 个儿子。四是战术得当。施琅在澎湖海战中采用集中兵力以多打少的“五点梅花阵”，多艘战船围攻一艘敌船，大获成功。此外，外交方面也较成功。清朝不但多次利用荷兰海军共同与郑军作战，还避免了郑氏集团向日本借兵抗清的复杂局面。政治方面清朝总体上秉持坚定的统一意志。在清廷与郑氏的前后 13 次谈判中，郑经多次提出希望保留分裂政权，但最终康熙守住了维持两岸统一不能分裂的底线。最后，清朝运用软实力争取民心取得一定成果。清朝利用强大的军事压力和郑军将士对故土亲人的眷恋之情招降纳叛，并对来降的郑军予以重用，在交战时效果明显，一旦战事不利，郑军往往不战而降。郑军首失厦门时，留守铜山的 10 万兵民降清，后来郑经第二次反攻大陆时，郑军在铜山又有 300 艘舰船、2 万余将士降清①，零星降清的郑军更是不计其数，对双方军事力量的消长起到重要作用。施琅在澎湖海战胜利后对台湾本岛的攻心战更直接促使郑氏不战而降。

第三节　中国周边国家与中国统一与分裂的案例

一、朝鲜

朝鲜半岛的古代政治历史大体经历了箕子朝鲜时期、卫满朝鲜时期、高氏高丽时期（高句丽，“朝鲜三国时期”）、新罗时期（“后三国时期”）、王氏高丽时期、李氏朝鲜时期，期间还有作为汉朝的郡县、元朝的行省等与中国统一的历史时期。隋朝四次攻打高句丽惨败后，国内发生民变而灭亡。唐高祖李渊建立唐朝后，曾努力与高句丽修好，双方交换过战俘。朝鲜半岛三国国王均接受唐高祖的册封，高句丽王并接受了唐朝的年号。唐太宗李世民继位后，相当长时间里，与高句丽大致维持着友好的关系。高句丽发动对朝鲜半岛另一国家新

① 安然：《施琅大将军平定台湾传奇》，新华出版社，2006 年。

罗的战争，新罗向盟友唐朝求援。唐太宗于是遣使到高句丽，下令高句丽和百济停止攻打新罗，被拒绝。645 年，唐朝军队兵分两路进攻高句丽。6 万陆军从北京进军辽东，4 万余水军乘 500 艘战船从山东出发，渡黄海向平壤进军。后来在战事陷入胶着的情况下唐太宗下令撤退。唐军以损失数千士兵的代价，歼敌 4 万，攻取 10 城，战果也相当辉煌。此战虽未最终胜利，但唐太宗在政治方面取得积极影响，敌军佩服，民心归附，为以后灭亡高句丽奠定基础。

唐高宗即位后，先对高句丽发动了三次小型战役，均取得胜利。660 年，唐高宗定下“先灭百济、再南北合击高句丽”的战略方针，命令唐朝名将苏定方率军 13 万讨伐百济。苏定方引军自山东渡海，新罗也出兵助唐，唐罗联军很快攻陷了百济王城，百济灭亡。唐朝又派 10 余万军队渡辽水，与新罗联军合击高句丽，重创高句丽。668 年，各路唐朝大军在鸭绿江边会师。高句丽发动最后的反击，唐军依然继续推进到平壤城。高句丽军守城数月，最终灭亡。唐平高句丽后，在平壤设安东都护府进行统治，名将薛仁贵领兵 2 万镇守其地。

然而吐蕃入侵唐朝使新罗趁机与唐朝发生战争，唐朝最终失去对已灭亡的高句丽和百济故地的统治。新罗其实一直计划吞并高句丽和百济，在借唐朝之手消灭这两个国家后，便积极招降纳叛，扩张领土。唐高宗下诏责备。新罗一面遣使谢罪，一面整军备战。恰在此时（670 年），吐蕃大举入侵，攻取了唐朝安西四镇，与之相邻的吐谷浑、鄯善等地也被吐蕃占领[①]，唐朝西北局势告急。唐朝不得不调任刚刚在高句丽战场获胜的薛仁贵前往西北战场。只留下为数很少的军队驻守高句丽。唐朝在该地区军事力量的削弱给新罗发动战争提供了良好时机，新罗借机占领了百济大部分地区。674 年，唐军在仁川附近（买肖城）三胜新罗军。新罗王遣使入贡请罪。唐朝接受新罗请罪，还彻底退出原百济地区，将安东都护府移至辽东（676 年），对朝鲜半岛采取退守政策。最终，新罗控制了朝鲜半岛大同江以南地区。一个以原新罗人、百济人为主体、收容了部分高句丽人的一个统一新罗出现了。从民族角度讲，韩（朝鲜）民族在唐罗战争后也逐渐形成了。高句丽人亡国后大部分留在当地或内迁，成为中国境内一个重要的少数民族，经过辽、金、元、明等朝代的历史变迁，高句丽人最终融入汉族。另有部分高句丽人流亡到朝鲜半岛南部和日本。

“势”的角度看，隋唐征高句丽是中央为加强地方管理进行的统一战争。[②]

① 《新唐书·吐蕃传》。

② 马大正：《略论高句丽历史研究中的几个相关问题》，《欧亚学研究》。

朝鲜半岛距脱离中原中央政权不过三四百年，期间中央政权衰落。隋唐时期中国重新出现统一强大的中央政权，对朝鲜半岛提出恢复西汉时期服从中央秩序的要求也是历史发展形势使然。历史上朝鲜半岛文明始自商末从中原迁移至中国东北和朝鲜半岛北部的“箕子朝鲜”，汉武帝在朝鲜半岛北部设置汉四郡，朝鲜统一于中央政权。随着西汉中央政权力量的衰弱，失去控制的辽东与朝鲜半岛又出现小政权林立的局面。其中的高句丽利用中原地区分裂动荡的局面，不断壮大，逐步统一其周边国家，并在西晋末年吞并了汉四郡的最后一郡。中国南北朝分裂时期，高句丽进入鼎盛时期，控制了朝鲜半岛大部地区及中国辽东半岛。此时隋唐崛起使政治形势发生变化。隋朝大臣曾对隋炀帝说：“高丽本箕子所封之地，汉、晋皆为郡县；今乃不臣，别为异域，先帝欲征之久矣。”[①]唐太宗认为高句丽据有的辽东为“旧中国之有”，而今“九瀛大定，唯此一隅”，也有统一的意愿。但统一后很快又分裂出去，最主要是唐朝西北边患严重，无法充分应对两线作战。唐朝胜而退兵，“实由吐蕃炽盛，唐室为西北强敌所牵制，不得已乃在东北方取消极退守之策略”（陈寅恪语）。因此唐朝是两害相权取其轻，留下态度恭顺的新罗政权，集中力量打击西北敌患。

“力”的角度看，唐朝初年，国力强盛，军力强大。因此在征讨战争中不断涌现以少胜多的精彩战例。唐太宗曾指挥 3 万唐军攻击 5 倍于己的高句丽援军，逼得高句丽援军主将走投无路，率领近 4 万高句丽将士投降。在辽东城下，唐军前锋部队 4000 余骑与高句丽援军步骑 4 万遭遇，李勣指挥唐军冲击，高句丽军最终崩溃，被歼 1000 余人。在灭亡高句丽的战役中，薛仁贵曾经以 2000 骑兵奔袭夫余城，14 个小时斩获敌军万余，威震辽东，高句丽 40 余城随后向薛仁贵投降，最终攻破都城平壤。但高句丽毕竟是地方强权，隋朝四征而不胜，唐朝最初寄望以 10 万之众灭其国，是犯了秦国灭楚时李信式的轻敌错误。事后来看，高宗时期唐朝国力进一步加强后，最终派出 20 余万精锐部队，并与新罗联合，才完成统一高句丽的任务。在这样有相当战力的地方，不以重兵驻守进行长时间的同化融合是很难完成统一的。但当时（670 年）吐蕃大举入侵，攻取了唐朝安西四镇，与之相邻的吐谷浑、鄯善等地也被吐蕃占领[②]，唐朝西北局势告急。唐朝不得不调任刚刚在高句丽战场获胜的薛仁贵前往西北战场。只留下为数很少的军队驻守高句丽。唐朝在该地区军事力量的削弱给新罗发动战争

① 《资治通鉴》卷一百八十一。

② 《新唐书·吐蕃传》。

谋求独立提供了良好时机。

“策”的角度看，唐朝虽然未能在朝鲜半岛保持统一的郡县制，但令当地政权臣服的战略目标已经达到，如果再出兵可能成本远大于收益。朝鲜半岛政权采取的策略是在武装独立的基础上以极低姿态化解与唐朝政权的敌意。新罗虽然对唐开战，但却始终承认唐朝是宗主国，新罗是藩属国，并数次请罪，历代新罗王大部分时间（663 年以后）都在受封国王的同时世袭唐朝都督一职，其身份是唐朝在朝鲜半岛的地方行政官员。唐朝对这样的政权安排并无不满。

二、越南

越南是中国的南方邻国，但在历史上有很长时期，尤其是自秦始皇在该地区设置郡县后的 1000 多年间，越南属于中国版图。五代十国末期，越南开始有独立政权。北宋以后的近千年间，越南与中国大体维持了稳定的宗藩关系。明朝时期越南发生政变，遇难一方向宗主国明朝求救。明朝在解决纷争过程中受到欺骗，于是出兵消灭了越南政权，对该地区恢复直接统治，正式下诏（1408 年）把“安南”更名为“交趾布政使司”，将该地区设置为中国的一个行省。但后来明廷放弃了用兵平叛、继续维持对该地区直接统治的政策，宣布（1427 年）废“交趾布政使司”，仍为“安南国”，承认其独立。

1400 年，陈朝末期的权臣胡季犛（原名黎季犛）灭陈朝自立为皇帝，改国号为大虞，自己也改名胡一元。由于受到众多陈朝遗臣的强烈反对，篡位当年，胡一元不得不传位给了有陈朝皇室血统的次子胡汉苍，自称太上皇。为取得中原政权的谅解，胡一元自称是帝舜的后裔，遣使奉表到明朝，诡称陈氏宗族已绝，作为陈氏外戚，由自己儿子暂时登基理政。当时明朝正值“靖难之役”，明朝政府对胡一元的请示置之不理。明成祖朱棣登基后，胡朝遣使者到南京朝贺并请封。朱棣派使者对安南政治情况详加考察后册封胡汉苍为安南国王。不久陈朝宗室陈天平来到明朝揭露真相，明朝决定帮他复国。表面恭顺的胡汉苍使诈杀掉陈天平后，明朝政府为主持公正（1406 年）出兵安南。当时并不想消灭安南国。明成祖朱棣特颁谕旨，说明此次出征“罪人既得，即择陈氏子孙之贤者立之，使抚治一方，然后还师，告成宗庙，扬功名于无穷。”明军出师仅一年，就大获全胜，消灭了篡位的胡氏政权，将胡一元及其长子胡澄、次子胡汉苍和伪太子胡芮一一擒获，全部押送京师。得府州四十八、县一百八十、户三百十二万。由于陈朝宗室已被胡朝清理，后继无人，朱棣改安南为交趾布政使司，分设官吏，改置17府，自此安南正式成了明朝的一个行政区。

在统一过程中，政治形势上，明朝坚持匡扶正义原则，以有道伐无道，一入安南境内，先采攻心之策，命人将胡一元父子的二十条罪状写成榜文，刻于木牌上，顺流放下，安南军民见到榜文后，人心离散。军事实力上，明军兵力有限，但战力强悍。一路斩关而进，勇往直前，大败胡军。胡氏父子倾全国之兵号称二百余万，伐木筑寨，绵延九百余里，又沿江置木桩，征发国内所有船只，大量使用体型巨大、不避弓矢的战象，安南兵骑于象背居高临下射箭进攻。但明军策略得当，都有办法战胜，屡屡击溃安南兵。胡氏父子见败局已定，焚毁宫室，亡命海中，明军水陆并进，穷追不舍，又斩首三万七千余级。胡一元长子胡澄以战船三百艘来战，明军迎头痛击，斩首万级，终于将其全部擒获。

但明军班师不久，安南地方势力就起兵叛乱，明朝驻军镇压不力，致使叛乱不断蔓延。明朝再度发兵二十万讨伐。安南乱军聚集战船六百余艘，被明军击败，擒其将帅。两年后，安南再次兴兵作乱。明军第三次征讨安南，克服各种困难，不断取得胜利，1414年安南全部平定。在明军的武力镇压下，交趾虽然再次平定。后来安南人黎利召集各部起兵反明，迅速形成燎原之势，明军多次进剿失败，损失惨重。明宣宗朱瞻基决计罢兵，赦免黎利抗命之罪，封陈高为安南国王，罢交趾布政使司。安南重新获得独立。陈高作为黎利的傀儡，很快被逼服毒自尽。明英宗正式册封黎利为安南国王，黎朝也始终奉明朝正朔。

越南在被明朝统一后重新又独立出去，从“势”的方面看是还没有形成统一的政治制度与越南民众的观念文化之间的正反馈。越南民众在经过较长时间的独立政治形态之后具有较强的惯性思维，必须有足够的压力和适应机制才能使其重新适应统一的政治制度。然而明朝政府对此重视不够，以为像内地其他地区统一后的治理模式一样，殊不知内地民众是适应大一统政治格局的，而越南民众的心态已经与内地截然不同。加之明朝官吏不善安抚，内部又钩心斗角，安南民心不附是很自然的结果，一旦有政治强人揭竿而起，就很容易形成分裂独立的声势。此时明朝有缺乏坚定的统一意志。当时明朝边将私下与安南的叛军领袖黎利议和，并送其使者入朝，请封所谓的陈氏后人陈高为安南国王。明朝对安南反复叛乱形成两种意见：三次平定安南的英国公张辅坚持认为这是黎利诈谋，“必不可从，当再益兵讨贼，臣誓将元凶首恶，縶献阙下。”但以杨荣、杨士奇为代表的重臣，皆言交趾荒远，不如许了黎利，以息兵争。新皇帝明宣宗朱瞻基不像其祖父朱棣那样勇武有为，最后选择放弃了对越南地区的统一。

三、蒙古

中国北方蒙古高原上崛起的蒙古族建立了人类历史上面积最大的国家，中国的元朝一度成为各蒙古汗国的宗主国。元末明初，残元势力退居漠北，清朝崛起后重新将这片地区纳入中原中央政权管辖。按照与清政府的亲疏不同，蒙古地区习惯上被分为内蒙古（漠南）与外蒙古（漠北）。外蒙古土地面积156万平方公里。清朝先后统一了蒙古人控制的漠南、漠北和漠西，但在这三个地方实施的政策和后果是不同的。漠北后来产生强烈的独立倾向。在沙俄及后来苏联的协助下，外蒙古20世纪中期从中国独立出去，成为世界上最大的内陆国家。

漠南蒙古归顺清朝时，蒙古人统治的另外两块地区——漠北蒙古和漠西蒙古尚未归属清朝。但在清军入关前，漠北蒙古三个主要部落首领（土谢图汗、札萨克图汗、车臣汗）纷纷向清朝遣使朝贡，与清朝关系密切。康熙年间，漠北蒙古遭到漠西蒙古的进攻，漠北蒙古各部内附投清。康熙与内外蒙古各部首领会盟（1691年，多伦），宣布保留漠北蒙古三部首领的汗号，并赐以满洲贵族的封号，其行政体制也和内蒙古一样，加强和巩固了清朝对漠北蒙古各部的管辖。接着，清朝顺势加快对漠西蒙古的统一，历经康、雍、乾三朝用兵，彻底将其重新纳入中央政权的管辖版图（1757年）。清朝早在后金时期就与内蒙古（漠南蒙古）联姻，二者融合程度高，内蒙古贵族可以和清朝贵族共同分享主宰天下的权势和荣光，因此十分认同清朝。清廷对内蒙古也非常信任，管理基本上是“自治”。外蒙古（漠北蒙古）归附的时间晚，又是在被漠西蒙古击溃后不得已而降清的，且其后又有反复，所以清朝对外蒙古并不十分信任，虽也封官予爵，但还要在库伦（今乌兰巴托）设立办事大臣进行监督。

导致外蒙古产生独立倾向的是最初原因是政府负担太重。当初蒙古扩张时，每征服一地或与他国结盟，立即征人征马征税，清朝也认为自己帮助外蒙古打败其敌人噶尔丹付出那么多，外蒙古也不应该为支援清朝吝惜什么，于是分配其承担对清朝的种种义务。清朝发动对漠西蒙古的战争，外蒙古承担了大量物资与人力支持。外蒙古不堪重负，牧民大量破产，成群的人逃到俄罗斯避难。据俄国档案记载，一年间（1730年）有多达2091帐的蒙古人赶着5210峰骆驼、68465匹马、14962头牛和131610只羊逃到俄国境内。与此同时，清朝对于内蒙古则是采取轻徭薄赋的政策，内蒙古只需供应少量的战马、汤羊、乳酒等物，虽然也要承担一些守卡、驿递等劳役，但相对负担较轻。遇到天灾，清廷要调拨大量的米粮、皮袭、牲畜、毡房、银两给予救济。除此之外还实行养赡制度，相当于现代的扶贫政策，使内蒙古经济很快得到恢复。两相对比，外蒙古人对清朝的不满日益高涨，终于酿成1756年的“撤驿之变”。此前外蒙古发生了白灾和瘟疫，生计艰难的外蒙古人对清朝的赋税杂役愈发厌恶。偏在此时，清朝乾隆皇帝杀死了因为疏忽而放走准噶尔首领阿睦尔撒纳的一个外蒙古亲王，这个亲王是外蒙古活佛哲布尊丹巴二世的哥哥。他的被杀引起了外蒙古诸王公的普遍愤怒，纷纷撤驿站、弃哨探，各地牧民举行暴动，袭击清军，打击汉商，清朝在漠北的驿站全部瘫痪。但这次撤驿之变仅维持了数月便彻底失败，发起人及追随者遭到杀害和镇压。这次事件使清廷对外蒙古加强了警惕和控制。清朝设置了驻库伦办事大臣，直接对中央负责，管理当地所有事务，将土谢图汗、车臣汗和哲布尊丹巴活佛这些在外蒙古有着崇高威望和号召力的贵族架空，处于绝对控制之下。清朝并将外蒙古的军政管辖从间接转为直接。

哲布尊丹巴活佛地位的不断下降成为外蒙古独立的直接导火索。哲布尊丹巴活佛一世和二世都是在外蒙古贵族土谢图汗家族中转世，从三世起，清朝指定必须在藏人中转世，并成为定制。活佛系统和外蒙古贵族的血缘联系被切断。这些措施有利于稳定清朝对外蒙古地区的统治，但加重了外蒙古贵族和普通牧民对清廷的不满。1840年以后，哲布尊丹巴八世没有一次被清廷召见，而在他之前的五十年，历任哲布尊丹巴活佛没有受过一次朝廷的褒奖。1878年，新上任的满族办事大臣要求废除以往办事大臣谒见哲布尊丹巴时的叩拜礼，并要求哲布尊丹巴站立迎接。几经交涉后，哲布尊丹巴虽不用起身迎接，但也从此免除了清朝办事大臣对哲布尊丹巴的叩拜之礼。这对当时的外蒙古人是不可忍受的耻辱。

1911年辛亥革命爆发，为蒙古脱离中央政府提供了条件。此前一些蒙古王公向哲布尊丹巴八世递送了建议独立的呈文，提出为了“保护我们的黄教”要“争取独立”，“将派特使去我们的北方邻邦俄国，并以友好的方式阐述这些事实，请求它考虑给我们援助。”①另一个谋求独立的重要原因，是在清朝对蒙古族地区实行蒙地放垦和设置州县政策的背景下，大量蒙古族人失去了大片牧场，经济条件恶化，欲谋求经济和政治上的自主权力。1911年7月，以哲布尊丹巴活佛为首的外蒙古王公，以会盟为名，在库伦召开秘密会议，决定实行蒙古独立，并派遣代表团密往俄国寻求庇护。②沙俄政府决定：“不承担以武力支持喀

① 希·散达格：《蒙古政治外交》第1卷，乌兰巴托1971年版，第244页。

② 阿·波波夫：《沙俄与蒙古》，《红档》杂志第6卷，1929年第37期。

尔喀蒙人脱离中国之义务，而是居间调停，通过外交途径支持蒙人捍卫独立之愿望，勿与其宗主国君主清朝大皇帝脱离关系。”但允诺“将支持他们为捍卫喀尔喀之独特制度，同中国人进行斗争”。

1911 年 10 月 10 日武昌起义爆发。蒙古王公宣布“蒙古全土自行保护，定为大蒙古独立帝国，公推哲布尊丹巴为大皇帝，不日登极”，要清朝办事大臣立刻出境。12 月 16 日，库伦独立集团正式宣布成立大蒙古国，以共戴为年号，奉哲布尊丹巴呼图克图为皇帝。但此独立未被当时的清朝政府和后继的中华民国政府承认。趁中国中央政府无暇北顾，且西藏正在谋求军事独立，1912 年 5 月，库伦独立军 5000 余人进攻科布多中央驻军。科布多守军 300 余人奋战几十天后失陷。至此，蒙古独立政权控制了蒙古全境。在此过程中，蒙古还企图将内蒙古并入。内蒙古地区历经明清两代大量汉族、回族人口迁入，蒙古族原住民已不占多数，而且文化交流频繁，在蒙古有着至高无上地位的黄教，在内蒙古并不能成为争取独立的理由。虽然有一些王公倾向独立或是并入蒙古，但无法形成蒙古那种一呼百应的局面，最后未取得任何结果。

独立运动往往与中央政权实力下降和外部强权插手密切相关。蒙古与“西藏的独立”运动的背后分别有俄国和英国的支持。蒙古独立先是沙俄支持，后又得到苏联的扶植。1911 年外蒙古在沙俄鼓动下驱逐清政府官员，宣布独立。1913 年沙俄迫使袁世凯执政的北洋政府签订了《中俄声明》。声明规定：蒙古承认中国宗主权，为中国领土的一部分。中国、俄国承认蒙古自治。中国不得在蒙古派驻官员、军队，不得移民。1915 年中俄蒙签定《恰克图协定》，重申中国对蒙古的宗主权。据此蒙古宣布取消“独立的大蒙古国”。袁世凯册封八世哲布尊丹巴为“呼图克图汗”，并赦免独立运动人士。蒙古实行自治，但实际上为沙俄所控制。十月革命后俄国陷入内战而无暇顾及蒙古，1919 年 11 月中华民国总统徐世昌和总理段祺瑞下令出兵蒙古，软禁哲布尊丹巴活佛，全面否定《中俄声明》。北洋政府下令取缔外蒙古自治，恢复旧制，同时取消《中俄声明》和《恰克图协定》，在库伦设立“中华民国西北筹边使公署”。1921 年，蒙古中国驻军先后遭苏联白匪和红军的进攻，最后撤回内地。苏联红军进入蒙古，协助蒙古人民党建立了亲苏的“君主立宪政府”。1922 年签订《苏蒙修好条约》，苏联承认蒙古“独立”。当时的中国中央政府（北洋政府）发表严厉声明，拒绝承认蒙古独立，但由于当时中国陷于内战，北洋政府没有派军队收复蒙古。在苏联第三国际以及蒙古人民党的支持与行动下，蒙古政府 1924 年宣布废除君主立宪制，成立“蒙古人民共和国”，定都乌兰巴托（原库伦）。1924年当时的中国中央政府（北洋政府）和苏联签订《中俄解决悬案大纲协定》，也叫《中苏协定》，其中第六条明确“承认蒙古是中国领土，中国在蒙古有完全的永久的主权”。这意味着此时蒙古至少在名义上尚未能获得独立。1928年，蒙古发生大规模反对独立并要求回归祖国的统一进步运动，苏联以“平叛”为由出兵蒙古进行血腥镇压。蒙古统一人士要求中华民国政府出兵蒙古，中苏军队在蒙古东部边界发生小规模战斗。

1945年德国投降后，蒋介石政府于1945年8月14日，与苏联签订了《中苏友好同盟条约》，在条约中正式承认了“蒙古人民共和国”。根据《中苏友好同盟条约》，允许蒙古依公正的公民投票的结果决定是否独立。10月20日蒙古举行公民投票，在苏联势力的影响下，97.8%的蒙古公民赞成蒙古从中国独立出去。尽管联合国所派观察员不承认此次投票，中华民国政府仍在1946年1月5日承认蒙古人民共和国独立。2月13日，中华民国政府与蒙古建立外交关系。从此，中国失去了对蒙古的宗主权。

从蒙古的独立过程可以看出，中央政权强大，地方政权就会归附，或维持统一，反之就可能走向分裂。国际格局影响巨大，清朝强而沙俄弱时，蒙古归降清朝，主动要求内附。即使后来对清朝政府不满也没有分裂独立。清朝灭亡另内乱，蒙古才有可能在沙俄的支持下独立。俄国内乱力量削弱时，中国中央政府可以出兵平叛，收回企图独立的蒙古。苏联成立后力量重新强大，蒙古又再次在其干涉下从中国分裂出去。蒙古的独立几乎可以说就是国际格局下的产物，没有强大的沙俄和苏联，蒙古就不会独立出去。当然，蒙古在成为苏联保护下的蒙古人民共和国后，仅仅是名义上的独立国家。有自己的政府，但总理任命得由苏联说了算，有自己的军队，但完全听命于苏联。开国领袖苏赫巴特尔就是因为民族精神过于突出，而在国家成立仅一年后，便不明不白的死在了医院。苏联时代，蒙古有十位总理因为反对苏联的政策而被杀害。原有文字被废除，改为俄文字母拼写。原来要求独立而保护的黄教也遭到了灭顶之灾，曾经是被人崇敬的喇嘛集团被成群的逼令还俗，不肯还俗的则被杀掉。这种情况直到90年代苏联解体后才改变。

第四章　台湾问题的复杂性思维

将复杂性科学的思维应用于国家统一问题的研究有五个特点：一是第三视角，跳出国家统一的博弈双方视角，从多层次系统的视角审视国家演化的客观规律；二是强解释力，可以利用系统演化原理解释国家统一与分裂过程中各种现象的深刻联系；三是非线性观，打破传统的单一因果关系的线性思维，强调政治、经济、社会、文化、军事、涉外等领域之间的互相影响；四是自组织力，把握国家系统演化的自发性，核心是通过正反馈机制自我走向稳定结构；五是不确定性，认识到事物演化过程中的大量随机性与偶然性，对国家演化规律持有限预测观。将国家系统演化理论应用于分析台湾问题，可能有不同于以往的思维方式、理论解释和结论建议。本章分四节，第一节以复杂性思维总论台湾问题，第二、三、四节分别从国家系统与国际大系统之间的互动、国家系统内政权之间的互动、政权内部子系统之间的互动这三个系统层级具体分析台湾问题的现状。

第一节　以复杂性思维审视台湾问题

一、台湾问题

从复杂性思维的角度看，台湾问题的本质是中国国家系统演化的方向选择：是两岸统一还是两岸分裂。中国历史上的不同版图与不同制度都是中国国家系统不同的“相”。系统相变有其客观规律，国家系统作为人类社会大系统中的一个系统层级，其不断演化的过程始终受到系统环境和系统内部要素变动的影响。近现代国际政治格局是产生台湾问题的主要外部因素。19 世纪末的中日甲午战争导致台湾与中国的分离，20 世纪中期日本在第二次世界大战中战败决定了台湾回归中国。二战后美苏形成冷战格局影响了中国内战结果，台湾没有随着中国其他地区实现政权更迭，并形成与大陆子系统相对隔绝且演化路径大相径庭的台湾子系统。国共两党不同政治制度的道路选择是产生台湾问题的最主要内部因素。中国共产党在大陆建立了社会主义制度，而在内战中失败的中国国民党则退守台湾保留了资本主义制度。内外因素共同导致台湾与大陆两个子系统之间的交换方式发生改变，两个政权在治理上互不隶属且持有存在根本分歧的主张，使得中国国家系统存在不稳定的隐患。怎样消除隐患是解决台湾问题的根本所在。问题的解决也许会通过急风暴雨式的变革毕其功于一役，也可能并不是一步到位，而是先有一个微小的改变，然后形势逐步向某个方向发展，最后瓜熟蒂落水到渠成，整个系统发生相变实际上是通过系统内部机制的自我运行自动完成的。后一种解决方式更具有系统演化的代表性。

在系统内部复杂反馈机制的作用下，系统演化具有自动趋向稳定状态目的点的特性。被双方接受的国家统一或双方均接受的国家分裂都是国家系统的稳定状态，而双方没有一致意见的国家分治则是充满诸多不确定因素的不稳定状态。中国国家系统正处于不稳定的分治状态。当前两岸子系统的政治现实是：中国对外最高权力是唯一的，中华人民共和国政府是代表全中国的唯一合法政府，为国际社会普遍承认；但中国对内最高权力不是唯一的，台、澎、金、马地区与大陆地区分别由台湾当局与中华人民共和国政府实际管辖，双方法律条文均声称对全中国具有统治权，① 因此两岸处于分治状态，但国家没有分裂。② 国民党岛内执政时期两岸双方以“九二共识”描述这种现状。③

大陆方面的最终政治目标是由当前的分治状态转为国家统一，在一个中国

① 在国民党执政台湾的大部分时期，两岸双方都主张自己是“主权独立国家”，视对方为己方主张的中国领土范围内的“地区政权”，但对方不是另外一国，且争议可以搁置。

② 大陆方面对此的官方表述是：“1949 年以来，大陆和台湾尽管尚未统一，但不是中国领土和主权的分裂，而是上个世纪 40 年代中后期中国内战遗留并延续的政治对立，这没有改变大陆和台湾同属一个中国的事实。两岸复归统一，不是主权和领土再造，而是结束政治对立。”引自胡锦涛：《携手推动两岸关系和平发展 同心实现中华民族伟大复兴——在纪念〈告台湾同胞书〉发表 30 周年座谈会上的讲话》，2008 年 12 月 31 日。

③ 海协会与台湾海基会经过 1992 年 3 月北京工作性商谈、10 月香港工作性商谈以及 11 月 3 日至 12 月 3 日函电往来，达成了各自以口头方式表述“海峡两岸均坚持一个中国原则”的共识。海基会的表述要点为“在海峡两岸共同努力谋求国家统一的过程中，双方虽均坚持一个中国的原则，但对于一个中国的涵义，认知各有不同”。海协会的表述要点为“海峡两岸都坚持一个中国的原则，努力谋求国家的统一。但在海峡两岸事务性商谈中，不涉及‘一个中国’的政治含义”。后来双方都使用“九二共识”这一概括名词。“九二共识”的核心是确立了坚持一个中国原则这一共同认知，由此明确了两岸关系不是国与国的关系、两岸应当在一个中国的框架内进行平等协商。

框架内同台湾方面进行平等协商，对如何实现全中国对内最高权力唯一化做出合情合理安排。台湾方面很多时候的目标是使中国对内、对外最高权力均不唯一，企图由台湾当局完全具备台、澎、金、马地区（所谓“现状”）的对内、对外最高权力。在此问题上，岛内两个主要政党均要求大陆正视“中华民国”的存在，都不肯放弃或协商台湾当局的岛内最高权力，且力图拥有对外独立地位，两个政党的政治主张最主要区别在于，民进党争取台湾“国际独立”地位时明确提出不涵括中国大陆，国民党在追求“中华民国”国际承认时没有放弃中国大陆，但认为“中华民国”获得国际承认优先于两岸统一。

自国民党政权败退台湾之后，1949 年至 1979 年是台海两岸对峙隔绝的状态，两岸执政当局均以武力实现国家统一为己任；1979 年至 1999 年两岸关系由隔绝走向交流，两岸政策均由武力统一转向和平统一，大陆主张“和平统一、一国两制”，台湾声称“三民主义统一中国”；1999 年至 2016 年，两岸关系几经波折，大陆在“和平统一、一国两制”政策基础上提出“两岸关系和平发展重要思想”，台湾当局则先后抛出“特殊两国论”“一边一国论”“不统不独论”“维持现状论”[①]，不同程度地背离了国家统一方向。

二、线性思维

传统线性思维的特点是单一因果关系，即某种现象是决定因素，另一种现象是被决定因素，被决定因素反作用于决定因素，但二者有主次之分。这种思维方式的优点和缺点都很明显：逻辑清晰，结论简单，易于操作，便于应用；但理论化色彩较强，对事物规律的认识倾向于简单化，往往流于片面，以偏概全，不能全面准确反映实际。而且线性思维在解释事物时必须强调阶段性，对循环因果现象难以解释，例如鸡和蛋的因果关系问题。传统思维运用在台湾问题的解释和解决方面主要有以下几种观点和思路：

第一，政权硬实力是决定因素。侧重点是政权的军事实力，认为台湾问题的存在是因为大陆军事实力不足以在美日军事干预的情况下收复台湾，因此解决台湾问题的办法是集中力量发展经济和军事实力，在足够强大的前提下以武

① 李登辉当局 1999 年抛出“特殊两国论”，陈水扁当局 2002 年炮制“一边一国论”，2008 年以来马英九当局提出的“不统不独不武论”虽然并不排斥终极统一的可能，但明确宣称任期内不会谈统一问题，2016 年上台的蔡英文的“维持现状论”以不承认“九二共识”和“一中原则”为前提。

力解决，或者，“不战而屈人之兵”。这种观点将政权硬实力视为决定两岸关系演化方向的根本动力，认为实力更强的一方会战胜较弱的一方最终决定国家系统演化的方向。这种情况在迄今为止的人类历史上的确是常见现象。不过，历史经验显示情况也并非总是如此，实力强大的政权也时常会让步于实力较弱的政权。例如中国唐朝灭亡高句丽在平壤设安东都护府、恢复汉朝时中央政权在朝鲜半岛的有效管辖后，统一局面没有维持多久就再次让朝鲜半岛独立于中国版图之外。再如中国明朝将越南重新纳入版图、设交趾布政使司后不久，又重新许其独立而不再是中国的一部分。更近一些的例子，蒙古的军事实力远不如中华民国，却只能任由其分裂出去。中国在抗战结束后的政权对抗中，开始军事实力较弱的中国共产党政权不但没有被当时强大的国民党政权消灭，反而最终在大陆推翻了中国国民党的统治。在国外案例中，军事力量强大的苏联并没有阻止 1991 年发生国家分裂。昔日的英联邦国家后来也纷纷独立。事实上，众多的影响因素下，即使有足够强的政权硬实力也不必然能转化成决定国家统一或分裂演化方向的力量。

第二，政权软实力是决定因素。这种观点认为，政权的硬实力强弱并不是国家系统演化的决定性因素，软实力才是。强大的软实力包括先进的制度、文化、政治价值观及外交政策，认为政权的软实力强大的一方决定国家系统的走向。由于软实力的界定其实相当模糊，以至于会有很多自相矛盾的案例。在中国历史上，软实力明显更强的南宋政权和明朝政权分别被制度、文化水平远远落后于自己的元朝政权和清朝政权灭亡。当然，如果将团结精神与战斗精神视为软实力的重要内容，则会有不同的比较结论。近现代以来，世界上有各种制度的政权出现，但人们对哪种制度的软实力代表更先进或更强大认识并不相同。联邦德国统一民主德国，有人认为是因为资本主义制度更优越，但这无法解释资本主义韩国统一不了社会主义朝鲜，也解释不了资本主义制度的南越被社会主义制度的北越统一的历史事实。拥有强大软实力的英国却面临苏格兰分裂出去的危机，加拿大也同样面临魁北克的独立要求。即使是同一种文化，美国仍然在 1776 年宣布独立、1783 年签订《巴黎和约》获得从英国分裂出去的承认。就台湾问题而言，制度层面看，台湾认为其三民主义制度更优越，那为什么 1949 年更多中国人选择了社会主义制度？不过反过来，大陆认为社会主义制度更有优越性，为什么多数台湾人不愿接受社会主义中国的统一？文化层面看，台湾当局自 1966 年起大搞中华文化复兴运动，并没能推动国家实现统一；大陆近年来也在大力振兴中华文化，却也没能使台湾民众的统一意愿增强。软实力的衡量标准众多，几乎很难断定究竟谁的软实力更强，也就谈不上谁更有能力决定国家系统的演化走向。单一强调软实力的强弱并不能解释和解决国家统一问题。

第三，民意是决定因素。这种观点认为台湾问题存在的原因是台湾主流民意没有统一的意愿，因此提出的解决方案是细水长流地做好对台工作，逐步消除敌意，改善两岸关系，更重要的是要让广大大陆同胞建立对台湾民众的同胞意识。① 这种观点也会引发很多质疑。同样是古代案例，南宋末年人口比重占绝对优势的汉族民众多数不愿被蒙古人统治，但元朝还是灭亡并取代了宋朝。清朝取代明朝也是一样。秦国统一六国还是如此。被秦国统一之时六国民意虽不情愿，秦汉以后也没有人再提出恢复六国。世界范围内的类似案例更是不胜枚举。美国南北战争爆发前南方民意要求分裂，但并没有成功，美国实现统一靠的不是南方的民意。1991 年 3 月 27 日全苏联进行的全民公投结果显示，76.4% 的苏联公民赞同保留苏联，但仍然未能阻止苏联解体。二战结束初期大部分的印度人都希望摆脱英国殖民统治后能维持统一国家局面，但巴基斯坦还是从印度分裂出去。1993 年厄立特里亚从人口是其 16 倍的埃塞俄比亚中分裂出去也不是靠的多数民意。80 年代末台海两岸民意都强烈要求国家和平统一，但国家统一并没有实现，正如二战后朝鲜半岛南北民意都要求国家统一却并未能决定走势和成为现实。就台湾民意而言，主流民意赞成统一时，两岸并未实现统一；主流民意倾向分裂时，国家也未曾分裂；在民意影响政策的同时，政策也在影响着民意变化。

三、非线性思维

单一强调政权或民意都属于传统思维方式。按照复杂性科学的思维方式，系统演化并不是单一变量线性决定发展方向，而是在系统环境的影响下，不同要素通过非线性作用形成系统的自组织，完成自身调节和演化以达到稳定有序

① 陈孔立:《心系两岸》，九州出版社，2013 年，第 262—263 页。

的状态。自组织运行的核心是反馈机制[①]。一旦两个变量之间形成正反馈，趋势化效应就会自我增强，形成推动系统演化的内生动力。这样的反馈机制在系统内外无处不在，并互相影响，不断发生非线性作用。对国家系统演化而言，有三组反馈机制最为重要：国家系统与国际大系统之间的反馈、政权子系统之间的反馈、政权内部的反馈。

首先是系统环境的影响，系统环境也就是母系统，任何系统对于更高一级的大系统来说都是需要服从总体运行规律的子系统。中国国家系统的演化必然要受制于国际大系统的形势变化。在二战结束后的国际冷战格局形成之初，中共政权采取了“一边倒”的亲苏外交政策，美国对华政策随之由中立不干涉改为扶蒋保台，阻碍了大陆方面解放台湾。后来中苏交恶提供了中美关系缓和的契机，美国在拉拢中国对抗苏联的战略中对台湾问题做出一定程度让步，中国大陆也在美国对台政策松动的背景下将对台方针由“解放台湾”转变为“和平统一”。中国大陆调整方针政策开启改革开放后，国力蒸蒸日上，随着苏联的解体和中国提升为全球第二大经济体，美国越来越将中国视为全球最主要竞争对手，对台政策日趋强硬，使中国大陆对台工作面临新的形势。当前的形势是，美日虽然在与中华人民共和国的建交公报或联合声明中明确承认“中华人民共和国政府是中国的唯一合法政府”，并承诺只同台湾保持“民间的”“地区性的”“非官方关系”，但美国同时又通过《与台湾关系法》及“六项保证”对台湾当局“提供防御性武器”并保护其某些分裂动作，日本则通过《周边事态措施法》等相关法案插手台湾问题，构筑日美联合干预台湾局势的战略框架。[②]台湾在国民党执政时期的“亲美、友日、和中”政策与民进党执政时期的“亲日、友美、反中”政策反映出台湾与美日的关系比两岸更近。与两德统一时的形势不同，联邦德国是作为美国的盟友去统一民主德国，而台湾作为美国的盟友是统一的被动方，在中国日益成为美国主要竞争对手的背景下，美国不会以支持两德统一的态度对待两岸统一，相反，美国会更频繁第将台湾作为筹码用

① 反馈是系统的输出和输入之间的相互作用。负反馈是使系统运动发展保持既有方向的反馈，也是使系统保持稳定的因素。例如政府通过对施政成效的检测、评估和分析，采取措施纠正偏差，可以使国家系统稳定运行，向前发展。正反馈促使系统运动偏离已有状态，使系统运动趋于失稳，一旦突破量的规定性发生质变，系统就进入新的稳定状态。负反馈抵消系统中随机偶然的因素，使系统稳定运行；正反馈放大系统中随机偶然的因素，使系统演化创新。正负反馈相辅相成，相互转化，形成了系统整体的、多层次的联系之网，使系统的存在与演化相统一。

② 中国共产党中央台办、国台办编：《中国台湾问题（干部读本）》，九州出版社，2015年，第176—185页。

以制衡中国。

其次是政权子系统之间的互动反馈。两个政权子系统之间如果实力相差不大，都有统一对方的意愿，此时统一议题易于在双方接触互动中形成正反馈；但若两个子系统之间实力相差过大，则实力弱小的一方更倾向于选择分裂，统一目标就无法在两个政权子系统之间形成正反馈。两岸也经历了这样的过程。1949年后，台湾依靠美国援助、从大陆带去的大量资源和人才以及合理的经济发展策略较好实现了经济起飞，并在90年代初达到了经济辉煌的顶点。1991年台湾GDP为大陆的44%，达到史上最小的两岸经济规模差距，当年台湾贸易规模高于大陆。[①] 此时是台湾当局实现“三民主义统一中国”信心最强的时期，在这样的背景下有了海峡两岸关系协会与海峡交流基金会的成立并建立联系，以及开启了两会协商谈判的历史进程，后来才有了“九二共识”和汪辜会谈。然而此后两岸各方面实力差距迅速拉大。以1992年邓小平南方谈话为标志，大陆经济加速发展，大陆领先台湾经济与外贸规模的差距开始迅速拉大。台湾当局的统一信心不断衰减。表现在经济方面，台湾的大陆经贸政策由1990年代初期的“务实、稳健、前瞻”开放政策退缩为中期的“戒急用忍”政策。军事方面，台湾对大陆的军事战略也不断收缩，先后历经“攻势战略”“攻守一体”和“守势战略”，1994年台湾当局明确将军事战略调整为“守势防卫”。[②] 两岸实力的消长令台湾当局开始丧失统一中国的信心，台湾领导人的变化更加快了这一转变的发生。1949年至1988年，台湾当局的权力核心是蒋介石与蒋经国，他们都有在全中国执政的经历，具有重新统治全中国的格局、愿望和信心。但出生于台湾且青少年时期受日本皇民化教育的李登辉作为蒋氏父子的继任者并没有将统治权扩展到全中国的信心、意愿和动力。李登辉继任之初暂时支持国家统一，直到个人权力稳固后开始公开分裂举动，建立“中华民国在台湾”的体制，并主导6次“修宪”，通过省市长和“总统”直接选举、虚化“国民大会”、冻结台湾省选举等措施，明显改变了原有的政治体制，将权力扩张边界由全中国重新定位成“在台湾”，并通过改变台湾政体建立和强化台湾当局岛内统治权的合法性。这些改变国家统一目标的努力是李登辉当局在两岸实力格局发生改变的新形势下对比追求统一中国与保存在台权力的现实性与可能性后采取的自

① 资料来源：台湾“经建会”编印 *Taiwan statistical data book* 及中国国家统计局公布资料。

② 中国共产党中央台办、国台办编：《中国台湾问题（干部读本）》，九州出版社，2015年，第23—25页。

利性理性举措。后来国民党的马英九当局执政期间也明确表态“不统”，同样是在两岸实力差距拉大背景下对台湾统一大陆没有信心的表现。至于民进党的陈水扁和蔡英文执政走“台独”路线，则是由民进党不愿同时也是不敢与大陆谈统一的理念所决定的。实力差距过大不仅难以形成统一的正反馈，相反会出现分裂的正反馈，因为弱势一方越追求分裂，强势一方越倾向以强硬政策取代怀柔政策，而在这种日益强硬的政策压力下，弱势一方更不愿推动统一进程。

最后是子系统内部的政权政策与民意之间的反馈。大陆长期以来重视爱国主义教育，在国家统一问题上有充分的民意支持，民意的统一要求反过来促使中国政府在台湾问题上不敢懈怠。台湾情况则要复杂得多，基本上在政权与民意之间已经形成趋于分裂的正反馈，即台湾当局不敢公开主张统一甚至会公开主张分裂，民意受其影响视“台独”为正当或平常，主流民意容忍“台独”反对统一，更为台湾当局的分裂主张提供借口和支撑。正反馈机制正在将台湾民意引向分裂。台湾民意的分裂倾向是与岛内民主化进程混合在一起发展起来的。从 1986 年岛内“政治革新”开始后的十年间，台湾当局通过开放“党禁”“报禁”“回归宪政”、省市长与台湾地区最高领导人实行直接选举等“民主化”措施，将台湾政治体系由原来的“自上而下”的威权主义（authoritarianism）体制逐渐转变为“自下而上”的民主主义（democratism）体制，培育和加强岛内民众对台湾当局的认同感和合法性，但同时台湾当局的政权影响力也随之更加限缩在岛内而不是全中国。1949 年至 1989 年的相当长时期内，国家统一在台湾执政当局与民众之间都不存在问题，台湾主流民意拥护国家统一。然而 90 年代后台湾民意中偏向“独立”的人数比重迅速增加，超过偏向统一的人数比重后差距还在不断扩大。该趋势反映在多家岛内学术性民调机构的数据中。以台湾政治大学选举研究中心所做的连续性民调数据为例（见图 4-1），[①]1995 年台湾主张维持现状但偏向统一的人数比重为 19.4%，高出主张维持现状但偏向独立的人数比重 8.1% 一倍多；但到 2015 年情况反转，主张维持现状但偏向独立的人数比重为 16.4%，高出主张维持现状但偏向统一的人数比重 7.4% 一倍多；主张

① 趋势图为台湾政治大学选举研究中心所作。资料是根据选举研究中心该年的电话访问研究案，调查对象为台湾地区（不含金门、马祖）年满二十岁以上的成年人。研究的抽样方法为电话簿抽样法。建构统“独”立场所依据的问卷题目为：“关于台湾和大陆的关系，有下面几种不同的看法 1. 尽快统一；2. 尽快宣布独立；3. 维持现状，以后走向统一；4. 维持现状，以后走向独立；5. 维持现状，看情形再决定独立或统一；6. 永远维持现状；7. 无反应。 请问您比较偏向那一种？”本文选用趋势数据是选项 3、4、5。

维持现状不决定统独的观望者比重则基本稳定在30%-40%之间。

台湾当局为维护对岛内的最高权力，不断向台湾民众宣扬与大陆的差异化理念并塑造对大陆的优越感心态。对内台湾当局提出并宣扬“台湾文化主体性”与“台湾主体意识”，鼓吹和标榜台湾的“民主生活方式”与“自由和均富的核心价值观”，[①]强调台湾与大陆的不同。对外台湾当局通过出境旅行免签待遇等“外交成果”彰显其软实力，弥补其缺少国际承认的绝对劣势[②]。台湾当局还通过技术性措施诱导台湾民众放弃国家统一的观念：90年代以来，台湾当局不断对岛内民众做关于“你认为自己是中国人还是台湾人”的民意调查，人为地将“台湾”与“中国”两个从属关系的概念塑造成平行并列的关系，潜移默化改变台湾民众的国家认同，并避谈国家统一或分裂对国民的利弊，引导岛内民众只从出生地和生活现状感受判断自己的身份和价值认同，然后再以两岸统一支持者持续下滑的民调数据反过来作为台湾当局面对大陆拒谈统一的民意支撑。

此外，关于统一和分裂的价值评判，传统思维要么从台湾的利益分析，要么从大陆的角度审视，最多是从两岸民众的福祉进行统一利弊的判断。在复杂性思维中，判断一个系统的相变有利与否可以从更高层级的系统去看。在国家系统的演化方向问题上，不仅要看哪种形式对国家系统有利，还要看哪种形式对国际大系统有利。趋利避害是任何一个系统演化时自然遵循的法则。任何一个系统的演化方向都要服从于更高层级系统的需要。一个统一有序、管理高效的多层级国家系统有利于国家系统功能涌现和提升并且符合民众利益最大化，同时一个负责任的统一国家对国际社会的繁荣稳定是有利的形式。因此国家系统向统一演化符合复杂系统趋于有序的演化方向及人类社会组织形式的总体发展趋势。通过人工优化来加速国家系统向统一方向演化，突破口在于构建具有更高权益弹性的两岸统一制度，通过制度创新重建系统内外的反馈机制，改变系统运行的方向。

从政权和民意的统“独”倾向的角度看，两岸关系经过30年的发展，岛

① 曾任台湾文化部门首长的龙应台称：“海峡两岸，哪里是统一和独立的对决？哪里是社会主义和资本主义的相冲？哪里是民族主义和分离主义的矛盾？对大部分的台湾人而言，其实是一个生活方式的选择。”“自由民主和均富，恰恰是台湾人最在乎、最重要、最要保护、最不能动摇不能放弃的两个核心价值。”龙应台：《你可能不知道的台湾——观连宋访大陆有感》，2005年5月25日。转自《中国青年报》，http：//zqb.cyol.com/gb/zqb/2005-05/25/content_8773.htm。

② 截至2015年，台湾共获150多个国家或地区给予免签证或落地签证待遇，几乎全面覆盖台湾人常去的国家和地区，突显与中国大陆的不同。

内政权和民意对统一的意愿反而减弱的根本原因是多层次系统内形成了三个以“台湾独立”为指向的正反馈机制:“势”的方面，中美关系越对抗，美国在台湾问题上越保守，造成中美关系更加紧张;“力”的方面，台湾当局对统一后的自身权益越没有信心，政策越趋于保守，台湾当局自我设限会进一步扩大两岸实力差距，导致台湾当局对统一更加恐惧;“策”的方面，台湾当局越是避统容“独”，进行“独化”教育，台湾民意越认为“独立”的正当性大于统一，靠选举上台的执政党就更不敢轻言统一。这三组正反馈机制在非线性作用下会互相形成因果连接：中国日益成为美国的竞争对手，美国愈发不愿放弃以台制华的战略，台湾因此与大陆对抗信心增加，出台更多不利于两岸统一的政策和言论，岛内民意受当局立场引导益加远离国家统一，国家分裂状态对中美竞争时中国提升国力牵制作用越来越大。产生这三组正反馈机制的转折点发生在90年代，当时发生三件大事促成三组正反馈机制的形成：苏联解体使美国原来的“联中反苏”战略失去存在的价值和基础；中国大陆与台湾的实力差距迅速拉开使台湾当局失去统一大陆的信心；岛内“总统”直选制度的施行使以国家统一为目标的国民党失去了长期执政的制度基础。如果不采取任何措施，以目前的趋势系统运行方向是趋于国家分裂的。未来扭转方向需要使中美—两岸—岛内这三个层次的系统朝国家统一方向形成正反馈机制，即美国出于需要中国帮助而软化对台政策；大陆能够消除台湾当局的恐惧感并深化互信；岛内支持主张国家统一的政党在台湾执政并推行统一教育。当这三个正反馈机制形成后，两岸分治的格局将朝统一方向演化，当系统远离平衡后，大陆可以通过某一偶然性事件促使两岸两个子系统向国家统一转化。1949年两岸分治就是因为系统的权益弹性不足以整合或满足两种国家发展路线的政治集团的需要，重新统一则必须能解决这一核心问题，即不同主张的利益集团能在一个国家内部解决分歧。

第二节　中外关系发展现状

任何系统对于更高一级的系统来说都是需要服从总体运行规律的子系统。中国国家系统的演化必然要受制于国际大系统的形势变化。中外关系的发展对中国国家系统的演化有显著作用。中国目前正步入世界格局的核心，中国与国际力量的互动对中国能否顺利实现国家统一有密切关系，反过来中国国家统一进程也对国际社会产生重要影响。目前中国的对外政策是对话不对抗，结伴不结盟，同世界各国互鉴互学、相互包容、互联互通、合作共赢，最终创建人类利益和命运共同体。

一、中美关系

美国是对中国国家统一影响最大的外部因素。美国对华政策的特点是“遏制+接触”，一方面力图保持美国的国际地位和战略优势，避免中国崛起可能对现存国际秩序及美国领导地位有所动摇，另一方面美国需要与中国保持接触以获得中国在国际事务与地区事务中的合作。在此总体对华政策框架下，美国的台湾问题政策具有“双轨+模糊”的特点。“双轨”是指美国既保持与中国的外交关系，签署一系列中美联合公报，同时又与台湾保持实质关系，坚守《与台湾关系法》，在承认“一个中国”的同时，坚持“和平解决”台湾问题。“模糊”是指美国对两岸可能发生的战争是否军事介入保持不置可否的战略模糊，力图使两岸长期保持“不独、不统、不武”的最符合美国利益的局面。中美之争不仅是国家战略优势之争，更是制度与文明之争。对中美两国而言，谁能更好掌握符合自身及未来发展趋势的制度优势，谁就可能成为下个百年人类文明的领航者。中美两国可以为此展开相互促进的良性之争。从这个角度看，台湾问题并非中美之争的关键。台湾对美国而言至多是较重要利益，绝非核心利益；但对中国而言则是事关国家统一、无可退让的核心利益。当中美两国“势”与“力”的对比发生显著变化时，美国调整其台湾问题政策是完全有可能的。

1949年中国共产党在内战中取得决定性胜利导致战后东亚国际关系经历一次革命性的转变。历史的演变过程相当复杂，取决于很多具体事件的积累。多数人的观点是，鉴于当时美苏对立的冷战结构和当时国共两党内战的状况，历史总态势决定了中美关系必然走向对抗。从1949年到1972年，中美之间还发生过流血冲突，包括朝鲜战争、越南战争，使得美国对中国的敌视一度甚至超过苏联。但在70年代前后，苏联对美国的压力和威胁增大，与美国大致形成战略均势，特别是核均势，而中苏则由盟友转为敌人，1969年3月甚至发生中苏珍宝岛军事冲突事件。苏联一系列扩张政策特别是入侵捷克斯洛伐克事件使中国更加确定其主要安全威胁的来自苏联，于是有了缓和中美关系的倾向，与美国“联中制苏”的战略合拍，于是1972年美国总统尼克松访华，中美迈出战略合作的关键一步。中美战略和解对两国都有深远影响：美国开始扭转因在印度支那军事干涉而造成的被动局面，中国则启动国家安全战略和对外政策的革命性转变。中美和解最重要的战略后果是给东亚冷战体系带来根本改变，解构了此前的东亚冷战格局。

中国实行改革开放之初，邓小平是将处理对美关系同中国选择现代化模式一起考虑的，他将建立稳定积极的中美关系视为中国实现富强的首要外部条件，因此改革开放与中美战略关系互为表里、相辅相成。邓小平积极推动中美建交，因为他认为中国“对外开放”首先就是对美国开放，“不对美国开放，对任何其他国家开放都没有用。”“要从世界的全局出发，用长远的政治和战略观点来看待和处理中美关系”，“中美关系一定要搞好。”所以他在建交谈判中要亲力亲为，而且一定要亲自访美，他当时说访美后已完成历史使命，“这辈子就哪儿都不去了”，事实也确实如此。中国政府是认真对待中美关系的，正如邓小平 80 年代初期曾经明确地说过的：“中国谋求与美国合作的政策是战略性的”，而不是策略性的、暂时的。[①] 90 年代中国提出中美建立“建设性战略伙伴关系”与此思路一脉相承。1997 年江泽民访问美国时两国发表的《中美联合声明》提出“努力建立面向二十一世纪的建设性的战略伙伴关系”，主旨是不搞对抗，相互友好，加强合作。这种关系大致包括三层意思：其一，两国应该是伙伴，而不是对手；其二，这种伙伴关系是建立在战略全局上的，而不是局部的，是长期的，而不是权宜之计；其三，这种战略伙伴关系是建设性的，而不是排他性的。

美国对中国提出的“建设性战略伙伴关系”存有怀疑和消极态度的原因是其冷战结束后对外战略的调整。冷战期间，美国全球战略的重点清晰、明确而又固定，就是对付主要对手苏联，所有的政策几乎都是围绕着这一重点展开。冷战结束后，美国对外战略的重点不再是相对固定的，主要根据紧要性议题的变化而变化。比如，在克林顿执政期间，美国的主要战略重点是如何消化和吸收冷战成果，战略重心仍是在欧洲。小布什政府时期，美国面临的最紧迫问题是恐怖主义威胁，美国的战略重点转向了恐怖主义肆虐的中东地区。奥巴马政府时期，对外战略重心似乎是有些摇摆的，奥巴马上台之后不久就提出要“重返亚洲”，与此同时又被不断出现的各种紧要性问题所牵扯，如“阿拉伯之春”“乌克兰问题”“叙利亚问题”“伊斯兰国问题”“伊核问题”等。但从奥巴马上台后不久就推出“亚太再平衡”战略来看，美国已经将应对中国的崛起当作一个越来越重要的问题来加以看待，突出表现在南海问题上对中国施压挑衅。

---

① 《如何理解中美历史竞合——专访北京大学国际关系学院牛军教授》，《领导文萃》，2016 年第 7 期。

总体来看，当前中美关系与冷战时期的俄美不同，相似之处是中国快速发展被美国视为挑战，体现为守成大国与上升大国的矛盾。第一，中美战略力量对比发生变化。中美两国在经济、军事、科技等领域差距明显缩小。2015 年中国 GDP 总量约合 10.2 万亿美元，美国大约为 17.4 万亿美元。中美经济总量之比已从 10 年前大约 1/8 变为 3/5。第二，中美彼此的战略态势发生了变化。从中国看美国，美国的“亚太再平衡”在中国周边布局，在钓鱼岛和南海问题上“拉偏架”，让中国很容易形成美国转向应对中国的印象；而在美国来看，中国外交从过去韬光养晦、搁置争议到转向积极作为、强势维权，以及打造以中国为中心的新的经济安全体系，包括“一带一路”、亚投行等。第三，中美双方的战略基础发生了变化。中美两个不同意识形态、不同发展阶段的大国过去的合作因为有战略基础在支撑：冷战时期共同对抗苏联、冷战后共同的经贸利益、“9·11”后反恐合作，但 2011 年本·拉登被击毙后，中美合作的战略基础有所减弱。面对上述变化，双方都在调适。

中国仍然在努力构建中美新型大国关系。中美新型大国关系的内涵：一是不冲突、不对抗。就是要客观理性看待彼此战略意图，坚持做伙伴、不做对手，通过对话合作而非对抗冲突的方式，妥善处理矛盾和分歧。二是相互尊重。就是要尊重各自选择的社会制度和发展道路，尊重彼此核心利益和重大关切，求同存异，包容互鉴，共同进步。三是合作共赢。就是要摒弃零和思维，在追求自身利益时兼顾对方利益，在寻求自身发展时促进共同发展，不断深化利益交融格局。2016 年 11 月 14 日习近平祝贺特朗普当选美国总统时表示，中美建交 37 年来，两国关系不断向前发展，给两国人民带来了实实在在的利益，也促进了世界和地区和平、稳定、繁荣。事实证明，合作是中美两国唯一的正确选择。当前，中美合作拥有重要机遇和巨大潜力，双方要加强协调，推动两国经济发展和全球经济增长，拓展各领域交流合作，让两国人民获得更多实惠，推动中美关系更好向前发展。由于台湾问题是中美关系中最重要、最敏感的问题，建立积极稳定的中美关系有利于台湾问题的合理解决。

二、中俄关系

中俄两国接壤边界长达 4300 公里，俄国又是世界一流军事强国，中俄关系的好坏对中国解决台湾问题会产生直接影响。目前中俄已经建立的全面战略协作伙伴关系正在向更高水平发展，中俄两国互相尊重和支持对方的国家主权与领土完整，俄国是中国解决台湾问题的积极因素。未来中国应继续推动以务实合作为主导的互利双赢的中俄关系。

长期以来，俄罗斯基本上遵守了一个中国原则，不支持台湾的“一中一台”和加入国际组织的图谋。1992 年 12 月叶利钦首次访华推进两国关系正常化，启动双边合作；1994 年 9 月江泽民访俄开始两国着手建立面向新世纪的伙伴关系；1996 年开始建立面向 21 世纪战略协作伙伴关系。1998 年俄方在过去承诺的“三不”原则（台湾是中国不可分割的一部分、俄不与台湾发生任何官方往来和不使用“中华民国”国徽、标志和称呼等）基础上又增加了第“四不”——不向台湾出售武器。2001 年两国签署《中俄睦邻友好合作条约》，确定长期发展睦邻友好与平等信任的战略协作伙伴关系。2011 年两国宣布发展平等信任、相互支持、共同繁荣、世代友好的全面战略协作伙伴关系。战略协作伙伴关系，其中的“战略”是指这种关系的作用范围的全局性和全球性，而不是一种单纯的双边关系，“协作”是指这种关系的性质不具有联盟的特质，而是一种在双方协商共识基础上的外交合作；“伙伴关系”是指双方在这种关系中的平等地位。中俄之间建立战略协作伙伴关系，是力图通过下列机制和方式进行范围广泛的合作。其一，确定双方最高领导人的定期磋商制度，其二，培养 21 世纪中俄友好的社会土壤，其三，进一步推进经贸合作，其四，在双方重大内政问题上给予相互理解，其五，加强在国际事务中的战略合作，反对建立单极世界。

2016 年是中俄两国建立战略协作伙伴关系 20 周年。20 年间，中俄战略协作伙伴关系取得的丰硕成果主要如下：第一，政治合作。两国元首、政府首脑和外交部长定期会晤机制相继建立，中俄总理定期会晤机制下的总理定期会晤委员会（副总理级）、人文合作委员会和能源谈判代表会晤机制也相继成立。第二，外交协作。中俄外交协作在全球、地区、双边和多边四个层面展开。其中最能体现战略性的是全球层面的外交协作。尽管中俄两国在一些国际事务中的战略协作具有反制或牵制美国的特点，并且不无成效，但是双方都无意建立广泛意义上的反美同盟。第三，军事技术合作。苏联解体后，由于西方对华实施武器禁售，俄罗斯军事工业因财政危机而面临生存困境等原因，中俄军事技术合作一经启动就呈现快速发展状态。第四，能源合作。在能源领域的长期战略合作已成为中俄战略协作伙伴关系的重要组成部分。第五，经贸合作。2011—2015 年，中国一直是俄罗斯第一大贸易伙伴国，俄罗斯则在中国十大贸易伙伴之列。中俄战略协作模式具有以下特点：其一，战略性，主要体现在协作的关键领域所属的高级政治范畴、作用所及的全局性以及协作行动的长期性上。其二，非针对性，即不针对第三国。因为中俄战略协作模式限于友好合作，而非结盟，并不针对第三国。其三，非意识形态化。这既是中俄战略协作模式的特点，又是双方鉴于中苏关系历史教训，在建立这种关系之初就确定的一个原则。其四，协作的广度和深度不断拓展。在战略安全协作的带动下，中俄战略协作不断“外溢”，已经囊括政治、经贸、军事安全与技术、能源、人文、科技、农业、航天等诸多领域，越来越符合全面战略协作伙伴关系的定位。

美国对中俄战略协作伙伴关系的影响是双重的：一方面是促成和强化作用，如其“遏制”政策使中俄加强战略协作；另一方面是弱化作用，其主要通过离间中俄关系或拉拢一方压制另一方的方式来操作。“9·11”事件后，美国出于反恐需要，改善了与俄罗斯的关系，中俄战略协作随之明显松懈。2004年乌克兰发生“橙色革命”之后，中俄两国在包括抵御“颜色革命”在内的诸多问题上加强了战略协作。乌克兰危机爆发以来，美国再次选择了同时“遏制”中俄两国的政策，这就使中俄战略协作伙伴关系再度大大加强。尽管中俄战略协作伙伴关系日益成熟，两国仍需慎重对待美国因素。中美俄三边关系的稳定性和轨迹存在差异和不同：中俄关系热度不减，结伴而不结盟的双边关系提升和拓展的空间广阔，将保持持续向上发展的势头；中美关系有暗礁，竞争增多，但仍以合作为主；俄美冲突面扩大，不确定因素添加，转圜难度大。未来的三角关系仍将处在演变的过程中，三方关系的态势仍将各具特点和不同。从中期前景看，中俄关系的基 础要强于俄美和中美关系，而美国政策的取向仍在相当大的程度上决定着俄美 和中美关系，但总体上仍将保持相对均衡的状态。

三、中日关系

日本是对中国解决台湾问题有重大影响的外部因素。日本对华政策的特点是“制衡+交往”，一方面日本对其大国雄心受挫感到焦虑，不甘心其在地区乃至国际的影响力居于中国之下，另一方面日本在诸多领域，尤其是经济领域需要中国的支持与合作。日本国力虽弱于美国，但其对台湾的重视程度却远强于美国，因此其台湾问题政策较之美国更为保守，具有“弹性+干涉”的特点。“弹性”是日本虽秉持“一个中国”政策，但对台湾地位保持弹性，对中国关于台湾是中国一部分的立场只是“理解和尊重”，从未“承认”，也不反对“台湾独立”“两个中国”或“一中一台”。“干涉”是日本明确反对中国对台动武，并将台湾问题与日美安保体制联系起来，以“周边事态法”将台湾纳入其武力干涉范围。

中日之争既有领土之争，更有安全与尊严之争。日本作为与中国一衣带水的邻邦岛国，土地与资源有限，安全与尊严意识强烈。日本历史上多采取“与强为盟”的策略，尤其近代以来，先后与英国、德国、美国等称雄一时的世界一流强国结盟，这也反映出日本自身缺乏单独成为世界一流强国的条件。80年代以来，日本一直努力追求成为政治大国与军事大国，但随着中国的迅速发展，其在地区及全球的影响力不是上升了，而是相对下降了。再加上中日两国的历史恩怨，日本目前还难以接受中国崛起。近年来日本岛内右翼分子挑起中日两国的钓鱼岛争端，由于领土问题是任何主权国家最核心、最敏感的议题，中日双方都很难在这一问题上退步。因此，日本未来可能有更强烈的干涉台湾问题的倾向性，以换取中日解决争端谈判的筹码。针对日本国民特性，中国必须在“势”与“力”的各方面大力发展自身，重塑强者风范，获得日本认同。军事对抗永远是需要尽力避免的最后手段。考虑到日本在政治和经济的现实利益层面还需要保持与中国的交往，其台湾问题政策也需要追随美国的立场，中日之间即使不能在短期内解决棘手问题，与其保持稳定适度的合作关系还是有利于中国国家统一的。

1991年苏联解体，世界进入了后冷战时代。由于失去了针对苏联的共同目标，日美同盟在20世纪90年代前期陷入了“漂移期”。日本国内出现了日美同盟还有没有必要存在下去的声音，美国则出现了所谓“日本威胁论”。与之相对，当时中日关系状况仍相当好，日本重量级官员只要在历史问题上吐露错误言论，就立即遭到严厉批评甚至被迫辞职。然而随着中国的日益崛起，日本政府对中国的疑虑、恐惧和压制增加，日本民众对中国的好感也迅速下降，中日关系开始恶化，日本也开始调整其对台政策。近年来日本安倍政府逐步加强对台政策，并显现出“亲民进党”“提升日台经济合作层级”“增加台湾对日依赖性”等三大特征。与此同时，因迫于岛内政治现实及中日竞争态势加剧的考虑，安倍政府在台湾问题上急于实现四个重要的战略取向：（1）在台扶持一个“亲日派”政府，或者至少确保台湾新政府不会与其发生直接的政治冲突；（2）进一步强化对台影响力及控制力，并适度为台湾争取所谓“国际空间”；（3）深度介入台湾问题，并在南海问题上尝试构建日美台三边合作机制，为其抗衡中国积累战略筹码；（4）维持台海局势及两岸关系的现状。

四、其他国际关系

东盟国家是中国解决台湾问题不可忽略的外部因素。当前东盟对华政策的特点是“防范＋合作”，一方面对中国的崛起抱有疑虑，认为强大的中国会挤压他们的利益，因此需要防范中国，另一方面对中国的经济高速增长有需求和期待，希望能通过合作促进本国经济的发展。在此总体对华政策框架下，东盟各国对台湾问题的政策具有“明确＋低调”的特点。各国均明确表示坚持一个中国政策，承认台湾是中国的一部分，不支持“台湾独立”“两个中国”或“一中一台”，不支持台湾加入由主权国家组成的国际组织，同时，各国均要求以和平方式解决台湾问题，反对使用武力。相比美日，东盟各国对“以台制华”的想法更加克制和低调，各国都在保持和加强与台湾的实质关系，一定程度上牵制大陆，并且不认为台湾问题是中国的内政，而是一个“地区问题”。

中国与东盟之间互补关系大于竞争关系。双方不存在国际地位的竞争关系，也没有强烈的意识形态的敌视态度，有充分理由可以发展成为平等互利、包容互鉴、合作共赢的伙伴关系。虽然在美国“重返亚太”后，东盟不少国家采取了“安全上靠美国、经济上靠中国”的外交政策，个别国家还在南海领土问题上与中国的摩擦加剧，但各国的台湾问题政策基本保持稳定，仍限于与台湾开展经贸文化关系，毕竟中国大陆能够给予东盟的政治经济利益远非台湾可比，而且挑战中国的核心利益对其显然是得不偿失的不理性举动。中国在“势”与“力”的方面均占有明显优势，未来需要在“策”的方面下更大功夫稳定和安抚好这些周边国家，尽量避免其成为国家统一与大国较量中对中国不利的棋子。

欧洲国家对台湾问题有一定影响。中国与欧洲1975年建交以来，双方关系虽然经历过波折起伏，但通过中欧双方共同努力，建立了高级别战略对话、经贸高层对话、高级别人文交流对话三大机制，增进了了解，扩大了共识。经贸上，中国是欧盟第二大贸易伙伴，欧盟连续十多年为中国第一大贸易伙伴，中欧经贸关系是世界上规模最大、最具活力的经贸关系之一。人文交往上，双方每年超过500万人次人员往来，沟通了心灵和情感，促进了文明间交流与交融。在国际和地区事务中，中欧保持对话与协调，共同推动多边主义和发挥联合国在国际事务中的核心作用，积极合作应对全球性挑战。中欧关系连续升温，从中欧合作伙伴关系、中欧全面伙伴关系、中欧全面战略合作伙伴关系连上三个台阶。中欧已经成为全面战略合作伙伴，《中欧合作2020战略规划》描绘了双方合作蓝图。中国和欧盟宣示要共同打造和平、增长、改革、文明四大伙伴关系。

中欧人口和经济总量分别占到世界四分之一和三分之一。双方在启动中欧投资协定谈判，一个重要目标是至2020年中欧贸易额要达到1万亿美元。中欧经济利益和决策互补性很强，是互不可缺的伙伴。欧盟具有技术、管理的优势，可以成为中国实现“中国梦”的重要合作伙伴。而中国作为世界最大的消费市场，可以为欧洲扩大就业和经济增长提供动力。中欧关系一要坚持相互尊重求同存异的原则，反对干涉别国内政和损害对方核心利益和重大关切；二要坚持平等合作互利共赢的原则，反对贸易和投资保护主义，坚持按通行的国际规则协商解决贸易分歧；三要加强宏观政策沟通协调，推动经济持续增长；四要积极推动中欧投资协定谈判，着力改善双边投资环境，双方要深入交流中欧投资协定相关问题，尽快商定协定范围，就重要问题达成共识；五是“一带一路”倡议和欧洲投资计划的对接，大力加强国际合作，扩大双方投资合作；六要扩大经贸领域务实合作，探索数字经济新的合作领域，中欧合作是宽领域深层次全方位的合作。

近年来中欧关系保持良性互动。欧盟的务实主义对华政策占据上风。欧洲国家的外交一直受到价值观和经济利益双重因素的影响。从近年来欧洲大国德国、英国、法国对华交以及中东欧国家对华政策，都可以看到务实主义色彩。以往，中国和欧洲发展关系受到一些干扰，干扰因素中价值观色彩影响比较突出。虽然，价值观因素在欧洲对华政策中没有消失，但在降温、在淡化。欧洲国家开始表现出认同中国发展模式的现实性。欧洲国家传统对外政策只有两个方面，一是置身于欧洲一体化，二是构建跨大西洋伙伴关系。如今中欧构建新型经济体关系已经成为欧洲第三个方面。欧盟外交走向多元化，不再是只和美国及欧洲大陆要保持紧密的关系，而是要抓住中国与新兴发展中大国的机遇，促进共同发展、共同增长、共同塑造世界。与美国把中国视为战略竞争对手不同，欧盟视中国为共同发展的全面战略合作伙伴。欧洲对历史上大国兴衰，比美国经历丰富，经验和教训也多，现在欧洲已经在心理上准备迎接中国成为超级大国。今后中欧各种力量之间互动会不断继续和深化，并对中欧同美国关系产生良性影响，也能有利于中国大陆对台政策的推动与落实。冷战结束之初，台欧关系曾短暂升温，随着大陆的迅速崛起，欧盟在对台政策上采取审慎克制而又灵活务实的态度，欧盟在承认一个中国原则下与大陆建立“全面战略伙伴关系”的同时与台湾维持非官方关系，积极加强对台经贸合作和民间交流，尊重中国大陆的对台政策。

印度因素。印度是近年来迅速发展的“金砖五国”中的重要国家，虽然坚持“一个中国”政策，但对中国时常流露出相当程度的敌意与不信任，充满浓厚的较劲意味，这与印度在60年代中印边境冲突中失败有关。近年来印度对与台湾发展关系及参与南海争端显示出较大兴趣，尤其是经济关系发展迅速，台湾当局视其为重要的合作伙伴。中国应与印度发展成熟理性的毗邻大国关系，让两个古老文明相互促进与共同融合，减少可能介入台湾问题的外部力量。

第三节　两岸关系发展现状

20世纪40年代中后期的中国内战导致台湾迄今尚未与中国大陆统一，解决台湾问题是实现中国完全统一的关键步骤。1949年以来，大陆方面始终坚定不移地推动两岸复归统一，并在1979年以后形成并不断丰富发展“和平统一、一国两制”的政策内涵，成为解决台湾问题的基本方针和迄今为止实现国家统一的最佳方案。台湾方面1986年启动“政治革新”，解除戒严，开放党禁，开放民众赴大陆探亲，两岸同胞长期隔绝状态被打破，两岸同胞交往日益密切，两岸经济合作蓬勃发展，形成互补互利的格局，两岸关系在近30年里取得丰硕成果。

一、政治经济

1986年以来的30年间，两岸关系发展大体经历三个阶段：

第一阶段：两岸开始协商与谈判（1986年—1999年）。1986年因台湾中华航空公司货机机长驾机降落广州机场要求在大陆定居，在中国民航的邀请下，台湾华航经台湾当局同意与中国民航经过四次协商达成协议，这是1949年以来两岸的第一次公开商谈。此前，台湾领导人蒋经国曾对大陆的“和平统一”倡议实施所谓“不接触、不谈判、不妥协”的“三不政策”，即“不论在任何情况下绝对不与中国共产党政权交涉，并且绝对不放弃光复大陆解救同胞的神圣任务，这个立场绝不会变更。”然而1987年两岸隔绝状态结束后，两岸人员往来和经济文化交流随即兴起，并衍生许多需要通过两岸协商解决的具体问题，同时台湾民众要求台湾当局改变不合理政策与做法的呼声高涨。在各方压力下，台湾当局被动调整“三不政策”。

1990年台湾成立海基会，接受台湾当局委托、授权与大陆协商处理涉及公权力的两岸事务。大陆随之于1991年成立海协会，确立了与海基会进行制度化接触商谈的渠道。两岸两会经过多次沟通协商，1992年12月达成“各自以口头方式表述海峡两岸均坚持一个中国原则”的共识，后来被称为“九二共识”。1993年海协会会长汪道涵与海基会董事长辜振甫在新加坡举行汪辜会谈，这是1949年以后两岸高层人士第一次以民间名义公开进行的最高层次会谈。1995年李登辉赴美一度造成两岸两会各层级商谈中断，此后1998年在上海举行了汪辜会晤，为开启两岸政治对话进行了探索和尝试。然而1999年7月台湾领导人李登辉抛出“特殊两国论”分裂主张，严重破坏两岸两会对话基础，导致两岸两会商谈长期中断。

第二阶段：两岸协商与谈判中断（1999年—2008年）。继李登辉之后，2000年上台后的台湾领导人陈水扁拒不接受一个中国原则，否认“九二共识”，加紧推动“台独”活动，导致两会协商无法恢复，中断时间长达9年之久。特别是陈水扁2002年8月抛出“一边一国论”，公然宣扬“台湾是主权独立的国家”的分裂主张，并鼓吹“公民投票”决定“台湾前途”，2003年提出“催生台湾新宪法”时间表，2004年推动“宪政改造”，谋求台湾“法理独立”。这一系列举动严重恶化了两岸关系，威胁了中国主权和领土完整。2005年3月，大陆全国人大以零反对票通过了《反分裂国家法》。这部法律将中国共产党中央关于解决台湾问题的大政方针以法律形式固定下来，表明了大陆方面维护国家统一与台海和平的坚定决心。

在反“台独”斗争尖锐之际，大陆形成并发展出了“两岸关系和平发展重要思想”，成为中国共产党中央对台工作大政方针与时俱进的新指南。2005年中国共产党中央总书记胡锦涛和中国国民党主席连战进行60年来国共两党领导人第一次会谈，发表《两岸和平发展共同愿景》，首次提出“两岸关系和平发展”的概念。2008年3月，台湾陈水扁当局推动举办“以台湾名义加入联合国公投（入联公投）”未达通过票数，妄图挟民意以推动“法理台独”的图谋破产。同时，民进党在台湾当局领导人选举中大败。台湾局势发生积极变化，两岸关系发展迎来历史新机遇。

第三阶段：两岸关系大交流、大合作与大发展（2008年—2016年）。2008年5月，承认“九二共识”的国民党在台湾领导人选举中获胜，两岸两会的制度化协商得以恢复，自2008年6月至2015年8月，两会在两岸轮流举行了11

次会谈，签署23项协议，达成一系列共识，拓展了两岸合作领域，丰富了两岸交往内涵，推动了两岸关系和平发展进程，为两岸民众带来实实在在的利益。2014年2月，国台办与台湾陆委会在此基础上建立起两岸事务主管部门常态化联系沟通机制，实现负责人互访会面。2015年11月7日，中国国家主席习近平在新加坡同台湾地区领导人马英九实现了两岸最高领导人66年来的首次会面，成为载入两岸关系史册的重要里程碑。

两岸关系经过30年的发展，发生了重大变化，取得了丰硕成果。主要表现在：

一是两岸政治互信与协商谈判取得重要成果。两岸由互不往来到高层互动，建立起两岸事务主管部门常态化联系沟通机制，并实现了两岸领导人会面，推动了两岸各领域交流合作空前发展。30年历史曲折发展的正反两方面对比充分表明：坚持一个中国原则是两岸关系改善发展的根本政治基础。两岸两会正是在此政治基础签署了与两岸民生密切相关的23项重要协议并达成多项共识，有力推动了两岸关系向前发展。

二是两岸经济关系正常化、制度化得以实现。大陆方面自1979年起就一直倡议并积极推动的两岸全面直接双向“三通”终于在2009年得以实现，标志着两岸经济关系正常化的初步完成。2010年《海峡两岸经济合作框架协议》（ECFA）正式签署是两岸经济关系制度化的重要里程碑，后续协议中的《投资保护和促进协议》《海关合作协议》《两岸服务贸易协议》均已完成签署，《两岸货币清算合作备忘录》签署并启动，两岸经贸团体互设办事机构等制度化安排得到具体落实。

三是两岸社会文化大交流格局基本形成。在两岸关系改善发展的背景下，两岸各领域、各界别交流蓬勃开展，层次提高，领域拓宽，内容更加丰富，形式屡有创新，形成全方位、宽领域、多层次的格局。2009年后，大陆省区市党政主要负责人30多人次相继率团访台，深入基层。2010年起，大陆成为台湾旅游第一大客源地。两岸文化交流与救灾捐款也越来越频繁。两岸各界大交流推动两岸经济文化社会联系达到前所未有的水平。

四是两岸民意高度认同两岸关系和平发展理念。30年来两岸关系发展的实践说明：推动两岸关系发展，必须牢牢把握两岸关系和平发展的主题，为两岸同胞谋福祉、为台海地区谋和平，维护国家主权和领土完整，维护中华民族根本利益。同时，30年的实践充分证明：祖国大陆改革开放和现代化建设不断取得巨大进步，是推动两岸关系发展、实现祖国和平统一的雄厚基础和可靠保障，决定了两岸关系的基本格局和发展方向。各方面情况表明：两岸特别是台湾主流民意接受并支持两岸关系和平发展，支持两岸交流合作、平等协商。[①]

尤其是2008年马英九在台执政后，两岸关系走上和平发展道路。在“九二共识”、反对“台独”的基础上，两岸关系稳定发展，两岸经济交流与合作取得丰硕成果，给两岸同胞带来了实实在在的好处。

（一）两岸经济关系正常化基本实现

大陆1979年倡议、两岸同胞期盼30年之久的两岸全面直接双向“三通”得以实现。2008年两岸周末包机如期实施，两岸两会共同签订两岸空运直航、海运直航、邮政合作等四项协议，实现了两岸同胞期盼已久的直接通航、通邮。2009年两岸实现定期航班，通航、通邮进一步扩大，使两岸同胞的往来更加便捷。当年6月台湾当局开放大陆企业赴台投资，“陆资入岛”正式启动，两岸“三通”由“局部、间接、单向”发展为“全面、直接、双向”，正常交流使两岸经济联系更加密切，便利了两岸民众往来，提高了两岸产业合作效率，两岸之间的经济合作更加紧密，为两岸关系和平发展增添了新动力。

两岸人员往来基本实现了正常的双向交流，旅游成为两岸人员往来的主渠道。2008年台湾开放大陆居民赴台湾旅游，两岸同胞企盼已久的陆客团队游正式启动。2010年大陆全面开放所有省、区、直辖市赴台团队旅游，2011年正式实施大陆居民赴台湾地区个人旅游，截至2015年大陆赴台个人游开放城市达到47个。两岸建立并逐步完善了旅游市场监管、突发事件应急处置等合作机制，大陆居民赴台旅游品质总体良好。两岸旅游交流合作实现了互利双赢。大陆是台湾第一大入境旅游市场，台湾是大陆第三大入境旅游市场，两岸已形成互为重要客源市场的稳定格局。旅游开放不仅带动了两岸服务贸易发展，也在拉动两岸经济增长、调整产业结构、扩大消费、增加就业、改善民生等方面发挥了积极作用，两岸同胞也借此实现了多渠道、大范围、多层次交流。

两岸金融监管部门签署一系列协议和备忘录，使属于特许经营行业的两岸金融业交流与合作可以正常开展。2009年两岸签署金融合作协议，两岸银行业、证券期货业、保险业监管机构分别签署监管合作备忘录，两岸金融监管机构据此建立监管合作机制，两岸银行业、证券期货业和保险业合作可以开展实质合

① 中国共产党中央台办、国台办编:《中国台湾问题（干部读本）》，九州出版社，2015年，第93页。

作并进一步深化。2012 年两岸签署《海峡两岸货币清算合作备忘录》，建立两岸货币清算机制，有利于降低两岸民众和企业的汇兑成本和汇率风险，促进两岸投资贸易更为便利，进一步深化和扩大两岸经济合作。此外，台湾地区人民币业务于 2013 年正式开办，发展势头良好。

（二）两岸经济关系制度化取得突破

两岸两会自 2008 年恢复协商以来，至今已经举行 11 次会谈，针对两岸交流中的制度性问题，签署了 23 项协议。具体包括:《海峡两岸关于大陆居民赴台湾旅游协议》《海峡两岸包机会谈纪要》《海峡两岸空运协议》《海峡两岸食品安全协议》《海峡两岸邮政协议》《海峡两岸海运协议》《海峡两岸金融合作协议》《海峡两岸空运补充协议》《海峡两岸共同打击犯罪及司法互助协议》《海峡两岸标准计量检验认证合作协议》《海峡两岸渔船船员劳务合作协议》《海峡两岸农产品检疫检验合作协议》《海峡两岸经济合作框架协议》以及《海峡两岸知识产权保护合作协议》《海峡两岸医药卫生合作协议》《海峡两岸核电安全合作协议》《海峡两岸投资保障和促进协议》《海峡两岸海关合作协议》《海峡两岸服务贸易协定》《海峡两岸气象合作协议》《海峡两岸地震监测合作协议》《海峡两岸避免双重课税及加强税务合作协议》《海峡两岸民航飞行安全与适航合作协议》。这些协议涵盖各个领域，有力地促进了两岸经济交流合作，增进了两岸同胞特别是基层民众的福祉，得到了两岸大多数民众的欢迎和支持。这些协议搭建起两岸和平稳定与经济互利的桥梁，使两岸关系进入 66 年来最为和平稳定、百姓获得政策红利最多的一个阶段。

双方两岸事务主管部门联系沟通机制有效运行，为推动两岸各领域交流合作发挥重要作用。2014 年 2 月，国务院台湾事务办公室主任张志军与台湾方面大陆委员会负责人王郁琦在南京会面，这是双方两岸事务主管部门负责人第一次正式会面并交换意见。随着两岸经济合作的深化，协商所考虑的层面愈来愈广，已逐渐碰触到深水区。两岸事务主管部门负责人进行面对面的沟通与调解，不但对于后续洽谈的经济合作有所帮助，对于日后两岸洽谈非经济事务也有稳固的基础。国台办和陆委会建立常态化联系沟通机制，有利双方加强沟通、增进了解、深化互信，推动妥善处理和解决两岸交往中、特别是两岸经济合作过程中遇到的突出问题。2015 年两岸热线正式启用，有助于双方及时沟通、避免误判，处理紧急问题，迄今共通话 4 次。在两岸均认同“九二共识”的基础上，2015 年 11 月 7 日，两岸领导人在新加坡实现了 66 年来的首次会面，两岸政治交往取得历史性突破，更为两岸经济关系制度化夯实基础。习近平在这次会面中明确表达了大陆对两岸经济合作的立场："我们愿意首先与台湾同胞分享大陆发展机遇。两岸可以加强宏观政策沟通，发挥好各自优势，拓展经济合作空间，做大共同利益蛋糕，增加两岸同胞的受益面和获得感。"

（三）两岸经济关系自由化有所推进

2010年两岸签署《海峡两岸经济合作框架协议》（ECFA）明确了两岸经济往来自由化的目标，构建了两岸经济合作机制化平台。两岸签署框架协议是两岸遵循世界贸易组织规则，结合两岸经济发展的现状和特点，按照平等互惠原则签署的经济合作协议，旨在逐步减少或消除彼此间的贸易和投资障碍，创造公平的贸易与投资环境，进一步增进双方的贸易与投资关系，建立有利于两岸经济共同繁荣与发展的合作机制。框架协议具有鲜明的两岸特色，是开放、渐进的经济合作协议。框架协议规定，两岸将在框架协议生效后继续商签货物贸易、服务贸易、投资等多个单项协议，逐步推进两岸间的进一步开放，最大限度实现两岸经济优势互补，互利双赢。框架协议也是全面、综合的经济合作协议，内容涵盖了两岸间的主要经济活动，确定了未来两岸经济合作的基本结构和发展规划。框架协议既关注协议签署后带来的即时的经济效益，关注两岸产业国际竞争力的提高，更关注两岸经济的长远发展，关注两岸人民的福祉。

ECFA后续协议取得重要成果，充分体现了两岸政治互信对两岸经济关系自由化的基础性作用。ECFA签署后，双方已经签署了《两岸投资保护与促进协议》《两岸海关合作协议》《两岸服务贸易协议》，未签署的《两岸货贸和争端解决协议》商谈也在不同程度上取得了进展。2011年，海峡两岸经合会作为由两岸共同成立的执行与磋商机构在ECFA下成立，经合会例会每半年在两岸轮流举行，磋商、监督并评估ECFA的执行，通报重要经贸信息等，起到两岸深化经济合作重要平台的作用。两岸经合会产业合作工作小组下设汽车、无线城市、冷链物流、显示、LED照明、纺织、医药、电子商务等8个产业分组，推进试点项目和重大项目合作。2011年以来，台湾早收清单项下货品对大陆出口值逐年增加，出口成长率均大幅高于整体货物出口成长率。

两岸在海关合作、产业合作、中小企业合作、经贸社团互设办事机构、青年创业等方面也成果丰富。2015年两岸海关电子信息交换系统上线运行，两岸货物通关效率大幅提高。两岸海关还共同解决了部分因第三方贸易无法适用ECFA优惠税率的情况，使更多经营者享受到ECFA带来的利益。大陆推出便利通关与检验检疫措施，推动台湾农产品拓展大陆销售渠道和提升贸易便利化程度。两岸产业合作进一步深化。两岸企业家峰会7个产业合作推进小组在各自领域取得积极进展，产业合作试点项目取得新成果。两岸信息产业和技术标准论坛迄今在9个产业领域共达成288项共识，发表31项两岸共通标准。两岸在冷链物流、LED照明、电子商务等产业合作方面取得进展，中小企业合作稳步推进。两岸农业合作不断深化，大陆积极发挥市场作用，进一步推动台湾农渔产品进入大陆市场，台湾农民创业园的设立有助进一步完善创业平台建设，大陆还积极开展两岸基层乡村交流和两岸农民交流互访。扩大开放台湾居民在大陆申请设立个体工商户。2013年大陆机电商会与台湾贸易中心分别在台北和上海、北京（后来增加广州、青岛）设立了办事处。2014年大陆海峡两岸经贸交流协会（海贸会）与台湾区电机电子工业同业公会（电电公会）成为两岸第二家互设办事机构的经贸社团。大陆还设立了21个海峡两岸青年创业基地和1个海峡两岸青年就业创业示范点，推动有条件的国企、民企和台企为台湾青年实习、就业提供岗位。

（四）两岸经济关系紧密化不断深化

两岸贸易投资平稳发展，经济合作持续开展，两岸经济相互依赖不断深化。两岸年贸易额由1200多亿美元升至近2000亿美元，台湾对大陆的贸易和出口依赖度分别接近30%和40%；大陆实际使用台资累计金额由不到500亿美元上升至将近1500亿美元，台湾对大陆的投资依赖度约为60%。在两岸经济联系日益密切的背景下，两岸人员往来迅速扩大，两岸人员往来总量由不到500万人次升至近1000万人次，数量增长翻一番。大陆实施台湾同胞来往大陆免签注和卡式台胞证，使两岸人员往来更加方便。

两岸经济关系日益紧密对台湾经济有显著的正面作用。首先是有力支持了台湾经济增长。台湾是出口导向型经济，外贸依赖度高达120%，经济增长的主要源泉均来自对外贸易顺差，两岸贸易差额在出口、投资和消费等拉动台湾经济增长的三驾马车中扮演最重要的力量。如果没有两岸经贸往来，八年来台湾外贸将缺少7344亿美元的贸易顺差，由当前累计2477亿美元的贸易顺差变为4867亿美元的贸易逆差。即使考虑贸易转移效果，没有这7000多亿美元的贸易顺差，台湾经济发展与岛内就业状况将远远达不到目前的水平。

其次是直接和间接强化了台湾经济潜力。两岸经济关系紧密化使台湾企业可以更充分地利用大陆的市场、人才和资金从事企业转型和升级，对于台湾企业的规模成长和市场扩张直接起到重要支撑。更重要的是，两岸经济关系日趋紧密和两岸关系和平发展使得不少国家愿意和台湾加深贸易关系，提供技术支持与深化策略合作，间接提升了台湾企业和台湾经济的竞争力。

最后是保障和扩大了台湾经济福利。开放两岸全面直接双向“三通”方便了两岸民众往来，提高了台湾企业经营效率，增加了两岸经济合作的商机。开放大陆游客赴台及开放陆生赴台就读带动了两岸间人流、物流、资金流、信息流不断扩大，促进两岸交通、基础设施、岛内教育等多领域投资，促进了两岸经济社会共同进步。开放大陆企业赴台投资及两岸金融交流与合作带动了岛内就业和消费，刺激了岛内资本市场发展与两岸资本市场合作，拓展了两岸金融机构与企业的合作空间。两岸贸易人民币结算比例逐步提高，台湾金融机构大陆营业网点继续增加，为两岸企业和民众带来更多便利。两岸各项经济协议的签署均为优化台湾企业投资环境和经营条件、扩大台湾民众的投资机会和就业机会、维护台湾民众的合法权益与政策优惠提供了前所未有的机遇与保障。在相关协议的保障下，岛内民众的食品安全、人身安全、金融安全、核电安全、知识产权、防灾防疫等生产生活条件均可得到提高和改善。此外，海峡西岸经济区、平潭综合实验区、昆山深化两岸产业合作试验区建设的顺利推进，上海自由贸易试验区的建立，为深化两岸经济合作，探索合作新模式提供了新的平台。厦金海缆与福（州）淡（水）海缆，以及福建向金门地区供水工程正式开通或开工方便了台湾地区金门与淡水民众的生产生活。

30 年来，两岸关系发生了历史性的深刻变化。当前两岸关系虽然已经走上了和平发展道路，但却面临政治与经济两个领域的瓶颈期。瓶颈期意味着两岸关系在政治、经济领域的发展均已达到相当高的程度，但却开始有动力减弱迹象，如果无法突破甚至有倒退隐忧。

两岸政治关系瓶颈期主要表现在：

一是两岸政治谈判难以突破，经济协商成果也受到政治干扰。马英九第二任期内两岸两会签署协议的频率在下降，且难以进入政治议题。2005 年中国共产党中央总书记胡锦涛与中国国民党主席连战会面时达成并共同发布的“两岸和平发展共同愿景”中，其他 4 项均已实现，唯有政治领域的第 2 项“促进终止敌对状态，达成和平协议”始终不能有效协商。经济协议如《海峡两岸服务贸易协议》虽然签署却因岛内“立法”部门不予通过而迟迟无法生效。陆资入台投资面临的歧视性政策壁垒也因政治因素迟迟不能松绑。更关键的是，虽然两岸官方都认同两岸关系和平发展是符合主流民意的道路，但大陆的政策目标是经由“和平发展”实现“和平统一”，台湾国民党当局的“不统、不独、不武”现行政策中首先是“不统”，并不以两岸统一作为两岸关系发展的必然目标，显示两岸在和平发展的最终方向上仍然缺乏共识。

二是岛内政治局势发生变化，民进党对两岸政治关系发展制约力量增强。自 2014 年 11 月 29 日涵盖全台 22 个县市的台湾“九合一”选举民进党大胜后，岛内长期以来的“北蓝”格局被打破，北部地区 8 县市中泛绿阵营占 5 县市。民进党各县市得票率高达 49.6%，执政人口数达 61.7%，若加上台北市柯文哲得票率，领先国民党的差距更大。民进党这次的胜选气势基本延续到 2016“大选”前。如果民进党 2016 年上台，并坚持不肯承认“九二共识”，失去一个中国原则的政治基础必然导致两岸两会协商再次中断，无法继续签署惠及两岸民生的各项协议。即使民进党没有再次执政，其阻挠两岸协议生效的力量也较以前大为增强，近两年的事实已经证明这一点。

三是台湾民意走势不利于推动两岸和平统一。台湾当局的政策制定大多受岛内主流民意影响较大，包括两岸政策。近 30 年来，台湾民意中，偏向“独立”的比重在增加，偏向统一的比重在减少，并且出现交叉，偏向“独立”的人数比重超过偏向统一后差距在不断扩大。这一趋势反映在多家岛内学术性民调机构的数据中。以台湾政治大学选举研究中心所做的连续性民调数据为例（见图 4–1），1995 年台湾主张维持现状但偏向统一的人数比重为 19.4%，高出主张维持现状但偏向“独立”的人数比重（8.1%）一倍多；但到 2015 年这个比例倒过来，主张维持现状但偏向“独立”的人数比重为 16.4%，高出主张维持现状但偏向统一的人数比重（7.4%）一倍多。

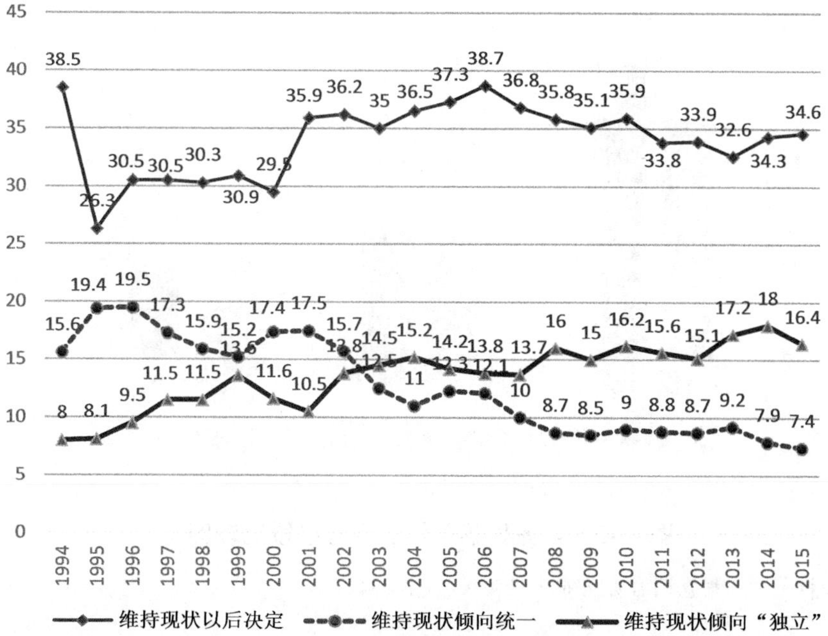

图 4–1　台湾民众统“独”立场趋势分布图

资料来源：台湾政治大学选举研究中心重要政治态度分布趋势图

虽然推动两岸关系和平发展可以先易后难，先经后政，但当前两岸经济关系的发展也并不容易，同样面临瓶颈期的问题。两岸经济关系瓶颈期主要表现在：

一是两岸贸易依赖程度总体达到较高水平，但贸易增速下降。台湾对大陆的贸易和出口依赖度 30 多年来总体水平不断提升，按大陆海关数据计算，2014 年已经分别达到 33.7% 和 48.4%①，接近 80 年代台湾对美国的 38.4% 和 48.8% 的贸易和出口依赖度最高值，两岸贸易如果没有新的动力恐怕不易超越该峰值。遗憾的是两岸贸易增长率却总体呈现下降趋势（图 4–2）。两岸贸易及台湾对大陆出口的年均增长率，1981 年到 1995 年是 36.7% 和 44.7%，1996 年到 2005 年是 18.7% 和 19.5%，2006 到 2015 年是 8.4% 和 14.3%。2015 年分别同比下

① 该数字如果按照台湾方面统计（含香港）应该是 29.7% 与 39.7%。台湾统计两岸贸易数据分为包含或不包含香港，台港间贸易有的是通过香港转入大陆，有的不是，难以准确分割。因此虽然大陆海关统计数据也有可能不准之处，但仍采用大陆方面公布数据计算。

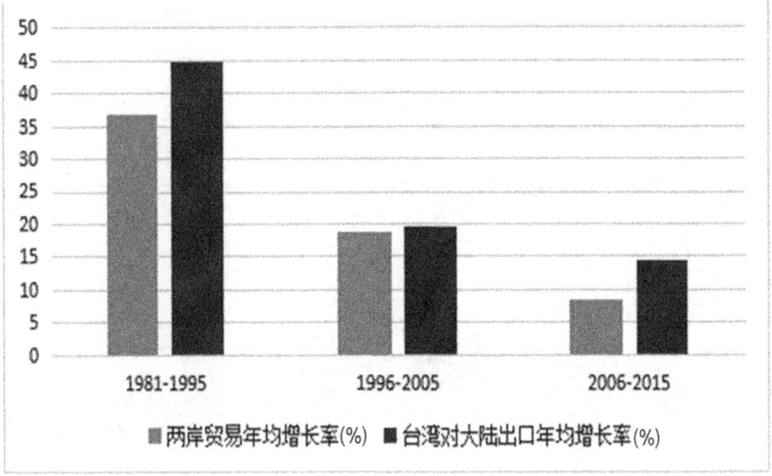

图 4–2 两岸贸易年增长率分阶段比较图

资料来源：根据国台办公布大陆海关数据绘制。

降 4.9% 及 5.5%。2016 年，台湾海关统计，两岸贸易（含香港）1576.3 亿美元，增长 -1%，占台湾对外贸易总额的 30.8%；台湾出口大陆 1123 亿美元，增长 -0.2%，占台湾出口总额的 40.05%；大陆出口台湾 453.3 亿美元，增长 -3%，占台湾进口总额的 19.6 %；台湾对大陆顺差 669.7 亿美元，增长 -1.8%，占台湾顺差总额的 135.3%。大陆海关统计，两岸贸易总额 1796 亿美元，增长 -4.5%；台湾出口大陆为 1392.3 亿美元，增长 -2.8%；大陆出口台湾为 403.7 亿美元，增长 -10.1%；台湾对大陆顺差 988.6 亿美元，增长 0.1%。

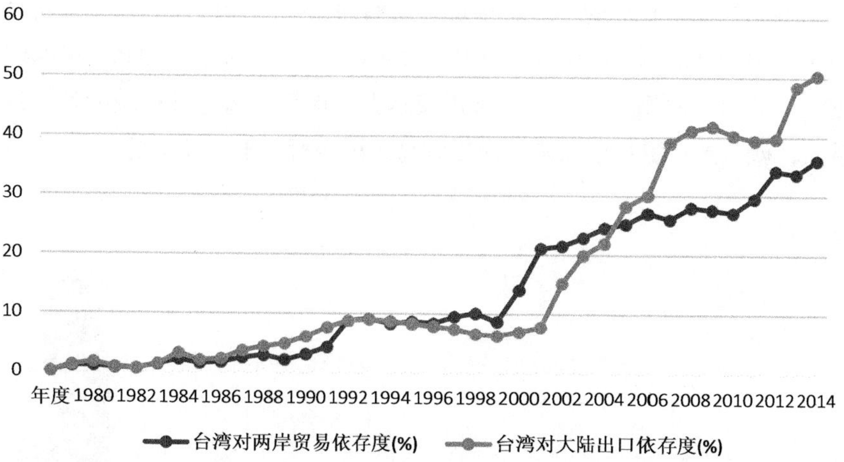

图 4-3　1979—2015 年台湾对大陆的贸易和出口依赖度

资料来源：根据两岸海关公布数据整理绘制。

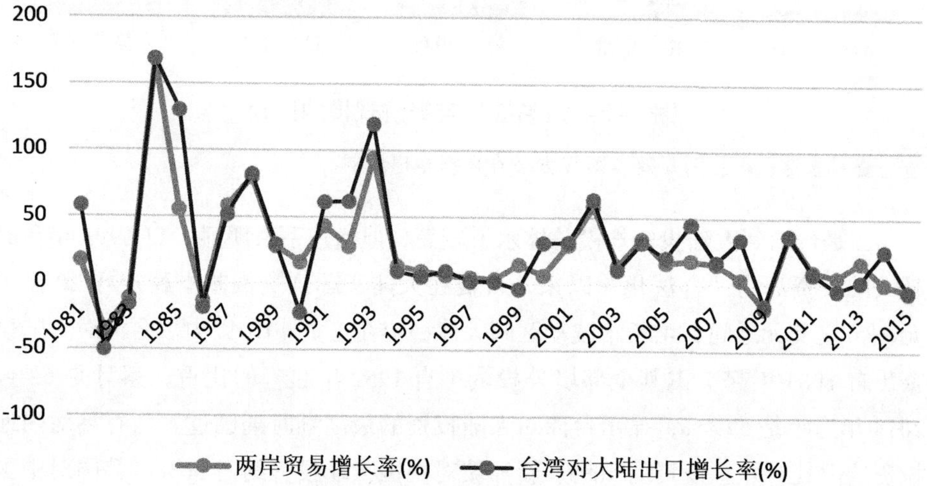

图 4-4　两岸贸易及台湾对大陆出口年增长率

资料来源：根据国台办公布大陆海关数据绘制。

从大陆的角度看，两岸贸易规模与大陆的其他贸易关系相比已经处于相对较高的水平。虽然台湾市场占大陆出口市场的比重长期仅维持在 2% 左右，但两岸贸易规模已经达到近 2000 亿美元，约相当于中俄贸易额的 2 倍、中韩贸易额的 70%、中日贸易额的 50%、中美贸易额的 35%。2014 年台湾的经济规模只相当于俄国的 28.8%、韩国的 30.6%、日本的 11.5%、美国的 3%，根据国际贸易理论中的引力模型，双方的经济规模越大、地理距离越近相应的贸易规模也会越大，就台湾经济规模而言，两岸贸易规模相对水平已经不低。

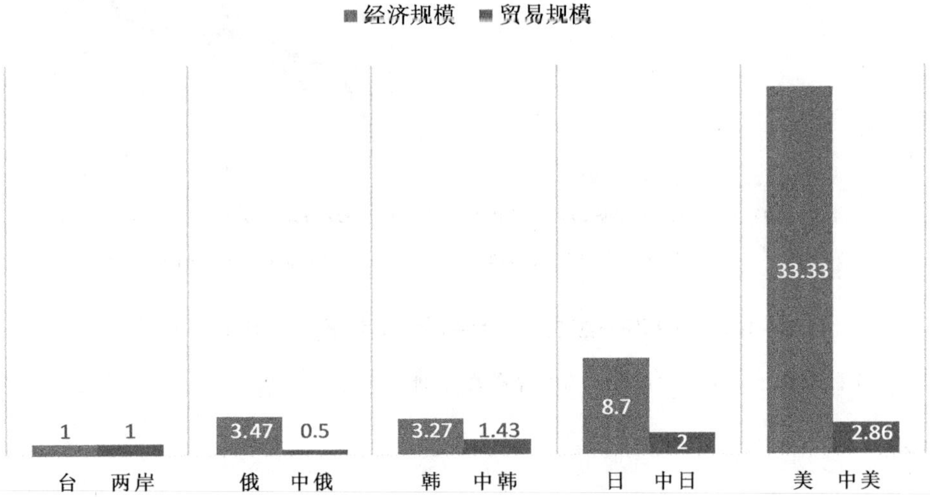

图 4–5　贸易规模与经济规模的比较

资料来源：根据两岸及各国官方公布数据整理绘制。

二是台湾到大陆投资规模总体水平较高，但增速下滑明显。自 1991 年台商赴大陆投资岛内“合法化”以来，台资在大陆实际到资额基本稳定在 20 亿美元—40 亿美元之间，增长率波动区间大体稳定在正负 40% 以内。台湾对大陆投资（自 1983 年起）占其全部境外投资（自 1952 年起）的比重，累计是 62%，2014 年当年是 57.4%，显示台商对大陆投资的最高潮时期已过。与香港对内地投资约占其对外总投资的 40%、新加坡对中国大陆投资约占 30%、韩国对中国大陆投资约占 20% 的情况相比，台湾在大陆的投资比重算是已经相对较高的。台商赴大陆投资的年均增长率衰退严重（图 4–6），1991 年至 2000 年为 41%，2001 年至 2010 年为 5%，2011 年至 2015 年为 -7%。据台湾“投审会”统计，2016 年台商赴大陆投资 324 项，增长 -24.4% 金额 96.7 亿美元，增长 -11.8%；截至 2016 年 12 月底，累计台商赴大陆投资 42009 件，投资金额 1645.9 亿美元。按大陆统计，2016 年大陆吸引台资 3517 项，增长 18.7%；实际金额 19.6 亿美元，增长27.7%；按投资者注册地统计，截至2016年12月底，大陆累计批准台资项目98815个，累计吸收台湾直接投资646.5亿美元；按实际使用外资统计，台湾在大陆累计吸收境外投资中占3.7%。

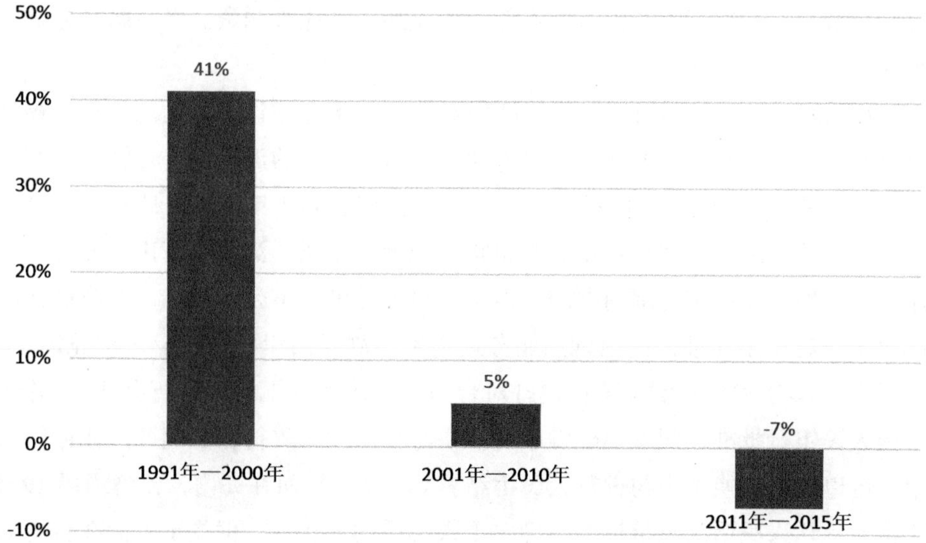

图4-6　1991—2015年台商赴大陆投资年均增长率分阶段比较图

资料来源：大陆海关数据。

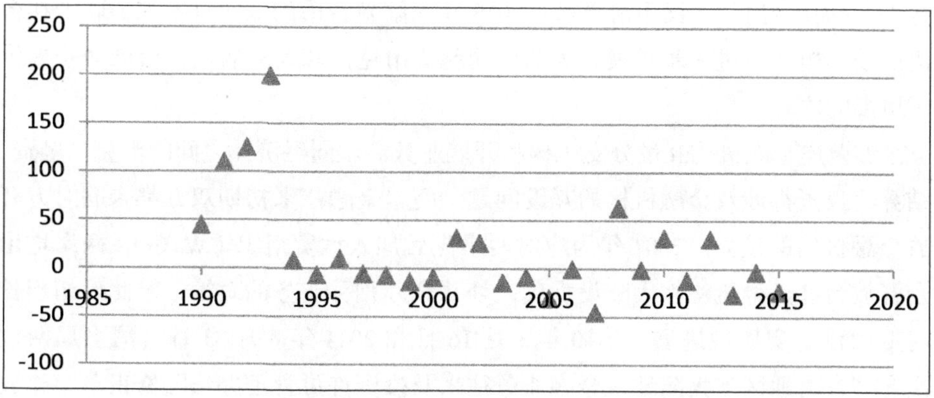

图4-7　1990—2015年台商赴大陆投资增长率

资料来源：根据商务部公布数据整理绘制。

三是两岸金融往来的制度化框架已经基本建立，但两岸金融交流与合作的水平较为滞后，且有停顿之虞。30年前的1986年，台湾当局还没有开放岛内民众赴大陆探亲，不允许台湾民众与大陆进行贸易投资往来，两岸金融往来更是完全禁止，两岸间不能汇款，不能货币兑换，不能投融资。当前两岸金融往来的形势已经发生巨大变化，主要体现在以下四方面：

1. 两岸货币兑换与清算获得制度化安排。1988年中国银行厦门分行、福州分行与马江支行开始开办新台币兑入业务，对新台币的汇率主要是银行内部按美元标准折算。对于新台币的兑出业务，则直到2004年1月1日开始国家外汇管理局才批准中国银行指定分支机构在福州、泉州、漳州、莆田、厦门等福建沿海5地市在一定范围内办理。由于不对外挂牌，不公开宣传，兑换价格内部厘定，利率不浮动，此项试点业务远远不能满足两岸投资贸易的汇兑需求。2005年，福建省公布实施《福建省对台湾地区旅游外汇管理暂行办法》，并经中国人民银行批准，同意福建省旅行社在与台湾地区旅行社之间开展业务往来中，可以自行兑换货币与进行人民币结算等业务。[①] 而在岛内，台湾当局1991年虽然承认人民币为有价证券，确立了人民币的合法性，但规定不能在台湾岛内流通，也不能作为支付手段，更不能自由兑换。2008年台湾当局开放人民币在本岛的兑换业务。2012年两岸货币清算的基本框架得以建立。台湾选定了台湾银行上海分行为台湾在大陆地区的货币清算行，大陆则选定中国银行台北分行为大陆在台湾的人民币清算行。2013年大陆新台币的双向兑换和银联卡在台湾的使用范围也进一步扩展，为两岸同胞货币兑换和大陆居民在台湾消费提供了更多的便利。[②]

2. 两岸金融机构互设分支机构和开展业务。不同经济体之间的汇兑、融资、结算、投资都涉及金融机构的互设问题。两岸金融往来初期双方都未向对方开放金融机构的设立。2001年为应对两岸先后加入世贸组织（WTO），两岸均出台开放台湾金融机构在大陆设立代表处并开办相关业务的政策，但此后相当长时期内没有实质性进展。2010年3月16日和2011年8月31日台湾当局两次出台“台湾地区与大陆地区金融业务往来及投资许可管理办法”修正草案，放宽台资银行进入大陆市场的主体、经营形态和金融业务范围。截至2013年8月，大陆批准了台湾银行机构在大陆11家设分行、1家设子行，同时大陆也有

① 朱磊：《台湾产业与金融研究》，九州出版社，2012年，第325—333页。

② 朱磊：《两岸金融合作新进展与前瞻》，《台湾研究》，2013年第3期，第19—23页。

4家银行获准在台湾设代表处，其中3家设立了分行。此后少有进展。台湾当局长期以来对大陆金融机构进入岛内态度谨慎，只批准了大陆地区的中国银行、交通银行、建设银行设立台北分行，后来批准深圳招商银行设立台北办事处，但对符合条件且已获中国人民银行批准的浦东发展银行、工商银行香港子公司（工行亚银）、福建兴业银行等3家银行提出赴台设立办事处的申请一直未批准。[①]2005年2月，经修正的《两岸证券期货业务往来许可办法及证券商管理规则》生效，意味着台湾券商赴大陆投资名正言顺。2013年6月签署的《海峡两岸服务贸易协议》（尚未生效）对开放两岸特别是台资证券公司有较大放宽。大陆迄今批准15家台资证券公司在大陆设立25个办事处，3家两岸合资的基金管理公司。台资及外资保险公司进入大陆受到2002年2月1日生效的《中华人民共和国外资保险公司管理条例》的规范。大陆迄今批准11家保险公司在大陆设立了15家办事处、1家台湾保险经纪人公司与4家保险合资公司。

3. 两岸金融市场不同程度地向对方开放。投资大陆的台商主要有债权融资和股权融资两大类融资渠道，对应大陆相继开放的间接金融市场和直接金融市场。为协助大陆台商解决融资难问题，大陆方面早在20世纪90年代初，就曾安排台资企业固定资产专项配套资金，为台资企业解决30多亿元人民币的资金需求。2005年、2006年，大陆的国家开发银行、中国农业银行、华夏银行纷纷为台商提供专项融资额度。2009年大陆的中国工商银行、中国银行、国家开发银行等大型银行联合提供给台商1300亿元的新增贷款，以协助中小企业渡过金融危机。《两岸经济合作框架协议》（ECFA）签署后台资银行在大陆也逐步可以进行人民币贷款。海峡两岸的资本市场相互开放也是一个渐进的过程。大陆资本市场向台湾企业及投资者开放经历了两个阶段，第一阶段从1990年到2003年，是台湾企业上市大陆B股阶段。2003年浙江国祥制冷股份有限公司在上海证券交易所正式挂牌上市，成为首家在大陆A股上市的台资企业。2013年大陆开放在大陆生活、工作的台胞个人投资A股。台湾证券交易所于1962年正式开业，2006年基本实现对外资投资岛内证券的全面开放。然而长期以来，台湾当局一直以安全为由严防大陆资金入岛，包括进入台湾资本市场。不但严格禁止大陆资金直接投资台湾股市，只允许含极小比例大陆资金的海外公司赴台投资，且要求QFII须提交不含大陆资金声明，还以各种规定严格限制台湾基金对

---

① 陈德铭：《中国金融开放与两岸金融合作》，2013-12-03，中国服务外包研究中心网站，http：//coi.mofcom.gov.cn/article/zt_zgjrwbfh/lanmuone/201312/20131200410736.shtml

大陆与港澳股市的投资规模。2008年以来，台湾当局一定程度开放岛内资本市场，松绑两岸资金往来，不过迄今为止成果仍然非常有限。现行规定下，陆资企业还是无法直接赴台第一上市，只有不在大陆注册的陆资企业才有可能赴台第二上市。目前台当局共核定了19家证券市场，在这些市场中，上市满6个月的企业可申请赴台第二上市（柜），发行台湾存托凭证（TDR）。

4. 两岸金融监管合作机制建立并加强。两岸于2009年4月签署并于6月生效了《海峡两岸金融合作协议》，2009年11月两岸签署了《海峡两岸银行业监督管理合作谅解备忘录》《海峡两岸证券及期货监督管理合作谅解备忘录》和《海峡两岸保险业监督管理合作谅解备忘录》，标志着两岸金融监管机构将据此建立监管合作机制。2012年8月，两岸货币管理机构签署了《海峡两岸货币清算合作备忘录》。两岸金融监管合作机制、货币清算机制得以建立健全。大陆银监会与台湾“金管会”迄今共进行五次会议，大陆证监会与台湾“金管会”共举行三次会议，高层互访与磋商机制的进行使两岸金融监管合作的日常工作的联系不断加强。

《两岸经济合作框架协议》（ECFA）的后续协议商谈因岛内政治因素阻挠而中断，助推两岸金融进一步开放的《海峡两岸服务贸易协议》虽然签署却因岛内“立法”部门不予通过而迟迟无法生效，两岸单方面金融开放效果有限，目前两岸金融合作进展陷入2009年以来的最大困境。

此外，两岸经济关系制度化建设与台湾参与区域经济整合困难凸显。虽然胡锦涛在纪念《告台湾同胞书》发表30周年座谈会上的讲话中提到“建立更加紧密的两岸经济合作机制进程……有利于探讨两岸经济共同发展同亚太区域经济合作机制相衔接的可行途径”，马英九也希望通过“先两岸、后国际”的经济整合路径参与全球产业分工，但两岸在“可行途径”的具体方案上一直没有明确共识。本来两岸经济关系制度化建设取得阶段性成果后可以为台湾参与区域经济整合提供极为有利的条件，但《两岸经济合作框架协议》（ECFA）的后续协议中，《两岸服务贸易协议》在岛内搁浅影响到两岸经济关系制度化的建设，台湾如何参与《跨太平洋伙伴协议》（TPP）、《区域全面经济伙伴协议》（RCEP）等区域经济整合议题也难以解决。

两岸政治关系与经济关系瓶颈期的出现，是台湾问题的本质、两岸综合实力的变化、当前国际政治经济格局的演变等因素共同作用下的必然结果。产生两岸政治关系瓶颈期的原因主要有：

一是两岸在国家政治权力分配问题上存在目标分歧。台湾问题的本质是关系台湾政治走向的国家统一问题。国家和平统一最终不可避免要面对国家政治权力的分配问题。国家有不断演化的内在规律，国家政治权力的变化是重要推动力。[①]国家统一的本质，是保持国家最高权力的唯一性。两岸关系的当前状况是既未统一也未分裂的分离状态。由分离走向统一，权力问题的解决是国家统一模式能否为各方尤其是具有分裂倾向一方所接受的关键[②]，这个瓶颈无法回避。当前的政治现实是：中华人民共和国政府是代表全中国的唯一合法政府，为国际社会普遍承认，即中国对外最高权力是唯一的；但台、澎、金、马地区与大陆地区分别由台湾当局与中华人民共和国政府管辖，因此中国对内最高权力不是唯一的。大陆的最终政治目标是在一中框架内同台湾方面进行平等协商，对如何实现全中国对内最高权力唯一化作出合情合理安排。台湾的政治目标则是要求大陆正视“中华民国”的存在，确保其对内最高权力的同时，尽力争取突显台湾的国际存在，客观上挑战中国对外最高权力的唯一性。在这点上，岛内国、民两党的共同点是都不肯放弃和协商台湾当局在岛内的各项对内最高权力，且希望争取拥有对外最高权力，争取国际认同；不同点是以何种名义争取、以及是否要涵括中国大陆。

二是岛内两个主要政党在适应和引导主流民意问题上存在差异。一般认为国民党在经济和两岸议题上更有经验和优势，但不可否认的是，民进党近年来在岛内的势力壮大，除了国民党执政绩效的因素外，一定程度上与其更善于迎合和诱导台湾新时期主流民意有关。在台湾实现经济起飞之后，与继续追求财富增加相比，岛内民众更加关心改善人与自然的关系、人与人的关系、人与自我的关系，并由此产生环保、民主、尊严的要求，民进党于是提出“反核四”“反黑箱”“反一中”等诉求，具有迷惑性地迎合了岛内主流民意，可以拉选票。

三是推动两岸谈判国家政治权力分配的民意条件正处在关键发展阶段。台湾自 1987 年开放“党禁”以来基本形成国民党与民进党两党竞争、蓝绿两大阵

---

① 国家政治权力分配的问题有多元论、精英论、阶级冲突论等分析视角。多元论认为社会由不同利益群体组成，国家权力分配取决于群体间的讨价还价；精英论认为国家权力掌握在少数精英群体手中；阶级冲突论认为国家是统治者统治被统治者的工具，二者的斗争贯穿国家发展历史。[美]戴维·波普诺（David.Popenoe）:《社会学》（第十一版），李强等译，中国人民大学出版社，2013 年，第 524—528 页。

② 李义虎等:《“一国两制”台湾模式》，人民出版社，2015 年，第 222 页。

营对抗的政治格局和选举体制，在这种体制下岛内主流民意对岛内主要政党的政策主张影响极大。台湾主流民意的统“独”态度变化其实是两岸综合实力的函数，其发展轨迹理论上大体有三个阶段：先是两岸综合实力差距不大，甚至台湾在不少方面较为先进，岛内民意统大于“独”；其后大陆综合实力明显超过台湾，台湾统一大陆毫无可能、但又不甘心被大陆统一，岛内民意出现独大于统；最后大陆综合实力远远领先台湾，甚至超越支持台湾的国际势力，在多数领域都比台湾更为先进，岛内民意将再次出现统大于“独”的情况。当前两岸现状处于第二阶段，国际政治格局短期内不会有大的变化，岛内尚没有足够民意支持和推动台湾执政党与大陆进行政治谈判。

两岸经济关系出现瓶颈期更多的是经济因素所致，当然也有政治和社会因素的影响：

一是需求面挑战。首先是国际经济格局转变，占两岸贸易 50% 左右的台商“三角贸易”在 2008 年以后因国际金融危机造成的美欧市场萎缩受冲击严重。其次是大陆经济转型，传统台企低成本经营模式与产品结构受到冲击，实体店又受到电子商务的排挤，台商在产品需求导向、品牌通路方面困难较多。最后是两岸产业分工变动，大陆产业链日益完整且生产能力不断扩充，两岸产业分工日益由原来的垂直分工转向水平分工，甚至倒垂直分工，挤掉了一部分原来台湾制造业的产品需求。

二是供给面挑战。两岸经济均处于结构转型、增长减速的背景下，两岸之间经贸增速会受到限制。中国大陆进入了经济增长速度放缓的“新常态”直接影响到两岸经济关系的发展速度。2008 年国际金融危机使世界各主要经济体均受到不同程度的波及，中国大陆经济增长率也开始掉头向下，2015 年中国大陆经济增速甚至罕见地开始掉到 7% 以下，创了 1991 年以来 20 多年的新低。大陆经济增速自 2008 年开始明显放缓，不仅仅是外部受到国际金融危机冲击，更重要的是内部经济发展开始进入新阶段。经过改革开放以来 40 年的经济高速增长，中国已经成功步入中等收入国家行列，经济总量位居世界第二。在工业化过程中，当一个经济体达到中等收入水平之后经济增速都有一个回落阶段，这是一个普遍规律。随着人口红利衰减和消失、“中等收入陷阱”风险累积等一系列内在消极因素的增长，中国也开始进入经济起飞阶段后的减速阶段。这种中国经济发展阶段性因素与国际金融危机时代背景的叠加促使中国经济进入“新常态”。“新常态”有 4 大特点：1. 增长速度从高速转向中高速，2. 发展方式从规模速度型转向质量效益型，3. 经济结构调整从增量扩能为主转向调整存量、做优增量并举，4. 发展动力从主要依靠资源和低成本劳动力等要素投入转向创新驱动。进入“新常态”阶段，两岸经济交往会受到明显影响。

台湾自 2011 年起人均 GDP 进入 2 万美元时代，根据同为海岛型经济的日本和美国的发展经验，进入 2 万美元时代后，日本年均经济增长率为 1.6%；英国为 2.2%，台湾如无特殊情况，年均经济增长率也不会很高。另一方面，台湾经济发展的内部供给因素存在很大限制。包括：1. 制度层面台湾社会缺乏推动经济发展的主导力量。台湾社会多元化特点的重要后果就是缺乏凝聚社会共识推动经济发展的力量，岛内任何政党执政都会受到在野党的强烈掣肘，难以真正贯彻落实改革方案和理念。2. 政策层面台湾当局自我限制。对大陆企业的高度防范与限制破坏了市场自动平衡功能，资金出多进少妨碍经济发展。3. 产业层面台湾产业结构转型缓慢，资源配置不合理，人才供需不协调，每年毕业生数量不少却难以满足企业实际需求。4. 人口层面台湾人口结构老化日益明显，少子化倾向名列世界前茅，长期人才供给短缺。5. 资金层面台湾投资报酬率偏低导致资金外流严重，岛内投资减少。

三是政策面挑战。台湾当局对两岸经贸的政策限制较之台湾与其他经济体的政策限制明显更严格，阻碍两岸经济交流的双向往来。贸易方面，台湾对大陆以外的国家或地区允许自由进口货物占进口总货物项目数的 99.2%，但允许大陆自由进口货物只占进口总货物项目数的 77.8%。投资方面，台湾对大陆以外的国家或地区资金的开放投资项目比例达 96%，而对大陆资金的开放投资项目平均比例为 66%；台湾对侨外资投资采负面表列，禁止或限制投资的领域不超过 40 项，而对陆资仍采正面表列，禁止或限制投资的领域约 200 项。

此外，台湾经济自身特点对两岸经济的冲击也非常明显。

台湾经济增长率总体已进入低增长阶段，但近年来经济表现尤其低迷。从蒋经国、李登辉、陈水扁、马英九执政时期的经济表现看，1978—1988 年台湾经济年均增长率 8.9%，1989—2000 年台湾经济年均增长率 6.4%，2001—2008 年台湾经济年均增长率 4.2%，2009—2016 年台湾经济年均增长率 2.9%。[①] 人均 GDP 进入 2 万美元时代后年均经济增长率会明显降低，同为海岛型经济，日本为 1.6%，英国为 2.2%，台湾自 2011 年达到人均生产总值 2 万美元之后年均增

① 根据台湾“主计总处”公布数据计算。

长率降到 3% 以下也属正常，低增长率会成为台湾经济未来的“新常态”。不过，蔡英文上台后的 2016 年的 1.26% 经济增长水平即使在台湾的低增长阶段也是偏低的。这当然也会影响到两岸经贸往来。

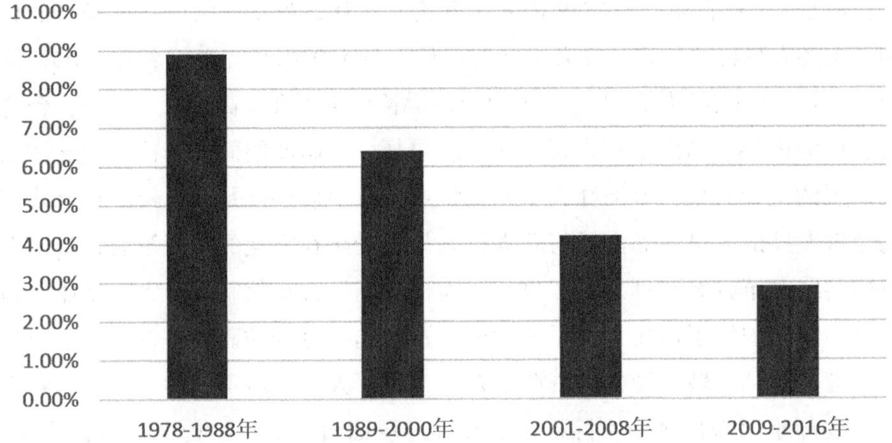

图 4–8　近 38 年台湾经济分阶段年均增长率水平

资料来源：1978—2001 年数据取自 *Taiwan statistical data book*，2002 年以后数据取自《“中华民国”统计月报》及“主计总处”公布数据。

横向比较同样是在亚洲四小龙中垫底的。在世界经济景气波动周期中，台湾在景气回升阶段往往不是四小龙中最高的，但在景气萧条阶段往往是最低的。2015 年的经济增长率就是以 0.8% 排在末位。根据美国经济咨询公司环球透视（global insight）发布的数据，2016 年韩、新、港、台的经济增长率分别为 2.64%、1.87%、1.47% 和 1.22%，台湾可能仍是增长最慢的。

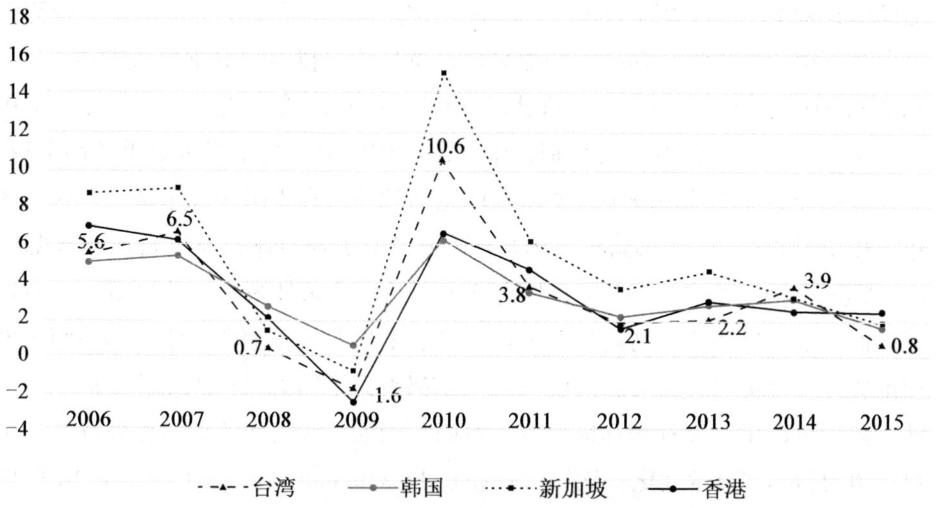

图 4-9　近十年亚洲四小龙经济增长率（2006—2015 年）

资料来源：台湾“经济部统计处”网站，http：//dmz21.moea.gov.tw

低增长的主要原因在于台湾出口竞争力下降。2016 年台湾经济增长动力主要来自岛内需求，贡献约 1.33 个百分点，净输出对经济增长的贡献呈现负值，为 – 0.3%。台湾是高度依赖外需的海岛型经济，外贸依赖度高达 120%，外需不振会直接拉低经济增长。根据美国经济咨询公司环球透视（global insight）2016 年 10 月中旬发布的数据，2016 年全球经济增长 2.4%，为 2008 年国际金融危机后的新低。除世界经济景气低迷的影响外，台湾出口竞争力下降是主要原因。

衡量出口竞争力的一个重要指标是出口商品中的附加值含量，附加值越高竞争力越强。台湾近 10 年的出口商品附加值含量在不断下降。根据 2015 年 10 月 OECD /WTO 公布的全球附加值贸易数据库资料，台湾出口总值虽逐年成长，但实际从出口中赚取到的附加值却是逐年递减。台湾附加值出口占整体出口总值比重自 1995 年的 69% 逐年衰退至 2011 年的 56%。①

台湾出口竞争力下降的一个重要原因在于台湾没有顺应国际潮流积极参与区域经济整合，特别是没有积极主动利用和融入中国大陆市场，由此导致和表现为出口、投资、消费疲弱造成的经济增长动能不足。在区域经济合作风起云

① OECD,（2015）. TiVA 2015 indicators-definitions. Version 2, Oct. 2015. https：//www.oecd.org/sti/.../tiva/TIVA_2015_Indicators_Definitions.pdf

涌的时代潮流下，中国大陆已与20多个国家和地区签署了自贸协定，台湾没有参与其中，与香港、韩国、新加坡自由贸易协议覆盖率分别超过50%、70%和80%相比，台湾不到10%，这就意味着当竞争对手的产品在大部分市场上进行零关税出口时，台湾产品特别是中间产品却要负担高于竞争对手的高关税，致使台湾产品在全球市场中处于不利的竞争地位。在中国大陆市场上，亚洲四小龙中的其他三个经济体都与大陆签署了自由贸易协议，只有台湾与大陆的ECFA协商半途而废。台商为摆脱这种不利的竞争条件被迫转移投资，岛内投资因而不足，进而造成岛内失业人口上升、未失业人口薪资停滞，岛内消费因而渐弱，于是出口、投资、消费三驾马车都丧失了动力，台湾经济发展动能因此不足。可以运用多种指标证明以上判断，例如，代表产业贸易比较优势的出口竞争力指标“显示性比较优势（Revealed Comparative Advantage ，RCA）”即可比较分析两岸出口产业竞争力变化的特点：近年来台湾出口附加值多集中在最终产品，而大陆出口附加值则多集中在中间产品，[①] 由此可见两岸因参与区域经济整合程度不同对两岸投资环境及出口和消费动力的影响。

提升台湾出口竞争力的有效途径是通过积极参与区域经济整合改善台湾的投资环境，理想路线是先完成两岸经济整合，再共同参与区域经济整合。遗憾的是两岸经济整合过程因新上台的民进党当局破坏了两岸制度化协商的政治基础而被迫中断。两岸已经先后签署了《海峡两岸经济合作框架协议》（ECFA）及《海峡两岸投资保护和促进协议》《海峡两岸海关合作协议》和《海峡两岸服务贸易协议》，还有《海峡两岸货物贸易协议》《海峡两岸争端解决协议》两项后续协议没有完成。没有完成签署和虽已签署但未生效的各项协议原本将对两岸经济关系发展及台湾经济增长有重要的正面影响，由于民进党当局拒绝承认“九二共识”导致两岸两会商谈的中止和多项协议的停摆，台湾经济受到较大影响。

以《两岸货贸协议》为例，目前已经完成第12轮谈判和大部分条文协商但尚未完成签署，签署生效后台湾将有6700多项出口大陆产品由目前平均高达8.9%的关税税率降为零关税，并且享有通关便捷的优惠，对于提升台湾出口大陆产品的竞争力将有极大的帮助。现在这些产品在大陆市场面对东南亚国家与韩国产品的激烈竞争，处境非常不利。大陆与东盟的FTA已于2010年生效，

① 吴再益、李俊杉：《两岸关系发展的新形势与新挑战：两岸经贸演变与合作空间》，2016年第三届两岸智库学术论坛论文。

2015 年双方完成了 FTA 的升级协定书，现有的中国—东盟自贸区零关税已经覆盖了双方 90%—95% 税目的产品，其余少量产品仅征收平均 0.1% 的关税，所有产品并享有通关便捷化措施。中韩 FTA 自 2015 年底正式生效后，90% 产品零关税，韩国在中国大陆的进口市场占有率迅速上升到 11.3%，创造了新的历史纪录。更早的还有 2009 年 1 月 1 日开始生效的中国与新加坡的 FTA，新加坡产品进入大陆市场 2010 年 1 月 1 日前实现了 97.1% 的零关税。2003 年内地与香港正式签署 CEPA，两地实现货物贸易零关税。台湾产品在其最大的出口市场上正面临前所未有的竞争压力。

蔡英文当局针对台湾经济困境开出的政策药方有两大主轴："多元"和"创新"。"多元"就是要分散市场，降低对大陆的市场依赖，"积极参与多边及双边经济合作及自由贸易谈判，包括 TPP、RCEP 等，并且，推动新南向政策，提升对外经济的格局及多元性，告别以往过于依赖单一市场的现象。""创新"就是要"优先推动五大创新研发计划，藉着这些产业来重新塑造台湾的全球竞争力。"[①]"新南向政策"不符合市场规律,无法替代两岸经济整合。因为东南亚在市场规模、投资环境、劳工素质、文化制度、地理距离等方面都不具有中国大陆的优势。"五大创新研发计划"也同样离不开两岸经济合作。放弃利用大陆的市场、资金和人才肯定不利于岛内企业的研发创新和转型升级，并且意味着失去两岸经贸为台湾提供的每年数百亿美元的巨额贸易顺差和大量投资及就业机会。

二、社会融合

（一）社会融合与两岸社会融合的内涵

社会融合（Social Cohesion/Social Inclusion））也被称为"社会整合"或"社会一体化"（Social Integration），与"社会分裂"（social disruption）、"社会解体"（social disorganization）、"社会排斥"（social exclusion）相对应，是指社会不同的人群结合为一个统一、协调整体的过程及结果。社会融合与社会分裂是互逆的过程，前者是凝聚的过程，后者是分散的过程。

国外研究对"社会融合"的理解主要有"同化论"和"多元论"两种流派，前者主张通过增强社会同质性培养凝聚力，后者主张通过异质性并存实现

① 蔡英文 520 就职演说，http：//www.CRNTT.com 2016-05-20 。

降低和消除社会对立。美国社会学家佩里（C.A.Perry，1929）提出社会融合是相互同化和文化认同的过程，认为社会融合是一个涉及宏观国家、中观城市和微观个体三个层面的多维度的、动态的和结构性的过程。戈登（Cordon，1964）提出从 7 个方面来测量族群的社会融合程度：文化接触、结构性同化、通婚、族群认同、偏见、歧视、价值和权力冲突。1998 年度诺贝尔经济学奖得主阿马蒂亚·库马尔·森（Amartya Kumar Sen，1992）认为，融合社会（inclusive society）是指这样一个社会：社会成员积极而充满意义地参与，享受平等，共享社会经验并获得基本的社会福利。欧盟（2003）对社会融合的定义是：社会融合是这样的一个过程，它确保具有风险和社会排斥的群体能够获得必要的机会和资源，通过这些资源和机会，他们能够全面参与经济、社会、文化生活和享受正常的生活，以及在他们居住的社会认为应该享受的正常社会福利。卡梅伦·克劳福德（Cameron Crawford，2013）认为，社会融合至少包含两层意思：一是在社区中能在社会、政治、经济、文化生活层面上平等地受到重视和关怀；二是在家庭、朋友和社区拥有互相信任、欣赏和尊敬的人际关系。[①]

国内研究方面，任远、邬民乐（2006）认为社会融合（social inclusion）是个体和个体之间、不同群体之间或不同文化之间互相配合、互相适应的过程。周皓（2012）认为社会融合是外来人群与当地人群构建良性互动交往、最终形成相互渗透、交融、互惠、互补、相互认可的状态。嘎日达、黄匡时（2009）提出:（1）融入不是一个静态的事情，它是一个对现状一直进行挑战的动态过程;（2）社会融合既是目的，同时也是手段;（3）没有人可以通过强制力量达到社会融合，社会融合不仅是制度性的，同时也是主观性的融入;（4）社会融合是多维度的，包括经济融合、政治融合、社会融合、制度融合、文化融合以及心理融合;（5）社会融合是多层面的，既有全国范围的社会融合和城市范围的社会融合，又有跨国家的区域社会融合，既有宏观层面的社会融合和中观层面的社会融合，也有微观层面的社会融合。[②]

综合以上国内外学界对社会融合的理解，本文从研究对象与目标出发，将社会融合的内涵定位在一国民众的不同群体之间通过多方面的互动、理解与认同，实现经济、政治、生活和文化四个领域的平等与基本认同，消除因政治历

① Crawford, C.（2013）. Looking Into Poverty：Income Sources of Poor People with Disabilities in Canada. Toronto：Institute for Research and Development on Inclusion and Society（IRIS）.

② 嘎日达、黄匡时:《西方社会融合概念探析及其启发》,《国外社会科学》，2009 年第 2 期。

史等因素造成的相互之间的隔阂与不适应。具体而言，社会融合的互动领域涵盖经济、政治、生活和文化四个方面，通过逐步实现各方面的无差异化，推动实现四个依次递进、又交叉互动的融合状态：经济平等、政治公正、生活交融和文化认同。经济平等是社会融合的基础，包括贸易、投资、金融、产业、旅游、园区、税费等经济领域的内容，不同群体之间实现平等的劳动就业机会、经济行为机会和获得均等公共服务的机会，且相互之间具有紧密的经济联系，共同利益大于利益竞争与冲突。政治公正是解决不同群体之间长时期政治疏离的必然过程和内容，包括身份、权利、选举、社团、待遇、歧视等政治领域的内容。生活交融反映的是社会融合的广度和深度，主要是指医疗、保险、饮食、求学、购物、交通、住房、求职等生活领域的内容，融合的标志是不同群体之间相互适应对方的生活环境和生活方式。文化认同属于精神层面，是社会融合的最高形式。包括习俗、教育、生活方式、文学艺术、宗教、行为规范、价值观念等内容，文化认同不仅意味着不同群体之间互相尊重对方的风俗习惯和文化理念，走出差异性对抗，而且一致和认同的精神内容不断增多，最终实现心理认同及身份认同。

关于两岸社会融合，大陆学者更重视“一体化”的研究，台湾学者则更重视“多元化”的研究。陈先才、刘国深（2010）将两岸社会融合视为两岸社会一体化的目标。“两岸社会一体化实质就是海峡两岸在诸领域的社会整合，以最终推动两岸社会的全面融合。”他们认为两岸社会融合的内容包括两岸民众在生产、就业、求学、教育、市场、消费、居住、婚姻、医疗、养老、娱乐、社会管理、公共服务等诸多领域的全面整合。[①] 陈先才（2014）提出两岸民间社会融合在性质上就是两岸民众在频繁往来过程中的认同感和归属感化二为一的过程。从此种角度讲，两岸民间社会的融合问题其实就是要解决两岸民众的认同问题。[②] 这种看法代表了大陆学者的普遍观点，即将两岸社会融合的目标与表现归结为认同问题。两岸社会融合发展，就是更强调交流合作的目的，要紧紧围绕增进同胞亲情和福祉，拉近同胞心灵距离，增强对两岸命运体的共同认知，也就是把握住两岸同胞要以心相交，增进民族认同、文化认同、国家认同，

① 陈先才、刘国深：《两岸社会一体化的理论架构与实现路径》，《台湾研究集刊》，2010 年第 6 期。

② 陈先才：《两岸特色民间社会融合问题研究》，《台湾研究集刊》，2014 年第 4 期。

以实现同胞心灵契合为导向。[①]有学者就此提出，“文化认同总是与民族认同联系在一起，而政治认同则更多地与国家认同如影随形。文化认同侧重的是民族成员不可退出的族属命运，而政治认同则凸显了社会成员选择、判断和评估的主观价值意旨。近代以降，政治认同的现实式微逐渐演变为普遍的社会现象。”（詹小美、王仕民，2013）[②]两岸社会融合当然既要促进两岸文化认同，也要促进两岸政治认同。当然，“不论是认同主体对国家的选择，还是国家对认同主体的接纳，都不再完全局限于特定的族群、文化、宗教、制度所形成的规定性，它们之间是相互开放的系统。”（林尚立，2013）[③]

台湾学者对两岸社会融合的研究更侧重“多元化”的方向。对于多元文化现象，台湾社会是随着80年代台湾少数民族运动与客家运动的发展而逐渐重视起来。在80年代后期的民主化过程中，多元族群文化纷纷得到宣扬与发展，最终形成以“四大族群”为主、“两性平等关系”为辅、掺杂“乡土文化”“母语”怀旧的多元文化（张茂桂，2002；刘美慧，2011）。[④]正是在多元文化竞相表达的过程中，为了整合与联系不同的文化差异，“多元文化台湾”逐渐成为台湾社会广泛的认同方式（叶玉贤，2012）。2004年台湾当局提出《族群多元、“国家”一体决议文》，明确提出：摒弃同化融合政策，主张尊重差异、共存共荣的多元文化政策。同年台湾“教育部”制定“发展新移民文化计划”，一方面协助大陆配偶与外籍配偶融入台湾社会，另一方面促使民众接纳不同文化，共同建构“包容融合的多元文化社会”（刘美慧，2011）。岛内部分研究指出，台湾政治面向的国家认同因素影响，或许大于两岸社会接触的效果（陈志柔、于德林，2005）。不管两岸民众接触程度如何，民众原先的政治态度和统“独”思想，才是决定其对待大陆两岸政策与交流的态度的关键。事实上，岛内政治动员和政治竞争的影响，高于族群的社会接触（王甫昌，2002）。相互交流可能改善两岸民众互相的观感，但也可能加深原先的偏见，既定的统“独”思想是关键因素之一，交流与社会融合与政治认同没有必然关系。此外，族群态度评估也是影响两岸文化交流的重要因素，两岸文化交流推动者，必须考虑台湾民众对于大

① 吴为：《深化两岸社会融合发展的重要性及新态势》，《海峡纵横》，2016年第6期。
② 詹小美、王仕民：《文化认同视域下的政治认同》，《中国社会科学》，2013年第9期。
③ 林尚立：《现代国家认同建构的政治逻辑》，《中国社会科学》，2013年第8期。
④ 薛天栋等：《台湾的未来》，台北：华泰文化出版社，2002年，第223—273页。

陆的族群评估，才能规划适当的文化交流时间表。[①]

综合两岸学界对两岸社会融合问题的研究可以发现，两岸对社会融合的理解存在分歧，对两岸社会融合的目标也自然不同。大陆学界强调认同在两岸社会一体化中的核心作用，而台湾普遍崇尚建立多元社会，学界也不认为两岸社会接触与融合会带来政治上的认同。基于以上差异，本文提出，两岸社会融合是两岸民众之间通过多方面的互动、理解与合作，逐步实现两岸民众在政治、经济、文化、生活中的平等待遇，最终消除因政治历史等因素造成的相互之间的隔阂与不适应，并在此过程中不断增强利益联系与文化和政治认同。与“统一”的概念类似，“融合”既是过程，也是最终状态。广义而言，两岸社会融合是大陆民众与台湾民众在经济、政治、生活和文化四方面的平等化和一体化，最终的目标是形成两岸命运共同体，这一方向是两岸社会发展自然而然的趋势，并非纯粹人为设定的目标，推动两岸社会融合只是顺应历史潮流所采取的举措。两岸命运共同体的实现离不开两岸民众的命运认同，命运认同的形成和培育有赖于相互尊重与扶持，该过程必然要经历多元化阶段。换言之，文化认同与政治认同是两岸社会融合的最终目标，但不是短期内可以实现的目标，一体化的最终目标必须经由多元化的阶段来实现。

（二）两岸社会融合的现状与问题

两岸经历 1949 年至 1979 年的 30 年社会隔绝，才有了社会融合的问题。20 世纪 80 年代，随着两岸关系的发展以及整个国际局势的变迁，海峡两岸都采取了一系列措施来缓和两岸关系，两岸社会互动重新开始启动，且规模不断扩大。如果从本文探讨的广义上的两岸社会融合来看，目前两岸经济和生活领域的融合还是比较高的，主要是政治和文化领域的融合程度较低。

经济方面，经过 30 年来不断深化的两岸经济融合，台湾对大陆经济依赖程度超过历史上对任何一个岛外经济体的依赖。大陆是台湾的最大贸易伙伴和出口市场以及顺差来源地。台湾对大陆的贸易和出口依赖度分别接近 30% 和 40%，台湾对大陆的投资依赖度约为 60%，大陆是台湾第一大入境旅游市场，台湾是大陆第三大入境旅游市场，两岸已形成互为重要客源市场的稳定格局。2009 年两岸“全面、直接、双向”的“三通”历经 30 年终于得以实现，两岸经济关系实现了正常化，随后两岸经济关系制度化也得到推进，2010 年两岸签署

① 刘祥得：《社会接触、族群及政治态度影响民众两岸文化交流之分析》，《通识论丛》，2015 年第 18 期。

《海峡两岸经济合作框架协议》(ECFA)明确了两岸经济往来自由化的目标，构建了两岸经济合作机制化平台。应该说，两岸经济融合在过去30多年间取得了巨大进展。当然，2016年民进党上台以来拒不承认“九二共识”给两岸经济融合带来很多困扰，包括：两岸制度化协商中断，两岸货物和服务贸易尚未且无法实现自由化，大陆赴台投资面临歧视性政策壁垒，两岸产业与金融合作困难增大等。

生活方面，随着两岸社会交流领域、规模扩展和层级提高，两岸民众生活联系日益紧密。先是在市场引导下，台商加速向大陆投资，以台商为主体的台胞群体在大陆的规模和数量急剧增加，逐渐形成了包括台商、台干、台属和台生在内的大量台胞群体不断往返于两岸，并不定期地在大陆生活、居住、工作与学习，率先成为两岸社会互动中的跨境族。同时大陆前往台湾进行经贸考察以及学术交流的人数也不断增加。2008年马英九执政后，两岸关系改善为两岸民间社会的融合提供了难得的历史机遇。两岸人员流动实现双向往来，包括陆商、陆客、陆生、陆配等人员也进入台湾，两岸通婚也形成一定规模。两岸社会及人员互动的规模空前增大，两岸社会的互动与融合更为多元，根基更为牢固。问题也有一些，主要表现在：两岸人员往来不对称，台湾当局对大陆人员赴台仍然限制过多，移居人员生活保障不能两岸互通，两岸体制、机构、公务人员素质有差异，两岸教育文凭与从业资格很多还没有互相承认，台胞在大陆常会受到外籍人士待遇等。

不过，当前两岸社会融合的薄弱之处主要还是在文化和政治领域。两岸社会融合包含三个子群体之间的融合：在大陆的台湾同胞与大陆民众的融合，以陆配为主的在台湾的大陆同胞与台湾民众的融合，以及大陆民众与台湾民众的两岸融合。目前两岸社会融合研究和推动重点主要集中在大陆台胞与大陆民众的融合。在关于台湾同胞融入祖国大陆的相关论文中，一类以移居大陆台胞族群整体为研究对象，另一类则对这一族群中的特定群体展开，如研究台商、台青、台生、台干、台属等。这些研究普遍发现，当前两岸社会融合无论在文化认同方面还是政治认同方面都距离多数学者的预期目标相去甚远。

有学者调研发现，移居大陆的台胞对“文化认同”主要有三种观点：1.“文化双重认同”观点，认为有一定比例的台胞认同中国文化，同时认同台湾的本土文化，在文化身份的选择上具有“求同存异”“和而不同”之特点，一方面为保证顺利融入当地社会而将自己置身于中华文化大背景中，另一方面倾向于保持自身所具有的台湾文化特质；2.“第三文化”观点，认为台商群体（即移居大陆的台胞）的独特生活实践和文化实践有可能创造出一种独立于台湾文化和大陆文化之外的“第三文化”；3.“两岸族”观点，“两岸族”作为这些台胞的自我认同越来越得到扩展，因为它是这些台湾同胞在两岸之间的往来和生活经验所带来的感受、思考，经过时间的沉淀和累积，所得出的一种身份认同。

调研发现移居大陆台胞对“国家认同”主要有4种观点：1.“国家双重认同”观点，认为移居大陆台胞存在大中国情怀与实际认知之间的落差、感情趋向与理性选择的分离，他们一方面对“中国”有认同感，另一方面又怀有“中华民国”情结；2.“中国即指中华民国”的观点，认为“在台湾大多数民众都无异议的持有一个共同交集——认同中华民国”，目前仍有部分移居大陆的青年台胞“中华民国”观念强于“中华民族”观念；3.“多元化”观点，一项关于“台湾大陆同属于‘一个中国’”问题调查发现，受访的台胞意见多元，选择分布在各个不同意见群（即“非常同意”的人群直至“非常不同意”的人群）的比例相近；还有研究者认为，现阶段台湾民众的国家认同出现多元化特征，国家认同危机在台湾社会埋下了冲突、对立的种子；4.“国家认同和地方认同”观点，解释当前台湾民众“中国认同”和“台湾人认同”之关系，认为后者的加强是台民众自尊需求提升之结果，它在凝聚社会共识方面起到积极作用的同时，产生“内群偏见”和“刻板印象”，不利于两岸及民众之间积极正面的交流互动。

调研结果表明，台商总体上还是倾向于“台湾认同”，比例高达半数以上。如果将认同细分为“地域身份认同”“文化身份认同”“对自身所具有的异质性的认知”和“群体身份认同”，则“地域身份认同”与“文化身份认同”程度较高，这也在一定程度上反映了大陆台胞在政治认同和文化认同方面更倾向于台湾认同。相比较而言，在当地社会所感受到的“异质性”和从信任感中所体现出的“群体身份认同”方面，“台湾认同”都不强烈。每个人的认同程度受制于个人因素和外部因素，个人因素包括背景（如“外省”籍贯与“本省”籍贯之差异）、在大陆居留的时间长短（一般说来，居留时间越长越认同中华人民共和国）、在大陆事业成功程度（一般来说，事业越成功越认同中华人民共和国）等；外部因素包括大陆的快速发展、台湾发展的停滞、大陆公众对台胞的友好程度等。其发生基础在于人们共同的利益以及文化、制度、价值观念和各种社会规范对人的控制。可见，台湾民众对中国大陆的政治及文化认同都有待提升，岛内民间普遍的“大陆印象”是：政治制度仍然是疏离、陌生和对立的；基本国情心态复杂且有不平衡感；在微观社会生活方面基本是熟悉、理解和认同的。[①]

对于问题产生的原因，有学者认为是两岸互信不足、两岸制度差异、两岸交流结构失衡、两岸法律规范差异、两岸文化差异等因素的共同结果。[②] 也有学者提出，在全球化、现代化与民主化的大时代背景下，围绕现代国家建设所形成的国家认同建构，一定以民主为基本前提，以国家制度及其所决定的国家结构体系的全面优化为关键，最后决定于认同主体的自主选择。中国人所要认同的现代国家是社会主义国家。社会主义国家在中国的存在，虽然有历史的必然性，也有制度的合法性与实践的合理性，但依然还是不完善，不成熟的。因此，国家认同依然需要积极的建构与深化。作为国家建设的重要方面，它一定与现实的国家结构体系及其背后的国家制度的健全密切相关，需要相互借力、相互塑造。[③] 还有学者强调，与西欧"一个民族、一个国家"的民族理念不同，承认、继承和发展多元一体的中华文化一直是中华民族族际交往的主流。民族文化的利益调适，以核心价值观为中心，依托情感，通过规范的约束和目标的导引，对社会成员的思想和行为进行转化、提升、协调和整合。民族文化的核心意涵代表了一个民族代际相承的基本精神，与民族成员的根本利益一致，具有强大的号召力和统摄力。[④] 因此，按照该文的逻辑，问题的关键是确立和弘扬能够统摄两岸的民族核心价值观。

在两岸社会融合的过程中，构建文化与政治领域的"中国认同"是推动两岸社会一体化的核心。这个"中国认同"是以大陆为核心的文化与政治认同，既包括民族和国家认同，也包括政权和价值认同。"中国认同"的实现根本上要依靠国家自身建设，在大陆的国家软实力足够强大之前，社会一体化必然要经历多元化阶段。当前两岸社会融合在"中国认同"核心问题上遇到障碍的现实背景是，台湾具备一定的软实力仍然在对台湾民众产生强烈影响。台湾当局认为其"全球形象（global image）""普世价值（global integrity）"和"全球整合（global integration）"等指标均领先大陆，表现在文化商品的输出、民主理念的

① 施玮、蒋依娴、王秉安：《移居大陆台胞社会融入研究现状述评》，《台湾研究集刊》，2016年第1期。

② 陈先才：《新形势下推进两岸社会融合发展问题研究》，《现代台湾研究》，2016年第6期。

③ 林尚立：《现代国家认同建构的政治逻辑》，《中国社会科学》，2013年第8期。

④ 詹小美、王仕民：《文化认同视域下的政治认同》，《中国社会科学》，2013年第9期。

普及与法治化程度以及新移民的比例都优于大陆。[①] 目前仍有众多台湾民众对自己的生活状态抱有优越感，认为台湾在经济发展、民主政治和生活方式上都优于中国大陆，台湾没有必要去和大陆交流、融合，统一只会伤害、流失台湾既有的资产，进而出现经济依赖、民主倒退、生活方式受到破坏等危机。[②] 大陆当前的软实力还不足以一举扭转台湾当局和岛内民众的这种普遍看法，但大陆软实力一直在迅速增长，全面超越台湾是可以期待的。在此过程中，暂时允许"台湾认同"存在是合理的，也是多元化融合阶段的特征之一。

（三）两岸社会融合的模式与策略

推进两岸社会融合大体可分为三个阶段：交流阶段（你中有我，我中有你）、深化阶段（怎么对我，怎么对你）、认同阶段（你就是我，我就是你），对应呈现的社会文化现象分别是多元化、平等化、一体化。最终实现两岸社会一体化的标志是形成两岸民众的基本政治文化认同。

由于所处阶段不同，推进两岸社会融合的目标重点是不同的：在两岸由隔绝走向开放的初级阶段，首先需要实现全方位的交流，由于各自分别发展了较长时间，两岸此时在经济、政治、社会、文化等各方面具有较大的差异性，社会融合的重点是通过交流互相了解。该阶段允许和协助两岸同胞在社会文化方面的多元存在，双方应通过在政策上给予的多方面照顾尽力避免和消除两岸同胞的恐惧感、厌恶感和对立情绪。由于到大陆来的台湾同胞相对较多，大陆应鼓励台湾同胞视大陆为生活创业的乐土，允许他们保持自己的生活习惯、价值理念、宗教信仰、政治认同和文化差异等。通过多元化的存在打破双方可能存在的误解与想象。

经过30年两岸社会融合的交流阶段，就需要全面转入深化阶段，即在经济、政治、社会、文化等各方面对于两岸同胞均应一视同仁，既无歧视性政策也无特殊照顾待遇，使双方民众感受到各方面的平等。这也就是消除差别待遇的平等化阶段。台湾同胞的平等化，就是来大陆的台湾同胞转化为中国公民的过程。他们的差别不仅表现在户籍类型、户籍地点等方面，而且还表现在劳动就业、居住环境、公共福利等方面。平等化的实现，表明台湾同胞与大陆人一

---

① 龙应台：《台湾文化软实力饱满需要持续深植》，2013天下经济论坛专题演讲，网址：http：//roll.sohu.com/20130113/n363302161.shtml。

② 《虚幻的台湾优越感》，台湾《中国时报》2014年6月6日社评，http：//taiwan.huanqiu.com/article/2014-06/5013418.html。

样，不仅获得了身份转变，而且拥有了机会共享、权益共享、利益共有、保障共有的机会。

最终的阶段通过不断培养两岸民众的文化与政治认同来实现两岸社会一体化。平等化主要是针对在大陆的台湾同胞而言的，但是，台湾同胞不仅只有大陆台胞，还有大量的岛内同胞，他们数量更为庞大，对两岸实现和平统一的影响力更为明显。对他们来说，需要面对的问题不是平等化，而是“台湾人”和“大陆人”的差别。从更广阔的视角看，台湾人与大陆人不应互有身份优越感，要通过社会融合重塑“中国人”的身份认同。两岸民众在经历一体化阶段后，只有地域之别，而无身份差异。他们都是居住在中国领土的公民，享有同等的劳动就业、公共福利、政治参与等方面的待遇，共享社会发展成果和国家荣耀。

当前两岸社会融合进程总体上处于第二阶段，即交流障碍已经大大减少，虽然仍需在经济、政治、社会、文化等方面继续松绑，特别是台湾当局的政策限制还比较多，但与30年前相比，两岸社会大交流的态势已经形成且难以逆转。当前阶段的主要融合目标是平等化，即让台湾同胞，尤其是在大陆的台湾同胞应该获得与当地大陆同胞的同等待遇，既无歧视待遇也无特殊优惠，先在大陆台胞群体中真正实现“两岸一家人”，做到公民待遇的无差异化。

（四）小结

两岸社会融合是两岸民众之间通过多方面的互动、理解与认同，消除因政治历史等因素造成的相互之间的隔阂与不适应的过程，在此过程中不断增强利益联系与文化和政治认同。两岸社会融合既是过程也是目标状态。两岸社会融合是大陆民众与台湾民众在经济、政治、生活和文化四个层面的融合，目前两岸经济和生活领域的融合还是比较高的，主要是政治和文化领域的融合程度较低，主要表现为政治和文化领域的“台湾认同”仍然偏高，比例过半。问题的产生原因，既有大陆自身国家建设水平仍然不够的基本面因素，也有策略面因素。未来推进两岸社会融合需要注意，融合的真正实现是一个逐步深化的过程，应避免将下一阶段的目标提前为当前任务来执行。推进两岸社会融合大体可分为三个阶段：交流阶段的目标是实现“你中有我、我中有你”，即两岸社会互相往来打破隔绝；深化阶段的目标是实现“怎么待我就怎么待你”，即台湾同胞在大陆享有与大陆同胞无差异的平等待遇；认同阶段的目标是实现“你就是我、我就是你”，即台湾同胞与大陆同胞均认同自己的中国公民身份。推进两岸社会融合每个阶段对应呈现的社会文化现象分别是多元化、平等化、一体化。在此过程中，大陆应牢牢把握历史发展的大方向，以极大的耐心和真诚的亲情继续培育和增进两岸民众的相互信任与心灵契合，努力引导台湾民众对大陆有正确的认识和印象，增强理解与好感，积极有效推动两岸社会融合。两岸社会融合是两岸结合为一个统一、协调的整体，也是重塑“中国公民”身份认同的过程，最终目标是形成两岸民众具有基本政治文化认同、在国际上共享中国人尊严的两岸命运共同体。届时两岸民众只有地域之别，而无身份差异，享有同等的国防外交、公共福利、政治参与等方面的待遇，共享经济发展成果和国家荣耀。

三、文化发展

“文化”指的是社会群体的特征。“社会群体”可以小到家族或企业，也可以大到民族或国家，乃至东方和西方。“特征”的范围则极其广泛，有两分法、三分法、四分法、六分法等。[①] 人们使用“文化”概念时一般指的是狭义内涵的特征，即这个社会群体所创造的精神财富，包括生活方式、宗教信仰、风俗习惯、道德情操、学术思想、文学艺术、科学技术、思维方式、审美观念、家庭制度、社会制度等。本书所使用的“大文化”概念则是广义内涵的特征，不仅包括精神领域的隐性文化，还包括房屋建筑、交通工具、饮食服饰、日常用品等物质领域的显性文化，强调是物质和精神特征的总和。

大文化是一个社会群体的总体特征。这些特征，无论是物质文化还是非物质文化，从是否具有共通性的角度看，可分为普遍性大文化和特殊性大文化。“普遍性”是各个社会群体都会有特征，例如世界各民族都会使用工具，而且工具发展大体都经过了石器时代、铜器时代和铁器时代的历史阶段，只是不同民族或早或晚。“特殊性”是不同社会群体具有的不同特征，不见得在各个群体都会出现，例如同样是使用餐具，东方民族多使用筷子，西方民族多使用刀叉。

普遍性大文化代表着一个社会群体的发展程度。从采猎到农耕，从马车到汽车，从弓箭到枪炮，从神治到人治再到法治，这些大文化特征标志着文明的进步，也是大部分民族都经历过的文化演化。因此有学者将文化的普遍性定义为“各民族的文化按照共同的规律发展并经历着共同的基本形态”，并认为由于

① 学界对文化范围的分类，两分法即分为物质文化和精神文化；三分法即分为物质、制度、精神；四分法即分为物质、制度、风俗习惯、思想与价值；六分法即分为物质、社会关系、精神、艺术、语言符号、风俗习惯等。西方社会学多以物质文化和非物质文化划分。[美] 约翰 . D. 卡尔（John D.Carl）:《社会学》，刘铎等译，中国人民大学出版社，2013 年，第 48—49 页。

人的生理结构及其功能的相同性决定了人性的一致性，进而决定了文化的普遍性。[①] 这些普遍性特征具有传播性，先进的工具、制度和思想，往往是大多数社会群体向往和追求的目标，后进的社会群体会主动向先进的社会群体学习和靠拢。

特殊性大文化代表一个社会群体区别于其他社会群体的方面。汉语文化圈的人可以深刻理解中文诗词的优美意境，英语文化圈的人可以深刻感受英语表达思想的准确性。这些特殊性特征各有优劣，不必然具有传播性，但它是一个社会群体自我认同的内在力量。有的特殊性特征可以延续很长时间，例如中国古代的诗书礼乐和琴棋书画；有的可能时间不长就消失了，例如某些少数民族纹面和打落牙齿作信物的习俗。当一个社会群体特殊性文化特征消失的时候，基本也反映这个社会群体正在融入其他社会群体的潮流。民族融合是典型的例子，两晋南北朝时期活跃在中国北方的五大民族匈奴、鲜卑、羯、氐、羌后来都因为失去了本民族特征而成为了历史名词。特殊性大文化源自各个社会群体特殊的生存环境，从自然环境到社会环境，最初的不同加上人们行为方式的路径依赖，最终形成较稳定的特殊性特征。

普遍性大文化与特殊性大文化对社会群体的存在与演变有重要影响。普遍性大文化是不同社会群体趋同、融合的动力，总是后进的社会群体向先进的社会群体趋同，原来的特殊性也可能在这一过程中随之消失。特殊性大文化是不同社会群体区别、存在的标志，不一定有先进与后进之分，但却是单个社会群体提升凝聚力与向心力的强大助力，并可能推动社会群体迅速学习和接受更先进的普遍性。在普遍性大文化与特殊性大文化的共同作用下，社会群体不断发生聚合与裂变。

大文化的载体是社会群体，社会群体可以有多种分类，例如以血缘和价值观为主要纽带的民族、和以地缘和制度为主要纽带的国家，当然，这些社会群体中还有各种各样的亚群体。因此，任何一个国家内的大文化都不是绝对一致的，即使是单一民族构成的国家内部，文化形态也不是同质的，各种各样的亚群体之间的观念、价值、信仰、生活方式都有较大差异，但这些特殊性的存在并不妨碍这些亚群体结合成一个有共同性的大群体。

国家是人类社会中重要的群体形式。原始人类为提高获取生存资料的能力

---

① 顾乃忠：《论文化的普遍性和特殊性——兼评孔汉思的“普遍伦理”和沟口雄三的“作为方法的中国学”》，《浙江社会科学》，2002 年第 6 期。

形成有组织的群体，并由部落逐渐演化出国家的形式。“国家不仅是阶级统治的工具，而且是管理全社会公共事务的机关……原有的古老的氏族组织面对着日益复杂而尖锐的社会事务已经显得无能为力了，于是一种新的社会管理机构（国家）便应运而生。”[①] 总体来看，国家的演化方向并非直线趋于稳定统一，更不是不断分裂，而是呈现“分合相间、趋向统一”的螺旋发展形态。“趋向统一”最直观的表现是：人类社会先出现部落，再由部落联盟演化出民族国家，再由现代主权国家演化出联合国，以及欧共体、东盟、非盟等国家联盟形态。国家有不断演化的内在规律，国家政治权力的变化是重要推动力。国家政治权力分配的问题有多元论、精英论、阶级冲突论等分析视角。多元论认为社会由不同利益群体组成，国家权力分配取决于群体间的讨价还价；精英论认为国家权力掌握在少数精英群体手中；阶级冲突论认为国家是统治者统治被统治者的工具，二者的斗争贯穿国家发展历史。[②] 虽然权力斗争的主体和形式不同，但均认为国家政治权力的分配是权力斗争的结果。社会学中的冲突理论认为社会变迁的动力主要是来自内部权力再分配的斗争。[③] 权力的集中或分散可能带来国家的统一或分裂。权力问题的解决是国家统一模式是否能够为各方尤其是具有分裂倾向一方所接受的关键。[④] 权力的本质，是一个人或一个群体和机构操纵以及形塑民众的观念和行为的能力，也有社会学家将“权力”定义为个人或群体控制或影响他人行为的能力，而不管别人是否愿意合作。权力的合法性来源于信任感，有了信任才能使权力、制度、社会和政治机构持续运作。[⑤] 从大文化的角度看，少数个人或群体能够带给广大民众先进的普遍性大文化，是产生民众对其的信任进而拥有权力合法性的源泉。

当国家面临统一或分裂时，是否具有先进的普遍性大文化关系到是否具有主动性。一方面，普遍性大文化较先进的一方更具有主动性，其对国家统一或

① 黄英贤、吴少荣、郑淳：《国家产生的原因是多样的》，《中国社会科学》，1984 年第 4 期。

② ［美］戴维·波普诺（David.Popenoe）：《社会学》（第十一版），李强等译，中国人民大学出版社，2013 年，第 524—528 页。

③ 社会学对社会变迁的规律总结主要有四种理论：社会文化进化论认为人类社会由简单进化到复杂，有单线和多线进化的观点；循环论认为社会文化经历无方向性的连续成长和衰落的过程；功能论认为社会变迁的动力主要来自外部环境；冲突论认为社会变迁的动力主要是来自内部权力再分配的斗争。［美］戴维·波普诺（David.Popenoe）：《社会学》（第十一版），李强等译，中国人民大学出版社，2013 年，第 677—680 页。

④ 李义虎等：《“一国两制”台湾模式》，人民出版社，2015 年，第 222 页。

⑤ ［美］安东尼·奥罗姆（Anthoy.M.Orum）：《政治社会学导论》（第 4 版），张华青等译，上海世纪出版集团，2014 年，第 2—3 页。

分裂的倾向对国家统一的实现影响很大。例如80年代联邦德国较之民主德国在科学技术水平、经济政治制度等普遍性大文化方面处于较为领先的地位，其主导两德合并也较为顺利和成功；19世纪60年代普遍性大文化较为领先的代表工业文明的美利坚合众国（北军）粉碎代表奴隶制度的美利坚联盟国（南军）分裂国家的企图则是武力实现国家统一的案例。另一方面，普遍性大文化较先进的一方为扩大自身影响力更倾向于宣传文化的普遍性（尤其是较为先进的普遍性），例如普世价值；而后进的一方为维系自身的存在更注重强调文化的特殊性（特殊性本身不一定是落后的），例如民族特色。当然，普遍性大文化与特殊性并不是截然可分的，例如先进国家的技术和思想（普遍性）被后进国家学习的同时，先进国家的服饰与饮食（特殊性）也常常会成为后进国家模仿的内容，美国牛仔服、摇滚乐和麦当劳的传播即是一例。

20世纪40年代中后期的中国内战导致台湾迄今尚未与中国大陆统一，解决台湾问题是实现中国完全统一的关键步骤。[①] 自1979年以来，中国大陆试图以极大诚意、尽最大努力、争取以“一国两制”的方式实现两岸和平统一，彻底解决台湾问题，然而迄今尚未实现目标。其深层原因，与两岸的大文化密切相关。

中国幅员辽阔，中国大文化包含众多地方大文化，这些地方大文化之间有共同性也有差异性。台湾文化如同闽南文化、岭南文化一样，原本只是中国大文化中的地方大文化之一，具有一个国家内部亚群体的文化特征。但是经过1949—1979年的30年与大陆的隔绝发展，其在大文化的普遍性和特殊性方面均发生很大变化，使之与其他地方大文化的差异明显增大。

普遍性大文化方面，台湾在经济市场化、政治民主化、管理法制化、信息自由化、出境免签化[②] 等方面起步较早，在大陆刚刚提出“和平统一、一国两制”的时代，台湾的人均生活水平和社会的民主法治程度都在很多方面高于大陆，而且中国传统文化在台湾没有像在大陆一样遭受“文化大革命”的冲击，因此台湾民众普遍在大陆民众面前有物质和精神文化的优越感，情感上难以接受被大陆统一，实力上又无法统一大陆。曾任台湾文化部门首长的龙应台曾描

① 中共中央台办、国台办编:《中国台湾问题（干部读本）》，九州出版社，2015年，第27页。

② 目前台湾已获150多个国家或地区给予免签证或落地签证待遇，几乎全部覆盖了台湾人常去的国家和地区，这使一些台湾人对只有20几个国家或地区给予免签的大陆人有某种优越感。

述台湾人的心理状态很具有代表性："他去办一个手续，申请一个文件，盖几个章，一路上通行无阻。拿了号码就等，不会有人插队。轮到他时，公务员不会给他脸色看或刁难他。如果他在市政府办事等得太久，或者公务员态度不好，四年后，他可能会把选票投给另一个市长候选人……政府的每一个单位的年度预算，公开在网上，让他查询。预算中，大至百亿元的工程，小至计算机的台数，都一览无余。如果他坚持，他可以找到民意代表，请民意代表调查某一个机关某一笔钱每一毛钱的流动去向。如果发现钱的使用和预算所列不符合，官员会被处分……海峡两岸，哪里是统一和独立的对决？哪里是社会主义和资本主义的相冲？哪里是民族主义和分离主义的矛盾？对大部分的台湾人而言，其实是一个生活方式的选择。"①

这是台湾在普遍性大文化的一些方面处于较先进发展阶段的心理反射。在这种现实状态下，台湾的统"独"取向对两岸关系走向的影响至关重要。遗憾的是，大陆针对两岸这种实际情况提出的"一国两制"政策的良好用意没能被台湾接受，台湾当局反而试图以"一国良制"的提法相抗衡。更糟糕的是，80年代末李登辉在台主政后的20多年间，台湾当局日益明显地放弃了原有的两岸统一目标。从90年代初开始，李登辉逐步背离一个中国原则，相继鼓吹"两个政府""两个对等政治实体""台湾已经是个主权独立的国家""现阶段是'中华民国在台湾'与'中华人民共和国在大陆'"，后来自食其言，说他"始终没有讲过一个中国"。李登辉还纵容、扶持主张所谓"台湾独立"的分裂势力及其活动，使"台独"势力迅速发展、"台独"思潮蔓延。在李登辉主导下，台湾当局采取了一系列实际的分裂步骤：在政权体制方面，力图通过所谓的"宪政改革"将台湾改造成一个"独立的政治实体"，以适应制造"两个中国"的需要。在对外关系方面，不遗余力地进行以制造"两个中国"为目的的"拓展国际生存空间"活动。在军事方面，大量向外国购买先进武器，谋求加入战区导弹防御系统，企图变相地与美、日建立某种形式的军事同盟。在思想文化方面，图谋抹杀台湾同胞、特别是年轻一代的中国人意识和对祖国的认同，挑起台湾同胞对祖国的误解和疏离感，割断两岸同胞的思想和文化纽带。2000年到2008年民进党在岛内执政期间，陈水扁在政治、经济、文教、国际等领域推行其两岸"一边一国"政策。2008年到2016年，在台湾重新执政的国民党当局虽然承认

① 龙应台：《台湾人为何不想统一》，网易新闻：http：//view.163.com/12/1004/10/8CVDICHO00012Q9L.html。

“一个中国”，但始终强调两岸的“各自表述”的差异，而且马英九的“不统、不独、不武”的两岸政策一直把“不统”放在首位。这使台湾岛内支持统一和认同自己是中国人的人数比重在不断减小，[①]2016年上台的有着“台独”党纲的民进党当局始终不肯承认两岸同属一个中国意涵的“九二共识”，使得实现两岸和平统一的目标难度不减反增。

两岸普遍性大文化的差异增大了国家统一的难度。由于台湾曾经在普遍性大文化某些方面的领先现实，加之其对大陆“一国两制”政策的误解和排斥，台湾民众对未来统一后国家权力分配和个人权益能否得到保障的不确定感，加重了其对国家统一的疑虑和对一个中国的国家认同的疏离。当然，特殊性大文化方面的差异也不容忽视。台湾在文字书写、日常用语、生活方式、价值认知、媒体生态等方面都与大陆有很大差异。台湾在特殊性大文化方面的特征与大陆相比并不存在明显的优劣之分，但越来越多的差异会强化台湾内部的文化和政治认同，弱化对整个中国的文化和政治认同。尤其是两岸在精神文化领域存在差异，大陆文化来源于中国传统文化、近代西方文化和社会主义文化；台湾文化则来源于中国传统文化、西方文化和日本文化，[②]台湾岛内根据两岸文化的差异性提出的“台湾文化主体性”，客观上有突出文化差异而增强“台湾主体意识”、弱化中国认同的效果。

因此，两岸和平统一进程中，大陆应加快发展普遍性大文化，使之重新回到世界先进行列，至少不能落后于台湾的发展水平，同时注意保持和弘扬中国特殊性大文化，充分发挥中国传统文化的独特魅力与影响力，提升两岸民众的凝聚力与向心力，增强文化与政治认同。

一是继续发展物质领域普遍性大文化。马斯洛的需求层次理论（Maslow's hierarchy of needs）揭示出人的生理与安全需要是人最基本的需求，衣食住行的

---

① 台湾政治大学选研中心调查显示，“两岸统独指数”在1995年达到10.1%的最高点，当时的台湾领导人是李登辉，其后便一路下滑到1999年的-0.9%。2000年陈水扁上台后，该指数迅速攀升，2001年升高到7.9%，随后持续下跌到2004年的-7.5%，2007年为陈水扁时期的最低点-9.6%。马英九上台后形势并未好转，2014年“两岸统独指数”跌到-12.9%的历史最低点。“两岸统独指数”是将支持尽快统一、偏向统一的民意支持度之和，减去尽快“独立”与偏向“独立”的民意支持度之和，此指数数值愈低，显示受调查者愈倾向独立。《台湾政大民调：台民趋独反统》，2015年02月22日，[新]联合早报网，http：//www.zaobao.com/wencui/politic/story20150222-449179。

台湾人认同指数1992年、2000年、2007年和2014年分别为-7.9%、24.4%、38.3%和57.1%，呈迅速上升走势。台湾人认同指数＝台湾人认同比重－中国人认同比重。洪奇昌、童振源，《蔡应宣示不追求法理台独》，[台]《联合报》2015年4月16日。

② 陈孔立：《两岸交流中的政治文化问题》，《台湾研究集刊》，1993年2期，第1—2页。

可靠、精美与便捷是人们普遍追求的物质文化目标，先进的物质领域普遍性大文化是增强吸引力和趋同感的最直接有效的内容。历史上中国在物质领域的普遍性大文化特征在世界范围内长期处于领先地位，房屋、舟车、饮食、武器、农具等众多方面都明显领先于周边地区，这也是为什么即使少数民族入主中原往往也被“汉化”的重要原因，因为任何社会群体都会有接受更先进的物质文化的内在动力。用火照明的文化最终要被用电照明的文化所取代。加强中国大陆物质文化的建设，持续提升民众生活水平，本身就是增强对台湾吸引力的动力源，也是当前最重要的动力源。大陆已经在很多领域超越台湾，并且这个趋势还在继续。

二是加快发展精神领域普遍性大文化。这方面的文化建设是看不见摸不着的隐性文化内容，但普遍认为有先进后进之分。例如一个国家或民族的价值取向和人际关系方面，团结、公正、勤奋、法治被普遍认为优于内斗、压迫、懒惰、人治，因此前者也是精神领域普遍性大文化的发展方向。大陆应加快发展精神领域普遍性大文化，使台湾民众对这方面的进步和成就感到信服。有国内学者将国家认同界定为制度、利益、文化、非国家共同体认同的“四位一体”，制度认同排在首位。认为国家是具有政治性和权力性的特殊共同体，公民身份的认同主要在于对国家政治体制、法律制度、执政者理念和行为等政治因素的认同。因此国家认同构建和强化的关键，在于如何从制度和行为的角度保证将公民吸引在国家这一共同体内。[①] 国外学者也非常重视制度在国家软实力中的作用。[②] 改革开放 40 年大陆取得的巨大成就离不开制度变迁，应该继续发挥不断进行自身制度改革的优势，持续营造制度红利，凸显大陆制度优势，增强两岸民众对大陆的制度认同，在制度、政策、价值观等方面占据人类精神领域普遍性大文化的制高点。

三是继承发展精神领域特殊性大文化。精神领域的大文化，普遍性的是世界各地基本都要出现的文化现象，特殊性的是具有自身特色、其他地区不必然出现但可能会受影响的文化现象。中国的特殊性大文化内容广泛，六经、六艺、五常、九流[③] 以及其主张的诗书礼乐、道德礼仪等精神文明都是显著特征，尤其

① 王卓君、何华玲：《全球化时代的国家认同：危机与重构》，中国社会科学，2013 年第 9 期。

② [美] 约瑟夫·奈：《软实力》，马娟娟译，中信出版社，2013 年，第 41 页。

③ 六经：《诗》《书》《礼》《易》《乐》《春秋》；六艺：礼、乐、射、御、书、数；五常：仁、义、礼、智、信；九流：儒、道、法、墨、名、杂、农、阴阳、纵横。

是政治上偏好“大一统”的特征，不仅有助于增强中华民族的凝聚力，也有利于国家统一。自秦朝建立首个郡县制的大一统帝国以来的2236年间，疆域广阔而政令统一的王朝更迭不绝，统一局面延绵久长。秦、汉、西晋、隋、唐、元、明、清、民国共1494年，统一时期占60%以上；即使按较严格的计算，减掉统一王朝中的分裂时期，实际统一时间为954年，仍占历史时期的40%以上。[①]长期的历史传统与中国人政治意识的互动形成和强化了国家统一的观念，也培养了处理国家与天下的开阔胸襟。天人合一、四海归一、家国一体、和谐仁爱、和而不同等中国传统文化精髓，都使两岸不仅在文化上有恢复国家统一的思想基础，也使未来统一后的中国有条件引领世界走向文明融合、秩序井然与永久和平。

2010年代以后中国大陆作为世界第二大经济体、第三大军事强国，取得巨大物质文化成就背后起支撑作用的价值观、文化、政策和制度等精神领域特殊性大文化开始显现。大陆方面对台工作应将重点转为精神领域特殊性大文化的建设与输出，传递和展示大陆在“集体主义”“和谐主义”“民本主义”等方面的理念先进性、文化深邃性和制度优越性。“集体主义”更加强调公共利益，是“中国梦”的核心。“中国梦”需要具有与提倡个人通过努力取得成功的“美国梦”不同的集体主义精神，“实现伟大中国梦，必须走中国道路，必须弘扬中国精神,必须凝聚中国力量。”[②]“中国精神”和“中国力量”共同组成中国大陆软硬实力的内核，集体主义是“中国道路”社会主义价值观的精髓。“和谐主义”是中国传统文化中最具代表性的理念和各家各派的共同主张，是中国人从古至今源远流长的文化心理、政治信条、智慧要求，在国民心中具有深远根基。建立和谐社会则不但要有“和谐主义”的文化理念，还必须健全一整套良好的和谐社会运行机制，包括：正确引导发展的激励机制、合理的利益表达和协调机制、强有力的社会管理和社会整合机制、有效地疏导和化解人民内部矛盾的机制。[③]“民本主义”（people-centralism）是有别于西方社会“民主主义”

① 朱磊:《天命之争：中国历史上的统一与分裂》，九州出版社，2013年，第323页。

② 习近平2013年3月17日在十二届全国人大一次会议上的重要讲话，中央政府门户网站：http：//www.gov.cn/ldhd/2013-03/17/content_2356344.htm。

③ 习近平:《构建和谐社会要突出四种机制建设》，新华网2005-03-04，http：//news.xinhuanet.com/newscenter/2005-03/04/content_2650270.htm。

（democratism）的东方特色制度体系，核心是“民为本、利天下”，[①]“人民对美好生活的向往，就是我们的奋斗目标”。[②]与“民主主义”下有投票权的民众在选举那一刻当主人相比，“民本主义”是民众通过合理有效表达意见的渠道与官僚任用选拔机制建立起的政治体系长期当国家的主人。这种体系中的接班人制度可以确保上一任政府的各项政策为下一任充分了解和支持，接任者在预备期内参与了各种政府决策与政策执行，具有西方民主不具备的维持稳定政治秩序、政策延续性、较少激进运动等优点，是比西方“民主主义”更民主的制度。[③]大陆在宣传和输出中国特色的价值观、文化和制度时必须不断自我发展和完善，让海内外民众都能真正认同和信任大陆的精神领域特殊性大文化。

四是创新发展物质领域特殊性大文化。物质领域特殊性大文化是中国传统大文化中的重要组成部分，诸如：琴棋书画中的笛子、二胡、古筝、琵琶、象棋、围棋、印章、毛笔、墨汁、砚台、宣纸、国画、壁画；传统建筑中的亭阁牌坊、园林寺院、钟塔庙宇、亭台楼阁、特色民宅；饮食医药中的茶道、酒品、菜系、特色食材、中药、偏方；民间工艺中的风筝、泥塑、纸扇、玉雕、漆器、织绣、彩陶、蜡染、瓷器、盆景、刀剑，等等，对两岸民众而言仍有巨大魅力。在原有的基础上创新发展，意味着双方共同事业与审美认同的连接与提升。这些产品在增强两岸产业结构与消费市场连接的同时，拉近了两岸民众的心理距离，大陆在这些产品上的创新也会增强对台湾民众的多层面吸引力，间接强化两岸的民族凝聚力和国家认同感。

总之，在国家演化过程中，普遍性大文化是否先进对于国家的统一和分裂有重要影响。因为先进的普遍性大文化会使民众对国家政治权力拥有者有更强的信任感，具有先进的普遍性大文化的政治权力拥有者无论其主张国家统一还是分裂，都会因其先进性强化其政权的合法性。从两岸的实际情况看，国家统一符合中国的历史传统和两岸的现实利益，[④]中国大陆始终主张并积极推动两岸统一，在这一过程中，大陆应认真专门研究并积极发展普遍性大文化，在这方

① 2013年3月17日李克强答中外记者会上的讲话，新华网：http：//news.xinhuanet.com/comments/2013-03/18/c_115062104.htm。

② 2012年11月16日习近平在十八届中共中央政治局常委同中外记者见面时的讲话，人民网：http：//politics.people.com.cn/n/2012/1116/c1024-19596289.html。

③ 杨开煌：《中国要走的道路不是民主而是民本》，2016年1月6日，中国台湾网：http：//www.taiwan.cn/plzhx/hxshp/201601/t20160106_11359183.htm。

④ 陈孔立：《和平统一的十大好处》，《人民日报》，2000年5月30日。

面位于先进阶段才能更好地把握主导国家演化方向的主动权，增强吸引力，使台湾民众由“要我统一”转变为“我要统一”，力求实现两岸民众自觉自愿的和平统一，这要好于武力威慑下的和平统一或非和平方式的统一。孔子说，“远人不服，则修文德以来之。”增强威信和吸引力的最好办法，就是强化自身在普遍性大文化方面的先进性。中华文化的复兴有赖于两岸共同努力，大陆在缩短甚至反超世界先进国家的普遍性大文化方面取得了巨大成就。恢复普遍性大文化的先进性无疑是一个相当长的过程，在此期间，有必要同时弘扬和发展特殊性大文化，加强共同的历史记忆和生活连接，引导和壮大对中华文化的认同，抑制和避免岛内分离倾向过快发展。

四、逆一体化

从历史的角度看，统一和分裂都是人类社会的组织方式，或组织方式的变化过程。以政治视角简化而言，在某地域范围内，存在一个最高权力中心即为统一；反之，若存在两个或两个以上的互不隶属的权力中心则各自独立，或称分裂。动态观察，统一的过程是指在一定时期内，某地域范围由多个互不隶属的权力中心转化为具有一个最高权力中心的状态，反之则为独立或分裂的过程。因此，狭义的统一，即指“国家之间或政权之间、一个国家或一个政权内部在政治上的一致、集中及结合为一个整体，而不是文化、民族、语言、风俗、经济、思想、宗教、血统甚至地理环境等等的一致性或整体性。”[①]广义的统一，可以理解为政治、经济、社会、文化等多领域的“一体化”。

2016年全球“黑天鹅”事件频发，亚、欧、美都有代表性的事件：1月16日对两岸经济一体化持消极态度的蔡英文当选台湾地区领导人，6月24日英国“脱欧”公投过关并将于2017年正式启动“脱欧”进程，11月8日美国总统大选中持孤立主义反对区域经济一体化的特朗普胜选。这些事件普遍出乎人们预料，与以往的经验和理论不符，促使人们更多地反思一体化的方向为什么会在全球范围内遇到当前较为集中的挑战。学界用反一体化、去一体化、反全球化、逆全球化等概念对该现象进行描述。该现象在全球和局部区域范围内都存在，因此本文提出适用范围更广的“逆一体化”概念分析这种与一体化潮流相反的现象的特点和成因，并将该理论分析运用于两岸关系的发展研究。

① 葛剑雄：《统一与分裂：中国历史的启示》，商务印书馆，2013年，第68页。

一个多世纪以来，“一体化”已经成为世界政治经济中最引人关注的现象之一。一般说来，“一体化”是指若干单位、集团、区域、国家聚合为新的行为体的过程、状态、结果和趋势。在某种角度上“全球化”可视为全球范围内的一体化，只是“全球化”概念不像“一体化”那样更强调建立垂直层次的体制型结构，即一定程度的超区域或超国家的体制和政策。从宏观角度审视一体化与全球化的发展，历史上有两次突飞猛进。在19世纪后半叶的工业电气革命中，铁路、电车、汽车等新交通运输工具的产生和电话、电报、无线电等通信工具的应用，大大缩短了国际贸易的时空距离，促进了跨国公司、国际垄断组织的产生和垂直生产分工体系。同时以英国为核心的欧洲国家间的区域协定和双边贸易协定又进一步推动了功能性统一市场建设，使得欧洲一体化得到了前所未有的发展，并形成对了相对开放的国际贸易体系，该阶段也被称为“激进的双边贸易主义”时代（Irwin，1993；Pollard，1974）。两次世界大战很大程度上打断了一体化与全球化的进程。二战结束后，一体化与全球化出现第二次飞跃，开启了多边一体化时代。西方国家建立起以美元为核心的布雷顿森林体系，形成了稳定的全球金融市场。世贸组织推动国际多边贸易体制、投资和生产的国际化，以跨国公司为主导的全球贸易促成经济组织形式、产业空间布局的转变，经济一体化与全球化向纵深发展。应对全球竞争加剧，欧洲等国采取了一系列的有关商业管理、劳务关系、企业内部联盟等措施，以减少国际贸易体系由原有的生产者为核心转变为以投资者为核心后对福利国家及企业的威胁（Akira，2003）。这一时期，各种区域一体化组织大量涌现，欧盟的诞生具有标志性意义。50年代，法、联邦德国、意、比、荷、卢6个欧洲国家率先通过一体化举措，从煤钢共同体着手，开始推行经济一体化，并建立欧盟委员会、部长理事会、欧洲议会、欧洲法院等政治性机构，1967年成立了欧洲共同体。其后于1993年过渡为欧洲联盟，确立了经济、外交、安全、司法与内务合作等一体化支柱，1999年推出欧元作为单一货币，欧洲一体化进程不断深化和扩大。

一体化现象在历史发展进程中在不同领域呈现不同特征，对其进行理论研究主要集中在国际经济学和国际关系学。前者主要研究宏观的区域经济一体化和微观的跨国公司一体化，后者主要研究政治一体化和社会一体化。各个领域研究重点和角度不同，但互为补充，对一体化现象的认识也不断推进。这四个领域的研究成果简介如下：

区域经济一体化的研究虽然早在20世纪30年代就已有文献探讨，但就

"经济一体化"一词在国际经济学标题索引中所能找到的最早文献应该是1954年荷兰经济学家丁伯根（Tinbergen.Jan）的《国际经济一体化》（*International Economic Integration*）一书，他将经济一体化定义为以区域为基础、提高区域内的要素流动以达到资源有效配置和利用的行为，分为两个方面："消极一体化"指单纯的物理边界的消除，"积极一体化"更强调规章制度对纠正自由市场的错误信号、强化正确信号并加强自由市场力量的作用。后来在此基础上美国经济学家巴拉萨（Balassa，1961）提出了区域经济一体化是采取旨在消除各国之间差别待遇措施的"过程"与上述差别待遇消失的"状态"并存的定义。他把经济一体化的进程分为四个阶段：贸易一体化，即取消对商品流动的限制；要素一体化，即实行生产要素的自由流动；政策一体化，即在集团内达到国家经济政策的协调一致；完全一体化，即所有政策的全面统一。区域经济一体化领域的几个代表性理论包括：以美国经济学家维纳（Jacob.Viner，1950）的《关税同盟理论》为代表的关税同盟理论；以英国学者罗布森（Robson）的《国际一体化经济学》为代表的自由贸易区理论；以美国经济学家西托夫斯基（T.Scitovsky）和德纽（J.F.Deniau）的大市场理论为代表的共同市场理论；以日本经济学家小岛清（K.Kojima，1971）提出的协议性国际分工原理为代表的协议性分工理论；以缪尔达尔（Gurnar Myrdai）、普雷维什（Raul Prebisch）和辛格（Hans Singer）为代表人物的中心—外围理论；以鲍里斯·塞泽尔基（Boris Cizelj，1983）著作《南南合作的挑战》为代表的"综合发展战略理论"。总体上是以降低生产成本、流通成本、行政成本、汇兑成本、财政成本等优势来解释一体化现象所带来的商品和生产要素自由流动，但也探讨一体化导致外围经济体贸易及经济条件恶化等问题。

跨国公司一体化的理论研究普遍认为始于海默（H.Hymer，1960）的"垄断优势理论"，该理论突破了长期流行的以国际资本套利来解释直接投资的观点，揭示了垄断和寡占厂商对外直接投资的动机，即厂商进行国际直接投资是通过公司内部的一体化获取五个方面的垄断优势：技术、管理、资金、信息、声誉、销售和规模经济。正是这些垄断和优势的存在，企业才能克服境外投资的附加成本，抵消受资方当地企业的优势，确保境外投资收益最大化。但是最先将国际贸易与国际直接投资纳入一个统一分析框架的是维农（Vernon，1966）的产品周期理论，他在《产品生命周期中的国际投资和国际贸易》一文中，利用产品生命周期的变化解释了美国企业战后对外直接投资的动机、时机以及区位选择。赫尔普曼（E.Helpman）和克鲁格曼（P.Krugman）1985年的跨国公司模型认为，由于要素价格的差异，跨国公司将生产活动分别在不同国家完成，以节约生产成本，母公司与东道国子公司间形成纵向一体化分工模式。马库生（J.Markusen，1998）和维那布（Vevables，2000）的分析表明：当存在较高贸易成本以及较为明显的规模经济效应时，跨国公司的活动将会在要素禀赋与市场容量相似的国家间进行，母公司在本国和海外子公司同时生产最终产品供给当地消费者，即企业将相同的生产活动重复地设置到不同国家的分公司或子公司，形成横向一体化分工模式，从而节约潜在的运输成本和贸易成本。“纵向一体化”与“横向一体化”理论代表了21世纪前跨国公司一体化的理论成果，但自耶普（Yeaple，2003）首次建立了一个内生性模型来分析跨国公司最优国际化战略之后，“复杂一体化”理论正在成为这一领域的新研究内容。

政治一体化的研究领域中，联邦主义一体化理论是历史最久的一体化理论，该理论的提出者主要是参与欧洲一体化进程的政治家而不是学者，其最终目标建立一个联邦国家，用一个全球联邦代替松散的联合国。麦凯（Mackay，1961）认为联邦主义是一种分配政府权力的方法，使得中央和地方政府在一个有限范围内是独立却又相互合作的。功能主义一体化理论则反对联邦主义理论所主张的“自上而下”完成一体化的政治主张，认为一体化应通过不断加强相互间的功能性事务合作“自下而上”逐步完成。功能主义创始人米特兰尼（Mitrany，1943）在其代表作《有效的和平制度》中提出“功能性选择”的一体化方式。功能主义理论认为国际政治一体化是必要且应该渐进的过程，并试图找出可以改变国际制度体系的功能方法，被用来作为欧洲一体化的理论支撑和解释，但无法最终解决国家主权的政治问题。哈里森（Harrison，1974）指出大多数功能化服务最终将会涉及资源配置，其决定权必然是政治性的。新功能主义修正了功能主义关于经济与政治的绝对区分假设，认为经济福利与政治权力只能相对区分。在此基础上，该理论对一体化的解释是，几个不同国家的政治行为体被说服将其效忠、期望和政治活动转移到一个拥有或要求拥有高于现在国家管辖权的新中心的过程（Haas，1958），一体化是各国放弃独立推行对外政策和关键性国内政策转而寻求做出共同决策或将决策活动委托给新的中央机构的过程（Lindberg，1963）。新功能主义一体化理论是介于联邦主义和功能主义之间的一种折中理论，较好解释了欧洲一体化，一度被奉为欧洲一体化的官方哲学。但由于功能性一体化并不必然导致政治一体化，在对新功能主义理论的批评中诞生了政府间主义一体化理论。霍夫曼（Hoffman，1966）认为各国政府愿意在低级政治领域进行合作，但在高层政治领域的一体化只能通过政府间的磋商和协调以及持续的讨价还价来进行。穆拉维斯克（Moravcsik，1993）创立的自由政府间主义理论对政府间主义理论进行了修正，将一体化解释成三个阶段：国家偏好的形成、国家间的讨价还价、制度选择，认为国内利益集团间竞争形成了国家偏好，并限定了达成潜在可行协议的空间，国家间通过谈判实力讨价还价，最终选择国际制度来执行达成的协议。该理论成为当代研究一体化的主流路径之一。

社会一体化的研究与政治一体化无法截然区分，但侧重点不同。交往主义一体化理论认为一体化的方法在于发展社会与人的关系，提出了建构共同体的方法及一体化实现的标准、条件与过程。多伊奇（Deutsch，1957）在其代表作《政治共同体和北大西洋地区》中将一体化的出现归结为不同社会的人们在交往中得到了实质性的共同利益，形成集团意识或共同体意识，并愿意为以后的交往中承担共同损失。他将一体化的形成过程归纳为三个阶段：核心区与社会学习、起飞与一体化发展、跨越门槛与一体化形成。该理论不同于政治一体化理论研究中对国家间互动的重视，研究更为普遍的社会和人的关系，将一体化视为共同体意识不断培养和推进的过程。建构主义一体化理论综合了政治一体化与社会一体化的研究视角，在将国家作为国际关系研究的主要分析单位的同时，采用了社会学角度解释一体化现象的研究方法。与仅集中于物质刺激动因的解释不同，建构主义充分重视共同的知识、学习、观念力量以及规范和制度结构的重要性，认为一体化是不同社会的人们通过互动产生并加强一些观念，并由此产生文化及人们独特的身份认定。该理论并不将制度放在至高无上的地位，而是认为人们的知识观念、利益有强大的自主性，与制度规则相互影响（Wendt，1999）。英国学者赫里尔（Hurrell，1995）综合了上述研究，从国际体系、区域和国内政治三个层次系统考察了区域一体化的动力。国际层次主要有新现实主义、结构互相依赖及全球化两种体系理论，前者强调无政府状态下的国际体系的限制作用和权力政治竞争的重要性，后者强调国际体系变化的特性和经济技术变化的影响。区域层次主要有新功能主义、新自由制度主义和建构主义三种理论，前两种理论都属于自由主义阵营，强调理性、福利和科技知识，对国际社会持多元主义观点，建构主义则强调物质和观念，即依赖与认同。国内层次主要有区域主义与国家凝聚力、国内制度与民主化、趋同理论。赫里尔在《地区主义的理论视角》一文中提出了五种变量来解释区域一体化现象：社会凝聚力（包括族性、种族、语言、宗教、文化、历史和共同的历史意识）、经济凝聚力（贸易模式、经济互补性）、政治凝聚力（制度类型）、意识形态和组织凝聚力。并用“新地区主义”的概念将涵盖范围突破了原有的军事安全和经济目标，将人权、民主、环境、文化、社会、犯罪、网络等内容都包括进一体化的内容中来。①

“逆一体化”是与“一体化”方向相反的过程、状态、结果和趋势，是反对不同单位、集团、区域、国家从隔绝到联系、从封闭到开放、从分散到聚合、从无序到有序的进程和趋势的立场和现象。“逆一体化”现象的出现有悖于过去各种一体化理论所揭示的诸如贸易开放、资本流动、人力流动、市场扩大、科技和观念交流、文化交流等一体化优点，因此有学者对“逆一体化”现象进行了规范性的价值判断，有文章称之为“逆流”。对该现象的性质判断，无论是局部地区的“逆一体化”还是全球范围的“逆一体化”或“逆全球化”，国内外学者存在多种看法，包括：是国家权力平衡机制的功能表现，是资本主义的长程周期性运动，是西方世界的问题大爆发，是发达资本主义国家再工业化，是逆资本主义化，是反殖民主义化，等等。②

“逆一体化”具有以下特点：第一，虽然近期集中爆发，但其实存在已久，是伴随一体化现象而生的。例如启动较早的欧洲一体化进程中始终存在反对一体化深入发展、阻止欧盟走向统一实体、要求维护本国主权与特殊利益的思想与行动，包括对一体化目标和措施的反对，如“欧洲怀疑论”和“反欧盟政治”等。第二，“逆一体化”表现在政权、政党、民众三大主体的分离倾向上。政权和政党层面既有直接反对一体化的政策或主张，也有反对一体化过快的政策或主张。从欧洲情况看，极左与极右政党多持“逆一体化”立场，而中间政党对欧洲一体化持积极态度。民众层次主要表现在各国民众在本国或本地区公民投票中对一体化举措的反对、对“逆一体化”立场政党的支持以及各种民间“逆一体化”组织的建立等方面。第三，“逆一体化”反映在政治、经济、社会文化等多领域。在政治领域，“逆一体化”主要集中在维持自身独立性、反对主权让

① 彼得·罗布森：《国际一体化经济学》，上海译文出版社，2001年；唐永红：《两岸经济一体化问题研究》，鹭江出版社，2007年。

② 贾瑞霞：《国外学者关于一体化理论的一些研究》，《当代世界与社会主义》，2000第3期；郭强：《逆全球化：资本主义最新动向研究》，《当代世界与社会主义》，2013第4期；梁双陆，程小军：《国际域经济一体化理论综述》，《经济问题探索》，2007年第1期。

渡和对超国家权力的抵触与不信任。在经济领域，“逆一体化”表现为经济政策与经济关系的疏远。在社会文化领域，“逆一体化”表现为突出自身的异质性，降低甚至切断社会文化联系。第四，“逆一体化”会对利益分配、主流民意、权力结构产生影响。在利益分配方面，一体化的进程中，各国、各地区、各阶层民众之间的共同利益总体扩大，但获利不均，存在集体与个体、大国与小国、“先行者”与“后来者”、精英与民众之间的利益冲突。在主流民意方面，反映在民众观念会因“逆一体化”现象的增多而发生改变。在权力结构方面，“逆一体化”现象的出现会使一些国家或地区原本边缘的政党有机会上台执政。[①]

“逆一体化”产生的根本原因，主要在于经济一体化与政治一体化的不同步。此前有学者提出市场经济周期说、财政金融扩张不稳定说、国际秩序制度缺陷说、组织内部惯性说等理论来解释“逆一体化”的成因。从国际经济学对一体化问题的研究成果看，经济一体化有利于各成员经济体的整体福利提升，但福利分配在不同利益群体之间差异很大。假设有两个经济体，一个较发达一个较不发达，各自内部均只有雇主和雇员两个阶级。两个经济体通过各种政策消除障碍、创造条件进行经济一体化，一般先进经济体的雇主阶级资金力量更为雄厚，而后进经济体的雇员阶级价格更为低廉，因此一体化开放资金和人力自由流动的结果，就是先进经济体的雇主阶级与后进经济体的雇员阶级相结合，先进经济体的雇主可以有更多的利润，后进经济体的雇员可以有更高的工资，他们都是一体化的获益者。但先进经济体的基层雇员和后进经济体的中小企业主如果不能在经济一体化的冲击下迅速进行转型提升，一般情况下他们将因丧失原有的位置和优势而成为一体化的利益受损者，于是转而反对一体化。由于先进经济体政治上大多实行“一人一票”的投票选举制度，先进经济体的基层雇员相对雇主阶级在数量上占有选票优势，为获取这部分选票的支持，一些政治力量就会迎合他们反对一体化的主张出现在政治舞台，并很有可能赢得选举的胜利。由于政治一体化与经济一体化不同步，支持一体化的数量可观的后进经济体的雇员阶级无法参与先进经济体的内部投票，使得“逆一体化”现象可能渐成气候。这一模型对微观层面的企业“逆一体化”现象也可以有很好的解释。当然，这只是一个非常简化的模型，没有加入一些现实性因素，诸如部分雇主阶级或雇员阶级因为一体化引入竞争机制可以化不利为有利，通过提升自

① 吴志成、王杨:《欧洲一体化进程中的反一体化》,《国外社会科学》, 2006 年第 6 期。

己水平或技能成为受益群体。

以前有研究人员提出，一体化的支持者和推动者主要是各国家或地区的政治精英、文化精英以及大企业集团等握有雄厚政治、经济、文化资源的势力，“逆一体化”力量则主要是对一体化进程缺乏影响力的群体，而且难以形成合力，在与一体化支持者和推动者的实力对比中处于劣势地位，因此“逆一体化”无法成为主流，只是短暂、局部和无足轻重的现象。但这种观点未能将政治经济领域的一体化现象联系起来看，更没有意识到局部地区“一人一票”的投票政治制度对全局范围内进行经济一体化的影响。严格讲，“逆一体化”力量在没有取得政权或形成政策之前还不能算是真正的“逆一体化”，从发展的趋势和当前的制度看，“逆一体化”必然由经济领域走向政治领域，使之成为一体化进程的现实阻力。虽然实际情况远比上述两经济体两阶级模型复杂，但原理相同，政治一体化的缺失和滞后、大量一体化受益者不能参与投票，肯定会形成经济一体化中较先进经济体内部拥有选票优势的利益相对受损者的有效反对，从这个意义上说，“逆一体化”潮流几乎是必然的。

“逆一体化”现象频频出现的全球背景下，两岸关系的发展变化也可以从该视角重新审视。自台湾问题产生以来，大陆方面一直主张两岸统一，特别是 20 世纪 80 年代中期，中共中央和中国政府确立了“和平统一、一国两制”基本方针，形成了改善和发展两岸关系的政策体系后，近 30 年来始终积极推动两岸经济和政治的一体化。面对大陆方面提出的“和平统一、一国两制”方针，台湾方面对两岸政治一体化选择了消极立场，1991 年制定“三个阶段”的“国家统一纲领”就表明台湾当局无意着手与大陆方面开始和平统一谈判，而是将之推到将来一个不确定的时间。随着李登辉执政后期与陈水扁执政时期坚持“台独”立场，推动“台独”活动升级，两岸政治一体化更无启动时机。甚至马英九执政时期两岸双方也无法就两岸结束敌对状态、签署和平协议的议题坐下来谈判。[①]

两岸经济领域的一体化却从一开始就冲破台湾当局的“三不政策”展现出充沛的活力，特别是 2008 年后达到迄今以来的高潮。2008 年 3 月，台湾局势发生积极变化，两岸关系出现难得的发展机遇。2008 年 12 月 31 日，中共中央总书记胡锦涛在纪念《告台湾同胞书》发表 30 周年座谈会上强调和平统一最符

① 孙亚夫:《概论 1987 年至 2012 年两岸关系发展脉络》,《政治学研究》, 2015 年第 4 期。

合包括台湾同胞在内的中华民族根本利益，提出首先要确保两岸关系和平发展，这是中共中央和中国政府第一次提出实现和平统一首先要确保两岸关系和平发展的论断。和平发展与和平统一相比，其侧重点是两岸经济一体化优先推动，从这个角度看，政治一体化需要等待水到渠成的适当时机，再开启两岸政治协商与谈判。

2008年后的8年间，在"九二共识"、反对"台独"的基础上，两岸关系稳定发展，两岸经济一体化取得丰硕成果，给两岸同胞带来了实实在在的好处。1.两岸经济关系正常化基本实现：两岸全面直接双向"三通"得以实现；两岸人员往来基本实现了正常的双向交流，旅游成为两岸人员往来的主渠道；两岸金融监管部门签署一系列协议和备忘录，两岸金融业交流与合作可以正常开展。2.两岸经济关系制度化取得突破：两岸两会举行11次会谈，针对两岸交流中的制度性问题签署了23项协议。3.两岸经济关系自由化有所推进：2010年两岸签署《海峡两岸经济合作框架协议》(ECFA)，2011年海峡两岸经合会作为由两岸共同成立的执行与磋商机构在ECFA下成立，两岸在海关合作、产业合作、中小企业合作、经贸社团互设办事机构、青年创业等方面也成果丰富。4.两岸经济关系紧密化不断深化：两岸年贸易额升至近2000亿美元，台湾对大陆的贸易和出口依赖度分别接近30%和40%；大陆实际使用台资累计金额上升至将近1500亿美元，台湾对大陆的投资依赖度约为60%。两岸人员往来总量升至近1000万人次，数量增长8年间翻一番。这8年是两岸关系进展最显著、交流合作和协商谈判成果最丰硕的8年，是两岸经济、文化、社会联系水平提升最快、两岸经济一体化推进成果最为丰硕的时期。

然而随着两岸经济一体化的迅速推进，"逆一体化"现象也在两岸间出现。两岸签署了《海峡两岸服务贸易协议》之后，2014年台湾爆发"反服贸运动"，使得该协议在岛内陷入停摆，迄今未能生效。2016年岛内民进党执政，抛弃了核心意涵是"两岸同属一中"的"九二共识"，导致两岸经济关系制度化进程被迫中断，谈判已经进入尾声的《海峡两岸货物贸易协议》《海峡两岸争端解决协议》无法签署，两岸经济一体化遭遇严重阻力。蔡英文当局还在其"台独"政治理念下推行与大陆渐行渐远的"逆一体化"政策，包括推动"新南向政策"，提升对外经济的格局及多元性，以实现其就职演讲中提到的"告别以往过于依赖单一市场"的目标。蔡英文的这些针对两岸的"逆一体化"政策并非上台后才提出的，这些"逆一体化"政策主张能够得到多数台湾民众认可并取得岛内执政地位，不能简单归咎于竞争对手太差或政治立场使然，两岸经济一体化过程中利益相对受损的岛内民众的“逆一体化”倾向是值得重视的重要原因。

最近大陆学界的一些研究成果证实了以上判断。中国社会科学院台湾研究所2016年的相关研究显示：台湾很多一般民众和弱势群体不仅未享受到两岸经贸利益，反而因台商赴大陆投资、台湾工作机会流失到大陆而利益受损。两岸经济合作成果被“财团化”，推动两岸经济一体化的马英九和国民党也因开放两岸经贸政策而被反对者描述成为财团利益代言人。[①] 厦门大学台湾研究院2016年的相关研究表明：若不考虑宏观层面台湾收入再分配机制对岛内民众分配的影响，两岸经贸交流合作利益对台湾社会群体的初次分配状态与两岸经贸往来的开放进程与特点密切相关，受益最大的群体包括：直接参与两岸投资贸易的台商群体；受惠于两岸全面直接“三通”的台湾民众；受惠于大陆对台优惠政策特定对象的群体，如农渔业群体、旅游业及相关行业群体等。而这些群体以外的台湾雇员阶级与中小企业主则未必从中获利，即使获利，由于程度不同和岛内贫富差距加大，也可能成为“逆一体化”的支持者。评估还显示，岛内大企业在产业内利益分配中获益强于中小企业。从区域分布看，台湾南部地区在两岸经济一体化中的受惠程度低于北部。[②] 清华大学台湾研究院2014年的相关研究显示：根据对台湾家庭可支配所得进行分组统计，可以看到上层家庭和中下阶层家庭的所得差距正在不断扩大。最近十年来越来越多的台湾家庭在通货膨胀面前深刻感受到了前所未有的经济拮据状态。尤其是当他们看到不少富有的企业家在金融危机中不仅没有受损反而因两岸经贸合作而大把赚钱时，从难堪的拮据感中又爆发出强烈的相对剥夺感。欧洲社会过去常见的阶级政治，在今天的台湾已经浮现出来了，但这是一种没有阶级分化的阶级政治，其动因更多的是两岸关系中既有的国族认同问题和民进党近年来的社会动员路线转型。民进党选择站在受薪阶级、传统农工阶级及白领阶层的立场上说话，走“中间偏左”的路线，为两岸经济一体化进程降温，以抗衡国民党。[③]

台湾学界的相关研究也得出同样结论，“中央研究院”林宗弘与辅仁大学胡

① 张冠华：《台湾政党再轮替后两岸经济关系走向探析》，《台湾研究》，2016年第5期。

② 邓莉娟、马士伟：《两岸经贸交流合作对台利益分配状态分析》，《台湾研究》，2016年第5期；李非、黄伟：《全球价值链分工下两岸贸易利益的分配——基于两岸制造业贸易附加值的研究》，《经济问题探索》，2015年第6期。

③ 郑振清：《台湾激进主义的阶级政治根源》，《文化纵横》，来自观察者网，http：//www.guan cha.cn/ZhengZhenQing/2014_06_24_240422_s.shtml

克威的《爱恨ECFA：两岸贸易与台湾的阶级政治》是较有代表性的研究成果。该研究采取了一个简化的新马克思主义分类法，将台湾民众的阶级分为雇主、自营作业者（含农民）、非技术工人与新中产阶级（含技术工人或专家、经理人与专业经理人）、非劳动力四类。这四类阶级与非劳动力在整个样本中的比例分别为：雇主4.35%、自营作业者8.45%、非技术工人29.79%、新中产阶级21.1 %与非劳动力36.31 %。研究发现岛内最支持两岸经济一体化的是人数比例最少的雇主阶级。对雇主而言，税收和两岸利益分配都相对不重要，其相关系数都未达到显著水平，影响其支持两岸经济一体化的因素与其往来中国大陆的次数（生产要素流动性）及其对经济成长的预期密切相关，最后导致雇主认为泛蓝能够代表其阶级利益，进而影响其投票行为。在较反对两岸经济一体化的群体方面，所有关系的相关系数都达到了显著水平，意味着工人阶级认为台湾的税收比较不公平、两岸经济一体化会带来贫富差距、国民党不能代表其阶级利益。类似的情况也出现在不同族群之间。与外省族群多支持两岸经济一体化的倾向相反，福佬族群较少前往中国大陆、不认为两岸经济一体化能带来经济成长，而且比较倾向支持“台独”。

该研究设计了若干模型，其具体结论分别为：模型1的回归系数显示，雇主阶级去中国大陆的次数远超过其他各阶级，而中产阶级也显著地超过自营作业者与非技术工人，外省族群去中国大陆的次数显著高于其他三个族群。模型2的回归系数显示，资本家、自营作业者与工人阶级都认为税收不公平，不同族群与对税收的看法关系不显著，年龄与税收看法相关。模型3的回归系数显示，是否支持“台湾独立”受族群影响远高于阶级，外省族群明显地较不支持“台湾独立”。模型4的回归系数显示，各阶级成员对ECFA是否能给台湾经济带来成长并没有看法上的明显差异。模型5的结果显示，外省族群与不支持“台独”者不认为两岸经济一体化会造成贫富分化的后果，但是工人阶级与新中产阶级以及已婚者，也就是蓝领与白领受雇者不确定两岸经济一体化能带来好处，却倾向认为两岸经济一体化会造成贫富差距的恶化。有趣的是，教育程度较高者对这两个题目都做出正面回应，也就是认为两岸经济一体化会同时给台湾带来经济好和贫富分化。模型6显示，无论两岸经济一体化会对台湾经济带来好处或造成社会不平等，资方与教育程度较高者仍显著地支持，这个现象可以理解为资产阶级与人力资本拥有者在预期将获得贸易利益之下具有自利倾向的政策选择；而支持“台独”者则是显著地反对两岸经济一体化；外省族群与常去中国大陆者支持两岸经济一体化的效果完全被其他变量取代了。模型 7 的回归系数显示，非技术工人较倾向民进党能够代表其阶级利益；外省族群（无论他们在什么阶级位置）强烈地认为国民党代表其阶级利益；支持“台独”者（不少农民与自雇者）则认为民进党才能代表其阶级利益。模型 8 的回归系数结果可以发现，非技术工人与新中产阶级（广义的受雇者）显著认为民进党较能代表其阶级利益，但是将年龄加入考虑之后，可以发现年龄越大的资本家与新中产阶级越倾向国民党代表其阶级利益，支持国民党的分界点大约在 47.8 岁左右（工人阶级则为 58 岁以上）。也就是说，台湾掌握企业权力的资方与资深专业管理阶层更支持两岸经济一体化，同时也更倾向国民党代表其阶级利益，青壮年受雇者则认为民进党才代表其阶级利益。在最后一层模型里，当受访者被问到国民党或民进党代表阶级利益时，教育程度、婚姻状态与去中国大陆的次数等因素都丧失统计显著性。可见，相对于其他因素，阶级位置与族群身份的影响力可以直接决定选票倾向与政治行为。①

研究认为，台湾的阶级投票现象并非来自传统的工会组织或左派政党组织根植于劳工社区的选举机器，或许也不是由于选民强烈的阶级觉悟或者社会主义意识形态，而是来自两大政党在某些具体的税收或福利政策，与对外贸易利益分配政策的些微差异。台湾民主化后随之而来的是后工业化的社会转型与两岸经贸开放政策的冲击，两者或许互为因果，造成产业外移与技术升级，带来了结构性失业与贫富差距的恶化。在此一过程中，资本与技术拥有者的所得大幅上升，低技术工人与自营作业者的实质所得成长停滞，相对收入下滑。此外，掌握企业权力的资方与资深经理人获益、本地青壮年的创业机会与就业机会双双恶化（林宗弘，2009），正是在这个民主似乎趋于巩固、阶级流动似乎趋于停滞、阶级以及世代收入分配缓慢恶化的局势下（苏国贤，2008），台湾出现了阶级与世代政治回温的现象，两岸经济一体化引起的政治争议突显了不同阶级与世代的利益分配问题。因此，两岸经济一体化政策可能会造成内部阶级与产业利益的重分配，这种潜在的所得效果已经激起不同阶级与族群对两岸经济一体化的两极化评价，并且至少部分引导了选民的投票行为。在可预见的未来，若是开放贸易对刺激经济成长的效果难以衡量，或是贸易利益集中在少数产业与厂商而使其分配极为不均，将会对台湾变动中的阶级政治造成更大的影响，甚

① 林宗弘、胡克威：《爱恨 ECFA：两岸贸易与台湾的阶级政治》，《思与言》第 49 卷第 3 期，2011 年 9 月。

至可能逐渐改变政治版图与两岸政策的走向。

从以上两岸学界的相关研究可以看出，岛内不同阶级在两岸经济一体化面前的态度和反应是存在明显差异的，在反对者在数量上明显优于支持者时，要么是主张“逆一体化”的政党上台，要么是原来的执政党调整政策，这是政治一体化不能跟上经济一体化步伐的必然结果，而经济一体化过程中利益分配不均其实也是资本主义制度财富分配不均的必然反映。在台湾当局未能采取财政税收、转移支付等强有力的二次分配手段配套两岸经济一体化的情况下，两岸经济一体化过程中利益分配的市场差异必然导致岛内出现“逆一体化”主张。由于台湾没有与其他主要经济体进行一体化的制度建设，因此岛内也很少有声音对两岸经济关系之外的其他台湾对外经济关系提出公平分配的要求。按照本文前面提出的简化模型，台湾岛内人数占优势的“逆一体化”的支持者在两岸政治一体化缺位的前提下拥有选票优势，可以通过投票支持主张“逆一体化”的政党上台从而阻挠一体化进程，如同英国投票“脱欧”一样，并不是偶然事件。

综上所述，两岸经济关系制度化协商进程中断，《两岸经济合作框架协议》的若干后续协议无法签署或生效，虽然有偶然性的具体原因，但从全球范围来看，该现象既是全球性“逆一体化”背景下的产物，本身也是两岸关系中“逆一体化”的表现。某种角度看，近年来引人关注的“台独”和“港独”活动都在一定程度上是与大陆“逆一体化”的映射。政治一体化与经济一体化如果能够同步推进，二者可以形成良性的正反馈，经济一体化中的整体上占多数的利益群体会通过推动政治一体化确保经济一体化的成果或方向，例如受益于两岸经济一体化的台商阶层和大陆劳工阶层假如都有投票权，可以与台湾劳工阶层共同决定台湾未来的经济政策和执政政党，共同商议利益分配的合理方案，那么确保两岸经济沿着一体化的方向发展是可以预期的。但现实世界中的情况是，经济影响是全面的，政治投票却是局部的，局部范围内相对占优的选票决定了政权与政党的政策取向，形成对一体化具有现实阻力的“逆一体化”力量。

第四节　台湾民意发展现状

当前台湾民意与30年前两岸刚刚打破长期隔绝状态开始交流时的情形已经大为不同，自认为是“中国人”和主张两岸统一的民众比例已经大幅下降，以“台湾人”自居而谋求台湾“独立”的人数比重则迅速上升。根据台湾联合报系民意调查中心 2016 年 3 月公布的民调数据，[①] 岛内民众认为自己“是台湾人而不是中国人”的，从 1996 年的 44%，到 2006 年的 55%，再到今年的 73%，屡创新高，而认为自己是中国人的只有 11%，显示“维持现状”的阵营正源源不断流向“台独”阵营。虽然 46% 的民众主张台湾应永远维持现状，仍为当前主流民意，但有 19% 希望尽快“独立”（“急独”），17% 倾向维持现况以后再“独立”（“缓独”），4% 主张尽快统一（急统），8% 倾向维持现状再统一（缓统），46% 希望永远维持现状，另有 6% 无意见。值得注意的是，主张“急独”与“缓独”的人同比增加 8 个百分点。从世代差异看，各世代中以 20 到 29 岁年轻族群自认是“台湾人”的比率最高（85%），主张“急独”（29%）及“缓独”（25%）的比率也都高于 30 岁以上族群，这意味着未来“台独”意识还将增加。可以得出结论：“台独”思潮在岛内已成泛滥之势，“台独”势力日益坐大，日益年轻化，而且愈演愈烈。

虽然大陆有些学者将“台独”意识产生和扩大的原因归结为台湾独特的社会历史根源、国民党专制独裁统治以及民进党上台执政“独化”台湾社会，但这样的分析解释力似乎仍不够：比台湾受殖民时间更长的港澳为什么回归时没有产生强烈的“独立”意识？如果将“独立”意识的产生归结为蒋介石政权独裁专制给台湾人民造成极大的心灵创伤，在那个历史时代，基本上都有过同样经历的大陆其他地区为什么没出现独立意识？至于用民进党上台执政“独化”台湾社会来解释“台独”意识的迅速成长，则明显忽略了没有“台独”意识迅速成长何来“台独”势力上台执政的逻辑问题。笔者以为，两岸交流 30 多年来，统一意识不增反减，“台独”意识不断蔓延，是国际因素、岛内因素和大陆因素共同作用下的结果。本节重点从两岸官方与台湾民众的三方博弈与互动，分析作为最重要的序参量的台湾民意是如何演变为当前状况的。

一、“台独意识”的成长

“台独意识”是以“皇民意识”为背景、以“民主意识”为包装迅速成长起来的。“台独意识”的成长与日本、美国的文化影响密切相关。当前岛内“台独意识”起源于日本殖民台湾时塑造的“皇民意识”，在二战后日本战败归还台湾给中国，但众多具有“皇民意识”的台湾人对中国政府的接管统治并不情

---

① 台湾联合新闻网 2016 年 3 月 14 日。

愿和适应，加之当时国民党政府忙于内战，在磨合期内酿成日本意识与中国意识冲突为背景的“二二八事件”，之后“皇民意识”转向“台独意识”。但两蒋时期台湾当局坚决反对“台独”，对民众进行中国意识的教育，“台独意识”缺乏发展空间，蒋经国时期只能混在“反威权、争民主”的口号中参与抗议台湾当局的社会运动。李登辉上台后放手“台独”意识发展，其时正值美苏冷战结束，美国一超独大，美国的民主制度和民主意识在台湾民众心中成为代表社会发展潮流的“普世价值”，追求民主在岛内具有了任何人都不能反对的“正当”诉求。岛内推动“台独”意识最重要的政治力量——民进党正是借着争取“民主”之名在反对国民党威权统治的斗争中壮大起来的，岛内民众在接受民进党的“民主”诉求的同时，也将选票投给了有着“台独”党纲的民进党。民进党上台执政后，立刻着手“台独”意识的正当化与普及化，“台独”意识于是大行其道，快速蔓延。

甲午战争后台湾被清政府割让给日本。《马关条约》签订后，许多不愿接受日本殖民统治的台湾人已经迁回大陆，留下的抗日份子在日据初期又被大规模杀戮，根据日本总督府的档案记载，日本统治台湾的头八年中，每一百个台湾的人中就有一个多被日本人杀掉，这还是缩小范围计算的，因为失踪的、受伤的、吓出病来的、坐牢的、被恐吓、被刑囚、被关押的都不算。幸存的台湾人多半只是习俗（如语言、服饰、饮食、祭祀等）意义上的中国人，在思想意识层面上对日本的强势文化已缺乏抵抗力，中国意识开始逐渐被日本“皇民意识”所取代。日本在台湾强行推动日语教育，塑造日本史观，当台湾人开始用日文看世界的时候，观念上就会形成日本的敌对国中国对立的“皇民意识”。日本在二次大战失败时，很多台湾人完全没有思想准备，中国在日本的宣传中只是个野蛮落后的国家，台湾人突然从日本手中被丢进中华民国的怀抱里，感觉适应不良。[①]

日本统治台湾五十年，由于经历不同，台湾人的老中青三代在民族认同上还是有所区别。台湾的光复是台湾老年人欢庆回归故国和中年人心灵解放，光复时到处所见的感人场面是他们由衷的内心反映。而青年人就未必如此，有的竟然为日本的战败而饮泣，甚至还有自杀以示效忠的。台湾的光复使得这些青年在国家民族的角色上在一夕之间倒转过来，一时难以适应，更不愿意照着镜

① 石佳音:《“台独”意识发端于甲午战败》，凤凰网历史，http：//news.ifeng.com/a/20140718/41214208_4.shtml.

子骂自己，面对这一段皇民化历史，大都是以日本统治带给了台湾“现代化的洗礼”“重秩序守法律的精神”之类的说法，予以掩饰美化。其实从时代的影响来看，台湾青年的皇民化完全是环境所塑造出来的，是自然而必然的现象。通观世界殖民史，只要统治上了轨道的殖民政府稍加怀柔，就会起着同化作用的效果，更何况是日本政府积极推动的皇民化。

光复时的台湾青年是在日本统治完全稳固之后成长的一代，并未亲身体验日本统治初期残酷的一面，他们是在单方面受日本教育灌输和洗脑的时代环境下长大，日本的强盛进步和中国的衰乱落后更是眼前的事实，自然也就形成这些青少年崇日轻华的价值观。二次大战后，受到皇民化影响的台湾青少年必须回归比日本落后而且陌生疏离的中国时，其心情必然是矛盾的。光复时许多青年在欢迎的码头上，看到从船上登岸军容破烂不整的国军就生出鄙夷之情，爱国心就打了退堂鼓，以后对着语言不通的大陆人，更觉得他们比日本人还像异国人。光复初期皇民化其实是在台湾青少年人心中，颇为广泛地隐性蛰伏着，他们对日本的感情甚至还多于对中国的感情。光复后单从海外归来的台籍日军就约有三十万人之多，这些人回台之后许多无业，生活无着满腹牢骚不满现实。所以“二二八事件”是在意识底层的国族认同的冲撞，简直难以避免。“二二八事件”时如果中国处于国家太平、政治稳定的情况下，处理“二二八事件”的方式或许会比较温和稳健一些，但当时国民党正处于国共内战的局势下，蒋介石已经把台湾的军队抽调到大陆去作战，这时台湾军力空虚，又传来有共产党人介入的“全岛叛乱”，因此紧迫而急率地处理“二二八事件”，国民党的滥捕滥杀、冤及无辜在全国各地都是如此，但台湾人特殊的心理状况使舆论导向“中国人不把台湾人当作自家人看”，用以作为鼓吹“台独”的理由。

“二二八事件”背后，是因日本殖民统治造成的国族认同冲突解决不了，“皇民意识”与中国意识的对抗。光复初期，台湾民众主动发起欢迎祖国热潮，但两岸间的心理隔阂并没有一夕消失。国民党政府一方面轻忽了日本殖民统治对两岸人心所造成的裂痕，“白色恐怖”等举措深化了台湾岛内的省籍矛盾，另一方面又忙于国共内战，对日本在台的殖民遗毒未曾彻底清算，“皇民意识”留存岛内民间。在事变发生6天后，由台湾乡绅组成的“二二八事件处理委员会”开会通过32条处理大纲，第一条就要求政府的武装部队“自动下令暂时解除武装”，等于缴械投降；第五条更威胁：“政府切勿再移动兵力或向中央请遣兵力，企图以武力解决事件，致发生更惨重之流血而受国际干涉。”蒋介石和陈仪面对的，不是内政上的，而是国家主权层次上的挑战。“二二八事件处理委员会”提出的处理大纲高度压缩了国民党政府退让的空间。事件中出现“托管”和“独立”的主张，心理动因跟“台独”一致，而“台独”意识的起源就是日本殖民统治。

很多“二二八事件”的文献里都提到，事件期间本省人区别外省人和本省人的方法就是唱日本的军歌。因为陈仪到台湾担任行政长官时，从福建省带了不少人过来，所以政府里有很多会讲闽南语的外省人，有些人甚至会讲日语，但基本上肯定不会唱日本军歌，不会唱就肯定是外省人，本省人就可以打杀。所以很明显，不能把“二二八事件”简单地看成台湾的闽南人与内地人之间的省籍冲突，而是认同日本的台湾人，跟中国大陆来的中国人之间的冲突。此一事件以暴力冲突始、军事镇压终，国民党在事件后六十余年都未能重建、巩固台湾人民的中国认同，使得后来的“台独”势力可以不断炒作此一历史伤痕，造成台湾社会的长期分裂和台湾人民对大陆的持续敌意。国民党撤台后对岛内民众进行的民族主义教育主要是诉诸感性的乡愁与反共，无法有效化解本省人对中国的不信赖、不了解和敌意。于是，以台湾本省人为主力的“党外”运动，自然会以“认同”作为动员反国民党力量的诉求，从“反国民党”变成“反中国”的“台独”运动。而“台独”一方面有赖于美日支持，必须强化台湾老百姓对美日的亲和感，一方面要在台湾史上寻找对立于中国的认同的基础，也很自然就会找到被日本用台湾作为基地来侵略中国的日据时期。这就是现在“台独”的“去中国化”与“再皇民化”形成一体两面的原因。

后来“两蒋”的反共宣传使国民党的“反共”与“台独”的“反中”“仇中”难以区分，事实上为李登辉开始推动的“去中国化”和“台独”意识的快速蔓延打下基础。当大陆结束“文革”动乱开始改革开放时，受国民党反共教育影响的台湾人并不是共策统一，反而很容易从习惯性的“反共”“疑共”扩大成“反中”“仇中”，使“台独”搞的“去中国化”和“台湾主体意识”在岛内所向无敌，“独台”和“台独”成为主流。光复后出生的台湾人即使未受过日本教育，由于已经失去了从中国人立场看问题的能力，很容易对立于中国大陆。动辄以“多元化民主社会”自诩的所谓“台湾观点”说穿了就是美国观点、日本观点，也就是附庸观点。立场不同，观察问题的结论也不同。台湾人如果能够站在中国的立场看问题，大陆很多缺点都可以理解、容忍，只要它在持续改善，甚至会希望能够帮助改善。但如果站在美、日的立场，不认同中国，大陆做的所有好事——包括对台湾让利——都是坏事，因为大陆与台湾的走近都会妨碍“台独”意识的扩散。“台独”势力喜欢称国民党政府是“外来政权”，一方面暗示它是殖民政权，另一方面暗示只要推翻了外来政权，或者把它“本土化”了，变成本土政权，自然就能实现“民主化”，而这种“民主化”的内核其实就是“台独化”。

二、“台独”意识的传播

台湾通过概念分割诱使大陆逐步接受台方主张的正当性。“台独”势力网罗和利用一些台湾学者将一些传播“台独”意识的概念进行分割包装，通过区别形形色色的描述两岸差异的概念与“台独”概念的不同诱使大陆接受这些概念，使这些概念在具有宣传的正当性，逐步获得岛内广泛认可，同时不断将这些概念的内涵引向“台独”意识，将原本没有分裂意涵的概念向“台独”意识靠拢，利用普通民众并不会区分这些用语意涵差别的现实，夹带“台独”意识和“台独”主张公然传播。例如，先提出要“本土化”，也叫“台湾化”，即逐渐增加台籍人士在台湾当局权力中枢的比重，然后将“本土化”或“本土意识”引向追求自己当家做主愿望的“台湾意识”，在得到大陆官方认可之后再进一步提出“台湾主体意识”，其内涵更强调“以台湾为主”、崇尚台湾价值、重视台湾利益、遵循台湾优先，虽然实质是“台独意识”，但因没有明确讲“台湾独立”，而是强调台湾“主体性”，因此在岛内已获得普遍接受与认同。至此，与“台独意识”并无本质区别的“台湾主体意识”已经在岛内具有了舆论正当性，通过岛内学者论述与政治行为的正反馈循环，日益成为具有合理性和影响力的主流意识，为“台独”意识的传播和占据主导地位打开了方便之门。

概念分割的特点是具有隐蔽性和迷惑性。在一种概念尚不能获得舆论认可的时候，先用舆论可以接受的概念宣扬理念，引导民众认同，使其具有正当性，在民众普遍可以接受之后，再提出更激进一些的概念，重复上述过程，直到最终使自己的核心理念成为民众普遍接受的主流意识，也就完成了把握舆论这个关键序参量的系统演化钥匙。“台独”势力正是通过这种分步推进的策略，将台湾社会主流民意由认可“本土意识”引向追“台湾意识”，再过渡到“台湾主体意识”，此时距下一步迈向“台独意识”已经距离很近、唾手可得了。在这一过程中，“台独”势力运用了社会舆论与政府政策的正反馈效应，当一个概念抛出时尽量避免过激而引发众怒，即使该概念并未被大众接受，也可以通过街头运动、抗争、冲突等手段将诉求声势拉高，迫使台湾当局做出不同程度的认可和让步，反过来影响更多民众认为该概念具有合法合理性，通过这种循环放大的效应使之逐步成为岛内主流民意。此时如果能够说服大陆接受这种概念，则更增添了其正当性。

“台独”势力的操作手法，往往是先确立其论述的“正当性”，然后将其他论述逐渐打成“不正当”的论述，占据主流意识观点。80年代，“台独”势力在岛内提出“台独有言论自由”，如今岛内“台独”几乎成为“唯一享有自由的言论”。其手法就是：先将“自由主义”吹捧成普世价值，然后再把它窄化成“多元”、“包容”等程序性的价值，再把这样的程序价值绝对化，成为“价值相对主义”，也就是“关于事实或价值的任何主张都无是非对错之分”，这样就从公共议题场域中抽掉了“讲理”的必要性。于是，“台独”便可以“多元”“包容”为借口，先强迫他人容忍他们的主张，再借着绿媒的民粹炒作造成声势，压倒其他立场、主张，最后封杀任何对其“台独”立场进行理性讨论的可能性。简言之，“台独”正借着“自由主义”的伪装，靠着语言和文字的暴力，打造“台湾主体意识”的一言堂。结果台湾社会越来越分裂，最后陷入“信者恒信，不信者恒不信”的困局，不再有人相信真理真相、公是公非的存在，一切靠声势取胜，同时借由“台独”教改将这种对言论自由的扭曲、滥用灌输给台湾年轻学子。

教育领域是“台独”意识传播的重要战场。“台独”教改将自由社会的“多元”现象视为终极价值，再用历史教科书毁掉学生理性思考群体社会现象及道德价值的能力。在这样的教改下成长的年轻人，很难不成为价值相对主义者。他们不相信人类社会还能有真理真相、公是公非，于是将“只要我喜欢，有什么不可以”奉为圭臬。[①]台湾青年是在“教改”之下成长，教科书已经全部改成“台独”史观，只要一个高中毕业生不是非常爱思考，也不愿意看课外书籍，那么几乎可以确定他会成为“台独”。台湾为了“课纲微调”的问题吵得不共戴天就是因为“课纲”是关系到“意识台独”成败的关键战场。“台独教改”中最关键的问题就是“台湾岛史”和“同心圆史观”。现在台湾的小孩子读历史，首先得到的就是完全以地理区域为主的历史知识，知道这个岛上荷兰人、中国人、日本人等人群来来往往，但不知道前因后果。台湾学生先认同这个“台湾岛”，

① 石佳音:《台湾为何只剩“台独”分子的“自由”》，http：//www.guancha.cn/ShiJiaYin/2015_09_21_335001.shtml.

看世界时就从这个地理上的主体往外扩散，结果台湾岛史就是本国史，中国史和其他国家的历史一样成了外国史，而且这个“中国”对台湾并不友善，某种程度是台湾最大的假想敌。同时，这样成长的一代也容易把霸权视为主导台湾历史发展的主要力量，于是，他们或者崇拜霸权、反道德，或者变成价值相对主义。他们也无法区分民主跟民粹，无法区分台湾“民主”表象的背后，是“台独”媚日反中的运动。

三、来自大陆的善意

大陆的善意未能充分转化为台湾民众的信任，反而助长其提高要价。大陆通过语言和行动在精神上与物质上对台湾民众释放各种善意，希望这些善意能赢得台湾民众好感，从而转化为台湾民众对大陆的信任。如果没有任何其他因素的干扰，惠台措施的确可以赢得好感并向信任转化，但现实是两岸政权存在博弈，大陆试图影响台湾民意的同时，台湾当局也在极力影响岛内民意，并通过其在岛内的控制力在影响岛内民意时具有先天优势，例如禁止或限制大陆媒体在岛内的舆论传播，或者扭曲宣传大陆的惠台政策与善意，至少可以在为数更多的未与大陆发生经济利益联系的岛内民众间制造对大陆惠台不均的反感，民进党执政时尤其如此。因此，大陆即使释放再多善意，也难以让绝大多数台湾民众对大陆的好感超越对本土民选的台湾当局的好感，也就无法转化成统治政权赖以存在的被统治民众对该政权的信任。善意可以转化为好感，但好感不足以转化为信任。

关于政治信任的来源，学界有两种理论：文化理论和制度理论，前者强调政治信任是外生性的，源自长期存在而根深蒂固的信任；而后者认为政治信任是内生的，是制度运转的结果，取决于公民对于制度绩效的评价。从文化的观点来看，对制度的信任是人际信任的延伸，这种信任是在生活的早期阶段习得的，很久之后，再投射到政治制度上，因此制约着制度运转的能力。与此不同，制度理论认为对制度的信任是对制度令人满意地运转的预期效用，它是制度绩效的结果，而不是原因。对制度的信任是有其理性基础的，它取决于公民对于制度绩效的评价。绩效良好的制度就会导致信任，靠不住的制度就导致怀疑和不信任。在文化理论和制度理论各自内部，又可以在宏观导向的理论和微观导向的理论之间做出进一步的区分。这两者的宏观理论都强调信任是所有社会成员所广泛共有的集体或群体特性。与此不同，微观理论坚持认为由于社会化过程和社会背景、政治和经济经历或者个人的理解和评价行为不同，所以信任在社会内部的个人之间是存在差异的。[①] 历史事实中可以找出一些例子来证明两种理论的合理性，比较而言，制度理论的解释力更为突出，它不是要否认早期生活带来的文化影响这一事实，但在同一文化影响下，制度绩效的差异会形成不同的信任关系。制度绩效是形成对政治制度的信任的关键，信任能够更加确定和快速地建立起来，而不像文化理论所表明的那样要几十年或几代人的时间。信任可以通过改进政治制度的行为和绩效而得到培育。政府可以用旧有的方式获得公众信任，即通过对公众的优先事务做出回应、发现腐败行为和保护新的自由权利来获得信任；也可以通过那些承诺给整个国家带来物质上更好的未来并最终实现了这一前景的经济政策而获得信任。

大陆建立与台湾民众信任关系的特殊之处在于两岸尚未统一，大陆无法通过直接的管理制度与治理政策与台湾民众互动从而建立信任。从制度角度，大陆赢得台湾民众信任需要有两个方面：一是直接管理下的大陆民众对政府有较高的信任；二是通过对台湾民众释放善意增加好感为日后建立信任打好基础。近 30 多年来，大陆在第二方面做得很好，但如果第一方面绩效不彰，台湾民众的反应会是：我知道你对我是友善的，创造和提供很多利益，但你这样做是有政治企图的，不然为什么还没照顾好大陆民众就来照顾我？为什么大陆香蕉还在滞销你们却来台湾大批采购香蕉？为什么大陆很多地方需要建桥还没有得到满足你们却来台湾建桥？台湾民众存在这些疑虑的根源在于大陆在第一方面做得还不够好。2004 年，大陆某网站公布了一项调查数据，这项调查由中宣部、中组部策划，由新华社、人民日报、中国社会科学院和四个民主党派参加，调查范围是全国经济发达、次发达、较边远三类地区中的五十个大、中、小城市，调查内容是对中国共产党、政府的工作和期望、信任度。调查显示，只有两成的民众表示信任党和政府的工作。[②] 如果大陆民众对政府的信任度都这么低，怎么可能让台湾民众建立起更高的信任度呢？尤其大陆希望不断扩大两岸交流，希望互相了解，如果台湾民众了解到大陆民众对政府的信任度这么低，那么扩大开放交流的就很难有预期效果。

另一方面，大陆以宽容心态力图化解两岸敌对与仇恨，客观上反而助长台

① [美]威廉·米施勒、[英]理查德·罗斯：《何为政治信任的来源——以后共产主义国家为背景考察制度理论和文化理论》，周艳辉译，美刊《比较政治研究》，2001 年 2 月号（第 34 卷）。

② 程倩：《政府信任关系：概念、现状与重构》，《探索》，2004 年第 3 期。

湾拉高要价的心态，认为自己的各种要求是正当合理的，一味要求大陆理解台湾，而缺乏对大陆立场的理解。有意无意通过“进两步退一步”的方式在两岸的立场差异中提高己方要价。此外，大陆对分裂国家的顽固“台独”分子行径缺乏有效打击手段，经济手段对与大陆没有或较少经济联系的“台独”分子而言没有压制力度和惩罚效果，舆论、法律和军事手段还没有得到充分有效的发挥。

四、台湾当局的政策

台湾当局“文化台独”政策对岛内民意影响深远。李登辉和陈水扁当局开始积极谋求“文化台独”，蔡英文上台后不断虚化中华文化在台湾地区的主体地位，同时在理论和策略上又进行不少改进。[①]一是强化台湾历史，切断两岸历史连结。“台独”势力一直试图建立以“台湾”为中心的“台湾史”，并先后提出了“殖民史观”和“同心圆史观”，但叙事主体还是福佬人。蔡英文当局进行了两个调整：强调福佬人的历史悲情，将岛内各个群体都作为台湾的一个组成部分，并将台湾历史由岛内普遍流行的“四百年台湾史”推到了更远的台少数民族时代。蔡英文当局的“台湾史”由以人为中心和叙事主体的历史转变为以地理空间为中心和叙事主体的岛屿史。这样台湾史就与任何特定群体的活动范围没有必然关系，凡是进入和生活在台湾岛上的历史就是台湾史，而在进入台湾岛之前的活动都不属于台湾史，这种“岛屿史观”更加彻底地切断了两岸的历史连结，抹杀两岸的历史共性。二是倡导多元史观，取代传统的一元史观。李登辉和陈水扁当局是企图用“本省人”的历史观取代正统的中国历史观，蔡英文当局的做法是建构多元史观以取代一元史观。首先是建立“原住民史观”，淡化“汉人史观”；其次是建立“日治史观”，淡化“抗日史观”；再次是推动“转型正义”，瓦解“光复史观”。核心是切断两岸共同历史记忆。三是推动多元文化并存，削弱中华文化在台湾的主体地位。蔡英文当局对台湾岛内除了中国文化以外的各种文化都大力提倡和保护，特别是日本文化遗迹，也提出发展台少数民族文化和东南亚新住民文化。

蔡英文当局的“文化台独”策略对影响岛内民意、冲击两岸和平统一构成了新的挑战。其一，两岸同属中华民族的观点受到质疑。过去提到两岸同属中

① 李秘：《蔡英文“文化台独”的策略及其软肋》，“两岸关系——2016 观察 2017 走向”学术研讨会论文。

华民族，同文同种，同根同源，不会有异议。但在“文化台独”的影响下，岛内民众开始认为自己有独特的历史和文化，“台湾史”不同于“中国史”，“台湾民族”有别于“中华民族”。其二，以“民族情感”和“民族大义”为核心的统一论述难以感召台湾民众。很多台湾民众眼里，政治共同体不在于共有同一种血统、同一种宗教或同一种历史文化，而在于共同的领土疆域和公民身份，特别是共同的公共制度，即使原属同一民族也不是统一的理由。其三，以“中国”为中心的一元历史文化观难以说服台湾民众。“文化台独”所塑造的“岛屿史观”更符合台湾民众的生活常识，多元主义历史观和文化观一旦确立，台湾历史和文化就浊中国历史和文化的一个组成部分，而是一个交汇地带。大陆以“中国”为中心的历史观就很难再为台湾民众接受。

总之，二战后，在日本对台湾 50 年的殖民统治以及国民党在台湾进行 40 年的独裁统治和“反共”宣传的背景下，当国际环境条件变动时，“台独意识”以“皇民意识”为基础、以“民主意识”为包装出现，“台独”势力将一些传播“台独”意识的概念进行分割包装，使其具有宣传的正当性，形成舆论正反馈，逐步获得岛内广泛认可。大陆学界长期对“台独”的可能性与现实性重视不够，中国共产党力图以宽容态度和惠台举措化解岛内敌意与悲情，却无法通过直接的管理制度与治理政策与台湾民众互动从而建立执政信任与政权认同，台湾当局长期以来的“文化台独”政策使台湾的独特性在岛内深入人心，大大削弱了“民族情感”和“民族大义”的统一感召力，致使国家统一主张在岛内民意的系统层级上缺乏自生能力。

第五章　中国共产党对台方略

本章分六个阶段梳理中国共产党的对台政策演变，并简要概括当前大陆学界关于对台政策与战略的研究，在此基础上提出个人观点。

第一节　中国共产党对台政策演变

自1921年中国共产党诞生以来，中国共产党一直作为中国国家系统中一支最重要的政治力量活跃在中国发展进程中，台湾问题的演变与中国共产党的国家统一思想与对台政策演变密不可分。

一、1921年至1949年

中国共产党早期对国家统一的认识和政策有一个从模糊到清晰的过程。起初较为模糊是因为中国共产党建党之初的工作重心是配合国际共产主义运动在中国进行无产阶级革命运动，反抗帝国主义、封建主义和官僚资本主义的压迫，国家统一并非当时最为迫切的首要任务，很多共产主义者也没有意识到国家的消亡将是相当长的历史过程，因此在国家统一问题上着墨不多也比较模糊。日本发动侵华战争形势下中国共产党调整工作重心，一切围绕抗战，将反抗日本帝国主义侵略、争取民族独立和国家统一作为指导各项工作的中心原则，并在与国内外政治势力的周旋中对国家统一的认识和政策逐渐清晰化。抗战胜利日本投降后，中华民族实现民族独立和国家统一的最大外部障碍被清除掉，国家统一的外部影响因素转为美国和苏联，内部则是国共之间的矛盾。随着美苏冷战开始和国共内战爆发，中国共产党在国家统一问题上的主导思想由意识形态挂帅转向更加强调国家与民族利益，中国共产党对国家的理解是保护全国范围内人民民主专政的机器，国家统一则是对中国各族人民的解放，国家统一战略及具体政策也由早先照搬苏联的主张民族自决和联邦制共和国逐步转型为实现马克思主义中国化，主张符合中国的具体国情包括民族实际和历史传统的民族区域自治和单一制共和国。

1921 年中国共产党第一次全国代表大会通过的党纲中没有提及国家统一问题，当时受国际共产主义运动影响，中国共产党更重视阶级利益和阶级斗争，因此一大以俄文制定的《中国共产党第一个纲领》中将党的工作目标定为：“（1）革命军队必须与无产阶级一起推翻资本家阶级的政权，必须援助工人阶级，直到社会阶级区分消除的时候；（2）直至阶级斗争结束为止，即直到社会的阶级区分消灭为止，承认无产阶级专政；（3）消灭资本家私有制，没收机器、土地、厂房和半成品等生产资料；（4）联合第三国际。”1922 年召开的中国共产党第二次全国代表大会制定了第一个党章，发表了《中国共产党第二次全国代表大会宣言》，制定了中国共产党的最低纲领和最高纲领。最高纲领是：“组织无产阶级，用阶级斗争的手段，建立劳农专政的政治，铲除私有财产制度，渐次达到一个共产主义社会。”最低纲领即中国现阶段的革命任务，明确提出：“（1）消除内乱，打倒军阀，建设国内和平；（2）推翻国际帝国主义的压迫，达到中华民族完全独立；（3）统一中国本部（东三省在内）为真正民主共和国。”1923 年召开的中国共产党第三次全国代表大会的《中国共产党党纲草案》中甚至提出过“西藏、蒙古、新疆、青海等地和中国本部的关系由各该地民族自决”。① 这一时期中国共产党将国家统一与国际共产主义运动和反对国际帝国主义压迫结合在一起，更多时候是作为国际革命的一部分服从于国际无产阶级的根本利益。

随着第一次国共合作的破裂，1928 年中国共产党六大通过的政治决议案提出了中国革命的十大政纲，在“推翻军阀国民党的政府”和“建立工农兵代表（苏维埃）政府”的同时，提出“统一中国，承认民族自决权”，将国家统一作为明确的奋斗目标。日本帝国主义的侵华战争更加剧了中国共产党对国家统一的紧迫感和使命感。1935 年中国共产党中央发表的《八一宣言》提出建立包括上层在内的统一战线，以完全抗日救国的首要任务。1936 年中国共产党中央促成了西安事变的和平解决，建立了全国范围的抗日救国民族统一战线，将反抗帝国主义侵略、维护国家民族统一作为最重要的工作目标。抗战期间，中国共产党对国家统一目标的政策日益清晰。毛泽东在 1939 年提出，抗日战争中，中

① 中国共产党历次全国代表大会数据库，http：//cpc.people.com.cn/GB/64162/64168/64555/index.html。

国国家统一的基础是抗战、团结、进步。[①]统一于抗战，就是在抗战中实现国家统一，要彻底战胜中国实现统一的最大障碍——日本侵略者；统一于团结，就是国共两党团结抗战，以当时中国共产党的军事实力在国家统一问题上必须对国民党进行团结；统一于进步，就是发展进步力量，反对国民党中央政府的独裁和专制，主张在民族独立与民主自由的基础上建立统一国家。1943 年共产国际解散后，中国共产党在寻求适合本民族特点的革命道路和国家统一问题上更加能够独立自主。

抗战胜利前后，中国共产党提出国家统一的方式必须是“废除国民党一党专政，建立民主联合政府”。毛泽东在 1945 年 2 月对联合政府实现的可能性进行了分析：“第一种是坏的可能性，那就是中国共产党交出军队，国民党给中国共产党官做。军队当然是不交的，因为政府还是独裁的；去不去做官要具体分析，中国共产党准备了这种可能性，这种委曲求全为了团结抗战，同时可以进行宣传。第二种可能性是形式上废止一党专政，实际上是独裁加上若干民主。第三种是以中国共产党为中心建立联合政府，政府设在解放区。”[②]毛泽东在 1945 年 4 月的七大政治报告——《论联合政府》中提出：“成立包括更广大范围的各党各派和无党无派代表人物在内的同样是联合性质的民主的正式的政府，领导解放后的全国人民，将中国建设成为一个独立、自由、民主、统一和富强的新国家。”[③]抗战后期毛泽东的国家统一思想，集国家统一最终目标的坚定性、具体目标的现实性、民族利益与阶级利益的一致性、统一方法的灵活性、统一策略的正确性于一体，是其抗日战争时期国家统一思想发展的必然结果，又是解放战争时期中国共产党国家统一思想的历史与逻辑起点。[④]

二战结束后随着美国和苏联冷战的开始，苏联对中国共产党的支持力度加大，中国共产党对国家统一的目标和信心更加明确而坚定。当时国共两党都致力于国家的统一，但是两党的国家统一所要达到的目标是矛盾和冲突的。国民党所追求的是要建立“一个信仰，一个领袖，一个军令”下的个人独裁、一党专政的半殖民地半封建国家，它对于解放区和共产党军队始终不愿承认，极力予以取消。中国共产党所追求的统一，是以无产阶级为领导的代表中国人民根

① 《毛泽东选集》第二卷，人民出版社 ,1991 年，第 576—577 页。

② 《毛泽东年谱（1893—1949）》，中卷，中央文献出版社 ,2005 年，第 587 页。

③ 《毛泽东选集》第三卷，人民出版社，1990 年，第 978 页 .

④ 吕斌、栾雪飞：《论抗战后期毛泽东的国家统一思想》，《毛泽东思想研究》，第 24 卷，第 2 期，2007—3。

本利益的国家统一，是一个独立统一富强的新中国。毛泽东依据当时中国政治实际状态，坚持抗战、团结、进步、和平、民主为统一条件，用联合政府的主张促进国家统一。国共谈判破裂后，中国共产党不得不放弃通过和平手段组建联合政府实现国家统一的设想，转而通过武装斗争推翻国民党统治实现和维护国家统一。中国共产党经过战略防御、战略反攻、战略决战三个阶段的解放战争，击溃了国民党政权，实现了中国主体的解放和统一。1949 年 10 月 1 日中华人民共和国成立标志着中国共产党成为国家主体统一的新中国的执政党。同时中国共产党在长期革命斗争实践中逐步提出了民族区域自治的政策，并在建国前后正式建立了民族区域自治制度。

此时中国共产党对国家的理解是保护人民民主专政的机器，国家统一则是对中国各族人民的解放。毛泽东在 1949 年 6 月底的《论人民民主专政》中提到："消灭阶级，消灭国家权力，消灭党，全人类都要走这一条路的，问题只是时间和条件……但是中国共产党现在还不能要（消灭国家权力）。为什么？帝国主义还存在，国内反动派还存在，国内阶级还存在。中国共产党现在的任务是要强化人民的国家机器。"① 在国家统一问题上，一方面，要继续打击国民党政权的残余势力，"人民解放战争和人民革命运动还在向前发展，中国共产党还要继续努力"②；另一方面，要处理好统一国家中少数民族地区的治理问题。中国是多民族国家，中国共产党成立后相当长时期内曾经考虑采用联邦制来解决中国的民族问题，直到新中国成立前夕在起草《共同纲领》时毛泽东还提出到底是以联邦制还是单一制解决民族区域自治问题。周恩来在 1949 年 9 月《关于人民政协的几个问题》报告中说："中国共产党主张民族自治。但是今天帝国主义者又想分裂中国共产党的西藏、台湾甚至新疆，在这种情况下，中国共产党希望各民族不要听帝国主义者的挑拨。为了这一点，中国共产党国家的名称叫中华人民共和国，而不叫联邦。"③ 经讨论，这一建议获得通过，新中国建立了民族区域自治制度。后来新中国第一部宪法中明确规定："中华人民共和国是统一的多民族的国家……各少数民族聚居的地方实行区域自治。各民族自治地方都

① 《毛泽东著作选编》，中共中央党校出版社，2002 年，第 369—375 页。

② 《中国人从此站立起来了》，1949 年 9 月 21 日，《毛泽东著作选编》，中共中央党校出版社，2002 年，第 382 页。

③ 《建国以来重要文献选编》，第 1 册，中央文献出版社，1992 年，第 12 页。转引自《毛泽东思想基本问题》，中共中央党校出版社，2001 年，第 133 页。

是中华人民共和国不可分离的部分。”[①]

二、1949年至1978年

中国共产党在新中国成立之后是以执政党的身份和地位提出并实施自己的国家统一战略的，在《中国人民政治协商会议共同纲领》第一章总纲里开宗明义地提出：“中华人民共和国中央人民政府必须负责将人民解放战争进行到底，解放中国全部领土，完成统一中国的事业。”在新中国成立之初的几年里，解放了中国大陆的全部领土和绝大部分沿海岛屿以后，中国共产党在实现中国国家统一方面所面临的挑战就只剩下三大历史遗留问题：港澳台问题，即英国殖民主义者非法占据中国香港地区问题，葡萄牙殖民主义者非法占据中国澳门地区问题，以及中国国民党当局在美国的支持下继续盘踞台澎金马地区与中华人民共和国中央人民政府对抗的问题。当时中国共产党的国家统一战略及其具体政策采取的是非常特殊的过渡方式，即在对待属于外交领域的国家统一问题——港澳问题上，采取的是“暂时维持港澳现状不变”以“长期打算、充分利用”，[②]在对待属于内政领域的国家统一问题——台湾问题上，采取的是争取解放台湾的“一国一制”的国家统一。

1949年2月，毛泽东在会见苏共中央政治局委员米高扬时第一次提及“解放台湾”问题，他说：“比较麻烦的有两处：台湾和西藏。”“现在估计国民党的残余势力大概全要撤到那里去，以后同中国共产党隔海相望，不相往来，那里还有一个美国问题。台湾实际上就是在美帝国主义的保护下。这样，台湾问题比西藏问题更复杂，解决它更需要时间。”1949年3月15日，新华社发表了题为《中国人民一定要解放台湾》的时评，第一次向全国人民公开提出解放台湾的任务：“中国人民解放军的任务就是解放全中国，直到解放台湾、海南岛和属于中国的最后一寸土地。”[③]1949年夏天的计划是一年后攻占台湾，毛泽东甚至一度考虑在1949年冬季占领台湾。但在金门、登步岛作战失利后决定分两步走：先解决沿海诸岛问题，同时为攻台做准备，进攻时间推迟到1950年9-10月。1950年3-4月确定的计划是：金门战役推迟到8月开始，而攻打台湾则延

---

① 《建国以来重要文献选编》，第5册，中央文献出版社1993年，第522页。转引自《毛泽东思想基本问题》，中共中央党校出版社，2001年，第134页。

② 齐鹏飞：《中国共产党党史90年关于国家统一战略的三次大转型》，《北京党史》，2011年第4期。

③ 《新华月报》，第1卷，第1期，第43页。

至1951年夏。

影响和改变中国共产党决策的主要因素既有“势”的方面：国际上苏联对中国共产党进攻台湾的援助力度以及美国对援助蒋介石防守台湾的政策取向；也有“力”的问题：国民党军队的抵抗能力。当时中国共产党为统一全国与苏联结盟，然而中苏同盟建立后，苏联减缓了对中国共产党军事援助的力度，同时美国则逐步改变了对台政策，由放弃台湾转为准备大力援蒋。朝鲜战争的爆发不过是为白宫宣布其新政策提供了机会和借口。①

1949年莫斯科的态度十分明确：苏联不会直接协助中共攻占台湾，但可以在加强海空军实力方面提供援助。然而1950年初中苏同盟条约谈判的结果影响了斯大林对中国共产党的援助进度：一方面是毛泽东坚持收回苏联在东北的特权，引起斯大林对中国共产党的不满和疑虑，另一方面是为了维持战后苏联在远东的战略利益，以朝鲜半岛南部的港口取代中国从苏联手中收回的旅顺港，斯大林决定同意朝鲜先采取军事行动，其结果是莫斯科大大减缓和压缩了对中国共产党的军事援助。所以，中苏同盟条约的签订，虽然在战略上对中国的安全和中国共产党政权的巩固起到了保障作用，但是也在很大程度上限制和阻碍了中国共产党攻打台湾战役的进程。更重要的是，中苏同盟条约更大的影响是迫使美国改变了对华政策。如果美国继续坚持1949年底形成的放弃台湾的政策，中国共产党在苏联的帮助下还是有可能迅速提高军事实力，完成攻占台湾计划的。白宫内部关于对台政策的争论表明，美国关注的核心问题是中国会否与苏联结盟而成为莫斯科的附庸，中苏同盟的建立使美国人确信其担心的情况已经成为事实，于是最终选择支持蒋介石，保护台湾不被中国共产党攻占。朝鲜战争的爆发不过为白宫宣布其已经确定的“台湾地位未定论”和直接出面干预中国内战提供了机会和借口。即使金日成没有发动对韩国的进攻，只要中国共产党打响台湾战役，美国同样会宣布其新政策，而绝不会让中国共产党的军队踏上台湾岛。

在中苏关系、苏美关系、美台关系相互交错和影响的冷战格局背景下，建国初中国共产党对台湾的统一客观上不存在以和平手段通过自愿方式实现的条件，武力攻占台湾是唯一的选择，这是当时的国际国内形势所决定的，而武力攻台又受制于国共双方军事实力的对比以及国际势力援助的力度，在台湾海峡

① 沈志华:《中国共产党进攻台湾战役的决策变化及其制约因素（1949—1950）》,《社会科学研究》, 2009年第3期。

的天然屏障下，远距离跨海作战中海军和空军力量尤其重要，当时国民党军队在这两方面都有绝对优势。到 1949 年 10 月，国民党海军拥有 150 多艘舰船，兵力 3 万人。空军约有 1000 架飞机，兵力 8.5 万至 10 万人，其中约 1300 名飞行员。中共的海空军均在初创阶段，实力很弱。海军总共拥有各种舰船 183 艘（含商船），但“性能落后，陈旧不堪”，兵力 0.4 万人。1950 年 4 月，中共海军能够作战的只有 8 艘护卫舰、8 艘炮舰和 16 艘登陆舰、登陆艇、江防舰和炮艇等。中共的空军正式成立于 1949 年 10 月，时有飞机 159 架，兵力不足 0.3 万人，其中飞行员 202 人。① 尽管到 1950 年 6 月中国共产党已经在福建集结了 16 个军的兵力，但海空军的准备仍显不足。事实上，直到朝鲜战争爆发时，攻台运输船的问题仍未得到解决。1951 年 1 月台湾当局与美国政府签订了“台美联防互助协定”，美国承担保护台湾安全的责任。由于美国的介入加上朝鲜战争的爆发，台湾问题复杂化，中国共产党在建国初期又面临着大规模的工业化建设及镇压国内反革命势力的任务，攻台条件显然不具备，武力解放台湾就此搁置。

由于艾森豪威尔政府于 1953 年 2 月起推行“放蒋出笼”政策，国民党军队开始加强对大陆沿海的军事攻击。大陆立即还以颜色，从 1954 年 9 月炮击国民党控制下的金门到 1955 年 1 月攻占一江山岛，一方面直接配合了中共中央发出的“一定要解放台湾”的号召，另一方面也是为了打破国民党军队对大陆港口的封锁和阻止其在大陆沿海地区的军事攻击。大致也是在这个时期，中共中央军委制定了夺取沿海岛屿的战略方针，即“从小到大、由北向南、逐岛进攻”的作战方针。1958 年 10 月大陆停止了对金门的大规模炮战，此后两岸没有在福建沿海岛屿发生大规模的军事冲突。以此为标志，中国统一台湾战略中的攻占沿海岛屿阶段基本结束，转变到一个新的更加复杂的阶段。② 在这个阶段，解放军在福建沿海对金门持续的间歇性炮击极具象征意义。中国领导人通过这一独特的军事行动向世界表明：国共之间的内战状态仍然没有结束，从而抵制了美国隔离台海两岸的企图。1962 年夏季解放军在东南沿海的大规模战备则是防御性的军事部署，目的是击败台湾当局企图利用大陆暂时的经济困难，对东南沿海发动军事进攻。

1958 年“金门炮击”是中国共产党对台战略构思在实践中达到稳定成熟的

① 沈志华：《中国共产党进攻台湾战役的决策变化及其制约因素（1949—1950）》，《社会科学研究》，2009 年第 3 期。

② 牛军：《三次台湾海峡军事斗争决策研究》，《中国社会科学》，2004 年第 5 期。

标志，在此实践中正式推出的“金马绞索政策”是“联蒋制美保主权”战略落于地缘上的具体成果。金马绞索战略的关节点是：“金马留在蒋介石手上，台澎金马一起解决”。金马对中共而言，我取蒋弃或蒋弃我取都会斩断两岸地缘联系进而斩断两岸中国人之间的心理联系，趋向美国希望的“划峡而治”，中共则面临对台实际影响力可能完全丧失的被动境地。金马留在国民党政权手中，在中共看来是确保台湾最终归来的联系纽带。“台湾晚一些时间收回，有利于动员国内人民搞建设，增强国防力量。”① 当时的国际环境背景迫使中共将对台战略的重点放在确保台湾问题不能国际化。周恩来对此明确阐释：“只有中美两国在台湾地区的国际争端，才能由中美两国讨论和解决；至于台湾回到祖国的问题，不论采取什么方式，都只能而且完全可以由中国共产党中国人自己处理，决不容许外国干涉。”② 这种坚定立场铺下了和平解决台湾问题的重大战略基石，确保了以后台湾问题处理中中国的主动地位与民族尊严，排除了可能导致台湾问题国际化的隐患。

在武力解放台湾存在巨大障碍的情况下，中国共产党及时调整政策，在军事统一的方案之外又增加了和平统一的选项。1955 年周恩来在万隆会议期间阐明了中国政府对台方针：“为实现中国人民解放台湾的正义要求，中国人民有权用一切方法解放台湾，包括和平解放的方法。”“中国人民同美国人民是友好的，中国人民不要同美国打仗。中国政府愿意同美国政府坐下来谈判，讨论和缓远东紧张局势问题，特别是和缓台湾地区紧张局势问题。”③ 同年在全国人大委员会第 15 次全体扩大会议上周恩来又提出：“中国人民解放台湾有两种可能的方式，即战争的方式和和平的方式，中国人民愿意在可能的条件下，争取用和平的方式解放台湾。”④ 周恩来的讲话被国内外舆论认为是中国大陆首次提出可能用和平方式解放台湾，标志着中国政府对台政策有了重大调整。1956 年 6 月，毛泽东从国内经济建设需要一个和平稳定的环境大局出发，在对台问题上提出了“和为贵”“爱国一家”和“第三次国共合作”的主张。

20 世纪 60 年代初，由于美国试图推行“两个中国”政策，使得台湾岛内

① 《周恩来选集》（下册），人民出版社，1984 年。

② 周恩来：《不支持“台独”是中美建交既定方针》，美解密文件 2003/12/12.http：//www.phoenixtv.com/home/zhuanti.

③ 《周恩来年谱（1949—1976）》上卷，中央文献出版社，1998 年，第 474—475 页。

④ 中共中央台湾工作办公室、国务院台湾事务办公室编：《中国台湾问题（干部读本）》，九州出版社，2015 年，第 30 页。

反美情绪高涨，为和平解决台湾问题提供了发展空间。1960年5月，毛泽东主持召开的中央政治局扩大会议上强调："台湾宁可放在蒋氏父子手里，也不可落到美国人手中；对蒋介石中国共产党可以等待，解放台湾的任务不一定要中国共产党这一代完成，可以留交下一代人去办；现在要蒋过来也有困难，逐步地创造些条件，一旦时机成熟就好办了。"[①]1963年1月，周恩来进一步把毛泽东和中共中央对台政策归纳为"一纲四目"："一纲"即台湾必须统一于中国。"四目"为："(1)台湾回归祖国后，除外交必须统一于中央外，所有军政大权、人事安排等悉委于蒋(介石)，陈诚、蒋经国亦悉由蒋意重用；(2)所有军政及建设经费不足之数悉由中央拨付；(3)台湾的社会改革可以从缓，必俟条件成熟并征得蒋之同意后进行；(4)互约不派特务，不做破坏对方团结之举。"[②]接着两岸之间开始有了良性互动。1965年国民党副总裁、台湾"副总统"陈诚逝世，遗嘱并未提及"反共"与"反攻"。同年前国民党政府"代总统"李宗仁从美国回归祖国大陆，岛内震动。遗憾的是随着1966年大陆"文化大革命"的爆发使对台工作的良好发展趋势中断。但以毛泽东为核心的中共第一代领导集体提出的和平统一祖国思想为"和平统一、一国两制"构想的提出奠定了理论和实践基础。特别是1961年6月毛泽东会见印尼总统苏加诺谈到如果台湾回归祖国时说，台湾社会制度问题可以留待以后谈，"中国共产党容许台湾保持原来的社会制度，等台湾人民自己来解决这个问题。"[③]这是毛泽东第一次明确对外表示台湾在与大陆统一的前提下可以保持原来的社会制度，为后来"和平统一、一国两制"的构想提出了理论思路。

三、1978年至1992年

随着"文化大革命"的结束，特别是十一届三中全会以后，以邓小平为核心的中共第二代领导集体在新的历史条件和国际背景下重新审视国家统一问题，在毛泽东、周恩来关于争取和平解放台湾思想的基础上，确立了和平统一的大政方针，创造性地提出了"一国两制"的科学构想，为完成祖国统一大业指明了方向。邓小平还提出台湾必须要与祖国统一的理由："这首先是个民族问题，

① 中共中央台湾工作办公室、国务院台湾事务办公室编：《中国台湾问题(干部读本)》，九州出版社，2015年，第34页。

② 《周恩来年谱(1949—1976)》上卷，中央文献出版社，1998，第321页。

③ 中共中央台湾工作办公室、国务院台湾事务办公室编：《中国台湾问题(干部读本)》，九州出版社，2015年，第34—35页。

民族感情问题。凡是中华民族的子孙，都希望中国能统一，分裂总是违背民族意志的。”其次，这也事关国家的主权与安全，“只要台湾不同大陆统一，台湾作为中国领土的地位是没有保障的，不知道哪一天又被别人拿去了。”“台湾与祖国必须统一……一百年不统一，一千年也要统一。”①

国际形势发生重大变化是中国共产党对台政策进行根本调整的关键因素。早在建国初中共领导人为解放台湾进行动员起就非常关注美国的政策。开始中共中央认为美国直接进行军事干涉的可能性不大，这种判断由于朝鲜战争爆发后美国封锁台湾海峡而根本改变，此后中国共产党的对台政策和军事斗争都与美国对台湾的支持力度与具体措施密切相关。随着美苏冷战的加剧与中美关系的缓和，尤其是 1972 年美国总统尼克松访华与 1979 年中美建交，中美关系走上了正常化的轨道，中国共产党判断美国在台湾问题上的立场可能会调整，不一定会极力阻挠两岸统一，那就意味着只要两岸执政当局都有国家统一意愿，通过和平谈判而非军事战争实现两岸统一是存在可能性的。加之国家内部发展战略向经济建设为中心发展，因此在新形势下中国共产党逐步形成并提出了“和平统一”的方针。

邓小平 1977 年 7 月重新担任中央党政军重要领导职务后，在综合考虑中国共产党和国家工作的根本任务、基本思路、发展战略中，形成了和平解决台湾问题、实现祖国和平统一的战略国相，包括后来概括为“一个国家、两种制度”的科学构想。1978 年下半年中美两国建交谈判的过程中邓小平就集中精力思考如何根据“台湾的实际情况，采取恰当的政策解决台湾问题，实现国家的统一。”②1978 年 10 月至 1979 年 1 月短短四个月的时间里，邓小平利用会见外宾和出国访问时对台湾问题的解决方式高密度地发表谈话，阐释其新的思考。1979 年元旦全国人大常委会发表《告台湾同胞书》中郑重宣告了中国政府和平解决台湾问题的大政方针，呼吁两岸就结束军事对峙状态进行商谈，并明确表示“一定要考虑现实情况，完成祖国统一大业，在解决统一问题时尊重台湾现状和台湾各界人士的意见，采取合情合理的政策和办法，不使台湾人民蒙受损失。”这标志着中国共产党和中国政府对台方针政策的重大转变。在 1979 年 1 月底邓小平访问美国时公开表态:“中国共产党不再用‘解放台湾’这个提法了。

① 《邓小平文选》第 3 卷，人民出版社，1993 年，第 170 页、第 59 页。

② 中央文献研究室编:《邓小平年谱（1975—1997）》，中央文献出版社，1998 年，第 189 页。

只要台湾回归祖国，中国共产党将尊重那里的现实和现行制度。”[①]

1981 年 9 月全国人民代表大会常务委员会委员长叶剑英发表“和平统一祖国的九条方针”（“叶九条”），进一步阐明解决台湾问题的方针政策，表示“国家实现统一后，台湾可作为特别行政区，享有高度的自治权”，并建议由两岸执政的国共两党举行对等谈判。自此，中国统一台湾战略完成了从主要靠武力统一到主要运用政治策略争取和平统一台湾的转变。“叶九条”具体包括：1. 为了尽早结束中华民族陷于分裂的不幸局面，中国共产党建议举行中国共产党和中国国民党两党对等谈判，实行第三次合作，共同完成祖国统一大业。双方可先派人接触，充分交换意见。2. 海峡两岸各族人民迫切希望互通音讯、亲人团聚、发展贸易、增进了解。中国共产党建议双方共同为通邮、通商、通航、探亲、旅游以及发展学术、文化、体育交流提供方便，达成有效协议。3. 国家实现统一后，台湾可作为特别行政区，享有高度自治权，并可保留军队。中央政府不干预台湾地方事务。4. 台湾现行社会、经济制度不变，生活方式不变，同外国的经济、文化关系不变。私人财产、房屋、土地、企业所有权、合法继承权和外国投资不受侵犯。5. 台湾当局和各界代表人士，可担任全国性政治机构的领导职务，参与国家管理。6. 台湾地方财政遇有困难时，可由中央政府酌情补助。7. 台湾各族人民、各界人士愿回祖国大陆定居者，保证妥善安排，不受歧视，来去自由。8. 欢迎台湾工商界人士回祖国大陆投资，兴办各种经济事业，保证其合法权益和利润。9. 统一祖国，人人有责。中国共产党热诚欢迎台湾各族人民、各界人士、民众团体通过各种渠道，争取各种方式提供建议，共商国是。1982 年 1 月，邓小平就叶剑英的上述谈话提出：这实际上就是“一个国家、两种制度”，在国家实现统一的大前提下，国家主体实行社会主义制度，台湾实行资本主义制度。1983 年 6 月，邓小平进一步发挥了关于实现台湾与大陆和平统一的构想，提出问题的核心是祖国统一。他还就两岸统一和设置台湾特别行政区问题阐明了中国共产党的政策。

“和平统一、一国两制”是建设有中国特色的社会主义理论和实践的重要组成部分，是中国政府一项长期不变的基本国策。“和平统一、一国两制”基本方针的精神是：从维护民族根本利益和国家核心利益出发，争取用“一国两制”方式实现大陆和台湾和平统一。坚持一个中国原则，开展两岸交流合作，推动

---

① 中央文献研究室编：《邓小平年谱（1975—1997）》，中央文献出版社，1998 年，第 478 页。

两岸协商谈判，发展两岸关系，反对各种分裂图谋和外国势力干涉，为实现和平统一创造条件。这一方针有以下基本点：（1）一个中国。坚持一个中国原则是发展两岸关系和实现和平统一的基础。世界上只有一个中国，台湾是中国不可分割的一部分，中央政府在北京。这是举世公认的事实，也是和平解决台湾问题的前提。中国政府坚决反对任何旨在分裂中国主权和领土完整的言行，反对“两个中国”“一中一台”或“一国两府”，反对一切可能导致“台湾独立”的企图和行径。海峡两岸的中国人民都主张只有一个中国，都拥护国家的统一，台湾作为中国不可分割的一部分的地位是确定的、不能改变的，不存在什么“自决”的问题。（2）两制并存。在一个中国的前提下，大陆的社会主义制度和台湾的资本主义制度，实行长期共存，共同发展。这种考虑，主要是基于照顾台湾的现状和台湾同胞的实际利益。这将是统一后的中国国家体制的一大特色和重要创造。两岸实现统一后，台湾的现行社会经济制度不变，生活方式不变，同外国的经济文化关系不变。诸如私人财产、房屋、土地、企业所有权、合法继承权、华侨和外国人投资等，一律受法律保护。（3）高度自治。两岸统一后，台湾将成为特别行政区，享有高度的自治权。它拥有在台湾的行政管理权、立法权、独立的司法权和终审权；党、政、军、经、财等事宜都自行管理；有自己的军队，大陆不派军队也不派行政人员驻台。特别行政区政府和台湾各界的代表人士还可以出任国家政权机构的领导职务，参与全国事务的管理。（4）加强交流。积极促进两岸人员往来和经济、文化等各方面交流与合作，努力增进两岸同胞相互了解和彼此感情，密切两岸经济、文化、社会关系。（5）和平谈判。通过接触谈判，以和平方式实现国家统一，是全体中国人的共同心愿。两岸都是中国人，如果因为中国的主权和领土完整被分裂，兵戎相见，骨肉相残，对两岸的同胞都是极其不幸的。和平统一，有利于全民族的大团结，有利于台湾社会经济的稳定和发展，有利于全中国的振兴和富强。为结束敌对状态，实现和平统一，两岸应尽早接触谈判。（6）寄望于民。台湾同胞是发展两岸关系的重要力量。解决台湾问题，实现和平统一，寄希望于台湾人民。（7）保留动武。尽最大努力争取和平统一，但不承诺放弃使用武力。解决台湾问题是中国内政，中国政府有权采取自己认为必要的一切手段包括军事手段，来维护本国主权和领土的完整。中国政府在采取何种方式处理本国内部事务的问题上，并无义务对任何外国或图谋分裂中国者做出承诺。用和平方式实现统一，有利于大陆改革开放和现代化建设，有利于两岸同胞感情融和和台湾繁荣稳定，也有利于亚太地区和平稳定。同时，为抵制外国势力干涉中国统一，制止“台独”等分裂图谋，防止和平统一可能性完全丧失，不能承诺放弃使用武力。不承诺放弃使用武力，不是针对台湾同胞的。（8）排除外力。解决台湾问题是中国内政，任何国家无权干涉。坚决反对“台湾独立”的分裂图谋，绝不允许任何人以任何方式把台湾从中国分割出去。（9）发展优先。集中力量搞好经济建设，是解决国际国内问题的基础，也是实现祖国完全统一的基础。中国解决所有问题的关键，靠自己的发展。解决台湾问题、实现祖国统一，归根到底还是要把自己的事情办好。

“一国两制”体现了原则性和灵活性的有机统一，是现有大陆和台湾统一各种方案中具有可行性的最佳方式。第一，体现了实现祖国统一、维护国家主权的原则性。按照“一国两制”方式和平解决台湾问题的原则性是，一定要实现大陆和台湾的统一，一定要坚持一个中国原则。邓小平提出解决台湾问题的“核心是祖国统一”。他强调:“总的要求就是一条——一个中国，不是两个中国，爱国一家。”实现两岸统一，坚持一个中国原则，确保台湾是中国领土一部分的地位不被改变，确保国家主权和领土完整，这就维护了民族根本利益和国家核心利益。第二，体现了充分考虑台湾历史和现实的高度灵活性。1949 年以后，台湾实现与大陆完全不同的资本主义制度，形成不同的生活方式。在这种情况下实现两岸和平统一，就要面对两岸社会制度和生活方式不同的现实。邓小平说:“世界上有许多争端，总要找个解决问题的出路。我多年来一直在想，找个什么办法，不用战争手段而用和平方式，来解决这个问题。”邓小平还说:“解决台湾问题，既要符合大陆的利益，也要符合台湾的利益。”用“一国两制”方式和平解决台湾问题，尊重台湾的社会制度和生活方式，台湾与大陆统一后，在祖国统一的前提下，各自仍然实行不同的社会制度，台湾保持自己的生活方式，并且高度自治。这就在维护民族根本利益和国家核心利益的前提下，照顾了各方利益，找到了在两岸社会制度不同的情况下能够用和平方式实现统一的办法。

令人遗憾的是中共和中国政府解决台湾问题的新思维和新政策的诚意和善意并没有为海峡对岸的台湾国民党当局所体认。蒋经国不仅拒绝中共提出的共同推动国共两党对等谈判，而且声言“不接触、不谈判、不妥协”，甚至提出“三民主义统一中国”的口号来对抗“一国两制和平统一”。对于和平解决台湾问题的艰巨性、复杂性、长期性中共和中国政府是有充分的心理准备的。邓小平提出："中国共产党对台湾的九条建议现在台湾的反应是拒绝了，中国共产党知道，它的第一个反应会是这样。中国共产党也知道，这样的事情不是一昼夜就可以解决的，需要时间。"①

四、1992年至2002年

江泽民时期中国共产党继承和发展了邓小平"一国两制"思想，继续探索和发展国家统一理论并付之于对台工作实践。邓小平时期中国共产党对台政策调整的背景主要是"势"的变化：中美关系缓和并实现正常化，国际格局出现有利于中国和平发展的形势，中国共产党也顺势将对台方针由武力解放转向和平统一。江泽民时期中国共产党对台政策面临的背景不仅有美苏冷战结束、苏联解体东欧剧变的国际形势变化，更主要是台湾方面"力"的变化：台湾经济实力在20世纪80年代末达到历史上最辉煌的时期，台湾当局通过80年代后半期到90年代中后期的一系列"政治革新"和"民主化"改革，制度、民意等软实力大大增强，台湾民众的生活优越感开始形成并迅速膨胀，成为台湾当局可以利用并以之为与大陆分庭抗礼、拒绝统一的借口和筹码。中国共产党根据形势的变化，在"和平统一、一国两制"的政策基础上对两岸的和谈对象、内容、步骤等具体问题都予以大幅放宽和延伸，明确提出和应用以经促政、以民促官、以文促统的两岸交流方式，同时强调不放弃使用武力的重要性和必要性。1995年江泽民发表题为《为促进祖国统一大业的完成而继续奋斗》的重要讲话，提出了现阶段发展两岸关系、推进祖国和平统一进程的八项主张，创造性地丰富和发展了邓小平"和平统一、一国两制"的思想，对于推动两岸关系发展、反对和遏制"台独"分裂活动、维护祖国和平统一的前景发挥了重要的作用。

在1949年后的三四十年间，台湾当局虽然不承认中华人民共和国政府代表全中国的合法地位，但也坚持台湾是中国的一部分、只有一个中国的立场，反对制造"两个中国"和"台湾独立"。可见在一个相当长的时间里，两岸的中国人在只有一个中国、台湾是中国领土的一部分这一根本问题上具有共识。但是台湾的情况在90年代开始发生根本性变化。从1990年代初开始，台湾李登辉当局逐步背离一个中国原则，相继鼓吹"两个政府""两个对等政治实体""台湾已经是个主权独立的国家""现阶段是'中华民国在台湾'与'中华人民共和

① 《邓小平年谱（1975—1997）》，中央文献出版社，2004年，第781—782页。

国在大陆'"。台湾领导人李登辉还纵容、扶持主张所谓"台湾独立"的分裂势力及其活动，使"台独"势力迅速发展、"台独"思潮蔓延。在李登辉主导下，台湾当局采取了一系列实际的分裂步骤。在台湾政权体制方面，力图通过所谓的"宪政改革"将台湾改造成一个"独立的政治实体"，以适应制造"两个中国"的需要。在对外关系方面，不遗余力地进行以制造"两个中国"为目的的"拓展国际生存空间"活动。1993 年以后每年推动所谓"参与联合国"的活动。在军事方面，大量向外国购买先进武器，谋求加入战区导弹防御系统，企图变相地与美、日建立某种形式的军事同盟。在思想文化方面，图谋抹杀台湾同胞、特别是年轻一代的中国人意识和对祖国的认同，挑起台湾同胞对祖国的误解和疏离感，割断两岸同胞的思想和文化纽带。1999 年李登辉的出版《台湾的主张》一书，鼓吹要把中国分成七块各自享有"充分自主权"的区域，并抛出"两国论"，公然将两岸关系歪曲为"国家与国家，至少是特殊的国与国的关系"，企图从根本上改变台湾是中国一部分的地位，破坏两岸关系、特别是两岸政治对话与谈判的基础，破坏两岸和平统一的基础。

1989 年 6 月，中国共产党十三届四中全会选举产生了以江泽民为核心的中国共产党第三代中央领导集体。中共十三届四中全会公报提出："中国共产党十一届三中全会以后，提出了和平统一祖国的方针和一个国家、两种制度的构想，这是中国共产党的基本政策。"为了争取和平统一，中国共产党一再呼吁在一个中国原则基础上举行两岸平等谈判。1992 年中国共产党十四大报告把"一个国家、两种制度"的创造性构想列为有中国特色社会主义理论的主要内容之一，强调"中国共产党坚定不移地按照'和平统一、一国两制'的方针，积极促进祖国统一。"[①] 为了通过商谈妥善解决两岸同胞交往中所衍生的具体问题，1992 年海峡两岸关系协会与台湾的海峡交流基金会达成在事务性商谈中各自以口头方式表述"海峡两岸均坚持一个中国原则"的共识，在此基础上，两会领导人于 1993 年成功举行了汪辜会谈，并签署了几项涉及保护两岸同胞正当权益的协议。1995 年 1 月 30 日，中共中央台湾工作办公室、国务院台湾事务办公室等单位举办新春茶话会。江泽民在会上发表《为促进祖国统一大业的完成而继续奋斗》的讲话，就现阶段发展两岸关系推进祖国和平统一进程的若干重要问题，提出 8 点主张（简称"江八点"）：一、坚持一个中国原则。二、对于台湾同外

① 中共中央台湾工作办公室、国务院台湾事务办公室编：《中国台湾问题（干部读本）》，九州出版社，2015 年，第 42 页。

国发展民间性经济文化关系，中国共产党不持异议。三、进行海峡两岸和平统一谈判。谈判过程中，可以吸收两岸各党派、团体有代表性的人士参加。在一个中国的前提下，什么问题都可以谈，包括台湾当局关心的各种问题。作为第一步，双方可先就正式结束两岸敌对状态进行谈判，并达成协议。在此基础共同承担义务，维护中国的主权和领土完整，并对今后两岸关系的发展进行规划。四、努力实现和平统一，中国人不打中国人。中国共产党不承诺放弃使用武力，决不是针对台湾同胞，而是针对外国势力干涉中国统一和搞“台湾独立”的图谋。五、大力发展两岸经济交流与合作，以利于两岸经济共同繁荣，造福整个中华民族。中国共产党主张不以政治分歧去影响、干扰两岸经济合作。应当采取实际步骤加速直接“三通”，促进两岸事务性商谈。六、两岸同胞要共同继承和发扬中华文化的优秀传统。七、要充分尊重台湾同胞的生活方式和当家作主的愿望，保护台湾同胞一切正当权益。八、中国共产党欢迎台湾当局的领导人以适当身份前来访问，中国共产党也愿意接受台湾方面的邀请前往台湾，可以共商国是，也可以先就某些问题交换意见。

八项主张包含一系列新思想、新论断、新主张，丰富和发展了中央对台工作大政方针和主要政策。1. 丰富了坚持一个中国原则的思想。强调坚持一个中国原则是实现和平统一的基础和前提。2. 提出了不承诺放弃使用武力的针对性。提出不承诺放弃使用武力，绝不是针对台湾同胞，而是针对外国势力干涉中国统一和“台独”图谋的。3. 发展了两岸谈判的思想。正式提出“海峡两岸和平统一谈判”。创造性提出分步骤进行谈判，第一步先谈“在一个中国的原则下，正式结束两岸敌对状态”。4. 赋予了两岸经济文化交流新的含义。提出发展两岸经济交流与合作，以利于两岸经济共同繁荣，造福整个中华民族。提出中华文化是维系全体中国人的精神纽带，也是实现和平统一的一个重要基础。5. 深化了寄希望于台湾人民的思想。提出“台湾同胞，不论是台湾省籍还是其他省籍，都是中国人，都是骨肉同胞、手足兄弟”。要求“中国共产党党和政府各部门，包括驻外机构，要加强与台湾同胞的联系，倾听他们的意见和要求，关心他们的利益，尽可能帮助他们解决困难”。6. 表明了不赞成在国际场合进行两岸领导人会晤的态度。提出“中国人的事中国共产党自己办，不需要借助任何国际场合”。

1998 年两会领导人在上海会晤，开启了两岸政治对话。两会商谈是在平等的地位上进行的，充分考虑到台湾的政治现实。为了照顾台湾当局关于平等谈判地位的要求，中国共产党先后提出了举行中国共产党和中国国民党两党对等谈判、两党谈判可以吸收台湾各党派团体有代表性的人士参加等主张，而始终不提“中央与地方谈判”。大陆还提出，可先从进行包括政治对话在内的对话开始，逐步过渡到政治谈判的程序性商谈，解决正式谈判的名义、议题、方式等问题，进而展开政治谈判。1998年，为寻求和扩大两岸关系的政治基础，大陆向台湾方面明确提出，统一前在处理两岸关系事务中，特别是在两岸谈判中坚持一个中国原则，也就是坚持世界上只有一个中国，台湾是中国的一部分，中国的主权和领土完整不容分割。大陆希望在一个中国原则基础上，双方平等协商，共议统一。

总之，江泽民时期中国共产党对台政策可以概括为：以完成祖国统一大业为战略目标，以和平统一、一国两制为战略方针，以更加务实灵活的态度探索一国两制的台湾模式，以举行多方政治谈判、和谈分步走为战略手段，以不放弃使用武力的承诺、作好军事斗争的准备作为实现和平统一的保障。江泽民多次在各种场合重申：“中国共产党将坚持按照‘和平统一、一国两制’的方针，推进祖国统一大业，坚决反对任何形式‘两个中国’、‘一中一台’或‘一国两府’，坚决反对任何旨在制造‘台湾独立’的企图和行动，坚决维护国家主权和领土完整。”“任何制造‘台湾独立’的言论和行动，都应坚决反对；主张‘分裂分治’、‘阶段性两个中国’等等，违背一个中国的原则，也应坚决反对。”在坚决反对各种形势分裂主张的同时，中国共产党的第三代领导集体采取了比前任领导人更加务实灵活的态度，先是在两岸事务性商谈中提出只要坚持一个中国的原则，可以暂不讨论一个中国的政治涵义，这就有了两岸两会的“九二共识”。在党的十六大报告中，江泽民使用了“可以谈”的排比句，更具体地提出了双方谈判的广泛内容：“在一个中国的前提下，什么问题都可以谈，可以谈正式结束两岸敌对状态问题，可以谈台湾地区在国际上与其身份相适应的经济文化社会活动空间问题，也可以谈台湾当局的政治地位问题。”为了打破两岸的政治对峙僵局，江泽民还创造性地提出了和谈分步走的建议，“第一步，双方可先就‘在一个中国的前提下，正式结束两岸敌对状态’进行谈判，并达成协议。”其次，“在此基础上，共同承担义务，维护中国的主权和领土完整，并对今后两岸关系的发展进行规划。”[①] 要提出的是，“正式结束两岸敌对状态”虽然意味着

① 江泽民：《为促进祖国统一大业的完成而继续奋斗》，《人民日报》，1995年1月31日。

两岸通过共同规划两岸关系的发展，把两岸关系确定地引上逐步统一的大道，但正式结束敌对状态的协议的签订，并不等于两岸统一。因此，这一主张，既满足了全国人民和广大海外侨胞维护中国主权和领土完整、最终实现两岸统一的愿望，也具体照顾到了广大台湾同胞求和平、求安定、求发展的愿望，以及部分台湾同胞对两岸统一还有疑虑的实际情况。当然，它也有利于亚太地区的和平与稳定。因此，这是一个照顾到各方的务实的倡议，是中国共产党和平统一理论和实践的重大创新。[①]

五、2002 年至 2012 年

胡锦涛时期中国共产党的对台方针政策既一以贯之、一脉相承，又根据国内国际形势和两岸关系的发展变化与时俱进、丰富发展。以邓小平为核心的第二代中央领导集体在把党和国家的中心工作转移到经济建设上来的同时，作出了和平解决台湾问题的战略决策。在和平与发展成为时代主题的大背景下，本着尊重历史、尊重现实、团结两岸同胞共同振兴中华的精神，创造性地提出了“一国两制”的伟大构想，形成了“和平统一、一国两制”的基本方针。以江泽民为核心的第三代中央领导集体坚持“和平统一、一国两制”基本方针，提出了现阶段发展两岸关系、推进祖国和平统一进程的八项主张，丰富和发展了中央对台方针政策。党的十六大以后，以胡锦涛为总书记的党中央就对台工作作出一系列重大决策部署，提出一系列新主张、新论述，采取了一系列新举措。胡锦涛 2005 年 3 月提出新形势下发展两岸关系的四点意见，2006 年 4 月提出牢牢把握两岸关系和平发展主题的重要主张，赋予对台方针政策新的内涵。

这一时期国际和两岸形势又发生了新的变化，“势”的走向仍然以自愿力量为两岸关系的主导力量。中美两国曾经两次形成具有深远影响的重大共同利益，一是 20 世纪 70 年代共同对抗苏联扩张，二是 21 世纪后共同应对国际恐怖主义威胁。这两次历史机遇直接推动中美关系发生历史性变化，也直接促使美国插手、干涉台湾问题的意图、形式和强度发生重大改变。第一次中美共同利益的形成使美国支持台湾的力度下降，也导致中国共产党“和平统一”对台方针的出台；第二次中美共同利益的形成促使美国反对台湾岛内激进“台独”，与中国大陆联手维持台海现状与稳定，并为以胡锦涛为总书记的中国共产党提出“两

① 唐树备:《江泽民主席的八项主张是邓小平“和平统一、一国两制”理论的继承和发展》,《台湾研究》,2003 年第 1 期。

岸关系和平发展”重要思想提供了相应的外部条件。江泽民主政时期面临的是后冷战时代世界上只剩下美国一个超级大国，尽管局部的、地区性的冲突还在发生，但“总的趋势是趋向缓和”，也就是说，爆发全面的、大规模世界大战的可能性较小，为了有步骤推进中国要在二十一世纪中期争取达到中等发达国家水平的基本纲领，必须进一步抓紧世界局势缓和的时机发展自己，把提高综合国力作为“首要任务”，这实际上也是后冷战时代整个中国的国家发展基本战略。胡锦涛主政时期延续了国家发展总体战略，在有利的外部国际环境下，继续以经济建设为中心，即使在台湾政权被主张“台独”的民进党首次获得之后也没有急于运用军事力量解决台湾问题，而是给民进党当局划出红线，然后继续推动两岸关系和平发展。

台湾岛内的政治形势发生重大变化也促使中国共产党对台政策进行调整、丰富和发展。2000 年 5 月民进党在台湾执政后，推动“台独”活动升级，阻挠两岸关系发展，使台海形势紧张动荡。面对新的形式，中国共产党提出一系列新的重要论断和主张，丰富、发展了中央对台方针政策。第一，强调在发展的基础上解决台湾问题。发展是硬道理，是中国共产党必须始终坚持的一个战略思想。解决台湾问题，完成祖国统一大业，要靠发展。要大力发展经济，增强综合国力，主要是经济实力、科技实力、军事实力，为最终解决台湾问题奠定坚实而强大的基础。第二，提出在两岸关系中坚持一个中国原则的新表述。1998 年 1 月 23 日，国务院副总理钱其琛在纪念八项主张发表三周年座谈会上说:“在统一之前，在处理两岸关系事务中，特别是两岸谈判中，坚持一个中国的原则，就是坚持世界上只有一个中国，台湾是中国的一部分，中国的主权和领土完整不能分割。”2000 年 8 月 24 日，钱其琛会见台湾联合报系访问团时表示:“就两岸关系而言，中国共产党主张的一个中国原则是：世界上只有一个中国，大陆和台湾同属于一个中国，中国的主权和领土完整不容分割。”第三，强调努力争取和平统一的实现，同时加强反“台独”军事斗争准备。要制止“台独”分裂图谋，没有军事手段这一手是不行的。军事斗争准备越充分，“台独”分裂势力就越不敢轻举妄动，和平统一的希望就越大。军队要坚持不懈、扎实有效地推进军事斗争准备。第四，将争取台湾民心提升到“是完成祖国统一的重要基础”的高度。争取台湾民心，是完成祖国统一的重要基础，不仅全党同志要做，而且要动员和组织全社会各方面力量都来做。

2002 年 11 月，中国共产党召开第十六次全国代表大会。中共十六大报告关于对台工作的论述，针对台湾局势和两岸关系形式的新变化，提出了一个时期对台工作的指导思想和总体要求，其中包含一系列新的重要论断和主张。第一，宣示完成祖国统一是实现中华民族伟大复兴的必然要求。提出：中国共产党必须坚定地站在时代潮流的前头，团结和带领全国各族人民，实现推进现代化建设、完成祖国统一、维护世界和平与促进共同发展这三大历史任务，在中国特色社会主义道路上实现中华民族的伟大复兴"。第二，阐明坚持一个中国原则的新论述。将"世界上只有一个中国，大陆和台湾同属一个中国，中国的主权和领土完整不容分割"的表述，首次写入党的全国代表大会报告。第三，提出关于两岸谈判的新倡议。重申"在一个中国的前提下，什么问题都可以谈"，具体提出"可以谈正式结束两岸敌对状态问题，可以谈台湾地区在国际上与其身份相适应的经济文化社会活动空间问题，也可以谈台湾当局的政治地位等问题"。第四，阐述了按照"一国两制"实现和平统一将充分维护和增进台湾同胞福祉的内涵。提出两岸统一后，台湾可以保持原有的社会制度不变，高度自治；台湾同胞的生活方式不变，切身利益得到充分保障，永享太平；台湾经济将真正以祖国大陆为腹地，获得广阔的发展空间。台湾同胞可以同大陆同胞一道，行使管理国家的权利，共享伟大祖国在国际上的尊严和荣誉。第五，表达了坚决遏制"台独"等分裂图谋的坚定态度。强调维护祖国统一事关中华民族的根本利益，中国人民将义无反顾地捍卫国家主权和领土完整，绝不允许任何人以任何方式把台湾从中国分割出去。

2002 年 11 月，中共十六届一中全会选举产生了胡锦涛为总书记的党中央。此时，改革开放和现代化建设巨大成就产生越来越大的全方位影响，进一步推到了两岸人民往来和经济文化交流发展，进一步营造了遏制"台独"分裂图谋的宏观环境。陈水扁顽固坚持"台独"分裂立场，2002 年 8 月抛出两岸"一边一国"的分裂主张，2003 年提出"催生台湾新宪法"的时间表，2004 年连任后开始推动"宪政改造"、谋求"台湾法理独立"，"台独"现实危险性上升。以胡锦涛为总书记的中国共产党客观、全面、辩证地分析台海形势，作出了关于对台工作的一系列决策和部署，强调继续以最大诚意、尽最大努力争取和平统一的前景，同时绝不允许"台独"势力把台湾从祖国分割出去。在中央决策部署中，制订《反分裂国家法》是一项重大决定。"台独"分裂活动是对中国主权和领土完整的最大威胁，是对两岸关系发展与祖国和平统一的最大障碍，是对台海地区和平稳定的最大危害。面对"台独"活动猖獗、"台独"现实危险性上升，广大人民群众、社会各界人士和香港同胞、澳门同胞、海外侨胞要求以法律手段反对和遏制“台独”图谋的呼声越来越高。2003 年 11 月，中共中央决定制订反分裂国家特别法。经过一年的起草工作和多方征求意见，2004 年 12 月，全国人大常委会会议认真审议了这部法律草案，决定提请 2005 年 3 月召开的十届全国人大三次会议审议。在十届全国人大三次会议审议《反分裂国家法（草案）》前夕，2005 年 3 月 4 日，胡锦涛在参加全国政协十届三次会议民革、台盟、台联委员联组会时发表重要讲话，概括了台海形势及其最新发展，阐述了对两岸关系发展重大问题的看法，提出了新形势下发展两岸关系的四点意见。这四点意见要点是：坚持一个中国原则决不动摇，争取和平统一的努力决不放弃，贯彻寄希望于台湾人民的方针决不改变，反对“台独”分裂活动决不妥协。这四点意见。丰富了中央关于对台工作指导原则的内涵，对做好对台工作具有最大指导意见。

2005 年 3 月 14 日，十届全国人大三次会议表决《反分裂国家法》时，在没有反对票的情况下，以极高票数通过了这部法律。《反分裂国家法》共计 10 条，主要由四部分内容构成。1. 关于立法宗旨和适用范围。《反分裂国家法》第一条开宗明义规定：为了反对和遏制“台独”分裂势力分裂国家，促进祖国和平统一，维护台湾海峡地区和平稳定，维护国家主权和领土完整，维护中华民族的根本利益，根据宪法，制订本法。2. 关于台湾问题的性质。《反分裂国家法》规定：世界上只有一个中国，大陆和台湾同属一个中国，中国的主权领土完整不容分割。维护国家主权和领土完整是包括台湾同胞在内的全中国人民的共同义务。台湾是中国的一部分。国家绝不允许“台独”分裂势力以任何名义、任何方式把台湾从中国分裂出去。台湾问题是中国内战的遗留问题。解决台湾问题，实现祖国统一，是中国的内部事务，不受任何外国势力的干涉。完成统一中国的大业是包括台湾同胞在内的全中国人民的神圣职责。3. 关于以和平方式实现国家统一。《反分裂国家法》规定：坚持一个中国原则，是实现祖国和平统一的基础。以和平方式实现祖国统一，最符合台湾海峡两岸同胞的根本利益。国家以最大的诚意，尽最大的努力，实现和平统一。国家和平统一后，台湾可以实行不同于大陆的制度，高度自治。《反分裂国家法》规定，国家采取下列措施，维护台湾海峡地区和平稳定，发展两岸关系：（1）鼓励和推动两岸人员往来，增进了解，增强互信；（2）鼓励和推动两岸经济交流与合作，直接通邮通航通商，密切两岸经济关系，互利互惠；（3）鼓励和推动两岸教育、科技、文化、卫生、体育交流，共同弘扬中华文化的优秀传统；（4）鼓励和推动两岸共同打击犯罪；（5）鼓励和推动有利于维护台湾海峡地区和平稳定、发展两岸关系的其他活动。国家依法保护台湾同胞的权利和利益。《反分裂国家法》规定，国家主张通过台湾海峡两岸平等的协商和谈判，实现和平统一。协商和谈判可以有步骤、分阶段进行，方式可以灵活多样。台湾海峡两岸可以就下列事项进行协商和谈判：（1）正式结束两岸敌对状态；（2）发展两岸关系的规划；（3）和平统一的步骤和安排；（4）台湾当局的政治地位；（5）台湾地区在国际上与其地位相适应的活动空间；（6）与实现和平统一有关的其他问题。4. 关于以非和平方式制止“台独”分裂势力分裂国家。《反分裂国家法》规定："台独”分裂势力以任何名义、任何方式造成台湾从中国分裂出去的事实，或者发生将会导致台湾从中国分裂出去的重大事变，或者发生将会导致台湾从中国分裂出去的重大事变，或者和平统一的可能性完全丧失，国家得采取非和平方式及其他必要措施，捍卫国家主权和领土完整。并规定：依照前款规定采取非和平方式及其他必要措施，由国务院、中央军事委员会决定和组织实施，并及时向全国人民代表大会常务委员会报告。依照本法规定采取非和平方式及其他必要措施并组织实施时，国家尽最大可能保护台湾平民和在台湾的外国人的生命财产安全和其他正当权益，减少损失；同时，国家依法保护台湾同胞在中国其他地区的权利和利益。

《反分裂国家法》的制定实施，是国家政治生活中的大事，是两岸关系发展史上具有里程碑意义的大事。这部重要法律，将中国政府关于解决台湾问题的大政方针以法律的形式固定下来，充分体现了中国共产党以最大的诚意、尽最大的努力争取和平统一的一贯主张，同时表明了全中国人民维护国家主权和领土完整，绝不允许“台独”分裂势力以如何名义、任何方式把台湾从中国分裂出去的共同意志和坚定决心。它的颁布实施，对推动两岸关系发展，促进祖国和平统一，反对和遏制“台独”分裂势力分裂国家，维护台湾海峡地区和平稳定发展，维护国家主权和领土完整，维护中华民族的根本利益，具有重大的现实作用和深远的历史影响；对维护亚太地区和平与稳定也产生了重大的积极影响。

胡锦涛时期诞生的两岸关系和平发展重要思想，孕育于反“台独”斗争尖锐之时，形成于 2008 年 5 月两岸关系实现重大转折之际。这一重要思想是中央对台工作大政方针与时俱进的成果，成为中央对台工作大政方针的重要组成部分，对发展两岸关系、推进祖国和平统一产生了重要作用。2005 年 4 月下旬至 5 月中旬，中共中央和胡锦涛总书记邀请中国国民党主席连战、亲民党主席宋楚瑜先后率团来访，胡锦涛分别与他们进行了正式会谈，取得重要共识。胡锦涛与连战 4 月 29 日会谈后发表的《两岸和平发展共同愿景》，提出“两岸关系和平发展符合两岸同胞的共同利益，也符合亚太地区和世界的利益”。这是首次提出“两岸关系和平发展”的概念。2006 年 4 月 16 日，中共中央总书记胡锦涛会见国民党荣誉主席连战时，首次提出“和平发展理应成为两岸关系发展的主题，成为两岸同胞共同为之奋斗的目标”，并且呼吁“两岸同胞携起手来，牢牢把握两岸关系和平发展这个主题”。确定和平发展为两岸关系的主题，指明了两岸关系发展的方向。2007 年 10 月，中国共产党召开第十七次全国代表大会。中共十七大报告提出：“要坚定不移地贯彻中央对台工作的大政方针，坚持一个中国原则，牢牢把握两岸关系和平发展的主题，真诚为两岸同胞谋福祉、为台海地区谋和平，积极促进祖国和平统一大业，坚决反对‘台独’分裂活动，维护国家主权和领土完整，维护中华民族根本利益。”十七大报告还提出，要努力构建两岸关系和平发展框架、开创两岸关系和平发展新局面。十七大报告强调牢牢把握两岸关系发展的主题，对指导对台工作、推进两岸关系产生了重要作用。

2008 年 3 月 22 日，台湾地区同时举办“以台湾名义加入联合国公投”（“入联公投”）和台湾当局领导人选举。陈水扁当局推动举办的“入联公投”未达通过所需的票数，这一“台湾法理独立”图谋破产。民进党在台湾当局领导人选举中失败，国民党即将在台湾重新上台。台湾局势发生积极变化，两岸关系发展迎来难得的历史机遇。在两岸关系实现历史性转折的新形势下，中共中央作出了开创两岸关系和平发展新局面的决策和部署，全面系统地提出了推动两岸关系和平发展的新政策、新主张、新措施，领导对台工作取得突破性进展。2008 年 12 月 31 日，中共中央总书记、国家主席、中央军委主席胡锦涛在纪念《告台湾同胞书》发表 30 周年座谈会上发表题为《携手推进两岸关系和平发展　同心实现中华民族伟大复兴》的重要讲话。这一讲话全面总结了 30 年来中央对台工作大政方针的发展、推进两岸关系取得的历史性成就和对台工作的基本经验，在此基础上首次全面系统阐述了两岸关系和平发展的重要思想，提出了推动两岸关系和平发展的政策主张，是指导新形势下对台工作的纲领性文件。

胡锦涛阐述的两岸关系和平发展重要思想及其政策主张的要点是：1. 解决

台湾问题的核心是实现祖国统一，目的是维护和确保国家主权和领土完整，最求包括台湾同胞在内的全体中华儿女的幸福，实现中华民族伟大复兴。以和平方式实现祖国统一最符合包括台湾同胞在内的中华民族根本利益，也符合求和平、谋发展、促合作的时代潮流。中国共产党一定要以最大诚意、尽最大努力争取祖国和平统一。首先要确保两岸关系和平发展，这有利于两岸同胞加强交流合作、融洽感情，有利于两岸积累互信、解决争议，有利于两岸经济共同发展、共同繁荣，有利于维护国家主权和领土完整、实现中华民族伟大复兴。2. 推动两岸关系和平发展，应该把坚持大陆和台湾同属一个中国作为政治基础，把深化交流合作、推进协商谈判作为重要途径，把促进两岸同胞团结奋斗作为强大动力。3. 就推动两岸关系和平发展提出六点意见：（1）恪守一个中国，增进政治互信。维护国家主权和领土完整是国家核心利益。两岸在事关维护一个中国框架这一原则问题上形成共同认知和一致立场，就有了构筑政治互信的基石，什么事情都好商量。继续反对“台独”分裂活动是推动两岸关系和平发展的必要条件，是两岸同胞的共同责任。（2）推进经济合作，促进共同发展。实现两岸经济关系正常化，推进经济合作制度化。两岸可以为此签订综合性经济合作协议，建立具有两岸特色的经济合作机制。探讨两岸经济共同发展同亚太区域经济合作机制相衔接的可行途径。（3）弘扬中华文化，加强精神纽带。两岸同胞是共同继承和弘扬中华文化优秀传统。中国共产党将继续采取积极措施，包括愿意协商两岸文化教育交流协议。（4）加强人员往来，扩大各界交流。两岸同胞要扩大交流，两岸各界及其代表性人士要扩大交流，加强善意沟通，增进相互了解。（5）维护国际主权，协商涉外事务。两岸在涉外事务中避免不必要的内耗，有利于增进中华民族整体利益。对于台湾同外国开展民间性经济文化往来的前景，可以视需要进一步协商。对于台湾参与国际组织活动问题，在不造成“两个中国”、“一中一台”的前提下，可以通过两岸务实协商作出合情合理安排。（6）结束敌对状态，达成和平协议。为有利于两岸协商谈判、对彼此往来作出安排，两岸可以就在国家尚未统一的特殊情况下的政治关系展开务实探讨。为有利于稳定台海局势，减轻军事安全顾虑，两岸可以适时就军事问题进行接触交流，探讨建立军事安全互信机制问题。中国共产党再次呼吁，在一个中国原则的基础上，协商正式结束两岸敌对状态，达成和平协议，构建两岸关系和平发展框架。4. 两岸同胞是血脉相连的命运共同体。包括大陆和台湾在内的中国是两岸同胞的共同家园，两岸同胞有责任把她维护好，建设好。实现中华民族伟大复兴要靠两岸同胞共同奋斗，两岸关系和平发展新局面要靠两岸同胞共同开创，两岸关系和平发展成果由两岸同胞共同享有。中国共产党要坚持以人为本，把寄希望于台湾人民的方针贯彻到各项对台工作中去，最广泛地团结台湾同胞一道推动两岸关系和平发展。

两岸关系和平发展重要思想是在总结 30 年来对台工作实践经验基础上形成的最新理论成果，丰富了国家统一理论，发展了中央对台工作大政方针和政策主张。两岸关系和平发展重要思想最鲜明的特色，就是把完成祖国统一的历史使命同实现中华民族伟大复兴的宏伟目标紧密联系起来。这一思想深刻揭示，祖国大陆改革开放和现代化建设不断取得巨大进步，是推动两岸关系发展、实现祖国和平统一的雄厚基础和可靠保障，决定了两岸关系的基本格局和发展方向，台湾的前途系于两岸关系和平发展、系于中华民族伟大复兴，完成祖国统一是实现中华民族伟大复兴的历史必然。这一思想，向两岸同胞发出了携手推动两岸关系和平发展、同心实现中华民族伟大复兴的号召，揭示了对台工作的奋斗目标。

两岸关系和平发展重要思想最突出的理论贡献，就是科学回答了为什么要推动两岸关系和平发展、怎样推动两岸关系和平发展的重大问题。这一思想提出了实现和平统一首先要确保两岸关系和平发展的论断，提出了祖国和平统一与两岸关系和平发展之间的内在联系和辩证统一关系。这一思想明确了推动两岸关系和平发展的基本方略：政治基础是坚持大陆和台湾同属一个中国，重要途径是深化交流合作、推进协商谈判，强大动力是促进两岸同胞团结奋斗，必要条件是反对“台独”分裂活动。这些重要论断和指导原则明确了，推动两岸关系和平发展，是坚持和平统一方针的必然要求，是实现和平统一的必由之路，是实现中华民族伟大复兴的战略选择，构成国家发展战略的重要组成部分。

两岸关系和平发展重要思想最主要的内涵，就是全面系统提出了开辟两岸关系前进道路的重要政策主张。这一思想，从增进政治互信、推进经济合作、加强文化交流、扩大人民往来、协商涉外事务和解决政治军事问题等方面提出的政策主张，指明了构建两岸关系和平发展框架的努力方向和基本内容，包含着解决两岸关系重大问题的一系列新思路、新观念、新主张，既表明了推动两岸关系和平发展的决心和诚意，同时也考虑和回应了台湾同胞的需求、台湾方面的关切，以利于促进双方共同开辟两岸关系前进道路。

两岸关系和平发展重要思想最基本的理念，就是强调做好对台工作、推进两岸关系必须坚持以人为本。这一思想提出实现中华民族伟大复兴要靠两岸同胞共同奋斗、两岸关系和平发展新局面要靠两岸同胞共同开创，两岸关系和平发展成果由两岸同胞共同享有。这强调了两岸同胞在推动两岸关系和平发展中的主体地位，体现了以人为本、为民谋利的基本理念。

六、2012 年至今

2012 年 11 月，中共十八届一中全会选举产生以习近平为总书记的党中央。中共十八大以来，习近平就台湾问题和对台工作发表一系列重要论述。这些论述在保持对台工作大政方针连续性基础上，准确把握两岸关系发展大势，提出许多富有创见的新理念新主张新要求，丰富发展了中央对台方针政策，引领对台工作取得新的重要进展。

第一，共圆中华民族伟大复兴的中国梦。实现中华民族伟大复兴中国梦，是习近平提出的重大战略思想，是全国各族人民共同的奋斗目标，是团结凝聚海内外中华儿女的一面精神旗帜。习近平提出，“中国梦是两岸共同的梦，需要大家一起来圆梦”。实现中华民族伟大复兴，实现国家富强、民族振兴、人民幸福，是孙中山先生的夙愿，是中国共产党人的夙愿，也是近代以来中国人的夙愿。中国梦就是这个民族夙愿的生动表述。中华民族伟大复兴与两岸同胞前途命运紧密相连。中国梦与台湾的前途是息息相关的。两岸同胞要相互扶持，不分党派，不分阶层，不分宗教，不分地域，都参与到民族复兴的进程中来，让中国梦早日成真。携手推动两岸关系和平发展，同心实现中华民族伟大复兴，应该成为两岸关系的主旋律，成为两岸中华儿女的共同使命。中共十八大报告提出：“全体中华儿女携手努力，就一定能在同心实现中华民族伟大复兴进程中完成祖国统一大业。”中国梦与两岸同胞前途命运紧密相连，实现这一目标就是继续推动两岸关系和平发展。要高举中国梦的旗帜，最广泛地团结台湾各界民众，让两岸同胞组成“梦之队”，都成为实现中国梦的参与者、书写者，共同为实现中国梦而努力奋斗。

第二，“和平统一、一国两制”是实现国家统一的最佳方式。解决台湾问题和核心是实现国家统一。习近平提出，国家统一是中华民族走向伟大复兴的历史必然。实现中华民族伟大复兴是近代以来中华民族最伟大的梦想。“统则强，分必乱”，这是一条历史规律。台湾的前途系于国家统一，台湾同胞的福祉离不开中华民族的强盛。在涉及国家统一和中华民族长远发展的重大问题上，中国共产党旗帜鲜明，立场坚定，不会有任何妥协和动摇。“和平统一、一国两制”是中国共产党解决台湾问题的基本方针，中国共产党认为，这也是实现国家统一的最佳方式。中国共产党将以最大诚意、尽最大努力争取和平统一前景，因为以和平的方式实现统一最符合包括台湾同胞在内的中华民族的整体利益。“一国两制”在台湾的具体实现形式会充分考虑台湾现实情况，充分吸收两岸各界意见和建议，是能充分照顾到台湾同胞利益的安排。中国共产党所追求的国家统一不仅是形式上的统一，更重要的是两岸同胞的心灵契合。中国共产党理解台湾同胞因特殊历史遭遇和不同社会环境而形成的心态，尊重台湾同胞自己选择的社会制度和生活方式，愿意用真诚、善意亲情拉动两岸同胞的心理距离。同时，台湾同胞也需要更多了解和理解大陆 13 亿同胞的感受和心态，尊重大陆同胞的选择和追求。习近平的重要论述，站在国家发展和全民族整体利益的高度，阐明了完成国家统一是实现民族复兴的必然要求和结果，而民族复兴的进程是为国家统一创造和积累着必要条件和能量；表达了中国共产党坚定不移地追求和平统一的坚定决心和历史担当，同时又与时俱进地对和平统一的形式、内涵作出了包容性很强的新论述，丰富和发展了国家统一理论。这些论述对于进一步坚定全民族实现国家统一的意志和信心，鼓舞和激励支持中国和平统一的力量，团结全体中华儿女继续推动两岸关系和平发展、促进国家和平统一进程具有重要指导意义。

第三，努力推动两岸关系和平发展。两岸关系和平发展是通向和平统一的正确道路。近几年来，两岸关系取得一系列重大进展，开创出和平发展的新局面。但两岸关系和平发展各方面的基础尚不牢固，面临的问题增多、阻力增大，“台独”分裂势力仍然是对台海和平的现实威胁。习近平提出：“中国共产党欢迎更多台湾同胞参与到推动两岸关系和平发展的行列中来，大家一起努力，出主意、想办法，凝聚更多智慧和力量，巩固和扩大两岸关系发展成果，使两岸关系和平发展成为不可阻挡的历史潮流。”两岸双方要巩固坚持“九二共识”、反对“台独”的共同基础，深化维护一个中国框架的共同认知。这个基础是两岸关系之锚，锚定了，才能任凭风浪起、稳坐钓鱼台。针对 2014 年台湾发生的“反服贸协议风波”对两岸关系造成的影响，习近平表示，中国共产党推动两岸关系和平发展的方针政策不会改变，促进两岸交流合作、互利共赢的务实举措不会放弃，团结台湾同胞共同奋斗的真诚热情不会减弱，制止“台独”分裂图谋的坚强意志不会动摇。习近平的重要论述，揭示了当前对台工作和两岸关系发展的阶段性目标和主要任务，阐明了推动两岸关系和平发展的共同政治基础、必要条件、强大动力，体现了大陆方面继续推动两岸关系和平发展的战略定力、战略自信和坚强意志。要不断巩固深化两岸关系和平发展的政治、经济、文化和社会基础，推动两岸关系和平发展趋势不中断不逆转，维护国家发展重要战略机遇期，为实现“两个一百年”奋斗目标做出应有贡献。

第四，倡导“两岸一家亲”的理念。两岸同胞是血脉相连、命运与共的一家人。习近平提出，两岸同胞一家亲，根植于两岸共同的血脉和精神，扎根于两岸共同的历史和文化。广大台湾同胞不论省籍、族群等都是大陆同胞的骨肉天亲。台湾同胞因自己的历史遭遇和社会环境，有着自己特定的心态，大陆完全理解台湾同胞的心情。大陆愿意用亲情化解历史留给台湾同胞的伤痛，也愿意与台湾同胞一道，共创中华民族美好未来。只要是有利于维护中华民族整体利益的事，中国共产党会尽最大努力办好，使广大台湾同胞在两岸关系和平发展中更多受益。习近平的重要论述，客观理性面对两岸的历史与现实，设身处地考虑台湾同胞的心态和感受，真情显露对同胞的理解与关爱，追求的是同胞间感情的融洽和心灵的契合，体现了对台工作以人为本的价值取向，具有很强的感召力。

第五，为破解两岸固有政治分歧逐步创造有利条件。近些年来，两岸双方按照“先易后难、先经后政循序渐进”的思路推动两岸协商谈判取得了显著成绩。但是，两岸长期存在的固有矛盾和政治分歧始终影响着两岸政治互信的提升，制约了两岸关系发展的深度和广度。习近平提出：“着眼长远，两岸长期存在的政治分歧问题终归要逐步解决，总不能将这些问题一代一代传下去。”两岸中国人有智慧找出解决问题的钥匙来。中国共产党愿在一个中国框架内，同台湾方面进行平等协商，作出合情合理安排。对两岸关系中需要处理的事务，双方主管部门负责人可以见面交换意见。习近平的重要论述，展现了大陆方面愿意为破解两岸政治难题作出努力的决心和诚意，也体现了大陆方面愿意推动两岸双方开展对话，逐步积累共识，为破解难题创造条件。2014 年双方两岸事务主管部门负责人实现互访，建立了两部门负责人会面，达成积极共识，对推动两岸关系全面发展具有积极意义。2015 年两岸领导人实现了 66 年来的首次会面，翻开了两岸关系历史性一页，具有重要的历史意义和广泛深远的国际影响。

第六，坚持反对和遏制“台独”分裂活动。“台独”危害国家主权和领土完整，损坏中华民族的根本利益和长远利益，违背中华儿女的共同意愿。习近平强调，遏制“台独”分裂活动是确保两岸关系和平发展的必然要求。2008年前的一段时间，“台独”分裂势力利用执政推行分裂路线，损害国家主权、领土完整，破坏台海和平稳定，挑动两岸对抗紧张，给两岸民众尤其是台湾同胞带来深重祸害。需要警惕的是，“台独”分裂势力并未善罢甘休，仍在竭力煽动两岸敌对和对立，阻挠两岸交流合作，仍然是两岸关系和平发展的最大现实威胁。对于任何分裂国家的行径，中国共产党绝不会容忍。历史已经并将继续证明，“台独”之路走不通。中国共产党对台湾同胞一视同仁，无论是谁，不管以前有过什么主张，只有现在愿意参与推动两岸关系和平发展，中国共产党都欢迎。习近平的重要论述，深刻揭示了“台独”势力及其分裂活动对两岸关系和平发展的现实危害，明确宣示了坚决反对“台独”的一贯立场，严正表明了中国共产党决不允许“台独”、决不允许把台湾从中国分割出去的坚定态度。划出这条“红线”的，是不可撼动的民族意志。同时，有表达了中国共产党愿意最大努力团结最广大台湾同胞共同推动两岸关系和平发展的真诚意愿。

第七，深化两岸经济合作，同台湾同胞分享大陆发展机遇。中国的改革开放和持续发展给世界带来了机遇，也为进一步推进两岸经济融合提供了强劲动力和广阔空间。习近平提出，中国共产党“愿意首先同台湾同胞分享大陆发展的机遇”。中国共产党将深入了解台湾民众尤其是基层民众的现实需求，采取积极有效措施，照顾弱势群体，使更多台湾民众在两岸经济交流合作中受益。希望两岸加强经济领域高层次对话和协调，共同推动经济合作迈上新台阶。要加快拓展产业合作，扩大双向投资，深化金融服务业合作，探索新的合作途径。两岸可以适时务实探讨经济共同发展、区域经济合作进程向衔接的适当方式和可行途径，为两岸经济合作增添新的活力。习近平的重要论述，体现了对两岸同胞现实需求和两岸经济交流合作规律的深刻认识和准确把握，表明了大陆方面愿意继续为台湾同胞谋福祉的决心和诚意，明确了对台经济工作的重点和努力方向。习近平提出要照顾弱势群体、扩大两岸经济合作的受益面，反映了对两岸经济合作进程中有待加强之处的敏锐观察。

第八，增进两岸同胞互信，加强青少年交流。近百年来两岸同胞聚少离多，彼此之间对一些问题的理解不尽相同。近年来，部分台湾民众对两岸关系快速发展忧虑增多，心态复杂敏感。面对这一情况，同胞之间应加强理解与信任。习近平提出：“两岸关系和平发展任重道远，需要加深两岸同胞相互信任。同胞有了互信，很多难题就容易找到解决办法。”中国共产党要积极创造条件，扩大两岸社会各界各阶层民众的接触面，通过面对面沟通，心与心交流，不断增进理解，拉近心理距离。习近平尤其关心两岸基层民众和青少年的交流，强调要让广大台湾同胞特别是基层民众都能更多享受到两岸关系和平发展带来的好处。两岸青少年身上寄托着两岸关系的未来，要多想些办法，多创造些条件，让他们多来往，多交流，感悟到两岸关系和平发展的潮流，感悟到中华民族伟大复兴的趋势，以后能够担当起开拓两岸关系前景、实现民族伟大复兴的重任。习近平的重要论述，阐明了进一步加强两岸各界各领域交流的重要性，集中反映了要巩固和深化两岸关系和平发展的社会与民意基础的深谋远虑。要继续在不断扩大两岸各界各领域交流、交往的过程中，更多加强两岸基层民众特别是青少年的交流往来，不断融洽同胞感情，增进相互理解和信任，促进心灵相通。习近平站在实现中华民族伟大复兴的历史高度，通过对台湾问题长期观察和深入研究，针对两岸关系发展的新形势新特点所作出的对台工作重要论述，展现出鲜明的使命意识和责任担当、攻坚克难的进取意识和创新思维、求真务实的科学态度和工作作风，深化了推进对台工作的规律性认识，是中国共产党做好新形势下对台工作的行动指南。

第二节　对台政策研究综述及战略思考

本节先梳理学界对习近平对台重要思想的解读、归纳、阐释、评析，这些内容是在政策形成后对政策的理解和厘清。再对近20年来的大陆对台战略的研究进行综述，这是在政策形成前的各种方案研究与设计，这些研究成果不一定被政策制定者采纳，但对政策形成均有助益。无论是政策解读还是政策研究，相关论述都非常多，本书此处列举代表性观点，难免有遗珠之憾。最后对未来对台工作的战略进行思考。

一、习近平对台重要思想研究

张志军（2016）认为，党的十八大以来，习近平高瞻远瞩，统揽全局，站在国家发展全局和中华民族伟大复兴的战略高度，根据国内外形势和台海形势的发展变化，就对台工作提出一系列新理念新思想新战略，丰富和发展了对台工作的理论和实践，指导对台工作迈上新台阶，引领两岸关系不断取得新进展。其主要特点和意义在于：1. 深刻阐释民族复兴与两岸前途的密切联系，树立起共圆中国梦这面团结两岸同胞共同奋斗的精神旗帜；2. 坚持“和平统一、一国两制”的大政方针，丰富发展了国家和平统一理论；3. 从国家发展战略全局谋划对台工作，深化了在发展的基础上解决台湾问题的战略思想；4. 坚持两岸关系和平发展正确道路，丰富了两岸关系和平发展的政策内涵；5. 坚持一个中国原则，揭示“九二共识”核心意涵对两岸关系有重要意义；6. 坚定捍卫国家主权和领土完整，坚决反对任何形式的“台独”分裂活动；7. 倡导“两岸一家亲”的理念，丰富了做台湾人民工作的思想内涵；8. 促进两岸经济社会融合发展，增强两岸命运共同体的认知。张志军将习近平对台重要思想的核心要点归纳为：1.“两岸同胞要相互扶持，不分党派，不分阶层，不分宗教，不分地域，都参与到民族复兴的进程中来”，共圆中华民族伟大复兴的中国梦。2. 坚决反对“台独”分裂、捍卫国家主权和领土完整是我们党和政府一贯的、不可动摇的立场。“台独”势力及其活动损害国家主权和领土完整，是两岸关系和平发展的最大障碍，是台海和平稳定的最大威胁，只会给两岸同胞带来深重祸害。3. 坚持“两岸一家亲”，就是同胞间要真诚相助，维护增进中华民族的整体利益只要是有利于增进两岸同胞的亲情和福祉的事，只要是有利于推动两岸关系和平发展的事，只要是有利于维护中华民族整体利益的事，两岸双方都应该尽最大努力去做。4. 深化两岸经济社会融合发展，需要加强各领域交流和人员往来。两岸同胞要加强文化交流，共同传承中华文化优秀传统。要继续创造条件，扩大同胞直接交往，促进两岸各界交流。两岸同胞要以心相交，不断增强民族认同、文化认同、国家认同。①

李逸舟（2017）认为习近平在推动治国理政总方略的同时，围绕两岸关系、对台工作也提出了一系列新理念新思想新战略，形成了以两岸经济社会融合发展为核心的系统完整的对台思想。李提出习近平对台重要思想继邓小平确立和平统一大政方针之后，在江泽民、胡锦涛时期长期探索实践基础上，与时俱进，创新发展，从思想理论上根本解决了怎样实现和平统一的问题。这是中共对台战略的一次质的飞跃，标志着和平统一理论体系建构合龙并臻于成熟，明确了两岸在发展中融合、在融合中统一的道路与方向，实现了规律性与目的性的高度自洽，实现了国家整体战略与对台战略的高度契合，成为两岸关系与对台工

① 张志军：《维护和推进两岸关系和平发展 共圆中华民族伟大复兴中国梦——深入学习习近平总书记对台工作重要思想》，《求是》，2016 年第 20 期。

作的基本指标。[①]

仇开明（2017）认为十八大以来形成了一套具有习近平个人风格的对台工作思想体系。习近平对台工作思想所理解的重点：第一，从出发点来看，习近平对台工作重要思想，首先植根于并且服务于中华民族伟大复兴的根本目标。第二，从总体观察的角度来看，解决台湾问题的根本是基于整个大陆的发展进步。理解习近平对台工作重要思想，需要突出把握两个重点：一是“把握一中方向”，即把握好“一个中国”这个两岸关系发展的根本方向，二是“发展共同利益”，即要通过两岸关系的发展让两岸更加紧密地结合在一起，让台湾同胞在两岸关系发展中得到好处，体会到两岸关系的发展前景。具体归纳为四个重点：坚持一个中国原则，坚定反对“台独”，高度重视做好台湾民众工作，以中华民族伟大复兴的宏伟目标作为两岸关系发展的坚强引领。

杨毅周（2017）认为十八大以来习近平以“两岸一家亲”作为国家统一的的基础，以“融合发展”作为国家统一的路径。习近平的对台战略思想具有鲜明的个人特色，也体现了历史发展与时代发展潮流下中国共产党人的担当，对如何实现国家统一有着很清晰的设想和路径图。习近平特别强调两岸同胞在文化、民族、血缘的交流和融合，在经济上继续为台湾中小企业提供更多机会，为台湾老百姓在大陆发展提供更好的机遇。至于在今后的对台工作中如何贯彻落实习近平对台思想，“两岸一家亲”虽然是天然形成、不可否认的，但实际上仍需要继续培养、继续浇筑，继续通过各种途径来促进两岸融合。

倪永杰（2017）总结习近平就对台工作中提出了十大论断、具有五项特征、六大新思维。十大论断分别是：第一，两岸一家亲；第二，共圆中国梦；第三，构建命运共同体；第四，两岸政治分歧不能一代一代传下去；第五，“一国两制”的“三个充分”（充分考虑台湾现实情况，充分吸收两岸各界意见和建议，是能充分照顾到台湾同胞利益的安排）；第六，统一不是形式上的统一而是两岸同胞心灵契合；第七，决定两岸关系走向的关键因素是祖国大陆发展进步；第八，两岸青少年要担负起开拓两岸关系前景、实现民族复兴的重任；第九，两岸道路与制度的好坏应当由人民来评判，台湾民众要理解并尊重大陆人民的选择；第十，两岸中国人有能力有智慧解决好自己的问题。习近平新理念新思想新战略体系的特征可以用“12345”进行梳理和归纳：“一条道路”指的

① 李逸舟：《习近平对台思想统御性概念：两岸经济社会融合发展》，（港）《中国评论》，2017年7月。

是和平发展道路，使和平发展制度化，构建和平发展的制度框架；“两项基础”其一是体现一个中国原则的“九二共识”，其二是反对“台独”；“三项理念”分别是“两岸一家亲”“共圆中国梦”与“构建命运共同体”；“四条路径”依次是“全面增进互信”“厚植共同利益”“融合发展”与“心灵契合”；“五大安排”包括：一是关于“一国两制”台湾具体实现形式的安排，具有“三个充分”的论述。二是关于解决两岸政治分歧的安排，如突出政治分歧“不能一代一代传下去”。三是关于台湾参与国际的安排，即只要不违背一中、不造成“两个中国”和“一中一台”，可通过与我协商，作出合情合理的安排。四是关于利益的安排，如聚焦青年与民生，照顾弱势，扩大参与面、增加获得感。五是关于塑造美好共同记忆的安排，如习总书记在共同纪念抗战的时候提出两岸应“共享史料、共写史书”等。六大新思维：一是总体思维，对台工作和两岸关系发展服务于“两个一百年”与实现中华民族伟大复兴的“中国梦”的总目标，是国家总体发展战略的重要组成部分；二是底线思维，确保国家主权和领土完整不被分裂；三是主导思维，比如“政治分歧不能一代一代传下去”“‘一国两制’在台实现形式的‘三个充分’”“制度的好坏要由人民来评判”等独创性观点都是针对两岸关系发展重大症结所提出，体现了习总书记要主导两岸关系的话语权，而不是被台湾方面主导；四是创新思维，包括对台工作理论、制度和政策的创新；五是民本思维，即以人为本，照顾台湾民众利益；六是法治思维，这和大陆“四个全面”中全面依法治国是一体的，如《国家安全法》中便有涉台条文。在从和平发展迈向和平统一的进程中，融合发展有望成为大陆今后对台工作的创新主轴。

关于十九大报告中的对台工作思想，倪永杰将亮点归纳为以下六点：第一，一个新意，一个政治宣示。习近平总书记在“新时代中国特色社会主义思想和基本方略”中提到，“坚持‘一国两制’和推进祖国统一。必须坚持一个中国原则，坚持‘九二共识’，推动两岸关系和平发展，深化两岸经济合作和文化往来，推动两岸同胞共同反对一切分裂国家的活动，共同为实现中华民族伟大复兴而奋斗。”把实施“一国两制”，推进祖国统一，放到建设新时代中国特色社会主义十四大基本方略中，是非常有新意的，这是在党的报告中首次这样写。这也是一个政治宣示，将大陆对一个中国原则和“九二共识”的立场、对台湾民众的利益安排、对反对“台独”的底线等内容讲得非常清楚，这对两岸关系具有非常大的指导意义和促进作用，能够动员两岸同胞，共同投身于促进两岸关系发展和推动国家统一的进程中来。第二，明确政治底线。报告中强调一个中国原则是两岸关系的政治基础，“九二共识”的重要性在于确定两岸关系的根本性质，并确保两岸关系和平发展的关键，它实际上打破了台湾某些人期待大陆会松动政治立场，甚至放弃“一中”原则、放弃“九二共识”这样的幻想。第三，预留两岸互动的空间。报告指出了破解两岸政治僵局的正确道路，就是只要承认“九二共识”的历史事实，认同两岸同属一个中国，在这个基础上，台湾的政党团体和大陆交流就不存在障碍，两岸就可以开展对话，协商解决一些问题。这是为台湾政党团体保留了一个善意的互动空间。第四，划出台海红线，挫败“台独”分裂图谋。习近平总书记在报告中发出号召，“绝不容忍国家分裂的历史悲剧重演”，还把决不允许的6个“任何”写入了党的报告。第五，倡导“两岸一家亲”的理念。习近平总书记过去也曾多次强调，“两岸同胞是命运与共的骨肉兄弟，是血浓于水的一家人”。尊重台湾地区的社会制度和生活方式，率先同台湾同胞分享发展机遇，这体现了大陆方面对于台湾同胞的骨肉亲情与真心诚意。第六，承诺同等待遇。习近平的讲话中主张“逐步为台湾同胞在大陆学习、创业、就业、生活提供与大陆同胞同等的待遇，增进台湾同胞福祉”。这个承诺对台湾民众是有吸引力的，表明了大陆对台湾同胞利益的关注和照顾，也是我们做好对台工作的重要方面。

王英津（2017）认为，十九大报告的涉台论述有以下四个面向值得进一步注意，它体现出了大陆今后对台工作的基本思路，那就是“两手抓、两手都要硬”。第一，反“独”与促“统”并进。也就是，在坚决反“独”的同时把促“统”提上重要工作议程，实施“双轨并进”。一轨是针对民进党，坚决反对其搞“台独”；另一轨针对台湾民众，通过融合发展促使其与大陆走向统一，这是习近平总书记对台思想中“两手抓”“两手都要硬”的重要体现。坚持在促“统”中反“独”、在反“独”中促“统”，是十九大报告涉台论述的鲜明特点。反“独”和促“统”不是先后关系，而是同时并进关系。这是由目前大陆的综合实力所决定的，没有实力做后盾，就无法同时推动这两项政治工作。十九大报告涉台部分一方面指出“推进祖国和平统一进程”；另一方面又强调融合发展，表明两岸走向和平统一的路径，就是扎实推动两岸经济社会融合。第二，交流发展与融合发展并进。融合发展是为弥补交流发展的短板而提出的，但提倡融合发展并不等于否定交流发展，而是在融合发展的同时继续扩大和深化交流发展，因为交流发展也可以促进融合进而促进认同。十九大报告中的“我们将扩大两岸经济文化交流合作，实现互利互惠”，是针对交流发展而言的；而“愿意率先同台湾同胞分享大陆发展的机遇”“逐步为台湾同胞在大陆学习、创业、就业、生活提供与大陆同胞同等待遇，增进台湾同胞福祉”，是针对融合发展而言的。可以预见，未来大陆将同时推进交流发展和融合发展，实施“双管齐下”。第三，民族复兴与国家统一并进。大陆对于台湾问题的思考，是从中华民族伟大复兴的战略高度来进行的，希望在中华民族伟大复兴的历史进程中实现统一。国家统一是民族复兴的必然要求，在实现中华民族伟大复兴中国梦的历史进程中完成国家统一，通过国家统一进一步促进中华民族伟大复兴中国梦的实现，两者相辅相成、相互促进。大陆自身发展了，才能为扎实推进国家和平统一进程注入更大的动能。十九大报告指出：“解决台湾问题、实现祖国统一，是全体中华儿女共同愿望，是中华民族根本利益所在”，“实现推进现代化建设、完成祖国统一、维护世界和平与促进共同发展，是我们在新时代必须完成的三大历史任务”，这进一步表明了实现中华民族伟大复兴中国梦与完成国家统一之间的不可分割关系。第四，斗争与团结并进。台湾社会的政治力量可以划分为两大板块：承认两岸“一中”的政治力量和拒不接受两岸“一中”的政治力量。对于前者，大陆坚持积极团结的方针，并希望与台湾同胞共同分享大陆的发展机遇；而对于后者，大陆会给予坚决的斗争。这种区分对待的做法，会使大陆对台工作更具针对性、更有时效性。十九大涉台论述既是对蔡英文上台以来拒不承认“九二共识”的回应，进一步申明大陆的政治底线，也向台湾当局释放了两岸关系和平发展的善意。十九大报告指出，体现“一中”原则的“九二共识”是两岸互动的政治基础。“九二共识”是大陆对台政策的前提和基础，没有任何讨价还价的空间。蔡英文上台前曾表示，只要民进党当选执政，大陆就会向她“靠拢”。蔡英文上台以来，一直模糊以对，试图通过回避“九二共识”、建构所谓“两岸互动新模式”等方式来敷衍大陆。此次十九大报告重申“九二共识”，再次正面向台湾当局释放了坚定信号，表明大陆在底线问题上没有任何的退让空间，这实际上是回应了蔡英文上台以来不切实际的幻想。针对蔡英文当局对“九二共识”的歪曲和演绎，十九大报告中明确指出，“九二共识”是体现一个中国原则的“九二共识”，这就明确了“九二共识”不是什么其他抽离“一中”内容的共识，封死了蔡英文当局在“九二共识”问题上偷梁换柱的空间。但是，大陆并没有彻底关闭与民进党的对话大门，只要民进党认同一个中国，民、共两党即可展开对话和互动。正如十九大报告所指出：“承认‘九二共识'的历史事实，认同两岸同属一个中国，两岸双方就能开展对话，协商解决两岸同胞关心的问题，台湾任何政党和团体同大陆交往也不会存在障碍"。

朱松岭（2017）将习近平的"新国家统一观"概括并阐述为"新天下观之下的国家统一观""新发展观之下的国家统一观"与"新治理观下的国家统一观"。他把习近平的新天下观分为"全球命运共同体""亚洲命运共同体"与"两岸命运共同体"三大部分。新发展观下的国家统一观，是以"梦系列"从中国辐射亚太，"中国梦"与"亚洲梦"及"亚太梦"。新治理观下的国家统一观是理论论述与政治传播相结合，治理当中有两个重要元素，一个是软性的，精神性的，另一个是硬性的，制度性的。"两岸一家亲"论述体现在历史上中华民族是靠血缘和姻亲来维系的，中国的各民族地区之间一方面通过通婚形成融合，另一方面又通过制度安排相对独立；同样，国家治理当中，各少数民族地区一方面在国家的统一体系之下，另一方面又享受充分的自治。历史上的中华民族和强盛中国就是这样形成的。习近平对台思想的特点，在语言上，体现为理论论述和理论传播相结合；在思维上，体现为底线思维和区间思维、战略思维和战术思维、全局思维和局部思维、统一思维和发展思维相结合。

李振广（2017）将习近平对台思想归纳出四大特征：1. 在台湾问题上，习近平对台工作思想的基础正是这种有着历史厚度和情感高度的强烈的历史使命感；2. 以习近平为核心的党中央在对台战略中继承和发展了历代领导人勇于突破、大胆创新的担当和勇气，进一步实现了两岸关系的新突破；3. 在实现国家最终统一这一问题上有明确坚定的路线图，一方面是团结一切可以团结的同胞推动两岸和平统一进程，另一方面明确指出解决台湾问题的关键在于大陆；4. 站在历史发展的高度，辩证地看待对台工作在中国崛起和中华民族伟大复兴进程中的作用与地位，在对台工作方面立足长远、准确定位。

张文生（2016）总结习近平对台重要思想的特点包括：1. 坚持"九二共识"，维护"一中框架"，巩固海峡两岸的共同政治基础；2. 主张两岸同胞团结合作，共圆中华民族伟大复兴的中国梦；3. 两岸中国人完全有能力、有智慧解决好自己的问题。两岸长期存在的政治分歧问题终归要逐步解决。"台独"分裂活动始终是两岸关系和平发展的最大威胁和最大障碍。从根本上说，决定两岸关系走向的关键因素是祖国大陆发展进步。[①]

① 张文生：《习近平对台重要思想解析》，《台海研究》，2016 年第 2 期。

杜力夫（2017）认为习近平系列讲话中对“一国两制”内涵的深刻阐述，启发我们进一步思考国家统一进程的重大理论问题。一是从理论解析，国家主权对内可以分享，对外只能共享。主权或权力的多主体的享有，也可以划分为分享和共享两种模式。分享接近于按份共有：分享者可不依赖于其他共有主体单独行使权力。而共享则接近于共同共有：共享者必须依赖其他共有主体在形成共识、意思表示达成一致后的基础上进行协作或配合才能行使权力。主权的分享，意指主权共同拥有，分别行使；主权的共享，则是指主权共同拥有，共同行使。二是从现实观照，主权分享与共享理论出发可以设想台湾的对内自治与对外统一。可以这样表达：中国的主权由两岸人民共有；中国主权在对内方面，目前由两岸双方代表两岸人民分享。两岸双方分别对各自实际管辖的地区的内部事务，拥有最后决定权。三是实现路径，签订两岸和平协议是必须经由的第一步。两岸共享中国的对外主权，必须建立起就对外事务协商一致的机制，而这又必须要通过签订系列两岸和平协议来实现。四是斗争焦点，反对“台独”的主战场在国际社会和外交领域。国家主权的属性要求我们在分析国家统一问题时，要区别对内与对外，看到国家主权在对内与对外方面的区别与联系。[①]

郭伟峰（2017）认为：习近平对台思想中的顶层设计已经非常明确清晰、全面系统，完全具有可遵循性。习近平的对台思想与顶层设计，以国家统一为经，以民族复兴为纬，这样的思想力量必能引领两岸关系的正确方向，必能最大效果地处理好台湾问题，开辟一个统一、团结、辉煌的中华民族新时代。习近平的对台思想核心内涵，就是促进国家的完全统一，实现中华民族伟大复兴。国家统一与“两个一百年”的顶层设计是密切契合的，互为因果。重中之重，是习近平深刻论述了解决台湾问题与国家统一、民族复兴的辩证关系：1. 辩证论述了国家统一与民族复兴之间的关系，高度重视台湾同胞的作用以及平等地位；2. 辩证论述了国家统一与两岸融合之间的关系，丰富和发展了对国家统一形式和内涵的论述；3. 辩证论述了国家统一与台湾前途之间的关系，给台湾的未来前途指明了方向。习近平对台思想中的顶层设计概念中还具有三个不同的概念内涵：1. 融合概念。从历史发展的角度来看，中国的统一过程就是融合过程，历史上主要是民族与文化的融合。但是，习近平对台思想中体现的融合概念，更多是倡议民族精神的融合。台湾的中华民族精神方面发生了异变，需要

① 杜力夫：《建设两岸命运共同体　探索两岸统一新模式——学习习近平对台论述的思考》，《中国评论》，2017 年 2 月。

重新加以融合。习近平的融合概念，是解决台湾问题的根本之道。2. 复兴概念，习近平对台思想中，大量运用中华民族伟大复兴的概念。面对新时代的中华民族，用伟大复兴来作国家发展顶层设计，并以此号召台湾同胞参与，凝聚两岸的向心力、把共识发挥到最大，分歧则会压缩到最小，对两岸关系发展有极大的推动力。3. 创新概念。习近平的对台思想，是在继承的基础上致力创新，通过创新，拓宽了大陆的对台政策空间，丰富了两岸关系的内涵，也为解决台湾问题留下了更加充裕的空间与时间。

周建闽（2017）认为："两岸命运共同体"这一核心理念是习近平总书记在继承、贯彻中共历代领导人对台大政方针后，针对台湾问题的现实情况以及未来的发展，所提出的具有强烈针对性和时代特色的系统论述。这个核心理念，与他的治国理政思维一脉相承，但又根据台湾问题本身的复杂性、艰巨性、长期性的特点有所拓展和延伸。"两岸命运共同体"是"两岸一家亲"理念的拓展和延伸，是在两岸的历史文化以及血缘、宗亲关系的基础上，赋予了共同发展、共同实现中华民族伟大复兴的新内涵基础上衍生出来的核心理念。在两岸历史和亲情的基础上加入"民族复兴""中国梦与台湾前途"的内涵，使之不再局限于历史和亲情的表述，而有着强烈的现实意义和未来方向感。"一家亲"理念更多的是强调两岸之间天然的血缘、亲缘关系以及共同的历史、文化结构，那么"两岸命运共同体"则包涵了更多实现国家富强、民族复兴、人民幸福的中国梦的内容。同时，又赋予了两岸同胞更多的责任与共同使命。从习近平的论述中可以总结出几个规律：第一，两岸同属一中不容否定。第二，坚持"九二共识"、反对"台独"是两岸关系和平发展的政治基础。第三，"台独"危害国家主权、祸害两岸同胞，是对台海和平的现实威胁。第四，从历史的高度看待国家分裂的严重后果。第五，以底线原则、底线思维作为确保国家主权和领土完整的政策思维和决心。

二、对台战略研究

对台战略研究是有可能被政府采纳的政策性研究，虽然研究者的研究方向与重点各不相同，但大体上还是隐约形成了社科院、北大、清华、人大、厦大等多家流派，共同的涉台研究献计献策。

许世铨（2013）将大陆对台工作重点放在实力强大与策略灵活方面，认为国家的统一、对台政策只能始终不渝地遵循"发展是硬道理"这条铁律才能最终功德圆满。他提出在解决台湾问题、实现国家统一的战略制定和政策选择方面，必须厘清和正确对待下列四个问题：第一，必须同时详查台湾岛内、国际和大陆自身的情况，而大陆自身的情况是三者中最重要的，也可以说是决定性因素。第二，中国的一切问题，包括台湾问题，只能通过自身的发展才能解决。第三，一个中国原则是大陆对台政策坚定不移的基础。在一个中国原则问题上，大陆把对外关系和作为内政的两岸关系区别对待，在不同时期给予"一中"原则有利于两岸关系发展的定义。第四，"与时俱进"是大陆对台政策的生命线。大陆对台政策总是审时度势，确立总体战略、制定配套政策，为实现国家统一选择一条切合实际、行之有效的途径。①

余克礼（2011）主张两岸关系需要政治解决：一是早日结束两岸敌对状态、签订两岸和平协议、建立两岸军事安全互信机制，是突破两岸政治僵局，推进两岸关系和平发展进程的关键之所在。二是彻底从冷战的阴影、冷战的思维中走出来，消除两岸敌对心态、敌对思维与敌对意识形态，营造两岸和谐关系，为两岸政治对话、协商、谈判创造良好氛围。三是努力增强两岸政治认同感，对深化两岸关系和平发展尤为重要。

周志怀（2010）提出两岸关系和平发展需要注入的新的内涵：一是实践内涵，譬如：大力加强两岸文化教育交流合作、商签文教协议；两会协商由经济性议题扩展到共同打击犯罪及开展司法互助等社会性议题；通过两岸协商，以双方都能接受的方式来逐步探讨政治和军事等敏感问题等等。这些议题重在解决两岸交流交往所产生的重大实践问题；二是理论内涵，和谐发展既是两岸关系和平发展的基础与动力，也是两岸关系和平发展的必然结果，在构建两岸关系和平发展框架的过程中，需要加强对和谐发展这一重要理论问题的研究。

朱卫东（2012）对当前及今后一个时期如何进一步加强两岸政治互信进行前期战略思考和设计：1. 要始终将增进两岸政治互信摆在两岸关系发展的突出位置上；2. 认同和维护"两岸同属一国"这一双方政治互信的基石；3. 以自信尊重包容双赢的思维，积极善意稳妥地增进两岸互信；4. 在政治互信基础上，稳步建立包括军事互信在内的两岸战略互信；5. 加强制度化建设，努力构建两岸全方位的战略互信机制。政治行为者相互信任的建立，取决于双方相互认知基础上的共同承诺、可预测性以及可信性。双方应从战略和长远的角度出发，

① 许世铨：《两岸关系与大陆对台政策——战略制定与政策选择》，《台海研究》，2013 年第 1 期。

认准共同利益，相向而行，善意互动，积极稳妥地不断增强两岸各个领域的互信基础，妥善管控和处理分歧，进一步扩大双方的合作，在合作中形塑共同的价值，厚植共同的利益，增进相互信任。为此：一是双方都要增强自信心；二是理性看待对方的战略企图和战略走向，务实善意地对待对方的相关政策，努力提高双方理解对方思维方式的能力，用同理心和“同情的理解”来看待对方，加强常态化、制度化的沟通协调，尽量避免误解与误判；三是两岸都要根据不断变化的新形势恰当地设定阶段目标，既不能超越情势环境和条件，又不能在机遇面前无所作为而丧失机遇；四是在不挑战、不违背“两岸同属一国”这一双方都认可的核心利益的基础上，相互尊重、妥善对待处理彼此的重要利益和关切，要管理好、控制好两岸之间深层次、结构性的矛盾与分歧，将其消极影响降至最低；五是从小事和点滴做起，塑造新的共同认同，通过信心与信任的逐步累积直至“生长”出两岸的战略互信。建构两岸全方位的战略互信机制，首先应发挥好现有管道、机制的作用。其一，进一步发挥国共平台特别是两党领导人定期会晤机制的作用。其二，继续发挥两会制度化协商机制及其他平台的作用。其三，加强两岸学术对话，发挥“二轨”机制的作用。① 朱卫东还提出推进两岸政治对话谈判的路线图：1. 两岸学术界的“政治对话”先行，充分发挥“二轨”机制的作用；2. 培养和增进两岸战略互信，提升台当局进行政治谈判的动力和意愿；3. 从丰富充实“九二共识”出发，逐步确立处理两岸政治关系的基本框架。

李义虎（2005）提出处理台湾问题应发挥政治智慧，用新观念、新变通方法解决面前的难题。新思路就是在“维持现状”这个存量不变的情况下进行“增量改革”，用逐渐积累、增加理解、加强政策配合来逐渐增加增量以期达到最后的统一目标。增量改革的重要任务在于：1. 继续加强两岸的文化、经贸和社会交流，形成两岸交流的合理规范和有效操作机制，培植两岸关系健康发展的坚实基础、整体社会氛围和有效心理机制，使之成为整个增量改革的后援体系。2. 双方的政策互动应该形成良性的状态，不应形成双方政策互相排拒一、扯皮和抗争的局面。双方政策良性互动的合理目标是经由各自政策增量的改革导致双方政策的有效对接，最终达到双方可以在政策层面上举行政治性谈判，并研拟两岸关系发展和实现国家统一方案的新阶段。3.“国际增量”部分十分

① 朱卫东：《对进一步增进两岸政治互信的战略思考》，《台湾研究》，2012 年第 1 期。

复杂和敏感，应该由双方的政治性谈判给予合理的解决。即"国际增量"的改革不应因各自的行为对抗（尤其是外交行为）而后退到"国际存量"的旧圈子里作无规则拼斗，而应予以政策性的统筹处理。4."和平统一、一国两制"的内容要有创造性的扩大、丰富。"一国两制"就是首先保持存量不动，也就是我们所说的"维持现状"。但是以开放性思维理解，仍然需要扩大自身的增量，在国家结构方面"一国两制"可以与整个国家政治资源的再度配置、国家结构安排甚或某种政体的安排相结合。[①]同时，大陆须处理好中国崛起与国家统一的外部环境的问题：一方面我们应该把提高自己的综合国力和国际地位放在首位，也应该将解决台湾问题的努力放到自己力量的基点上，另一方面我们应该在实现国家统一的过程中善处自己崛起的国际政治后果。中国应该制定出适当的国家崛起战略和国家统一战略，并使二者具有良性的"必要的张力"和互动关系。[②]

他提出三个阶段的路线图：统一准备阶段，核心任务是增进两岸全面互信，从主观感受到制度和法律层面，为下一阶段的协商谈判提供坚实基础和保障；统一协商阶段，开始逐步讨论解决两岸之间深层次的复杂的结构性矛盾，包括台湾当局的政治定位、台湾的国际活动空间、两岸结束敌对状态、签署和平协议等最为关键且难度最大的问题；统一实施阶段，通过最终的《统一协议》基本达到两岸统一的理想状态。对于如何解决台湾问题定位，李义虎（2014）提出：1. 实行区间定位。台湾定位不能超出的上限是国家，下限是特别行政区。这种上限和下限的设置，均源于对方的不接受，也均表明不可突破的划定界限，即只能是国家以下，特别行政区以上。2. 按照存量不动、增量改革的原则，将"一国两宪"视为维持现状的一部分。两岸的宪制性文件都表明了坚持一个中国的立场，即实际上都是"宪法一中"。这是两岸关系现状、即存量的主要组成部分。增量改革的重要条件是确认"一国两宪"的事实，既可维持现状，保持存量，又可衔接双方政策，扩充增量，从而启动政治对话与协商的进程。可以通过双方修宪的形式推进台湾定位问题的解决过程，并通过宪政性对接实际上解决台湾定位问题。3. 将两岸整合和国家统一进程视为国家结构调整的过程。两岸整合乃至于未来的国家统一，不仅仅是领土的合并，而是国家结构的调整过程，也是国家权力和资源再分配的过程。可根据国家结构调整的需要，对台湾

① 李义虎：《开辟解决台湾问题的新思路》，《太平洋学报》，2005 年第 2 期。

② 李义虎：《中国崛起与国家统一的外部环境》，《世界经济与政治论坛》，2006 年第 5 期。

进行定位。一个现实的思路是借鉴“坦桑模式”，而非台湾方面热衷的“德国模式”。借鉴“坦桑模式”的做法，可以将台湾视为国家的重要成员，台湾当局可以成员政府的资格和形式存在。权力和资源向上浮动，而非向下浮动。即可以让台湾方面向中央政府（国家政府）机构输入人才，担任相应的政治性职务。但大陆方面不向台湾方面的政权机构输入人员。这两点既有“一国两制”的味道，如允许台湾人向中央输入，而大陆人不向台湾政权机构输入，又有“非一国两制”的味道，台湾作为成员政府单独存在，发挥作用，在整体上具有统一过程中国家权力资源重新整合的含义。4. 务实探讨“国家尚未统一特殊情况下的两岸政治关系”。大陆提出两岸共同努力探讨“国家尚未统一特殊情况下的两岸政治关系，作出合情合理安排”，这既是着手解决台湾定位，也是台湾定位解决前在政治层面落实某种双方均可接受的安排。[①]

巫永平和郑振清（2011）提出推动两岸共同修宪的必要性，以构建包括“两岸同属一个中国”与“两岸过渡性分治”在内的新政治平衡。要维持“两岸一中”与“两岸分治”的政治平衡，必须有新的共同法律约束，实际上无法回避共同修宪的问题。共同修宪有多种模式，从两岸政治对立及认同差异的现状来看，以两岸政体归一、政权合并、权力统一（传统的政治统一）为目标的全面性修宪的条件和时机并不成熟。积极且务实之计，是探讨局部性修宪的可能，亦即暂时不变两岸宪法本文，共同增加一段内容相同的宪法前言。目的是在两岸共同事务（经济合作制度化、人员与文教交流密切化等）与对外事务（台湾参与国际组织活动、两岸涉外双边与多边关系等）上建立“两岸一中”与“过渡性分治”的平衡。共同宪法前言的内容应该包括以下基本要点：两岸同属一个中国，两岸应共同维护一个中国原则，反对国家分裂。由于历史原因，两岸处于过渡性分治状态，过渡时期两岸官方互不否认对方为有效治理的政治实体，同时互不视为外国政府。两岸在涉外共同事务上协商合作，共同维护国家主权和人民利益。两岸按照和平、平等、合作、双赢的原则，建立全面的、绵密的交流合作机制，增进两岸人民福祉，促进共同的国家认同。其中，第一个要点表明两岸同属一个中国，相当于将“一个中国”政治原则再法律化，为第二个要点互不否认对方为有效治理的政治实体提供了政治前提和宪法约束，杜绝了“两政治实体”演变为“两国”的可能性，这也是第三个和第四个要点的政治基

① 李义虎：《台湾定位问题：重要性及解决思路》，《北京大学学报》（哲学社会科学版），第51卷第1期，2014年1月。

础。共同的宪法前言，不同的宪法本文，体现合二为一（两岸一中），一中有二（过渡性分治），全面整合（民族复兴），促进共同的国家认同的内涵。另一方面，这段共同宪法前言并没有涉及两岸政体与政权合并问题，说明这只是迈向统一进程中的阶段性安排。至于分治两岸的政治实体最终如何调整，这是今后在两岸关系和平发展基础上由两岸代表通过平等协商谈判来具体决定的。“两岸一中”与“过渡性分治”共同入宪，是两岸共同缔造新的中国的关键一步，是两岸和平统一的重要阶段。目前，台湾内部两党政治竞争十分激烈，也许不是谈“修宪”的最佳时机，但是，从两岸关系和平发展的长远趋势与国家统一大局来考虑，两岸未来要共同破解政治难题，其实无法回避共同修宪的问题。如果能迈出共同修宪这一步，一个具有中国特色和两岸特点的新的国家结构形式将在两岸关系和平发展进程中逐步形成。[①]

黄嘉树（2014）提出“未统一前两岸政治关系”包括政治定位、政治对抗、政治合作与政治互信四个方面。彼此关系的解决受制于整个和平发展阶段困扰其中的三组结构性矛盾：一是“一”与“二”的矛盾，即“同属一个中国”与“两岸互不隶属”间的矛盾关系；二是两岸间实力“大小”与要求“对等”之间的矛盾；三是“内（两岸关系领域）”与“外（国际领域）”的矛盾。在和平发展阶段，这三组矛盾难以彻底解决，但可设法不致激化。和平发展阶段发展两岸政治关系的路径与方法是寻求妥协、缓解对抗、强化合作、增强互信。关于“国家尚未统一前的两岸政治关系进行合情合理的安排”，黄嘉树建议不论对问题本身如何界定和表达建议，把这个问题分解成两个层次：首先是面对这样一个事实，即在中国台湾地区存在着一个不隶属于 PRC 的“政府体系”。在和平发展阶段，大陆需要同这个“政府体系”建立某种形式的公权力合作。至于这个“政府体系”用什么符号，其现在奉行的文献（如“中华民国宪法”）有何价值，可根据对其法理定位详加说明，但那是次一步再考虑的问题。[②]

王英津（2016）对复合式“一国两制”台湾模式的内涵进行了深入思考，认为两岸“分裂”的特殊性，决定了两岸未来统一不可能照搬任何一种现有的模式，必须立足于我国现行的单一制，同时又借鉴联邦制等政治形式的有益成分，进行制度创新，使统一架构具有更大的包容性。制度创新首先要进行理论

① 巫永平、郑振清：《重构“一个中国”宪政框架——建立台海两岸政治关系新平衡的理论探索》，《二十一世纪》，2011 年 8 月号。

② 黄嘉树：《“未统一前两岸政治关系”剖析》，《台海研究》，2013 年 1 期。

创新，单靠目前抢答本种理论都不能解决两岸关系问题，必须建构一套混合型的新理论。两岸关系的复杂性决定了未来解决两岸关系的理论一定是混合理论。[①]

朱松岭（2006）认为大陆对台湾的影响力投放政策对两岸关系走势产生重要的影响。影响力投放这一战略与策略的选择与实践与“势”密不可分。“势”是一种不以人的意志为转移的必然趋势，具有隐蔽性、广泛性和动态性的特点。影响力投送的关键就在于要牢牢地掌握台海关系中的“势”。对“势”的运用有顺势、借势与造势三种途径。顺势是遵循客观规律和民心，借势是借助内外势力将国际、大陆和台湾有利于反“独”、促统的力量结合起来，造势是主动分析情势使不利的局势朝向有利的局势发展。在以反对“台独”为中心的阶段，在影响力投放政策上要以团结泛蓝、打击泛绿为主，在“促统”为中心的阶段，大陆需要注意向泛蓝阵营和泛绿阵营做不同的影响力投放。[②]

陈星（2017）提出两岸互动模式的“强平衡”与“弱平衡”。前者指两岸具有一定的政治互信和政治共识，并形成了政治互信与政治互动正相关的关联性结构，意味着从低度和平到中度和平的过渡状态；后者指双方无法建立起政治共识与政治互信的平衡状态，只是一段时间内的相对稳定，意味着从和平走向对抗的过渡形式。民进党上台后两岸即进入弱平衡模式。理想目标是，马英九执政时期两岸的稳定互动模式，两岸互动与两岸互信进入良性循环，两岸可以利用市场与公权力部门的推动力，协调政治与国际因素的影响力，不断培育两岸共同利益，消除误解与矛盾，推动两岸关系结构向统一方向发展。

俞新天（2012）提出以主权共用论、主权层次论和主权共享论解决和平发展阶段两岸处理涉外活动的难题。在国际法中，仅有国家形式还不是主权国家，必须得到各国的承认才是“法律上的国家”，因此台湾不是一个“主权独立”的国家。在冷战时期两岸对抗的情况下，互相否定对方，并尽量挤压对方的涉外活动是必然的。在台湾企图搞“两国论”“一边一国”或者“台独”时，大陆挤压它的涉外活动是合理的。然而在两岸达成坚持一个中国原则的“九二共识”的条件下，两岸和平发展必须更好地使台湾人民体认两岸人民是命运共同体，享受作为中国人的光荣与尊严，“一个中国”理论必须在涉外领域继续创新。尽

① 王英津：《两岸政治关系定位研究》，九州出版社，2016年，第401-422页。

② 朱松岭、徐锋：《战略与策略的结合：大陆对台湾的影响力投放》，《中央社会主义学院学报》，2006年8月。

管两岸问题的性质与欧盟完全不同，欧盟的低层主权的让渡相对容易、高层主权的弹性很小的经验值得两岸借鉴。在两岸关系中放开台湾民众参与涉及经济、社会和文化 的非政府国际组织活动应当是首选。在和平发展的中级阶段，从对外方面来说，两岸可以从共用一个中国展开对外活动，走向共享一个中国主权展开对外活动。“共用”与“共享”的不同在于：一、即使两岸关系处于冷战对抗时期，两岸仍在“共用”一个中国主权下进行对外活动，它是客观现实，与两岸关系改善与否的主观愿望的联系不太密切。但是“共享”则与两岸关系持续和平发展的意愿密切相关，双方主动来讨论和安排扩大台湾的涉外活动。二、在“共用”阶段，随着两岸关系从冷战对抗到和平发展，在涉外活动上大陆的政策也从“封杀”“台独”国际空间，转向帮助台湾扩大国际参与，尽管这种参与仍然相当有限。在“共享”阶段，双方的疑虑减少，台湾涉外活动的扩大会在量和质上都有提升。三、既然在和平协议中已经对两岸关系的政治定位作了明确规定，那么“中华民国”在国际上的行动也就能够安排，不至于造成“两个中国”和“一中一台”，两岸人民在共同参与国际活动时也就更具亲密感和舒适感。当然“共享”阶段只是两岸关系和平发展时期的中级阶段，许多安排仍然具有过渡性质，只有两岸关系 真正进入和平统一时期，才能完全解决两岸的涉外活动问题，台湾人民才能真正享有中国人的尊严。①

李秘（2017）认为“一国两制”台湾模式的内涵是：1. 政治基础是一个中国框架；2. 核心是协商机制而不是授权机制；3. 是不成文法模式，而不是成文法模式。辅助制度包括“两岸命运共同体”的制度化和“群众路线”的制度化。从实现方式看，两岸统一需要靠政治途径解决而不是法律途径，但要绕开台湾的政治定位问题。

胡凌炜（2017）提出对台湾问题的长时段理论观察。认为台湾岛内政治力量结构的变化是台湾当局改变两岸政策的根本原因，亚太地区战略格局的结构性变化改变了美国一个中国政策的基础。长期而言，中国大陆全面健康发展有助于从结构上保持亚太地区的和平与稳定，大陆在保持自身健康发展的基础上探讨与台湾本土社会的有机结合有助于从结构上形成“两岸同属一中”的社会基础，保持中美关系的健康发展从结构上巩固一个中国政策赖以存在的政治基础。因此，未来应寻求两岸的有效联结，重新建构“两岸同属一中”的社会基

① 俞新天：《中国主权理论的发展与扩大台湾涉外活动的思考》，《台湾研究》2012 年 3 期。

础；同时寻求中美共同的战略利益，建立合作双赢的中美关系，为两岸关系和平发展创造积极正面的外部环境。

王海良（2017）比较了几种国家统一模式，认为未来十年解决台湾问题应借鉴克里米亚模式与俾斯麦模式，但如果台湾问题久拖不决，2049 年前大陆可考虑越南模式。涉及武力统一的讨论多见于非学术圈，近年较受岛内关注的是李毅（2016）的观点，他提出六点建议：第一，尽快武力统一台湾，使用尽可能大的兵力与火力，速战速决。第二，尽快筹组台湾叁个新的爱国政党：中国国民党，中国民主进步党，中国青年党，准备在大军上岛后，适时恢复五级选举，民主选举台湾省长、台湾省议会，等五级官员。第三，尽快修改台湾大中小学教材，拨乱反正，坚决删除一切“去中国化”“两国论”“一边一国论”“仇中反中”、鼓吹“台独”、反对统一的内容，恢复台湾省是中国的一个省、要做堂堂正正的中国人、“台独”是汉奸的教材内容，准备在大军上岛后，立即颁行新教材。第四，尽快全面修订台湾现行所有“法律”，特别是经济法规与行政法规，大军上岛后立即颁行。第五，尽快拟定大军上岛的《两岸和平协定》，在开战前要求台湾当局签署，大兵压境，兵临城下，以武力为后盾，争取实现解放大军和平登上台湾岛。第六，出于底线思维，准备最多移民台湾 2500 万人。大军速战速决上岛后，如果经济能够迅速恢复，五级选举能够迅速恢复，社会能够很快安定下来，可以不考虑大规模移民。如果“台独”顽固分子继续捣乱，破坏社会稳定，就立即大规模移民。

茅家琦（1998）认为两岸民众坚定的统一意识和关心祖国命运的强烈愿望是决定台湾局势的根本因素，为此需要从三方面着手推动宣传工作：1. 在两岸营造一种人人谈统一、人人为统一献计献策的“统一热”。这种“统一热”必然对分裂主义者构成一种难以抵御的舆论力量。2. 要加强对“台独”危害性的研究、宣传，使人们认识到“台独”为洪水猛兽。3. 要加强“一国两制”方针的理论研究和宣传，使两岸同胞认识到“一国两制”是一条必由之路。[①]

陈孔立（2004）认为对台和平统一战略应当服从于和服务于国家发展战略，而国家发展战略则着眼于提高综合国力。和平统一战略主要包括寄望台湾人民，打击分裂势力，争取和平统一，准备被迫动武。实现统一的主要条件是：1. 大陆综合国力增强到对台湾民众有无比强大的吸引力，形成巨大“拉力”；2. 台

① 茅家琦：《统一意识与两岸关系》，《台声》杂志，1998 年 10 月。

湾内部消除了对统一的顾虑，认识统一对他们的好处，基于“台湾利益”在内部形成“推力”；3. 出现相对有利于统一的较好的国际环境和时机。实现终极目标的途径是争取台湾同胞认同和平统一的方针。对执行“渐进台独”政策的台湾当局，要立场鲜明地反对“台独”，但打击“台独”也可能伤及一般民众，使大陆对他们失去亲和力，因此要十分小心。[①]陈孔立（2012）批评把“主权共享论”用于两岸的观点，认为这不仅在理论上无法令人信服，在实践上也有许多问题无法解决。最重要的是“谁与谁共享”，怎样“共享”才不会造成“两个中国”、“一中一台”，这是一个需要从理论上和实践上弄清的重大议题。[②]

刘国深（1999）提出“国家球体理论”试图为解决两岸政治难题提供新的解释和思考路径。他将国家结构比作一个“球体”，由“国家地核”——领土、“国家地幔”——人民、“国家地表”——有效的政府三个部分组成，而“有效的政府”对内行使镇压和管理、对外行使保护和履行义务的功能就是主权。建立在领土与人民之上的政权机构（政府）则是“国家球体”的“球面”。“球面”的对内约束功能（统治权）为对内主权，对外交往功能（独立权）为对外主权。1949 年以来，“中国国家球体”的“国家地表”事实上是由中国大陆政权（正式名称为中华人民共和国政府）与台湾政权（正式名称为“中华民国政府”）这两块大小殊异的“政权球面”构成。“国家球体理论”观点包括：中华人民共和国政府和“中华民国”政权是同一国家内部两个或敌对，或对峙，或对立，或竞争，或合作的政权，双方以不同的形式延续着国家代表权之争。在两岸之间，中华人民共和国和“中华民国”是两个竞争性政权的符号，各自以“国家”面目出现时，双方所指涉的领土主权范围却是完全重叠的。两岸双方各自所主张的法理主权和代表权都及于整个国家领土和人民，但由于政治对立尚未结束，双方实有控制权分别存在着局限性。两岸基础性政治互信将进一步强化，两岸政治协商谈判的认知问题将出现新的飞跃。台湾内部的政治价值体系可能面临新的挑战。

刘国深（2010）并将两岸政治互信分为“基础性互信”“成长性互信”和“融合性互信”三个不同层级。两岸政治互信的增进可以分解成以下五个阶段性过程：第一阶段，两岸双方坚持“九二共识”，维护一个中国框架，是构筑两岸

① 陈孔立:《和平统一战略与策略的研究》,《心系两岸》, 九州出版社，2013 年，第 259—267 页。

② 陈孔立:《两岸“主权共享论”质疑》,《台湾研究》, 2012 年第 6 期。

政治互信的基石，这是最基本的政治互信。第二阶段，两岸双方在确认同属一个中国的基础上，进一步默认并接受“领土主权一体，政权差序并存”的现实，并表示愿意共同维护这一政治格局的相对稳定性，形成两岸政治互信的运行框架。第三阶段，两岸双方在维护台海地区政治格局稳定的基础上，呼应人民的要求，共同努力，最大限度地拆除影响和限制两岸人民交流合作的各种人为障碍，两岸政治互信内化成为强大的政治生产力。第四阶段，两岸双方由背靠背的“政权分治”，走向面对面的“共同治理”，并以适当的方式交叉共享中国对外主权，两岸政治互信外化成国际社会的稳定力量。第五阶段，两岸双方在经济利益一体共构、社会和文化高度融合的基础上，以平等和民主的方式，最终达成两岸政治上的最终融合，两岸政治互信从美好的愿景，变成人民安和乐利的现实。其中第一和第二阶段属于“基础性互信”层级，第三和第四阶段属于“成长性互信”层级，第五阶段是“融合性互信”阶段。影响两岸政治协商进程的根本性因素则是两岸政治定位问题的理论准备不足。两岸实质性政治协商必须面对“你是谁，我是谁，我们都是谁”的问题，在这个问题得不到解决之前，两岸基础性互信仍是虚弱的，政治协商也只能是空中楼阁。①

李鹏（2009）认为两岸关系和平发展需要从“政治共识、经济互赖、社会融合”三个层面着手推动，同时必须有抵御内部和外力破坏和侵蚀的能力。政策重点应该在于政治、经济、社会文化领域的两岸关系机制化的建立。②

尹宝虎（2017）认为“一国两制”台湾模式之所以根本不同于香港模式，在于其实现了主权、治权间更大程度的分离。该模式接受台湾现有各项内部管辖权的自主地位，国家主权统一的意义将仅仅体现在外交和国防领域。“一国两制”台湾模式是一个开放的框架，有待两岸通过磋商谈判确定框架内涵，建议做出“平等权利非对称责任”的结构安排，大陆以内部管治权换取台湾在涉外事务上合作。

高戈里（2017）提出用“津平绥方式”以武促统方案。他引用毛泽东在党的七届二中全会上提出的：今后解决国民党残余军队的方式，不外天津、北平、绥远三种。其中：天津方式——用战斗去解决敌人。北平方式——迫使敌军接受和平方案，随后将其迅速地彻底地按照人民解放军的制度改编为人民解放军。

---

① 刘国深：《增进两岸政治互信的理论思考》，《台湾研究集刊》，2010 年第 6 期。

② 李鹏：《海峡两岸关系析论——以和平发展为主题之研究》，鹭江出版社，2009 年，第 310—318 页。

绥远方式——有意保存一部分国民党军队，让它原封不动，或者大体不动，经过相当长的一段时间后，再去按照人民解放军制度将这部分军队改编为人民解放军。解决台湾问题的具体方案包括：一、公布多向度打击。除了军事打击和武力威慑，配合以外交打击，经济打击外，还需要依据《反分裂国家法》特别公布：1. 公布台湾拒绝接受统一时的封锁方略。2. 公布中国人民解放军要接管或暂时接管的军事基地和战略枢纽以及相关军警单位（含情治机关，下同）的长官姓名，要求其在规定时间内率部弃暗投明，否则，追究其“分裂国家罪”。3. 公布制裁企业支持“台独”破坏统一行为办法。4. 公布惩治“分裂国家犯”办法和第一批“分裂国家犯”名单，明确一、二级“分裂国家犯”将押送大陆服刑。二、公示多类别奖惩。在大陆宣布实施武力统一后，对于台湾各作战、保障单位以及警务单位，在特定时段内起义、投诚的，或经武力打击后投降的，分别给予不同的待遇。三、公开多渠道策反。支持台湾民间成立“和平统一促进会”，下设若干组织并开展以下工作：1. 搜集有支持“台独”破坏统一行为的企业及其主管名单和相关证据，提交大陆有关部门。2. 搜集军警界各作战、保障单位以及警务单位长官对祖国统一的态度及相关证据，搜集各军警单位需要移交或查验的武器、装备、设施和档案等清单，提交军警界纳入第一批“分裂国家犯”的建议名单。3. 多渠道策反台湾军警在大陆宣布实施武力统一之时起义、投诚或放弃武力抵抗，必要时，在各军警单位先期建立秘密的“迎接统一工作委员会”。4. 广泛宣传我中央政府的对台政策及和平统一的意义，批判“台独”思潮，同时准备在大陆宣布实施武力统一之时接管或查封“台独”媒体的预案。5. 筹备统一后的台湾各级临时政权，筹备对军警单位的接管、临时接管，或协助接管。6. 就统一大业的敌我形势、政略战略、策略政策、进程和前景等问题，组织台湾与大陆的民间交流。四、公告多年度规划。以武促统需要让台湾广大人民群众尽早知晓关系到自身利益到“统一前途”：1. 公布统一后的行政前途——若能接受和平统一，台湾将成为中华人民共和国特别行政区，一国两制；反之，设置省级行政区，或在武统后实施一段时间的军事管制、戒严。2. 公布统一后的军警前途——制定台湾撤销军队及官兵退役、转业、留用办法，警察留用办法，情治机关改造办法。3. 公布统一后的经济前途——制定台湾特别行政区十年或二十年的经济发展规划。

三、台湾问题战略思考

长期而言，一个统一有序、管理高效的多层级国家系统有利于国家系统功能涌现和提升，并且符合民众利益最大化，同时一个负责任的统一国家对国际社会的繁荣稳定是更有利的形式。国家系统向统一演化符合复杂系统趋于有序的演化方向及人类社会组织形式的总体发展趋势。以和平方式实现台海两岸的国家统一最符合各方的实际利益，和平统一的可能性没有彻底丧失，就不应该放弃和平解决的方案，当然非和平方式的统一前准备只能加强不能松懈。

战略思考离不开战术操作。在推动两岸和平统一的过程中，学界普遍认为对台工作的重点是引导台湾民意的走向，但发现引导岛内民意接受国家统一缺乏有效的着力点。面对台湾当局不断采取措施在岛内推行实质“独立”的政治、社会、文化、教育政策，大陆方面缺乏有效制约办法，只能隔空批判。台湾当局修改教科书、政府机构名称、公共设施名称等举动潜移默化地扭转台湾的主流民意，使“台独”理念不断扩张，逐步在观念上“合法化”与“合理化”，反对“台独”主张统一的政党在岛内越来越难以执政，为获取岛内政治权力被迫放弃原来的主张，形成国家系统演化中的第三层级（子系统内部）的正反馈机制。两岸30多年来综合实力对比发生了巨大的改变，大陆在政治和经济等方面的影响力逐渐具有了压倒性优势，但却发现岛内民意倾向“台独”者越来越多，这就产生了“实力悖论”：大陆综合实力越强，台湾民众越对国家统一越有恐惧感和焦虑感，倾向“台独”的比例越高。这种现象是阶段性的，原因是多方面的，例如在大陆力量的显著优势面前，部分人放弃了原来支持台湾统一大陆的想法转为支持“台独”，支持“台独”成为大陆统一台湾以外的次优选择。当然，更重要的原因是台湾当局在教育、文化、涉外等方面采取的分离政策对岛内年轻人产生了巨大影响，大陆虽然实力强大但在岛内的影响力不如台湾当局。

力量在政权之间分布差异是“台独”势力快速发展的重要原因。政权影响民意的力量有两种：直接力量与间接力量，前者如军事、司法、立法、行政、教育等力量，后者如政治、经济、社会、文化、外交等力量。直接力量是有管辖权的政权才具有的力量，间接力量是不具有管辖权的政权也可以具有的力量，二者可以互相转换，例如媒体如果开放进入则宣传即成为直接力量，否则就是间接力量。对岛内民众而言，台湾当局同时掌握这两种力量，而大陆方面只能通过间接力量影响岛内民众，因此中国共产党对台湾岛内民意的影响力度和广度会先天地弱于岛内执政党。当然反过来也一样，对大陆民意的影响力中国共产党则具有先天的优势。"实力悖论"现象的解决思路在于系统之间的非线性作用。通过间接力量不断影响直接力量。尤其是运用经济社会的力量加强两岸关系的紧密化，最大限度地发挥经济社会融合的外溢效果，促使台湾当局与主流民意向有利于国家统一的方向转变。这个正反馈一旦形成，也会对两岸关系的约束条件产生反作用，影响多层级系统的演化方向。

大陆方面主导国家统一时存在以下约束条件：一是国际形势。1979 年中国在美苏争霸形成战略平衡、中美关系改善的国际大格局下及时调整国家发展战略，对台方针也在此大背景下由"解放台湾"转为"和平统一"。此后 30 多年大陆在国际舞台上的影响力不断提升，目前在台湾问题上有相当大的主动权和控制力，可以确保台湾无法成功实施"法理台独"，但推动国家统一的国际阻力依然很大。二是力量对比。经济领域，大陆经济总量、外贸规模和财政收入 2015 年分别约为台湾的 20 倍、10 倍和 30 倍，但如考虑到支持台湾的美日两国 GDP 之和仍有大陆的 2 倍多，[①] 大陆对台经济优势就没有那么明显了；军事领域，世界军力排名第 3 的大陆虽然远强于排名第 15 的台湾，但如各自加计支持大陆的俄国和支持台湾的美日两国，军力将大体相仿，形成平衡[②]；科技领域，台湾总体科技水平无法与大陆相比，关键技术与关键零部件等都严重依赖美日，但有较多的专利申请及 ICT、化工等少数较发达的产业，甚至在有些科技排名中领先于大陆[③]。软实力方面，台湾当局认为其"全球形象（global image）""普世价值（global integrity）"和"全球整合（global integration）"等指标均领先大陆，表现在文化商品的输出、民主理念的普及与法治化程度、以及新移民的比例都优于大陆。[④] 目前仍有众多台湾民众对自己的生活状态有优越感，认为台湾在经济发展、民主政治和生活方式上都优于中国大陆，台湾没有必要去和大陆交流、融合，统一只会伤害、流失台湾既有的资产，进而出现经济依赖、民主倒退、生活方式受到破坏等危机。[⑤] 大陆的软实力还不足以扭转台湾当局和岛内

① 2014 年数据，中国经济网：http：//www.ce.cn/，2015 年 1 月 20 日。

② 环球军力网：http：//www.globalfirepower.com/countries-listing.asp，4/1/2015。

③ 例如世界经济论坛和欧洲工商管理学院发布的《全球信息技术报告》、美国麻省理工学院和英国科技杂志《自然》联合发布的《世界各国综合科技实力报告》、英国《经济学人》信息中心的《全球科技竞争力排名》，台湾科技实力排名领先大陆。

④ 龙应台：《台湾文化软实力饱满需要持续深植》，2013 天下经济论坛专题演讲，http：//roll.sohu.com/20130113/n363302161.shtml。

⑤ 《虚幻的台湾优越感》，台湾《中国时报》2014 年 6 月 6 日社评，http：//taiwan.huanqiu.com/article/2014-06/5013418.html。

民众的这种普遍看法。三是民意方面，大陆缺乏与台湾民众全面互动的直接有效手段，长时期基本上任由台湾当局对岛内民众单方面施加影响。台湾当局特别是李登辉和陈水扁执政的20年间针对岛内民众推行的“去中国化”政策影响显现，[①]“台湾主体意识”已经构建完成并严重损害和削弱台湾民众的国家统一自生能力。根据2015年6月的民调数据，[②]台湾民众只有1.7%的人希望两岸尽快统一，7.4%的人偏向统一但主张暂时维持现状，换言之，目前岛内只有不到10%的人支持国家统一，民意状况与大陆对台方针由“解放台湾”转向“和平统一”之初时截然不同。

不过，长期而言三个约束条件在两岸政权运作的过程中都是可变的，大陆应推动形势、实力与民意条件均朝有利于政权发展的方向演化。“从根本上说，决定两岸关系走向的关键因素是祖国大陆发展进步。”[③]大陆国际地位与综合实力的不断增强，不但意味着有能力支持台湾发展建设，更重要的是能够切实大幅改善大陆民众物质和文化生活水平，为增强台湾民众拥护国家统一的信心和意愿起到示范作用。“集体成员身份的吸引力并不仅仅在于种归属感，而在于能够通过这一成员身份获得什么。”[④]只有通过大陆完善自身公共产品供给能力来塑造和培育出台湾民众的国家统一自生能力，才能说时间是在大陆一边。在此过程中大陆当然也需要加强民族文化建设与中华历史普及，加深两岸的“民族感情”和“历史传统”的认同，与通过大陆自身进步所构造的“政权认同”一起形塑台湾民众的国家统一自生能力。因此，从长期的角度看，大陆需要有足够能力和速度在物质和非物质文化领域的建设方面取得绝对优势是国家和平统一的根本动力。“任何社会的现代国家认同建构，不论从国家来讲，还是从个人来讲，除了有赖于不可缺少的公民教育之外，在很大程度上还有赖于国家建设的整体水平。”[⑤]大陆在推进国家建设的过程中发展出优于台湾的物质及精神生活水平会使大陆民众满意度提升并对台湾民众带来示范效应，台湾当局在民意的压力下为保护自身权力也会向大陆靠拢。只有在组成国家的不同利益群体及

---

① 具体措施及影响参见：李义虎等:《“一国两制”台湾模式》，人民出版社，2015年，第115—117页。

② 台湾政治大学选举研究中心公布连续性民调数据。

③ 习近平2015年3月4日在全国政协十二届三次会议上的讲话，http：//news.ifeng.com/a/20150305/43269830_0.shtml。

④ Leon Festinger, “Group Attraction and Membership,” in Group Dynamics, ed.Dorwin Cartwright and Alvin Zander(Evanston, I11.: Row,Peterson, 1953), p.93.

⑤ 林尚立:《现代国家认同建构的政治逻辑》,《中国社会科学》，2013年第8期。

精英之间存在更紧密结合的需求才会出现通过和平自愿方式完成由分离走向统一的国家演变。在实现大陆建设发展水平全面领先台湾之前，如果岛内不发生严重社会动荡，让台湾民众心悦诚服地与大陆和平统一难度很大，但这并不意味着在这段时期内大陆方面对台工作束手无策而只能无所作为，事实上培养台湾民众的国家统一自生能力是需要及早进行并有可能在短期内见效的推动国家统一的根本途径。

短期而言国际格局与两岸的软硬实力对比可以假设不变，大陆方面应运用比较优势策略来重点培育和强化台湾民众的国家统一自生能力。[①] 大陆运用软硬实力与台湾民众互动以争取国民信任的不同时期有不同的侧重点，具有比较优势的政策供给就是将侧重点放在运用成本较低、效果较好的实力上。例如，虽然各个时期都需要综合运用软硬政权实力，但在台湾主流民意更重视经济发展、大陆经济增长速度较快的时期，通过重点推动经济合作为台湾民众提供经济利益和发展信心有较好的信任效果，此时进行制度改革与推动价值认同的成本较高、效果较差；而在台湾主流民意更关心政治生态与生活品质、大陆制度改革成效显现的时期，通过重点展示和宣传有中国特色的制度模社会建设和价值观，为台湾民众提供可以接受和信赖的执政能力则会产生较佳信心效果。大陆的政权资源禀赋中的硬实力运用于对台工作可以为岛内民众提供更广阔的生产基地、市场机遇和国防安全。近 40 年来改革开放大陆取得举世瞩目的硬实力增长，特别是 20 世纪 90 年代后以经济、军事力量为代表的硬实力两岸对比明显向大陆倾斜，这是大陆的资源潜力、后发优势等因素所决定的。[②] 大陆在这段时期的

---

① 自生能力（viability）最早是国内经济学者（林毅夫，2001）21 世纪初提出来用于描述企业特性的概念，后来被广泛应用在产业经济、区域经济、宏观经济和生态系统研究中，本书首次将此概念引入政治社会学的研究。国家统一自生能力是指国民追求国家统一的意愿能够自行维持或增强的能力。如果国民对国家统一的认同具有自生能力，不同政权之间实现国家统一的方式可以是和平自愿的；相反，如果没有自生能力，意味着未统一国家的不同地区间关系无法趋于收敛，国家分裂的趋势可能大于国家统一，那么，在局部国民不愿统一的条件下如果要完成国家统一只能诉诸武力。国家统一自生能力的形成需要国民对主张统一的政权有信任感，政权能让国民相信统一国家的政府能够提供国民更多、更优、成本更低的公共服务，以更好满足国民生存和生活的福利需求。

② 1978 年到 2014 年中国大陆的年均 GDP 增长 9.7%，远高于同期世界经济年平均增长 3% 的速度，也高于日本（9.2%）、台湾（9%）、韩国（8.5%）经济起飞阶段经济年均增长速度。经济快速发展为军事国防建设提供了充足的资源投入，2013 年大陆军费投入 1660 亿美元在世界上仅次于美国。大陆已构建起具有中国特色的主战装备、保障装备和电子信息装备协调配套的现代化武器装备体系和独立完整的国防科技工业体系，有很强的国土防御能力和国防动员能力。中国百科网：http：//www.chinabaike.com/z/keji/dz/1074125.html。

对台工作中重视两岸经济交流与合作，通过“单方面开放”（针对蒋经国当局）、“不以政扰经”（针对李登辉、陈水扁当局）、“先经后政”（针对马英九当局）等阶段性政策举措避开台湾当局阻挠或争取台湾当局配合，为广大台湾民众提供了包括“三通四流”[①]在内的各种经济和生活往来的便利，此外几次对台湾民众进行军事保护的政策举动也展现了大陆在提供公共安全方面的能力和意愿，[②]赢得台湾主流民意认同，越来越多的台湾民众接受两岸关系和平发展，支持两岸交流合作平等协商。[③]

大陆的硬实力发展获得台湾民众的普遍认可，下一步的对台工作重心应该转移到软实力方面，让台湾民众肯定和佩服大陆的软实力发展。事实上，2010年代以后大陆作为世界第二大经济体、第三大军事强国的硬实力发展开始进入中高速发展的新常态，比较优势向软实力转移，大陆取得硬实力巨大成就背后起支撑作用的价值观、文化、政策和制度等软实力特色开始显现。更重要的是，此时早已达到小康生活水平[④]的台湾民众对生活需求的渴望远高于生存需求，对政权提供的软实力产品的要求更高，因此大陆方面对台工作应将重点转为软实力输出，展示高效的治理能力，传递大陆在“集体主义”“和谐主义”“民本主义”等方面的理念先进性、文化深邃性和制度优越性。“集体主义”更加强调公共利益，是“中国梦”的核心。“中国梦”需要具有与提倡个人通过努力取得成功的“美国梦”不同的集体主义精神，“实现伟大中国梦，必须走中国道路，必须弘扬中国精神，必须凝聚中国力量。”[⑤]“中国精神”和“中国力量”共同组成中国大陆软硬实力的内核，集体主义是“中国道路”社会主义价值观的精髓。“和谐主义”是中国传统文化中最具代表性的理念和各家各派的共同主张，是中

① 1981年9月30日，时任全国人大常委会委员长的叶剑英在新华社发表谈话时，阐述了大陆对两岸和平统一与两岸往来的一系列重要的政策主张，再次呼吁“双方共同为通邮、通商、通航、探亲、旅游以及开展学术、文化、体育交流提供方便，达成有关协议”。台湾方面概括该倡议为“三通四流”。

② 2009年中国政府派军舰赴索马里海域实施护航，台湾船只也是护航保护的对象，1月12日台湾商船”宇善号”首次出现在被护航的船只行列，岛内舆论表示有助于改善台湾民众对大陆解放军的印象，更是大陆展现友好、善意的姿态。2013年5月9日，一艘台湾渔船遭菲律宾军舰射击，导致一名船员死亡，船只也丧失动力，中国外交部和国务院台办均表示强烈谴责，大陆并派军舰赴相关水域实弹演练。

③ 中共中央台办、国台办编:《中国台湾问题（干部读本）》，九州出版社，2015年，第93页。

④ 台湾人均GNP在1992年超过1万美元，2011年超过2万美元。

⑤ 习近平2013年3月17日在十二届全国人大一次会议上的重要讲话，中央政府门户网站：http：//www.gov.cn/ldhd/2013-03/17/content_2356344.htm。

国人从古至今源远流长的文化心理、政治信条、智慧要求，在国民心中具有深远根基。建立和谐社会则不但要有“和谐主义”的文化理念，还必须健全一整套良好的和谐社会运行机制，包括：正确引导发展的激励机制、合理的利益表达和协调机制、强有力的社会管理和社会整合机制、有效地疏导和化解人民内部矛盾的机制。[①]“民本主义”（people-centralism）是有别于西方社会“民主主义”（democratism）的东方特色制度体系，核心是“民为本、利天下”，[②]“人民对美好生活的向往，就是中国共产党的奋斗目标”。[③]与“民主主义”下有投票权的民众在选举那一刻当主人相比，“民本主义”是民众通过合理有效表达意见的渠道与官僚任用选拔机制建立起的政治体系长期当国家的主人。这种体系中的接班人制度可以确保上一任政府的各项政策为下一任充分了解和支持，接任者在预备期内参与了各种政府决策与政策执行，具有西方民主不具备的维持稳定政治秩序、政策延续性、较少激进运动等优点，是比西方“民主主义”更民主的制度。[④]大陆在宣传和输出中国特色的价值观、文化和制度时必须不断自我发展和完善，让海内外民众都能真正认同和信任大陆的软实力。

大陆除了遵循比较优势策略与台湾民众进行良性互动以培养其国家统一自生能力外，还需运用比较优势策略与台湾当局进行合作或斗争的政策博弈，目标是打破台湾当局对岛内政策市场的垄断，开辟和维持大陆与岛内民众进行政策互动的渠道和平台。政权与国民的互动是通过提供国民需要的公共产品换取国民的信任和认同，但政权之间的博弈是争夺民心的竞合关系而非交易关系。政权的比较优势策略是合理运用自身的政权资源禀赋向国民传递可以增进国民福利的善意与能力。台湾当局拥有直接与岛内民众进行政策互动的先天优势，同时可以决定对大陆采取合作竞争或敌对排斥的政策抉择。由于当前两岸的国际影响和综合力量对比悬殊，台湾无论哪个政党执政都会将政策目标定位在力保自身在岛内的统治权，而不会将要求统治大陆民众作为施政重点。大陆的比较优势策略是要根据岛内不同执政党，采取的不同的政策，合作时充分发挥软

---

① 习近平:《构建和谐社会要突出四种机制建设》，新华网，2005-03-04，http：//news.xinhuanet.com/newscenter/2005-03/04/content_2650270.htm。

② 2013 年 3 月 17 日李克强答中外记者会上的讲话，新华网：http：//news.xinhuanet.com/comments/2013-03/18/c_115062104.htm。

③ 2012 年 11 月 16 日习近平在十八届中国共产党中央政治局常委同中外记者见面时的讲话，人民网：http：//politics.people.com.cn/n/2012/1116/c1024-19596289.html。

④ 杨开煌:《中国要走的道路不是民主而是民本》，2016 年 1 月 6 日 ，中国台湾网：http：//www.taiwan.cn/plzhx/hxshp/201601/t20160106_11359183.htm。

实力对岛内民众的感召作用，斗争时采取切实可行的硬实力与台湾当局展开较量，关键是要通过多种方式打破台湾当局的政策封锁与不实宣传，向岛内民众表明大陆方面的执政能力与服务意愿，赢得台湾民众信任。

中国共产党与民意的互动不仅包括与台湾民意的互动，也包括与大陆民意互动，后者甚至更为重要，因为大陆民意会对岛内民意起到示范效应。因此中国共产党同时要解决大陆内部的信任问题，重塑民众与政府的信任关系，其外溢效果必然会增强台湾民众对中国共产党的信任程度。信任源于理解又高于理解。有了信任，不理解的也会执行；没有信任，做好事也会被歪曲、不被理解。中国共产党与广大人民群众曾经有着历史罕见的高度信任关系，也历经侵蚀和破坏，需要恢复和重建。中国共产党经过近 30 年的革命取得中国的执政权，新政权通过对社会经济组织的彻底改造，终于成功地把国家力量推广到了社会的每个角落。原来局限于家族和共同体内部的信任变成了对组织、对党和国家的信任。这是新政权的一个基本隐性契约，也是维持新体系的最重要的一种契约。但这种隐性契约基础上的信任在改革开放后受到巨大冲击：一是作为现代转型期普遍现象的社会信任体制尚未健全，二是中国社会结构一些特点所造成的社会不信任。重建社会信任是一项系统工程，有待于社会经济的整体改革。经济方面减少国家对经济的垄断，让市场对国民经济发展起支配性作用。尊重市场规律的前提下，国家能够引入更独立的司法体系和社会组织来参与经济监管。这样就会有助于市场主体之间信任机制的形成。政治方面，重新界定国家与社会的契约是加强国家和社会之间政治信任的必由之路。国家应该在社会参与的基础上，本着公平参与的精神，建立新的公共品提供方案，包括住房、医疗、养老和教育，明确家庭、社会和政府三方在其中的责任和义务，并用法律的形式予以保护。社会组织方面，国家应该逐渐放开对社会组织的垄断，赋予各社会阶层利益相关者（stake holders）利益表达和参与政治的权利。加强行政道德建设，提高行政管理的效率和成果。在社会转型时期也需要大力加强道德建设，当不道德行为经常比道德行为带来更大的收益时，人们便会由道德律令基础上的过分自信急转直下而变为极端的猜疑和不信任。

总之，台湾问题的重要症结在于缺乏国家统一自生能力，即三个层级的系统要素之间未能形成指向国家统一的有力的正反馈。在系统环境的影响下，不同要素通过非线性作用形成系统的自组织，完成自身调节和演化以达到稳定有序的状态。自组织运行的核心是反馈机制[①]。一旦两个变量之间形成正反馈，趋势化效应就会自我增强，形成推动系统演化的内生动力。这样的反馈机制在系统内外无处不在，并互相影响，不断发生非线性作用。对国家系统演化而言，有三组反馈机制最为重要：国家系统与国际大系统之间的反馈、政权子系统之间的反馈、政权内部的反馈。两岸关系经过30年的发展，岛内政权和民意对统一的意愿反而减弱的根本原因是多层次系统内形成了三个以“台湾独立”为指向的正反馈机制：大系统层次，中美关系越对抗，美国在台湾问题上越保守，中美关系越紧张，解决台湾问题来自美国的阻力越大；系统层次，台湾当局对统一后的自身权益越没有信心，政策越趋于保守，台湾当局自我设限会进一步扩大两岸实力差距，导致台湾当局对统一更加恐惧和抗拒；子系统层次，台湾当局越是避统容独，进行“独化”教育，台湾民意越认为“独立”的正当性大于统一，靠选举上台的执政党就更不敢轻言统一。这三组正反馈机制在非线性作用下会互相形成因果连接：中国日益成为美国的竞争对手，美国愈发不愿放弃以台制华的战略，台湾因此与大陆对抗信心增加，出台更多不利于两岸统一的政策和言论，岛内民意受当局立场引导益加远离国家统一，国家分裂状态对中美竞争时中国提升国力牵制作用越来越大。产生这三组正反馈机制的转折点发生在90年代，当时发生三件大事促成三组正反馈机制的形成：苏联解体使美国原来的“联中反苏”战略失去存在的价值和基础；中国大陆与台湾的实力差距迅速拉开使台湾当局失去统一大陆的信心；岛内“总统”直选制度的施行使原本以国家统一为目标的国民党失去了长期执政的制度基础。以上历史背景下产生的系统自组织使两岸关系似乎越走越远。

台湾问题的最终解决是要让中国国家版图进入一个稳定的系统状态。虽然统一和分裂两种状态都是系统的稳定状态，但不可能同时存在。关于统一和分裂的价值评判，需要跳出从台湾或大陆的单方面视角来权衡利弊的传统思维，不但要从两岸民众的福祉去判断，还要从亚太及至人类社会的利弊去权衡。在复杂性思维中，判断一个系统的相变有利与否必须从更高层级的系统去看，即

① 反馈是系统的输出和输入之间的相互作用。负反馈是使系统运动发展保持既有方向的反馈，也是使系统保持稳定的因素。例如政府通过对施政成效的检测、评估和分析，采取措施纠正偏差，可以使国家系统稳定运行，向前发展。正反馈促使系统运动偏离已有状态，使系统运动趋于失稳，一旦突破量的规定性发生质变，系统就进入新的稳定状态。负反馈抵消系统中随机偶然的因素，使系统稳定运行；正反馈放大系统中随机偶然的因素，使系统演化创新。正负反馈相辅相成，相互转化，形成了系统整体的、多层次的联系之网，使系统的存在与演化相统一。

要比较国家统一和分裂哪种形式对国际大系统有利。趋利避害是任何一个系统演化时自然遵循的法则。任何一个系统的演化方向都要服从于更高层级系统的需要。国家系统向统一演化符合复杂系统趋于有序的演化方向及人类社会组织形式的总体发展趋势。如果发展壮大的中国是维护世界繁荣稳定的积极力量，国家统一就是有益且必然的。否则，世界力量将会成为两岸统一的阻力。通过人工优化来加速国家系统向统一方向演化，突破口在于构建具有更高权益弹性的国家制度。对中国大陆而言，对外要让世界认识到中国力量的崛起可以为多数国家和地区带来包容性增长，在中国的领导下世界可以呈现多样性繁荣和人类命运共同体，国际上对中国的信任程度增加同时必然会降低两岸统一的阻力。对内要让台湾感受到大陆尊重和保护台湾各阶层利益的诚意，增强台湾当局与民众对“一国两制”的信心，让高权益弹性的制度设计能够付诸实施。

成功实施高权益弹性的制度需要具有一定的条件。创造条件的方式是通过制度创新重建系统内外的反馈机制，改变系统运行的方向。台湾问题的解决也许会以非和平方式通过急风暴雨式的变革毕其功于一役，也可能并不是一步到位，而是先有一个微小的改变，然后形势逐步向某个方向发展，最后瓜熟蒂落水到渠成，整个系统发生相变实际上是通过系统内部机制的自我运行自动完成的。后一种解决方式更具有系统演化的代表性。由于“大系统—系统—子系统”三级系统结构之间存在非线性作用，最好的做法是同时采取针对性政策，增强系统的反馈效应。在中美层面，建立新型大国关系，摆脱“修昔底德陷阱”[①]，降低国家统一阻力。与美国在全球治理领域展开合作，积极构建中美新型大国关系，不急于挑战美国主导的现行国际规则，中美双方力求不冲突不对抗，相互尊重，合作共赢。中国采取“以柔克刚”的策略可以有效降低和化解美国国内要求“遏制中国”的主张，未来如果出于其他领域的需要，美国可能在台湾问题上做出让步。美国在中国核心利益的问题上做出妥协将进一步改善中美关系，得到中国在其他领域的支持与合作。在两岸层面，建立良好互动，摆脱“西西弗斯陷阱”[②]，形成奖统罚“独”的规则；由于岛内已经大体形成国、民两党轮流

① 修昔底德陷阱，是指一个新崛起的大国必然要挑战现存大国，而现存大国也必然会回应这种威胁，这样战争变得不可避免。此说法源自古希腊著名历史学家修昔底德，他认为，当一个崛起的大国与既有的统治霸主竞争时，双方面临的危险多数以战争告终。

② 西西弗斯是希腊神话中的人物，由于触犯了众神，诸神为了惩罚西西弗斯，便要求他把一块巨石推上山顶，由于巨石太重，每每未上山顶就又滚下山去，永远推不上山顶，于是他就不断重复、永无止境地做这件事，西西弗斯的生命就在这样一件无效又无望的劳作当中慢慢消耗殆尽。

执政的政治格局，大陆应针对二者在“两岸是否同属一中”问题上的差别，采取差异化政策，如果岛内执政党认同“两岸一中”，尽可能多地让该党及台湾民众获益，而在“台独”政党执政期间，要坚决打击其施政绩效，务求让统“独”立场不同的政党面临截然不同的执政环境，不能只向台湾输送利益而没有政治效果。在民意层面，建立社会公信，摆脱“塔西佗陷阱”①，增强对民众的吸引力和凝聚力。大陆面对台湾民众要建立公正而不是优惠的制度才能增强吸引力，面对大陆民众同样要建立公正的制度才能取得信任和凝聚力。只有让大陆民众信任才可能取得台湾民众的信任。只有取得台湾民众的信任，好的制度设计才可能被接受。当政权与民意之间的信任通过正反馈机制不断被放大到相当程度后，大陆提出的和平统一方案就可能被台湾民众接受。当然，构建以上三个层次的正反馈机制还需要诸多策略性应对方案，例如大陆应发挥经济、国防等方面的政权比较优势争取台湾民众的信任与支持等。国家系统通过自组织功能不断演化，在此过程中，由于两岸资源禀赋和发展潜力的差异，双方综合实力的差距继续拉大，中国国家系统不断向非平衡的方向发展，在某个不确定事件发生后，比如美国发生某种危机需要中国帮助与救援，从而在台湾问题上调整政策，大陆就有机会在台湾民意的要求和台湾统派执政党的配合下试行“一国两制”台湾方案，台湾问题获得解决，中国国家版图完成两岸统一的系统相变。

因此，中国共产党的对台政策应该继续以国家统一为指向，当然，通过和平方式解决台湾问题实现国家统一是最佳选择和优先方案。通过人工优化来加速国家系统向统一方向演化，最终需要构建具有更高权益弹性的两岸统一制度，通过制度创新重建系统内外的反馈机制，改变系统运行的方向。国家的权益弹性是国家系统内部要素发生不平衡变化时权益矛盾与对立可化解的程度，权益弹性越大，意味着国家制度的包容性越强、国家系统的稳定性越高、化解国家内部矛盾和冲突的概率越大。构建具有更高权益弹性的两岸统一制度的核心，是建立“两岸和平统一综合性框架”。具体内容包括：1. 两岸和平统一思想体系——构建“两岸命运共同体”理论；2. 两岸政治关系安排——构建“两岸一中共识”；3. 两岸经济一体化——构建“中华经济联合体”；4. 两岸社会交流与融合——构建“两岸特色社会共同体”；5. 两岸文化交融共生——构建“21 世纪中华新文化”；6. 两岸军事互信合作——构建“两岸合作防御体系”；7. 台

① “塔西佗陷阱”得名于古罗马时代的历史学家塔西佗，通俗地讲，就是指当公权力遭遇公信力危机时，无论说真话还是假话，做好事还是坏事，都会被认为是说假话、做坏事。

湾涉外事务制度安排——构建“一中框架”下的主权安排。构建具有更高权益弹性的两岸统一制度的前提，是培育两岸政治互信，大陆通过软硬两种政策途径与台湾当局及民众建立信任，以确保具有更高权益弹性的两岸统一制度设计具有可信度和可操作性，最终能够落实。两岸从小事和点滴做起，塑造新的共同认同，通过信心与信任的逐步累积直至“生长”出两岸的战略互信。构建具有更高权益弹性的两岸统一制度的运行，是要通过比较优势战略的运用，使中美—两岸—岛内这三个层次的系统朝国家统一方向形成正反馈机制，即美国出于需要中国帮助而软化对台政策；大陆能够消除台湾当局和岛内民众对国家统一的恐惧感；岛内支持主张国家统一的政党在台湾执政并推行统一教育。当这三个正反馈机制形成后，两岸分治的格局将朝统一方向演化，当系统远离平衡后，大陆可以通过某一偶然性事件促使两岸两个子系统向国家统一转化。

台海两岸实现和平统一需要经过三个主要阶段：争统一、争统“独”、谈统一。第一阶段的背景是在国际势力的干预下两岸势均力敌，形成平衡对峙，两岸双方的目标都是争取国家统一，都在争夺以非和平或和平方式统一对方的主导权，此时台湾岛内的民意倾向国家统一的占主流。第二阶段的背景是随着大陆综合实力持续调整增长，两岸原有的平衡对峙被打破，但大陆还不具备统一台湾的充分条件，两岸形成不平衡对峙，两岸双方的目标变成了一方争取国家统一，另一方在统一对方无望的情形下转为争取独立，此时台湾岛内的民意呈现要求维持现状且倾向“独立”的比重大增。第三阶段的背景是大陆无论硬实力还是软实力都对台湾取得压倒性优势，且具备足够多的筹码迫使国际势力不敢冒险对台湾问题进行武力干涉，两岸双方都已看清中国实现国家统一是历史的必然，因此形成协商谈判的合作形势，此时台湾岛内的民意倾向统一的比率重新超越主张“独立”的人数比重。台湾当局已经是在岛内民意的压力下被动与大陆展开统一谈判，只为争取国家统一后获得较为有利的条件。当前两岸关系处于第二阶段，各项政策选择都应围绕指向第三阶段的中心任务来制定。中国共产党当前的执政总目标是：促进经济社会持续健康发展，进一步解放思想、解放和发展社会生产力、解放和增强社会活力，全力推进全面建成小康社会进程，实现“两个一百年”奋斗目标，建成富强民主文明和谐的社会主义现代化国家，实现中华民族伟大复兴。当前需要避免的风险就是台湾岛内出现不利于两岸统一的重大事变，威胁到中国国家发展的战略机遇期与国家统一事业的未来走向，两岸被迫提前摊牌。为此，中国共产党必须在对台工作中牢牢把握两岸关系发展大方向，以综合实力为后盾，在维护政策底线的基础上力求创造条件通过和平方式实现两岸统一。

四、对台工作政策选择

2016年民进党在台再次执政后，此前8年两岸关系和平发展进程被打断，国际、两岸与岛内形势都在发生急剧变化。国际层面，中美关系对抗性急剧增强。与20世纪70年代末中国大陆正式提出“和平统一”对台政策时相比，中美关系已经发生根本性变化。当时美国作为世界第一强国，为了打击苏联的挑战积极拉拢中国，从而为在台湾问题上向中国大陆让步提供了条件。当今形势截然不同，中国已成世界上唯一具有可以挑战美国的综合实力的国家，在其他主要国家与美国实力不断拉大的同时，中国是唯一与美国实力差距不断缩小的重要国家，且经济实力有望在不远的将来超越美国。美国对中国的挑战感到焦虑，2016年特朗普上台后在台湾问题上一再挑战中国底线。日本自2012年安倍上台后也对中国采取强硬政策，美日与中国在东海、南海问题上对立不断加剧，这为有“台独”党纲的民进党从事分裂活动提供了有利外部环境。两岸层面，蔡英文当局以坚定柔性“台独”理念加快分裂步伐，政治立场从执行了8年的两岸同属一中的“九二共识”后退，虽然提出“中华民国宪政体制”和“维持现状”的说法，但并未承认两岸同属一中。经济政策也在以“新南向政策”为代表的施政下推行两岸经济“逆一体化”的举措。客观上两岸经济关系发展已经进入瓶颈期，双方经济均在转型升级，深化合作的经济诱因在相对下降。岛内层面，台湾民意已经明显出现与大陆疏离的倾向，支持“台独”的人数比例在上升，支持统一的比例在下降，且已被前者大幅超过。很多岛内民众虽然仍首选维持两岸现状，但抱有经济上拿好处、政治上不服气、文化上瞧不起的心态，阻碍两岸关系一体化的建构和两岸命运共同体的观念形成。

针对当前形势，2020年前的几年时间里，大陆对台工作需要以转型为主，重点是通过政策组合的改变调整国家系统的演化方向，恢复国家统一的自生能力，使国家系统形成指向统一的自组织结构。新的自组织结构的形成将会在国际、两岸与岛内三个系统层次上发生，但大陆的施政重点仍然需要通过经济、政治、文化、社会等间接力量发挥系统的非线性作用，特别是要增大经济力量的外溢效果。过去30年大陆对台工作也发挥了强大的间接力量，但外溢效果不够好，台湾对大陆的经济依赖程度已经达到或者超过了80年代台湾对美国经济依赖程度的最高值，但这样强的经济影响力并未相应地转化为大陆对台湾的政治影响力，两岸政治一体化进程远远滞后于经济一体化进程，并且反过来会成为两岸经济一体化的严重制约因素。

今后几年内，大陆需要通过对台湾发挥软硬两种影响力，促使岛内民意和政局朝有利于统一的方向发展。软政策的选择方案包括：持续推进两岸民间各领域交流合作，促进两岸经济社会融合发展，不断扩大两岸基层民众和青年的参与度和获益面。研究出台便利台湾同胞在大陆学习、就业、创业、生活的政策措施，积极支持台商台企在大陆更好发展，依法维护台胞权益。硬政策是在充分发挥两岸民间经济合作的力量拉住台湾、维持紧密的两岸经济关系的同时，运用多种手段打击“台独”势力及“台独”政党的施政绩效，阻止“台独”势力采取铤而走险的激进“台独”政策，引导岛内民意认清两岸关系对自身利益的影响，强化对国家统一与中国大陆的认同。不过需要明确的是，硬政策是针对台湾当局的博弈策略，即使在特定时期和形势下对分裂国家的“台独”政权运用硬政策，对台湾民众仍应坚持不懈地推动两岸经济社会文化融合。

（一）打造“两岸经济合作增强版”，构建“两岸跨界融合新模式”

有别于过去30年以吸引台商为主的“第一次两岸经济合作”，两岸可以推动以协助台湾技术人员和青年来大陆就业为特征的“第二次两岸经济合作”新高潮。过去30年两岸经济合作大陆以吸引台商为主，两岸经贸红利更多惠及台湾企业家阶层；未来大陆以协助台湾技术人员和青年来大陆就业为主，让岛内中产阶级和基层民众在中国大陆经济发展与两岸经济合作中普遍受益。这一转变是由两岸经济发展阶段变化决定的。大陆经济30多年的发展，要素禀赋结构发生很大变化，资本已经非常充裕和廉价，此时更需要通过大量技术人员和青年的创新创业来推进供给侧结构的转变，让台湾技术人员和青年在供给侧改革的过程中贡献力量是两岸双赢的结果。

在打造“两岸经济合作增强版”的过程中，大陆按“合情合理、依法依规”的原则为台湾青年制定就业政策，重点是为岛内青年在大陆就业与创业提供平台、拓宽渠道，提供更多法律保障，解决和维护其生存能力和竞争能力。台湾青年有良好的创意基础和国际视野，大陆市场有充分的表现机会和施展舞台，不需要依靠当年吸引台商时提供的税收减免和土地廉租等手段，只要简化办事手续和减少就业障碍，就可以产生足够多的就业创业机会吸引大量台湾青年来大陆发展。大陆经济正在转型升级，供给侧改革将会在调整经济结构的过程中创造众多新机会，未来市场红利将集中表现在新兴产业，台湾有大量的新兴产业人才却缺乏足够大的企业规模和产品市场，大陆打造“两岸经济合作增强版”不仅有利于台湾技术人才与青年找到更多施展才能的机会，还为两岸经济进一步融合发展开辟新的渠道和局面。

在创造条件吸引台湾青年来大陆就业的工作方面，大陆已经有了相当多的政策举措和工作基础。未来，大陆还可以结合自身的“一带一路”倡议和“自贸区”战略推动“两岸经济合作增强版”的建设。在大陆的“一带一路”倡议布局中将产生很多新的创业机会，例如“一带一路”沿线目前已有77个境外经贸合作区，台湾人才可以利用这一历史性机遇走向世界，发挥自身特长，创新合作理念，深化两岸合作，实现互利共赢。在境外投资建设经贸合作区，是以企业为主体，以商业运作为基础，以促进互利共赢为目的，主要由企业根据市场情况、东道国投资环境和引资政策等多方面因素进行决策，通过建设经贸合作区，吸引更多的企业到东道国投资建厂，增加东道国就业和税收，扩大出口创汇，提升技术水平，促进经济共同发展。境外经贸合作区不仅为台商提供投资机会，也为台湾的技术人员创造出多彩的人生舞台。大陆还为推进“一带一路”建立了亚投行和丝路基金，台湾金融人才可以利用其在金融理念创新、金融产品开发、金融人才培养体系方面的优势与大陆机构开展合作，台湾制造业企业和人才也可以进入“一带一路”的项目投资和产能外移中去，捕捉新的开拓契机，这种战略视野比台湾当局鼓励的“新南向政策”无疑更有施展舞台和成功机会。此外，中国大陆还将加快实施自由贸易区战略，逐步构筑高标准自由贸易区网络，积极同“一带一路”沿线国家和地区商建自由贸易区，加快区域全面经济伙伴关系协定、中国－海合会、中日韩自贸区等谈判，推动与以色列、加拿大、欧亚经济联盟和欧盟等建立自贸关系以及亚太自贸区相关工作，全面落实中韩、中澳等自由贸易协定和中国－东盟自贸区升级议定书，继续推进中美、中欧投资协定谈判。台湾众多优秀的国际事务人才在岛内缺乏施展空间的困境下可以加入中国大陆的迅速发展的自由贸易区战略中来，为中华民族的共同事业贡献力量。

过去30年，台商在两岸经济交流与合作中扮演了关键角色。台商投资大陆在大陆对外贸易发展、促进两岸贸易快速增长、推动两岸通航取得积极进展、促进大陆劳动力就业数量与素质不断提高以及大陆技术进步等方面都起到了重要作用。台商投资大陆不仅为大陆经济建设做出了巨大贡献，同时也促进了台湾经济转型和产业升级，使台湾顺利进入后工业化阶段。台商大量投资大陆，为台湾相关产业注入的新的活力，密切了两岸联系，推动了两岸关系的发展，促使两岸经济交流合作成为两岸中最具活力的因素。未来30年，台湾技术人员和青年创业者将在两岸经济合作中扮演重要角色。他们不仅搭建起两岸产业合作与创新的桥梁，还为保持台湾经济活力与促进两岸融合夯实基础。大陆需要像过去关心台商权益一样关心和保护台湾技术人员和青年创业者的各项权益。1994年3月大陆通过《中华人民共和国台湾同胞投资保护法》，这是大陆第一部也是迄今唯一关于台湾同胞投资权益保护的全国性法律，是台湾同胞权益保障工作的基础性法律规范。1999年12月国务院出台了《中华人民共和国台湾同胞投资保护法实施细则》，进一步细化和明确了保护台胞投资权益的各项具体措施。2005年3月，大陆通过的《反分裂国家法》中明确规定"国家依法保护台湾同胞的权利和利益"，再次以法律的形式宣示保障台胞权益。未来还需要像重视台商一样重视台湾技术人员和青年创业者，出台相关法律法规和政策办法明确保障其各项权益，使其在安全、平等的法制环境中为"第二次两岸经济合作"新高潮做出贡献。

推动"两岸跨界融合新模式"。以新思路建构新时代两岸产业合作的新机制、新模式，促进两岸产业融合发展，共建两岸现代化经济体系，提升两岸人民的长远福祉。其特点包括：

1. 产业主导。在当前两岸官方联系中断的情况下，两岸经济合作应以产业界为主体，以市场为导向，以行政部门与科研院所为支撑，促进两岸产业全方位跨界融合。2008年到2016年两岸曾经共同推动"两岸产业搭桥项目"，试图以"政府搭桥，民间上桥"为理念推动两岸产业合作，并尝试了无线城市、LED照明、冷链物流等产业试点项目，但最终效果不如预期，主要原因是企业利益与政府期望不一致。"两岸跨界融合新模式"采取"产业搭桥，官学参与"的新理念，以两岸产业合作利益共赢为前提，在两岸产业界有兴趣合作的领域引入官方政策指导与学界规划评估，通过市场内生动力为先导、宏观政策配套为辅助，焕发出两岸产业合作的强大生命力。两岸产业搭桥可以频次更高，网络更密，动力更强。大陆地方政府可以更多运用PPP模式来调动企业力量和积极性进行招商引资和发展地方园区经济。

2. 跨界融合。加强产官学的跨界融合，提升经济系统的涌现功能。产官学的跨界联合可以有多种形式，关键是要充分发挥两岸企业家、专家、科研人员、主管部门官员的比较优势和主观能动性，深化两岸产业在发展方向、核心技术领域以及管理环节的合作。企业间的合作动力是持续推动两岸产业合作发展的核心驱动力。因此，一是要鼓励两岸企业间以及企业与学界的交流互访，放宽人员往来的政策限制，让企业成为两岸跨界融合的真正主角；二是要鼓励和协助企业及行业协会等民间组织搭建沟通平台，召开两岸间的专家研讨会，定期就产业合作的技术以及管理、跨界障碍开展专家交流，实现知识和人才资源的互融共通；三是强化企业与科研的连接，鼓励企业资助两岸科研机构以及学校教育合作，扩大产业与科教机构的合作领域，联合培养适合市场需要的技术人才；四是密切政府对企业的指导，政府主管部门通过地区发展政策与国家产业政策积极引导培育两岸产业合作的基础与方向，使两岸产业合作服从于国家发展总体规划，并在政府的协调下实现跨行业、跨组织、跨区域的联合协作，推动两岸产业融合发展。

3. 理念创新。“两岸跨界融合新模式”是一种不断更新理念的开放式合作模式，需要根据时代发展和形势变化随时调整合作策略与具体模式。两岸产业融合发展应该由以成本导向和以生产产品为主的思维，转变为以价值创造与系统开发为主的思维导向，不断满足两岸人民追求美好生活的要求。在第四次工业革命的浪潮下，传统产业迭代加速，新兴产业不断涌现。十九大提出建设现代化经济体系要贯彻创新、协调、绿色、开放、共享的发展理念。新兴产业多具备创新、绿色、共享等特点，同时往往具有数字化、网络化和智能化的特征。加快两岸产业跨界融合不仅要推动两岸传统产业和新兴产业融合，更要在理念上不断调整修正，使之符合创新、协调、绿色、开放、共享等发展理念，两岸产业合作才会更具有可持续性与可挖掘性。大陆建设现代化经济体系，需要建立以企业为主体、市场为导向、产学研深度融合的技术创新体系。“两岸跨界融合新模式”采取开放式的研发创新模式，可以借助全球资源寻求技术创新源、强化两岸研发联盟和推动产学研有机结合。两岸跨界联合组建研发平台，共同开发新技术和新产品，可以突破两岸共同面临的低端技术锁定瓶颈，走协同创新发展道路，不断提升两岸研发能力。

4. 优势整合。建设现代化经济体系要加强两岸制造业合作，两岸产业合作由供货的关系转变为构建新型产业链的形态，共同提升产业竞争力。为此，“两岸跨界融合新模式”着重发现和培养两岸制造业优势，强调优势互补。两岸工业发展战略具有很高契合度，2015 年 5 月 8 日大陆发布《中国制造 2025》将新一代信息通信技术产业、高档数控机床和机器人等产业作为重点发展领域；2015 年 10 月 22 日台湾启动《生产力 4.0 发展方案》，拟通过优化领航产业智能供应链生态系统、催生新创事业、促进产品与服务“国产化”、掌握关键技术自主能力、培育实务人才、挹注产业政策工具六大主轴策略，优先带动电子信息、机械设备等八项领航产业转型，强化产业国际竞争力。2016 年以来台湾努力推动“亚洲硅谷”等五大创新研发计划，目前台湾的亚洲硅谷计划执行中心正接洽英特尔、思科、HPE（惠普）等美国大厂，签署创新研发中心合作备忘录，合作发展物联网（IOT）。物联网信息安全、无人车自动驾驶、人工智慧（AI）、智慧生活（移动支付 + 行动生活）、AR/VR 创新场域、电子商务等 6 大领域，是台湾切入物联网的发展方向，也是两岸可以优势合作的领域。可以共同建立两岸产业合作的技术标准。在融合两岸产业优势时需要加快两岸新旧产业跨界融合，以两岸传统产业合作的稳健基础带动两岸新兴产业合作发展，承载新技术、新应用、新业态的新兴产业助力传统产业优化结构，推动产业绿色可持续的发展，鼓励两岸企业在价值链高端实现深层次的分工合作。

5. 依托大陆。大陆经济规模占到世界的 15% 左右，但对世界经济增长的贡献率都保持 30% 以上，大陆经济发展具有很强的溢出效应，“两岸跨界融合新模式”也将主要依托大陆经济发展的各种机遇，创新合作机制，建构多元平台。一是注重两岸产业链深度融合；二是抓住大陆“补短板”窗口期；三是开发潜力巨大的农村经济市场；四是依托大陆合作开发国际市场；五是分享营商环境改善大陆台商红利；六是支持台湾青年来大陆创新创业。大陆当前要通过加快建设制造强国来促进建设现代化经济体系，两岸制造业深化合作大有可为：一是可以通过产业集群发展模式，以工业园或开发区形式建设机械装备智能制造基地，积极吸引两岸机械装备智能制造产业链上的各类优秀企业进入大陆各种园区；二是创新投资模式，帮助企业克服创办初期的困难，建议大陆地方政府与企业合作，积极推动建立产业发展基金，形成企业投资和产业基金相互合作的模式，为园区内企业在大陆 A 股上市创造条件；三是引进制造业与产品市场开发同步进行，实行两条腿走路，既注重引进制造业企业进行生产合作，又注重市场调研，形成制造能力和应用市场开发同步发展。

6. 合理分配。“两岸跨界融合新模式”会有更大的经济外溢效果和更合理的利益分配机制。“两岸跨界融合新模式”意味着两岸将构建新型产业链，双方企业在产业链中的角色和功能都要适应新的形势，利益分配也会随着位置调整而更加有利与合理。双方均要推动自身价值链升级，从利润空间较小的价值链中游环节向利润空间较大的上、下游环节移动外，即从价值链的低附加值的加工、组装阶段，向高附加值的研发、设计、物流、营销等阶段移动。在这个长期不断积累的过程中，“两岸跨界融合新模式”始终坚持企业主体、市场导向，产业链中的两岸企业通过竞争与合作，可以在合理分配利益的前提下，共同打造拥有自主品牌和技术专利、具备国际竞争力、具有全球影响力的产业链。在大陆境内，台企、陆企与地方政府有更合理的多赢的利益分配。大陆通过加快两岸产业合作示范园区发展，以创新开放的发展理念推动制度和行政管理体制创新，削弱和打破两岸合作的壁垒，鼓励价值链不同位置的台湾企业与大陆企业协同进入两岸产业合作园区，共享制度创新而非税费减免的政策红利。

总之，“两岸跨界融合新模式”是在两岸特殊的政治经济背景下可以尝试的新模式，堪称是“两岸经济合作领域的 PPP 模式”，也是两岸经济合作领域的“负面清单模式”，它在真正意义上实现了“以企业为主体、市场为导向、产学研深度融合”的两岸经济合作的创新发展体系。基于新时代国际经济及两岸关系大环境，大陆在未来几年的主要目标仍将是加强两岸经济社会融合，通过构建两岸经济合作新模式、推动建设现代化经济体系，来继续推动两岸关系和平发展。为此，本书提出两岸经济合作需根据时代发展和形势变化随时调整合作策略和具体模式，新时代背景下两岸经济合作应以产业为主导，以市场为导向，以行政部门与科研院所为支撑，加强产官学的跨界融合，促进两岸产业全方位融合发展，提升经济系统的涌现功能。建设现代化经济体系要加强两岸制造业合作，构建新型产业链形态，提升产业竞争力，创新合作机制，建构多元平台。激发更多的民营企业参与到两岸经济合作中来，也可以保证进入两岸产业合作的企业有利可图，使两岸产业合作具有强自发性和可持续性，且因政府与学界的指导、参与和协助，两岸企业合作也能够协调不同利益主体的不同目标，一定程度上也降低了投资风险和融资难度，使该模式的总体效益大于个体效益，实现社会利益最大化，有助于深化两岸经济融合，增强两岸民众福祉，共建两岸现代化经济体系。

（二）加强两岸社会文化融合，打造“两岸命运共同体”

两岸社会文化融合是两岸民众之间通过多方面的互动、理解与认同，消除因政治历史等因素造成的相互之间的隔阂与不适应的过程，在此过程中不断增强利益联系与文化和政治认同。两岸社会融合既是过程也是目标状态。两岸社会融合是大陆民众与台湾民众在经济、政治、生活和文化四个层面的融合，目前两岸经济和生活领域的融合还是比较高的，主要是政治和文化领域的融合程度较低，主要表现为政治和文化领域的“台湾认同”仍然偏高，比例过半。问题的产生原因，既有大陆自身国家建设水平仍然不够的基本面因素，也有策略面因素。未来推进两岸社会融合需要注意，融合的真正实现是一个逐步深化的过程，应避免将下一阶段的目标提前为当前任务来执行。推进两岸社会融合大体可分为三个阶段：交流阶段（你中有我，我中有你）、深化阶段（怎么对我，怎么对你）、认同阶段（你就是我，我就是你），对应呈现的社会文化现象分别是多元化、平等化、一体化。最终实现两岸社会一体化的标志是形成两岸民众的基本政治文化认同。

由于所处阶段不同，推进两岸社会融合的目标重点是不同的：在两岸由隔绝走向开放的初级阶段，首先需要实现全方位的交流，由于各自分别发展了较长时间，两岸此时在经济、政治、社会、文化等各方面具有较大的差异性，社会融合的重点是通过交流互相了解。该阶段允许和协助两岸同胞在社会文化方面的多元存在，双方应通过在政策上给予的多方面照顾尽力避免和消除两岸同胞的恐惧感、厌恶感和对立情绪。由于到大陆来的台湾同胞相对较多，大陆应鼓励台湾同胞视大陆为生活创业的乐土，允许他们保持自己的生活习惯、价值理念、宗教信仰、政治认同和文化差异等。通过多元化的存在打破双方可能存在的误解与想象。

经过30年两岸社会融合的交流阶段，就需要全面转入深化阶段，即在经济、政治、社会、文化等各方面对于两岸同胞均应一视同仁，既无歧视性政策也无特殊照顾待遇，使双方民众感受到各方面的平等。这也就是消除差别待遇的平等化阶段。台湾同胞的平等化，就是来大陆的台湾同胞转化为中国公民的过程。他们的差别不仅表现在户籍类型、户籍地点等方面，而且还表现在劳动就业、居住环境、公共福利等方面。平等化的实现，表明台湾同胞与大陆人一样，不仅获得了身份转变，而且拥有了机会共享、权益共享、利益共有、保障共有的机会。

最终的阶段通过不断培养两岸民众的文化与政治认同来实现两岸社会一体化。平等化主要是针对在大陆的台湾同胞而言的，但是，台湾同胞不仅只有大陆台胞，还有大量的岛内同胞，他们数量更为庞大，对两岸实现和平统一的影响力更为明显。对他们来说，需要面对的问题不是平等化，而是“台湾人”和

“大陆人”的差别。从更广阔的视角看，台湾人与大陆人不应互有身份优越感，要通过社会融合重塑“中国公民”的身份认同。两岸民众在经历一体化阶段后，只有地域之别，而无身份差异。他们都是居住在中国领土的公民，享有同等的劳动就业、公共福利、政治参与等方面的待遇，共享社会发展成果和国家荣耀。

当前两岸社会融合进程总体上处于第二阶段，即交流障碍已经大大减少，虽然仍需在经济、政治、社会、文化等方面继续松绑，特别是台湾当局的政策限制还比较多，但与30年前相比，两岸社会大交流的态势已经形成且难以逆转。当前阶段的主要融合目标是平等化，即让台湾同胞，尤其是在大陆的台湾同胞应该获得与当地大陆同胞的同等待遇，既无歧视待遇也无特殊优惠，先在大陆台胞群体中真正实现“两岸一家人”，做到公民待遇的无差异化。

当前推动两岸社会融合对中国国家统一及大陆对台工作具有重要的战略意义：1. 推动两岸社会融合是新时代两岸关系和平发展的动力机制；2. 推动两岸社会融合为两岸最终实现和平统一积累条件和奠定基础；3. 推动两岸社会融合是“一国两制”前提下探索两岸经济社会互动方式；4. 推动两岸社会融合可以降低国家统一实现后的治理成本。

建议当前阶段推动两岸社会融合的基本原则：1. 中国认同（要以一个中国为底线）；2. 以我为主（要以弘扬大陆文化为主导）；3. 互惠互利（要以可持续发展为基础）；4. 群众路线（要以民间融合为主体）。

推动两岸社会融合的操作方式：1. 整体与区域同步推进；2. 官方与民间差别处理；3. 同等待遇与亲情优惠并行；4. 制度推动与自发融合并重。需要留意推动两岸社会融合过程中的难点：1. 民进党当局分裂操作加剧；2. 岛内民意的保守性和封闭性；3. 两岸政治僵局对社会融合的阻碍；4. 两岸制度差异对社会融合的制约。

加强两岸社会文化融合的落脚点是打造“两岸命运共同体”。社会融合是打造“两岸命运共同体”的重要内容，社会融合主要通过对情感关系和权利的承认、价值的定向、制度的融合来实现。一是创设两岸社会融合组织机构。既有常设性组织机构，又有制度化的会议平台。这些机构与平台根据组织议题或章程，从社会合作、融合的单个或多个层面对区域合作进程中所面临的主要问题进行讨论与决策。二是合力打造“两岸共同生活圈”。台湾在大陆的常住人口超过100万人，可在台湾同胞相对集中的社区，探索开展台胞参与管理试点，让台湾同胞参加职能部门以及法定机构的行政管理。对已经在大陆长期居住的台湾同胞来说，除了进一步维护他们的合法权益以外，还要制定相关政策，使他们能够逐步融入祖国大陆的各种社会、政治生活，同时，要不断完善医疗、社保、就业、教育、户籍、台湾同胞权益保护等相关制度，满足台湾同胞的生活需求，使他们能够在大陆安居乐业，培育并增强共同家园意识。三是加强基层对接。应自下而上培植社会资本，发掘社会领域的能动性，“自下而上”以社会基层力量不断扩大两岸社会融合的广泛基础，最终实现社会大融合。通过一些制度性安排，促进基层交流更加深入、持久和常态化地进行下去，不断增进两岸民众的相互理解与同胞感情。两岸社会融合，首先是促进两地基层社会相互了解、理解，增进基层社会感情，逐步消除基层社会敌意。四是推动两岸社会跨域治理。在宏观层次上，需要协调两地社会系统的关系。在微观上，开放协调机制能够维持两岸社会及各种力量之间的利益关系，从沟通协商、增进了解，产生认同等角度入手，化解泛政治化的社会对立与利益冲突，有利于既保持两岸社会的差异性又有利于实现共同目标。五是促成台湾同胞全面融入大陆社会。对大陆台胞而言，迁移不只是居住地点的改变，更重要的是必须面对新的社会情境与规范，迁移者必须调整其价值观念与行为模式而适应新的社会文化系统，从本质上说是生活的适应与社会的融入。

两岸文化融合的内容主要包括：一是形塑共同价值观。两岸文化融合的显现、维系和发展，离不开两地公共生活与日常生活的参与、相互依赖关系的牵引，还应积极顺应这一潮流。在日常文化建设方面，两岸需要编制一套实际和理性的原则，共同维护世俗人生的秩序和进展，明确身为公民的责任等。从民间社会与百姓日常生活中寻找源泉，促成两地价值趋同化、形塑共同的文化价值观。要着力两岸同胞人文、精神和心灵层面建设，植根中国传统优秀文化，吸纳融汇两岸文化中最具生命力、创造力的元素，创造出具有包容力、前瞻力、创造力、感染力的新价值。它不仅包涵善良、正直、勤奋、诚信、进取等一些传统的核心价值，也突出文明、理性、相互尊重、互相欣赏、互释善意等内涵。二是加强两岸共同价值观的宣传。其中，两地年轻一代是教育宣传的重点，要在交流交往中培植两地年轻一代共同的价值观。在人的交往行为，通过相互的社会化学习，有利于形成人的认识能力、语言能力和发展能力的同一性，这种同一性是文化融合的基础。应更多邀请台湾同胞来访，注重安排他们参与知识交流与学习，改变以前活动内容的送来迎往方式，尤其要增加两岸青少年聆听各种文化知识讲座，缩小两地差异、消弭两地价值观的分歧。三是深化两岸教育合作，促进高等教育融合发展。两岸文化融合重点在于历史文化教育领域。两岸经过长期政治与社会生活隔离后，基于两个社会的歧异性，要增进台湾民众对中华民族与一个中国认同，有赖于推进两岸教育的融合发展。因为观念、思维和行为方式的转变离不开教育，视野的开拓和文化品性的改变同样离不开教育，教育已经成为两岸文化融合与区域一体化的重要载体和有效的活动方式。因此，两岸文化融合应着力实现两岸教育的统筹和整合，实现优势互补，资源共享，信息互通。目前，两岸教育合作试验园区、两岸职业教育师资培训基地、两岸教学资源基地已在福建启动建设，通过两岸“一园区、两基地”建设，打造一批具有两岸特色，在两岸有广泛影响的教育交流品牌。四是深化两岸传媒交流与融合。两岸文化交流合作与深度融合，需要大量的信息交换与适时的媒体合作。在台湾岛内，新闻媒体被称为“第四大公权力”，其影响力已深入到台湾岛内民众生活的方方面面。推进两岸文化融合，需要两地媒体的交流互动。目前，两岸媒体无论是报道内容的选择，还是报道形式的处理都有很大的差别，必然会冲击两岸各自新闻媒体的管理制度，从而影响两地文化融合的发展。此外，由于历史和政治因素影响，台湾还有相当一部分民众对大陆缺乏了解甚至存在误解，对大陆的感知和认识停留在历史遗留的记忆和一些负面的宣传和报道上。两岸应加快传媒交流与合作的速度，扩展交流与合作的广度，深化交流与合作的深度，拓宽传媒交流和合作的渠道。

挖掘互联网功能，通过虚拟世界强化“一中”观念。要求大陆各网站在接受来自台湾的购物订单时必须体现两岸一中原则。应充分利用互联网传播大陆的报刊、图书、电视节目、影音产品，使岛内民众有机会接触大陆文化，享有共通的情感与共通的认知，增强其文化认同感，加速形成两岸印象中的“共同体”。构建两岸虚拟文化社区，跨越文化融合时空障碍。在当前互联网和大众传媒时代，网络和电讯已经超越时空限制，资讯在瞬间能得到广泛的传播，两岸社会系统在时空扩展的情境下，网络和电讯平台可以为两岸文化融合提供便利。两岸应充分运用互联网，积极推动两岸虚拟社区文化的共建共享。两岸虚拟文化社区是一种基于互联网的文化社区，它是基于一种文化认同、以话题为纽带的文本互动，能够为人们提供新的文化交流方式甚至是一种全新的生活方式，不仅是现实社会的延伸，而且提供了一种低成本的社区文化活动试验空间。比如，它能提供给社区成员一个快捷、便利的相互交流平台，大家因有共同的文化喜好、价值观、生活方式，可以进行情感交流和经验共享，形成亲密无间的关系；也可以通过论坛、评论、博客、圈子或社会性网络、即时通讯等载体，形成一种真正的社区。两岸虚拟文化社区可按照成员的不同兴趣爱好进行分类，成员可以自己创造贴吧，比如由于喜爱诗词、舞蹈、书法或影片等而聚集在一起，自发在社区中发布收集的信息和创建内容，与其他爱好者一起分享等。民调显示，台湾青少年很多时候是通过网络和电视、广播等大众传媒来了解大陆的。因此，应充分利用互联网的交互性、便捷性的优势，使两岸文化交流跨越空间障碍，超越两岸边界的界限，通过虚拟文化社区这样一种“脱域共同体”的平台促进两岸以及两岸的文化融合。推进大陆媒体入岛落地，实现传播交流对话。利用已在台湾落地的媒体，办好栏目，搞好宣传，使之成为大陆人士了解台湾文化、台湾人士了解中华文化的重要窗口。此外，相互开放报刊、图书、电视收视市场，促进两岸印刷品、媒体的交流与融合，使现存的印刷品、媒介网络嵌入互不相识的民众，让他们享有共通的情感与共通的认知，使两地民众增强文化认同感，形成“想象的共同体”，有助于两岸文化融合。在两岸社会共同体层次上，传媒能够提供一种对话的公共空间，通过引导两地公民积极参与公共事务的讨论、判断，在政治文化认同与一般社会文化认同之间架起一座桥梁。扩大民间文化活动与载体影响力。进一步鼓励民间开展有利于两岸人民往来，借助宗亲会、祭祖、夏令营、冬令营、交易会、艺术节等各种活动，利用学校、商会、联谊会、民间信仰等各种渠道，加强两地人员往来，消除顾虑，增进感情，提高台湾民众对两岸一家亲的认识，为两岸文化融合拓展更多元的、更坚实的民间社会基础。

推进两岸文化产业合作与传播，加强两岸创意产业合作。两岸文化交流与合作不应局限于传统文化，应注重在两岸交流活动中注入现代生活元素和丰富的文化内涵，包括随时代和社会变化的新认知、新感受、新体会。早期的两岸文化交流与合作，主要是发掘两岸的历史文化传承关系，从文化层面凝聚两岸（两岸）人民共同的精神情怀，但两岸文化产业合作尚未受到足够的重视。应发展文化产业传播，促进两岸文化融合。文化传承是依靠一代又一代人的传接才得以持续，需要着眼对下一代文化的潜在影响。两岸人民血脉相连，加强对新生一代的两岸文化交流和教育，对满足新生一代的精神文化需求、增进新生一代对两岸悠久文化历史的了解具有重要意义。以文化产业传播方式介入两岸文化交流、传播和教育，深化文化合作，共同推动中华文化的传承与发展；优势互补，促进两岸文化融合与文化产业发展，既要包括对传统文化、道德的传承与新的解读，更要向更高的境界——文化传播发展，使两岸文化产业合作有新的高度，有更广泛的空间、更远的视野与更多的受众群体，也有助于两岸文化融合。以动漫形式介入文化的传播为例，动漫产业是21世纪知识经济的核心产业，应着力用动漫的形式与两岸文化融合联系起来，在两岸两地民众（尤其是下一代）传播文化，发挥动漫产品的先导作用，以其生动性、交互性、便捷性与时尚性，培养青少年的市场消费群体。为此，要突破传统两岸文化交流传播和教育的形式纪实性弱点，以此为契机在旅游宣传、道德教育与社会管理等方面达到某种突破。应重视艺术教育作为培育深度受众群的基础工作，并把文化艺术教育视作培育两岸社会软实力的政策之一，为两岸文化融合提供新平台，开拓新路径。

（三）研究和设计构建"中华经济联合体"，制定并逐步落实过渡举措

虽然当前政治关系下短期内两岸官方无法推动此项政策，但两岸学界可以对此议题进行探讨以明确未来两岸经济发展的方向。学界对两岸经济关系深度整合提出过不少设想，见诸学刊或报端的称谓包括：中华（国）经济圈、中华经济区、中华经济体、中华民族经济、中华民族经济共同体、大中华经济共同体、两岸共同市场等，"中华经济联合体"是在现有研究成果上的理论延伸和发展，有其内在的合理性、必要性与可行性。

合理性方面：第一，适应形势发展需要，继续深化推进理论基础。学界早在大陆提出"和平统一"后就开始构思如何整合两岸与港澳经济。1980年香港黄枝连教授提出"中国人联合体"的概念。陈坤耀1987年提出"中国圈"。1988年，林邦充提出"华人共同市场"，郑竹园提出"大中华共同市场"，陈亿村提出"中国经济圈"，高希均提出"亚洲华人共同市场"，李自福提出"经济大中国"，张五常提出"两岸大循环"模式。1989年，金泓凡提出"海峡两岸经济圈"，张俊宏提出"南海经济联合体"。1990年翁成受等提出"南中国经济圈"。1993世界银行发表的题为《全球经济展望和发展中国家》年度报告中首次将中国大陆、香港和台湾称为"中华经济区"。1997年福建特色研究会课题组在《建立台湾海峡经济区的战略构想》中提出"海峡经济区"。2001年徐军、胡继堂提到"中华民族经济共同体"。2005年李非论述了"两岸共同市场"的设想。2008年林嘉騬提出"大中华经济共同体"。2010年，戴相龙使用了"中华经济体"的概念，习近平则在博鳌论坛上使用了"中华民族经济"的概念，这两个概念虽然都是对现状的描述，但却为两岸与港澳未来的经济整合提供了

很好的视角与思路。近年来两岸签署了21项协议，两岸经济关系已经具备较为坚实的制度化框架基础，当前发展势头不进则退。在世界经济形势发生深刻变化的历史形势下，中国大陆作为世界第二大经济体有更强的能力主导两岸与港澳的经济整合，提出新的发展目标、强调民族共同利益、构建“中华经济联合体”已经需要提上议事日程。第二，突出中华民族特色，民族认同优于制度认同。“经济联合体”的概念比较中性，应用广泛，既可用于企业之间和产业之间，也可用于地区之间。大陆与港澳及台湾分别签署了CEPA和ECFA，两岸与港澳经济有条件在此基础上进行更高程度的优势互补，发挥更多的互利双赢效果，打造一个更高版本的全新的“中华经济联合体”。“中华经济联合体”与“欧洲经济共同体”的最主要区别是，“中华经济联合体”的成员民族相同而经济制度不同，“欧洲经济共同体”的成员虽然民族不同但经济制度大体相同。正是由于两岸与港澳同属中华民族，在共同推进经济整合时可以贯彻“中华一家亲”的理念，不在短期利益上斤斤计较，而是着眼于长期的共同发展。经济制度各具特色，互相尊重，互相包容，但整合过程中需要不断减少市场障碍，消除贸易壁垒，增强投资便利，顺畅资本流动。“中华经济联合体”与“欧洲经济共同体”的共同点是，目标均为通过贸易自由化实现产品市场的一体化，通过消除区域内要素自由流动的障碍实现要素市场的一体化，并且通过协调货币与财政政策，最终实现货币一体化。这一目标的最终实现，必将有利于提升中华儿女的福利水平、加深中华民族的感情联系、共同实现中华民族的伟大复兴。第三，把握两岸与港澳经济现状，设计弹性整合优化路径。不同经济体之间的最佳合作方式取决于各自不同的经济结构、产业分工、依赖程度等多种经济因素和各种政治因素，“中华经济联合体”的设想充分顾及当前两岸与港澳的经济合作现状与特点，并为未来发展变化预留了弹性空间，是兼顾现实与前景的务实架构。以两岸为例，构建“中华经济联合体”可以在台湾内部缺乏推动两岸政治统一共识现实情况下，根据两岸在国际价值链的分工和各自的产业结构状况进行两岸经济整合，不断增强双方的经济发展动能，逐步为社会、文化、政治等方面的整合奠定基础和创造条件。事实上，联合体的构建可松可紧，完全可以根据需要调整，而且，既可以经济联合，也可以政治联合。“中华经济联合体”的成功构建可以担负部分“政治联合体”的职能，也为“中华政治联合体”的实现提供有益经验和条件。

必要性方面：第一，两岸关系和平发展一定要有明确的目标方向。两岸关系的和平发展必须要以共同的方向为前提和基础，没有共同方向的和平发展既不长久，也不稳定。和平统一是两岸关系和平发展的必然方向。如果试图走向和平分裂，无疑会为两岸民众埋下战争隐患，最终既无和平，分裂也不可能得逞。由于两岸民众目前的平均生活水平、平均文明素质、普遍价值观念等方面还有不小差别，和平统一并不是眼下急于要做的工作，但两岸执政当局有义务引导民众向此符合两岸利益的方向努力。和平统一的方式和渠道可以有多种选择，经由“中华经济联合体”发展到“中华政治联合体”是理论上的选项之一。构建“中华经济联合体”可以充分发挥经济整合和政治外溢效果，为两岸最终破解政治难题创造有利条件。第二，亚太区域整合形势对加速整合两岸与港澳经济有紧迫要求。台湾当局对参与区域经济整合有强烈愿望，“中华经济联合体”的构建可以为两岸经济共同发展同亚太区域经济合作机制相衔接开辟可行途径。岛内原本对台湾加入 TPP（跨太平洋伙伴关系协定）与 RCEP（区域全面经济伙伴关系协定）有相当高意愿和共识，台湾当局也宣布以“双轨并进”“官民合作”方式全力展开行动，但加入 TPP 的目标随着美国退出 TPP 而破局。“中华经济联合体”作为台湾参与亚太经济整合的过渡性安排，可以很自然地降低该问题在岛内的敏感度，还能体现大陆对台湾参与亚太经济整合的支持与协助。此外，港澳均为自由港，经济结构以服务业为主，两岸与港澳经济整合谈判内容也将以服务贸易为主要内容，因此两岸服贸协议生效后即可展开两岸与港澳经济整合的协商。两岸与港澳通过经济合作协商构建“中华经济联合体”，是大陆国家主体与港澳台三个单独关税区为共同参与亚太区域经济整合而进行的过渡性准备。两岸与港澳的经济整合是中国参与和推动亚太区域经济整合总战略的重要组成部分，顺序上最好两岸与港澳经济整合优先，如果进度太过落后，未来操作的技术难度将更大，外部因素将更突出。两岸与港澳经济整合后在对外参与区域经济整合时可考虑采取类似东盟的弹性做法，既可以“中华经济联合体”名义集体参与，也可以适当身份分别参与，均需在有共识的前提下进行。第三，两岸经济进一步发展需要有新的制度红利和内生动力。在国际和两岸经济形势均发生深刻变化的背景下，两岸经济关系发展和两岸经济各自的转型升级都遇到新的瓶颈，充满挑战与机遇。两岸经济增长速度下降，两岸之间贸易与投资增速趋缓，两岸产业竞争性加剧，已经签署的两岸服贸协议在岛内迟迟不能通过生效，这些当前面临的经济问题都需要通过两岸进一步改革开放来释放新的制度红利，增强两岸经济发展与合作的内生动力。

可行性方面：第一，使用“中华经济联合体”的名称相对易于接受。“经济联合体”不像“经济体”那样有显著的关税特征和统一意涵，也不像“经济共同体”那样有主权国家之间进行经济整合的色彩，易于被各方接受。前面冠以“中华”二字，是突出这个经济集团以中华文化为纽带、共同维护民族利益。海峡两岸暨香港、澳门通过对中华优秀传统文化的继承和弘扬，在经济整合的同时注入文化因素，有利于形成共同的价值观，使经济合作稳定深化，这种新型经济模式也将是中华民族对世界经济发展做出的一个巨大贡献。此外，十三亿大陆同胞和两千三百万台湾同胞是“血脉相连的命运联合体”，“中国是两岸同胞的共同家园”，这种亲情关系完全不同于各种类型的“伙伴关系”，“中华经济联合体”有助塑造和强化两岸命运联合体。第二，构建“中华经济联合体”的政治经济主要条件趋于具备。2010 年签署了《海峡两岸经济合作框架协议》（ECFA），2012 年签署实施了“投资保护和促进协议”和“海关合作协议”，2013 年签署了“服务贸易协议”，“货物贸易协议”与“争端解决协议”一旦签署，在这五个 ECFA 后续协议签署生效之后，两岸绝大部分货物贸易以及大量服务贸易均为开放项目，两岸经济关系发展进程将进入贸易自由化时代。这种政治经济形势为启动两岸与港澳经济整合协商进程创造了良好条件，将两岸 ECFA 与内地港澳间的 CEPA 进行有效连接，即可构建“中华经济联合体”的雏形。第三，已经具备充足的谈判人才与相关经验。构建“中华经济联合体”需要有大量精通经济、法律等各种规则与实务的人才。中国大陆至今已签署 10 余个自由贸易协议（FTA），并与台湾及港澳签署了 ECFA 和 CEPA，具备丰富的谈判人才和经验，有能力设计和整合出一个符合各方利益需求的“中华经济联合体”方案。

“中华经济联合体”的制度设计与推动步骤。（1）基本原则。第一，一个中国。“中华经济联合体”的设计要体现两岸与港澳领土及主权合为一体、不可分割的性质。“一中框架”是两岸搁置争议、求同存异的基础，也是当前两岸政治主张的最大公约数。第二，借鉴创新。制度设计既要创新，又要借鉴。建立“中华经济联合体”需要在立足于两岸与港澳发展特点的基础上，创立规则，实现长期稳定。同时也要参考现行的区域经济一体化形式如欧盟、北美、东盟等有关内容，以及两岸各自与其他 WTO 成员签署 FTA 的相关内容。第三，平等获利。建立“中华经济联合体”的许多协议和制度性安排，都需要通过两岸与港澳平等谈判与协商来完成，尽量让两岸与港澳均获得利益最大化，至少能满足主要需求。第四，民族特色。两岸与港澳关系特殊，这样的经济整合在世界上独一无二。两岸与港澳共同构建新的框架和模式，具有中华民族自身特色，目标是为两岸与港澳同胞谋福祉，共同维护中华民族的整体和长远利益。（2）制度设计。第一，顶层机构设计中要有独立、权威的立法、行政、司法体系。设置类似欧盟的相对独立的较为完整的立法、行政和司法机构。成立“中华人民代表大会”负责“中华经济联合体”的各项立法，“中华经济合作委员会”具有“中华经济联合体”的执行功能，设置“中华合议法院”作为解决“中华经济联合体”间各项争端的司法机构。考虑到两岸与港澳间政治制度、经济发展水平、内部复杂程度等方面的不同，该体系的设计可采取较之欧盟更为宽松的模式。第二，“中华经济联合体”的运行可采取“全体一致”规则。区域经济一体化的运行机制，既要能够保证一体化的经济效率尽可能得以不断提高，又要能够保证一体化的整体福利尽可能得以公平分配。“全体一致”的决策机制可以保证“中华经济联合体”的公平与效率，如采“多数原则”恐会让台湾方面存在疑虑。第三，整合两岸与港澳经济形成拥有统一货币的共同市场。制定“中华经济联合体”总体发展规划，与两岸与港澳宏观经济政策相衔接，基本实现生产要素在两岸与港澳间自由流动的共同市场，最终形成两岸与港澳经济各有分工、一致对外、拥有统一货币、有高度竞争力的“中华经济联合体”，奠定国家完全统一的坚实经济基础。（3）推动步骤。第一，提升两岸与港澳经济自由化程度高于东亚区域经济合作水平。完成 ECFA 后续商谈后，确立时间表加快推动与落实货物与服务贸易自由化，并不断扩大 ECFA 内涵，可考虑纳入区域全面经济伙伴协定（RCEP）已有的领域和议题，如知识产权、政府采购、投资的国民待遇、国有企业、中小企业、电子商务、供应链、透明度等，适时纳入港澳，使两岸与港澳经济整合程度和水平高于东亚区域经济一体化。第二，继续强化双向投资以增进生产要素自由流动。设立“两岸投资协调小组”，对两岸投资尤其是大陆对台投资提供协助与支持，互通投资政策信息。建立对台投资审批的单一窗口，负责专门推动与协助企业对台投资。同时成立专业服务机构，对赴台投资企业提供政策、法规与市场信息等免费服务。第三，构建深度融合的两岸金融合作机制。将金融业作为推动未来两岸服务业合作的重点内容，结合中国大陆金融发展战略，在人民币跨境使用进程中赋予台湾一定的功能与角色，为两岸货币一体化创造条件。第四，共同成立“中华经济合作委员会”。先将“两岸经济合作委员会”层级提升至副总理级，再适时纳入港澳，共同成立“中华经济合作委员会”，初步奠定两岸和平统一后的经济制度架构，并为成立

“中华人民代表大会”预作铺垫。

构建“中华经济联合体”的重点与难点。（1）重点目标。第一，建构和加强两岸与港澳制度化安排。构建“中华经济联合体”需要通过一系列的协议进行制度化安排，协议的设计要具务实性与前瞻性，其进程需要与两岸关系发展情况紧密结合。签署“中华经济合作协议”将是海峡两岸暨香港、澳门经济整合的重要里程碑，有连接两岸 ECFA 与内地港澳间 CEPA 的功能，并为两岸与港澳经济共同发展同亚太区域经济合作机制相衔接开辟了可行途径。第二，推动两岸与港澳关税合作与货币整合。未来两岸与港澳间的绝大部分货物贸易实现或接近零关税，对外可以就某些产品实施协商一致的关税税率，向关税同盟阶段过渡。同时研究在两岸与港澳推广使用人民币的可行性，建立“两岸与港澳货币协调委员会”，推动两岸与港澳货币整合。既可研究推广使用人民币的方案，也可研究建立“第三货币”的方案，如成立“华元”（或“中元”，Chinese Dollar）作为与两岸与港澳现有货币外的第三种货币。“华元”可分三个阶段推动。第一阶段“华元”以“中华货币单位”（Chinese Currency Unit，CCU）的身份出现，仅用在企业间报价、结算，以节省交易成本；第二阶段推展消费使用，从“中华货币单位”晋身为“华元”，成为第三种货币，与两岸与港澳现有货币共同使用；第三阶段则是仿照欧洲使用共同的货币，使用单一“华元”。第三，建立两岸与港澳产业合理分工与布局。加强两岸与港澳产业合作，研究规划台湾产业在中国产业发展战略中的功能与角色，实现两岸与港澳产业链与价值链的一体化。建立两岸与港澳产业一体化的机制平台，实现两岸相关产业政策协调。（2）主要问题。第一，岛内各主要政党对两岸经济一体化会加速国家统一有顾虑。目前情况看，台湾无论哪个政党执政，都不敢坚定地提出国家统一方向，因此也会影响两岸与港澳经济整合进程。台湾当局立场主要来自岛内民意，民意主流看法既受中美实力对比等国际因素影响，也受中国大陆内部治理的绩效影响。大陆自身建设的好坏会通过岛内民意影响台湾执政党的主张。当然，如果岛内执政党能够坚定两岸和平统一方向，也可以反过来对岛内民意产生积极的引导作用。第二，岛内“拒统”势力不容忽视。以民进党为代表的“台独”势力在岛内尚有不少的支持者，其坚定的“拒统”和“反中”立场短期内难以改变。“逢中必反”的策略使台湾执政当局推动两岸经济整合的士气和动力减弱，两岸服务贸易协议在岛内久拖不决就是典型案例，两岸经济整合在岛内困难不小。第三，台湾内部对经济发展及路径认知不同。台湾岛内对经济要不要发展、发展要不要开放、开放要不要大陆存在不同认知。有台湾学者提出台湾经济开放程度在亚洲已经很高，不需要再进一步开放。也有政治人物称台湾经济开放的路径是经由联结世界走向中国，反对与大陆经济整合。岛内缺乏两岸经济整合的共识。第四，整合利益未能及时让民众有深切感受。一方面，两岸签署的 ECFA 只是一个“框架协议”，实质效应要在后续协议签署完毕才能显现，但当前两岸经济整合速度过慢，相关后续协议迟迟不能签署或生效，以致整合红利释放有限，岛内民众感受不到经济整合的巨大好处，缺乏进一步追求整合的动力。另一方面，内地与香港经济整合在为香港带来巨大利益的同时，也出现一些负面作用，反而引发大陆游客与香港居民的纠纷，考验未来两岸与港澳进一步经济整合的内容与方式。（3）配套举措。第一，大陆成立“国家统一委员会”。大陆可借鉴韩国“统一部”的机构设置做法，整合现有部门，成立权威性协调机构“国家统一委员会”，其职能目标是促进实现两岸统一并维护香港、澳门、西藏、新疆、内蒙古等地区的稳定与统一。该委员会可下设地区性对口单位，更好发挥地方政府在维护国家统一与社会稳定方面的作用，统筹管理与协调国家统一方面的政治与经济事务。可以由“国家统一委员会”负责推动构建“中华经济联合体”。第二，加强两岸与港澳基础设施对接。将港澳台作为中国交通等基础设施体系的重要组成部分，加快京台、昆台高速公路等建设，推动海峡隧道等工程的论证与规划，适时提出两岸高铁联结等计划，加快两岸电信通讯等合作，对台湾与福建海峡西岸经济区的海空港进行合理分工与布局，长期实现两岸与港澳基础设施的一体化。第三，促进两岸与港澳社会文化融合。经济整合的目的是减少交易成本，增加各方福利。政治整合的目的是追求和谐秩序，提高行政效率。政治整合需要相当程度的相互认同，包括文化、民族、国家、政权、制度等层面的认同。文化认同最为重要，它是民众向心力的源泉和中华民族的立足之本。两岸与港澳可以共同举办文教活动，相互开放各种专业证照，构建“一日生活圈”。在两岸社会文化交流的过程中多展示大陆文明、优势的方面，共同塑造对两岸与港澳民众有吸引力和感染力的中华新文化。第四，建立两岸与港澳利益调节机制。构建“中华经济联合体”应使两岸与港澳民众共同创造、共同分享整合红利，通过建立两岸与港澳利益调节机制，可以照顾不同地区弱势群体及整合过程中的受损行业。通过农渔产品采购、对口资金援助、教育奖励基金、企事业奖励基金、就业辅导基金、失业救助基金等形式鼓励和引导利益分配更加公平合理，消除不满。[①]

构建“中华经济联合体”的条件具备前，可以先书面规定或承诺和平统一前后台湾人民的权利和义务。在和平统一实现前，试行对台湾民众发放双向选择的居民身份证，双向选择是指一方面自愿领取，另一方面需要以填写表格方式接受国家认同方面的政治审核。持有台湾居民身份证在大陆可以享受居民同等待遇：可以像大陆居民一样在大陆订票、网购、申请课题、定居、置业、工作、养老、参加社团活动。持大陆发放的台湾居民身份证的台湾民众出入境可走非外宾公民通道，减免关税与通关手续。遭受天灾人祸国家给予救助和扶持、提供必要的避难住所。他们可以长住台湾，也可在全国任何省市安家落户。可以参加国家各级政府、人大、政协和社团机构成员的选举和公务员录用考试。享受全国各族人民所享有的一切政治待遇。有功人员享受国家奖励。在国外都将受到国家驻外机构的领事保护。

研究发布新版《中国台湾问题（干部读本）》白皮书，在最后单设一章《台湾问题解决方案》，其中明确规定台湾统一祖国后可以拥有的权利和需要履行的义务。例如，将台湾的交通、通讯、减灾防灾、产业布局、资源补给、科技开发、经济出路、民生福祉都纳入国家的统一规划。为了减少台湾人民的税费负担，只要其执政当局愿意冠以“中华人民共和国”的名义，各级政府的行政开支都可由中央财政统一拨付。客观上可以起到建立有利于国家统一的正反馈的功能：通过向世界宣布方案，对统一后的台湾权利和义务有明确承诺，统一后的台湾乃至中国不会对第三方造成威胁，让国际感受到中国在国家统一问题上的负责任态度，减轻以美国为首的国际势力对中国崛起的戒心和阻挠台湾统一的力度。美国对台立场的松动反过来有利于大陆推动和落实《台湾问题解决方案》，以及增强岛内对大陆对台政策的信心。一旦台湾岛内感受到大陆承诺的可信性，就会认真比较统一和分裂的成本收益，由于大陆将在《台湾问题解决方案》规划下采取“扶统打独”的政策策略，台湾在大陆实力日益强大、打击广度、力度、强度不断增大的压力下，也能被迫通过调整政策体会到大陆的善意（主要权益还是要等到统一后才能释放），从而加深对大陆承诺的信心。当然，台湾当局对大陆互信的增强主要是通过协助蓝营政党在岛内执政完成的。大陆对台湾的权益承诺包括政府权益和民间权益，因此不仅对台湾官员有吸引力，

① 朱磊：《关于加快推动“中华经济联合体”的设想》，《现代台湾研究》，2014 年 5-6 合刊。

对台湾民众也会有吸引力。由于方案中设计有支持统一时间越早、力度越大的岛内人士统一后获益也将越大的制度，越来越多的岛内民众会加入支持统一的阵营中来，扭转靠选票上台的执政党政治倾向。

第六章　中共对台方略量化评估

本章根据耗散结构理论构建计量模型，对当前中国国家统一形势进行量化评估。

第一节　演化原理

国家是由个人及利益集团组成的多层级系统。因国家统一或分裂而引起的国家版图的变动是国家系统的一种相变。一个统一有序、管理高效的多层级国家系统有利于国家系统功能涌现和提升并且符合民众利益最大化。国家系统向统一演化符合复杂系统趋于有序的演化方向及人类社会组织形式的总体发展趋势。

国家统一的内涵主要是指国家系统层级结构的有序性和同一性。国家系统内部各方力量总是处于此消彼长的变化之中，从而导致系统整体的演化，在此过程中国家系统内部会自发产生熵，即无序性。因为国家系统由多种利益集团的子系统组成，这些子系统由次利益集团的孙系统组成，可以如此不断细分，直到个人。从每个层级系统的角度，无论个人还是利益集团，为了存在都有趋利避害的本性，个人到各层级利益集团都在追求自身权益最大化，如果没有任何相互制约，逻辑结果必然是每个人或每个利益集团的权益趋于无穷大，整个社会将处于无序状态。无序指系统中要素的存在或变化有很多种可能性，有序则是系统内部要素之间及系统之间的联系具有规则性，其存在或变化的可能性较少。对人类社会而言，无序意味着不稳定和脆弱，但有利于释放创造力；有序意味着稳定和强大，但创新性约束较大。因此无序和有序各有利弊，没有哪种状态是绝对的好或坏。个人与每个层级的利益集团都需要与外界进行物质、能量与信息的交换，不断追求自由度的本能要求会产生熵增，而现实中任何系统的外部资源都存在有限性，个体与外界不可能无限自由地产生熵流，任何个体与利益集团在获取资源时都要受到其他个体与利益集团的制约，这些外力产生熵减，系统只有在与外界相互作用与交换的条件下才能保持有序和无序的平衡。

国家系统发生相变的运行原理是：当外部条件及内部要素改变时，系统当前状态变得不稳定，在临界点附近，系统通过不断涨落测探有序宏观状态的各种新的可能性，某种新的集体运动形式将越来越强，最终压倒所有其他的集体运动，通过自组织方式出现一种新的宏观有序状态，反映在国家版图上面就是统一或分裂。国家系统演化是一个自组织产生新系统的演化发展过程，其中能否形成耗散结构是一个新系统能否诞生和进化的关键。

普利高津（I.Prigogine）创建的耗散结构理论研究了系统自组织演化发生的条件。“耗散结构一旦形成，时间以及空间的均匀性可能就遭到破坏。”① 如果不能形成耗散结构，个人及利益集团追逐自身利益的本能会对国家系统产生熵增，国家趋于无序；如果未统一国家系统满足耗散结构条件，系统可以通过自组织功能恢复稳定有序的国家统一状态，完成从分裂或分治到统一的非平衡相变。耗散结构是指远离平衡态下动态的稳定化有序结构，其形成条件包括开放、非平衡、非线性和涨落。

开放主要是指国家系统对国际大系统的开放，作为外部环境的国际大系统对国家系统演化有重要影响，国际格局对国家统一形势发生直接作用，国际势力介入可以强化统一或分裂的现状或变化。反过来，追求国家统一可能带来国家整体力量的增强，会对国际格局产生或多或少的影响，意味着国家在国际上权益配额的改变，由此必然产生与国际势力的相互作用。

非平衡态意味着力量分布不均匀，未统一政权之间存在力量差异。非平衡是形成和维持宏观有序结构的必要不充分条件，只有出现有强大向心力的政权并与其他政权的力量拉开差距，才有条件结束国家混乱状态、主导完成国家统一。国家系统内部要素不平衡发展引发系统失稳是国家系统发生相变的最重要动力，而系统所处的外部环境对系统的非平衡程度有重要影响，有时需要通过系统与外部环境互动改变国际势力的平衡策略、打破系统内部平衡。一国内部的政权之间的竞争离不开与国际势力的关系处理，很多情况下需要排除或转变

① ［比］普利高津：《从存在到演化》，北京大学出版社，2007 年，第 62 页。

外部力量的介入才可能进入国家系统的非平衡态。

非线性和涨落是国家系统发生相变的必然条件。系统发展的本质是非线性相互作用，体现为要素间的排斥和吸引、竞争和协同。在临界区域附近，涨落加上非线性相互作用形成的关联放大效应，主宰系统演化的方向和模式。国家系统内部的政治、经济、社会、文化、军事等各领域子系统之间会产生非线性作用，国家系统与母系统及子系统之间也存在非线性作用，国家系统发生统一相变不一定是政治因素直接导致的结果，很多时候是通过经济、社会等领域的涨落对政治领域产生非线性作用，诱发统一相变。涨落是系统宏观量对平均值的偏离。系统演化的规律“常常是一种不可预见的涨落在两个等价的有序状态之间做出了最终选择”[①]。在非平衡态，如果系统中存在着正反馈机制，涨落就会被放大，导致系统失稳而被推到临界点上。系统在临界点上的行为有多种可能性和不确定性，涨落在其中起着重要的选择作用。国家系统任何时候、任何条件下都存在政治事件、经济波动或社会运动等各种涨落，非平衡自组织系统对于某些涨落格外敏感，微小的随机涨落往往带来出乎预料的后果，国家统一的发生常常不是按预定计划实现，而是随机涨落引发的突然进化。

在一个未统一国家，两个或两个以上政权之间存在激烈竞争，这种差异随着暴力或和平方式的竞争不断增大而使国家系统远离平衡，逐步具备实现国家统一的非平衡条件。在非线性和涨落作用的影响下，系统可以通过耗散结构的自组织功能恢复稳定有序的国家统一状态。

第二节　测度方法

本研究根据耗散结构理论构建 3S 模型以“势”“力”“策”指标量化评估开放、非平衡、非线性和涨落的条件。外部形势（简称“势”，Situation）是政权运作和发展过程中的外部国际环境，是开放性的体现与状态；内部力量（简称“力”，Strength）是政权自身具备的软、硬实力，是测量非平衡程度的主要方面；政权策略（简称“策”，Strategy）是政权采取的施政策略，影响不同子系统之间以及不同层级系统之间的非线性作用效果与涨落波动程度。这三方面因素分属三个层级的系统：“形势”代表最上面的国际系统，“力量”代表中间的国家

① ［德］哈肯：《协同学：大自然构成的奥秘》，凌复华译，上海译文出版社，2013 年，第 211 页。

系统，“策略”代表最下面的政权系统。系统是分层级的，且不同层级的系统之间发生非线性作用，共同决定社会复杂巨系统的演化方向。

政权追求国家统一或分裂或权力最大化目标时有三个约束条件：国际形势、自身能力和国内民意，因此政策着力点也在于营造于己有利的“势”“力”“策”条件。“势”意味着国家系统所处的外部环境，政权子系统与世界格局的相互作用，其强弱对国家系统的演化进度有不同程度的影响。“力”是慢变量，但也是最根本的序参量，因此长期而言国家建设主要是“硬实力”和“软实力”的建设，即自身全面发展进步。政权子系统之间“力”的差距拉大是国家系统走向非平衡态的重要表现。“策”意味着政权能否将现有的“势”与“力”最大化地利用起来，扩大非线性作用为实现自己的目标服务。国家系统演化处于临界点时，政权能否把握涨落实现统一相变很大程度上取决于政权的“策”。

本研究运用3S模型对台海两岸实现国家统一的进程进行量化分析。将“势”“力”“策”三方面内容细化为若干可测度的量化指标，运用这些指标测算两岸关系发展有序度的变化。如果有序度增强表示趋于国家统一，反之则为趋于国家分裂。测算的主要思路是利用耗散结构中的熵变与系统有序性发展的判别方法对国家系统的发展演化进行相关判定，从定量的角度分析国家统一发展进程。通过分析国家系统的熵值变化，分析整个国家系统的发展趋势。当外部环境影响产生的负熵的绝对值大于熵增值时，整个系统将实现从无序走向有序，国家由分裂趋向统一。

根据玻尔兹曼的非平衡态系统熵计算方法，对于一个不确定性系统，若用随机变量 X 表示其状态特征，设 x 的取值为 $X\{x_1,x_2,\cdots,x_n\}(n\geqslant 2)$，每一取值对应的概率为 $P\{p_1,p_2,\cdots,p_n\}$（$0\leqslant p_i\leqslant 1$，$i=1,2,\cdots,n$），且有 $\sum p_i=1$，则该系统的系统熵为：

$$S=k\log_2\Omega=-C\sum_{i=1}^{n}(p_i\ln p_i) \tag{1}$$

其中 Ω 为系统状态个数，k 为玻尔兹曼常数，C 为比例常数。

在本书中，国家系统耗散结构通过年份信息熵和指标信息熵两类熵进行判断：运用年份信息熵定量测算系统中历史时间序列中每一年份的有序度数值，从而判断系统的有序演化方向；指标信息熵则综合量化耗散结构测度的多维指标要素，从而得出系统历史时间序列中每一年份的系统综合发展度，通过年份信息熵和指标信息熵的综合分析比较最终比较准确地判断出系统的有序状态和健康发展程度。

（1）年份信息熵

假设将对系统中 m 个年份 n 个指标进行评价，p_{ij}（i为指标，j为年份）为原始数据的归一化值，根据公式（1），取比例常数$C=1/\ln m$，则年份信息熵的计算公式为：

$$s_j=-\frac{1}{\ln m}\sum_{i=1}^{n}\frac{p_{ij}}{p_j}\ln\frac{p_{ij}}{p_j}，其中p_j=\sum_{i=1}^{n}p_{ij}(i=1,2,\cdots,\ n;\ j=1,2,\cdots,\ m)$$

根据本研究提出的“实力”（Strength）、“形势”（Situation）与“策略”（Strategy）三个角度及选取的指标，在计算年份信息熵时分别从三个角度进行计算，公式为：

$$s_{j势}=-\frac{1}{\ln m}\sum_{k=1}^{k_1}\frac{p_{kj}}{p_j}\ln\frac{p_{kj}}{p_j}，其中p_{j势}=\sum_{k=1}^{k_1}p_{kj}(k=1,2,\cdots,\ k_1;\ j=1,2,\cdots,\ m)$$

$$s_{j力}=-\frac{1}{\ln m}\sum_{k=k_1+1}^{k_2}\frac{p_{kj}}{p_j}\ln\frac{p_{kj}}{p_j}，其中$$

$$p_{j力}=\sum_{k=k_1+1}^{k_2}p_{kj}(k=k_1+1,\ k_1+2,\cdots,\ k_2;\ j=1,2,\cdots,\ m)$$

$$s_{j策}=-\frac{1}{\ln m}\sum_{k=k_2+1}^{n}\frac{p_{kj}}{p_j}\ln\frac{p_{kj}}{p_j}，其中$$

$$p_{j策}=\sum_{k=k_2+1}^{n}p_{kj}(k=k_2+1,\ k_2+2,\cdots,\ n;\ j=1,2,\cdots,\ m)$$

（2）指标信息熵

系统历史时间序列中每一年的综合发展度通过指标信息熵确定指标权重，最终算出某一年份的综合发展度，计算如下：

①指标信息熵

$$E_j = -\frac{1}{\ln m}\sum_{j=1}^{m}\frac{p_{ij}}{p_i}\ln\frac{p_{ij}}{p_i}，其中p_i = \sum_{j=1}^{m}p_{ij}(i = 1,2,\cdots，n;\ j = 1,2,\cdots，m)$$

②指标权重$Q_i = \dfrac{1 - E_i}{n - \sum_{i=1}^{n}E_i}$

③年份综合发展度$f_i(p) = \sum_{i=1}^{n}Q_i\dfrac{p_{ij}}{p_i}$

$T = f_i(CM) + f_i(T)$

其中，T 为国家系统综合发展度，$f_i(CM)$ 为中国大陆的年份综合发展度 $f_i(T)$ 为台湾的年份综合发展度。

按照 3S 模型的“势”“力”“策”三个方面分别计算年份信息熵，通过分析系统总熵值的变化趋势和“势”“力”“策”的熵值变化的关系，判断“势”“力”“策”在国家统一进程中发挥的重要程度。根据年份信息熵公式得出国家系统的总熵和各类型熵的熵值的计算结果，根据指标信息熵公式得到系统中各类指标的权重值和两地历年综合发展度。

然后再运用复合系统协调度模型对上述国家系统耗散结构模型的结果进行检验。复合系统协调度模型的理论基础是哈肯（H.Haken）创立的协同学:“最终哪种结构得以实现，将取决于各个集体运动形式（方式）的增长率，这一观点意味着这些不同的运动形式不断相互竞争。”[①]复合系统的协调是指在系统内部的自组织和来自外界的调节管理活动作用下，其各个组成子系统之间的和谐共存，以实现系统的整体效应。协调是指系统之间或系统组成要素之间在发展演化过程中彼此的和谐一致。为实现上述的和谐一致而对系统采取的若干调节控制活动称为对系统施加的协调作用。系统之间或系统组成要素之间在发展演化过程中彼此和谐一致的程度称为协调度。协调作用和协调度决定了系统在达到临界区域时走向何种序与结构，或称决定了系统由无序走向有序的趋势与程度。

协同学将系统的内部变量分为慢变量和快变量，其中慢变量（序参量）是决定系统演化的根本性变量。系统从无序走向有序的关键在于系统内部序变量

① ［德］哈肯:《协同学：大自然构成的奥秘》，凌复华译，上海译文出版社，2013 年，第 208 页。

之间的协调作用，它决定着系统演化的特征和规律。一个未统一国家中的两个政权子系统的序变量关系，决定了国家复合系统协调度的发展路径指向统一还是分裂。

具体模型构建过程如下：

设国家系统的政权子系统为$S_j, j=1,2$。设子系统在发展过程中的序参量为$e_j=(e_{j1},e_{j2},\cdots,e_{jm}), m\geq 1, \beta_{ji}\leq e_{ji}\leq \alpha_{ji}, i\in[1,m]$。假设$e_{j1},e_{j2},\cdots,e_{jl}$的取值越大，系统的有序程度越高，反之则系统的有序程度越低；假设$e_{jl+1},e_{jl+2},\cdots,e_{jm}$的取值越大，系统的有序程度越低，反之则系统有序程度越高。

则子系统的序变量分量有序度的计算公式为：

$$U_j(e_{ji})=\begin{cases}\frac{e_{ji}-\beta_{ji}}{\alpha_{ji}-\beta_{ji}} & i\in[1,l]\\ \frac{\alpha_{ji}-e_{ji}}{\alpha_{ji}-\beta_{ji}} & i\in[l+1,m]\end{cases} \tag{1}$$

其中α_{ji}和β_{ji}分别是第 j 个子系统在第 i 个指标的上限值和下限值。

从总体来看，子系统的有序度可通过下面的公式计算：

$$u_j(e_i)=\sqrt[m]{\prod_{i=1}^{m}u_j(e_{ji})} \quad j=1,2 \tag{2}$$

假设在初始时刻t_0,各子系统有序度为$u_j^0(e_j)$,而当整个复合系统发展演化到时刻t_1,各子系统的有序度为$u_j^1(e_j)$，则复合系统的协调度为：

$$C=\theta\sqrt[2]{\left|\prod_{j=1}^{2}[u_j(e_j)-u_j^0(e_j)]\right|} \tag{3}$$

式中满足以下条件：

$$\theta=\frac{\min[u_j^1(e_j)-u_j^0(e_j)]}{\left|\min[u_j^1(e_j)-u_j^0(e_j)]\right|}$$

第三节　两岸关系

1949 年中华人民共和国成立，国民党统治集团退踞台湾，在外国势力的支持下，与大陆对峙，由此产生了台湾问题。台湾问题的实质是 20 世纪 40 年代中后期中国内战遗留并延续的政治对立。两岸近 70 年来经过隔绝、交流与多种形式的互动，尚未结束政治对立，岛内持分裂主张的政党还两度上台执政，岛内支持“台独”的民意比重较之30年前大幅上升。未来台海两岸最终走向中国国家统一还是分裂为两个国家，在两岸各界存在不同看法。本研究运用国家系统3S模型的分析方法对21世纪以来的两岸子系统之间的关系进行测算，结果显示，中国国家系统的演化方向仍然是趋于实现国家统一。

统计样本数据截取2001年至2016年的公开统计数据，共选取了63个指标：

外部形势（简称“势”，Situation）共设计2大类14个细化指标：

国际影响力	世界占比	经济的世界占比
		贸易的世界占比
		金融的世界占比
		军事的世界占比
		科技的世界占比
		涉外资金投入
		建交国家数量
国际竞争能力	进出口总量	进口贸易总额
		出口贸易
	国际支付能力	外汇储备量
		黄金储备量
		外汇储备总额
	国际投资	外资投资总额
		对外投资总额

内部力量（简称“力”，Strength）共设计9大类43个细化指标：

资源	人力资源	人口数
		预期寿命
		经济活动人口比重
		大学以上毕业人数比重
	土地资源	土地面积
		可耕地面积
		森林面积

续表

经济活动能力	经济活动总量	GDP
		钢铁产量
		粮食总量
		能源生产量
	经济活动均量	人均 GDP
		人均钢铁产量
		人均粮食产量
		人均能源消费量
	经济活动结构	工业化率
		第三产业比重
科技能力	科技投入	科技投入总额
		研究与开发占 GDP 比重
	科技水平	科技成果数专利
		R&D 技术人员
	科技地位	每万人拥有的科技人员数
		高技术密集型产品占出口比重
		互联网用户数
可持续发展水平	协调性	单位能源消耗生产的 GDP
社会发展程度	教育水平	人均教育经费
		高等教育入学率
	文化水平	成人识字率 15 岁以上识字率
		中学以上文化程度人口比重
	社会保健水平	人均保健支出
		每万人拥有的执业医生人数
	生活水平	居民消费水平支出
		人均居住面积
	城市化程度	城市人口比重
政权强制力	军事能力	军事防卫支出
		军费开支占 GDP 比重

续表

政治影响力	政党接受度	成年人口中执政党所占的比例
	政府对经济的调控能力	财政支出占 GDP 比重
		财政收入占 GDP 的比重
社会向心力		台湾民众统“独”立场
文化凝聚力		入境旅游人数
		外国留学生人数
		台湾民众对台湾人 / 中国人认同

政权策略（简称“策”，Strategy）共设计 4 大类 6 个细化指标：

动员能力	执政党党员占民众比重
	中央财政收入占全部财政收入比重
组织能力	执政党的基层组织（党支部）数量
统“独”意志	执政党党章文献及领导人就职演说中出现国家统一的频率
执行能力	议会中执政党的比例
	公权力机构的健全和有效性

两岸系统熵值计算结果如下：

大陆				台湾			
势 - 熵（陆）	力 - 熵（陆）	策 - 熵（陆）	总熵（陆）	势 - 熵（台）	力 - 熵（台）	策 - 熵（台）	总熵（台）
0.6234	0.725	0.2184	1.5668	0.5447	0.7382	0.3242	1.6072
0.6202	0.792	0.2199	1.6321	0.5582	0.8155	0.3301	1.7038
0.6176	0.8189	0.2997	1.7362	0.5848	0.8425	0.3132	1.7405
0.6079	0.8557	0.3071	1.7707	0.5888	0.8602	0.3296	1.7786
0.6116	0.8672	0.314	1.7929	0.6077	0.8768	0.284	1.7686
0.6172	0.8747	0.2685	1.7605	0.6226	0.8804	0.2788	1.7817
0.6125	0.8731	0.3226	1.8082	0.6122	0.8778	0.3052	1.7951
0.6207	0.877	0.2747	1.7725	0.5846	0.8928	0.25	1.7274
0.6337	0.8882	0.2798	1.8017	0.5677	0.8924	0.2639	1.7241
0.634	0.8846	0.2822	1.8009	0.5805	0.8924	0.2836	1.7565
0.6336	0.8844	0.2784	1.7964	0.5774	0.8947	0.28	1.7521

续表

大陆				台湾			
势 - 熵（陆）	力 - 熵（陆）	策 - 熵（陆）	总熵（陆）	势 - 熵（台）	力 - 熵（台）	策 - 熵（台）	总熵（台）
0.6356	0.8858	0.2643	1.7857	0.582	0.8931	0.2771	1.7523
0.6352	0.8867	0.2439	1.7658	0.5614	0.8858	0.2747	1.722
0.6376	0.8901	0.2265	1.7542	0.5667	0.8803	0.2972	1.7443
0.6416	0.8873	0.2128	1.7417	0.5681	0.8834	0.2499	1.7015

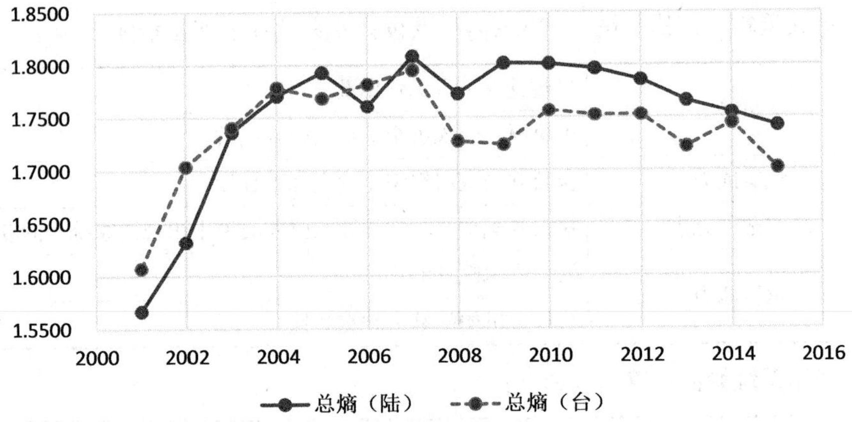

图 6–1　两岸熵值

熵值用来衡量国家系统的演化方向。两岸趋于统一，有序度增加，熵值减小。系统的熵值越大，意味着其有序度越低，反之，系统的有序度越高，其熵值越小。从图 6–1 可以看出，2001—2007 年，大陆、台湾各系统的熵值是增加的；2008—2015 年，熵值均呈现下降趋势，系统总体向着健康、有序方向发展，两岸关系趋于统一。

综合发展度			
时间	大陆	台湾	两岸
2001 年	0.4817	1.5187	2.0004
2002 年	0.5487	1.2207	1.7694
2003 年	1.1121	1.2705	2.3825
2004 年	1.1442	1.3429	2.4872

续表

综合发展度			
时间	大陆	台湾	两岸
2005 年	1.1907	1.3369	2.5276
2006 年	1.2377	1.3269	2.5646
2007 年	1.4220	1.3560	2.7780
2008 年	0.9507	0.9532	1.9039
2009 年	1.0960	0.9797	2.0757
2010 年	1.2199	1.0451	2.2650
2011 年	1.3461	1.1044	2.4504
2012 年	1.4498	1.1071	2.5570
2013 年	1.5727	1.0218	2.5944
2014 年	1.7255	1.0885	2.8140
2015 年	1.9054	1.3198	3.2253

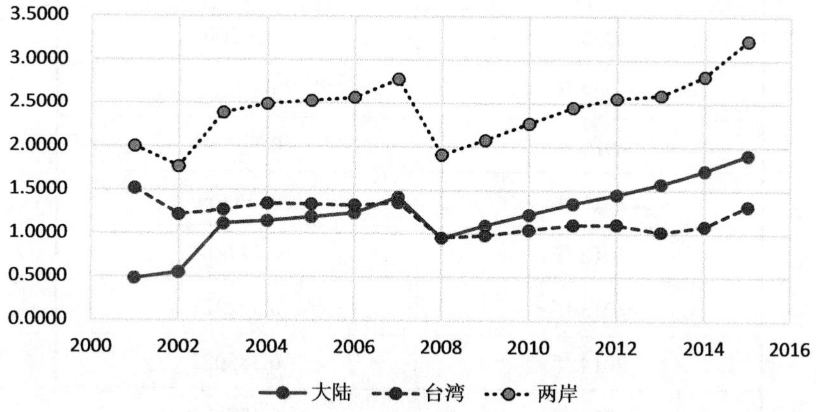

图 6–2　综合发展度

熵和综合发展度从不同角度衡量国家系统运行状态。系统综合发展度可以用来判断出系统的有序状态和健康发展程度，根据指标信息熵计算得出。综合发展度越高意味着系统的综合发展实力越强，系统的有序度越高，国家演化进程越趋于统一。从图 6–2 中可以看出，2001—2015 年大陆、台湾与两岸综合发展度均呈现上升趋势，表明大陆子系统、台湾子系统、中国国家系统综合发展能力由低级向高级发展。但同时期大陆与台湾综合发展能力不同，对中国国家系统的影响与贡献不同：2001—2007 年，台湾子系统综合发展能力高于大陆，但两岸差距迅速缩小；2008—2015 年，大陆子系统综合发展能力超过台湾，且大陆子系统对中国国家系统发展的影响与贡献越来越大。两岸综合发展度是用来衡量中国国家系统的整体发展条件，体现了中国国家系统的有序发展程度，两岸综合发展度越高，中国国家系统越朝有序的方向发展，两岸关系越趋于统一。

年度	两岸复合系统协调度
2002 年	0.048321
2003 年	0.079535
2004 年	0.124794
2005 年	0.168747
2006 年	0.195383
2007 年	0.228502
2008 年	0.242004
2009 年	0.27218
2010 年	0.317741
2011 年	0.35469
2012 年	0.377484
2013 年	0.372323
2014 年	0.385082
2015 年	0.409825

通过对两岸 2001—2015 年中国国家系统的协调度分析，表明两岸之间存在长期协调关系，只在 2013 年两岸复合系统状态协调度上升态势有短暂停滞，但从总体上看，该复合系统具有正协调度，即两岸系统处于向统一发展态势。协调度曲线平滑说明该复合系统的协调状况相当稳定，该分析结果与两岸综合发展度测算结果相吻合，从而说明了本文提出的 3S 模型的可操作性与结论的正确性。

结论：虽然近年来台湾出现“台独”政党岛内执政、“台独”政策纷纷出台、民众"台独"倾向比率增加、台湾民众对国家统一呈现焦虑感和恐惧感等现象，使得一些学者认为两岸关系正在越走越远，甚至提出"两岸和平统一无望"等观点和主张，但依据本研究 3S 模型的测算，近 16 年来两岸关系的发展方向始终在朝有利于两岸统一的有序方向持续发展，两岸关系的协调度一直稳步提升，这与许多人的直觉并不相同。原因在于，台湾岛内政治方面"台独"政党执政、经济方面"台独"政策措施出台、社会方面"台独"倾向民众比率增加、文化方面台湾民众对国家统一焦虑感和恐惧感增强等现象，只是多层次系统中的政权子系统下面的政治、经济、社会、文化等更低级子系统出现的短期现象，而从包含两岸政权子系统的国家系统乃至包含国家系统的国际超系统的层面看，两岸包括软硬实力在内的综合实力差距正在迅速拉大，中国大陆在国际格局中的话语权和影响力正在持续提升，且在全球范围内已经发挥举足轻重的作用，中国大陆所主导的国家统一进程正在越来越多地具备耗散结构的条件，因此国家系统演化走向统一的长期趋势是越来越有利，而不是相反。从历史发展和执政当局的角度看，台海两岸实现国家统一总体进程需要经历"争统一、争统'独'、谈统一"三个主要阶段，当前两岸处于第二阶段。两岸原有的平衡对峙被打破，但大陆暂时还不具备马上统一台湾的充分条件，两岸形成不平衡对峙，台湾在统一大陆无望的情形下转为争取"独立"，"台独"现象在政治、经济、社会、文化等领域频频出现都是两岸关系发展到该阶段的正常现象，并未改变两岸关系趋于实现国家统一的发展方向。

附表

以下 27 个表为本章前文涉及的两岸综合发展度与两岸复合系统协调度的计算结果与计算过程，提供了相关数据资料和详细的运算步骤，其中涵盖了量化分析的主要数据与阶段性计算结构。

表中关于两岸“势”“力”“策”各领域指标的比较，是中国国家系统下面的大陆子系统与台湾子系统的比较，包括二者在国际环境中的比较。两岸同属一个中国，两岸数据的任何比较均是一个国家系统下的次级系统特征比较。

表 1　大陆“势”指标数据（2001—2008 年）

一级指标	二级指标	三级指标	2001 年	2002 年	2003 年	2004 年	2005 年	2006 年	2007 年	2008 年
国际影响力	世界占比	经济	0.0339	0.0532	0.0549	0.0717	0.1011	0.1465	0.2129	0.3061
		贸易	0.0447	0.1165	0.1980	0.2669	0.3183	0.3697	0.4289	0.4502
		金融	0.1065	0.1131	0.0820	0.0508	0.0338	0.1302	0.5106	0.3689
		军事	0.0297	0.0749	0.0587	0.0713	0.0931	0.1673	0.2180	0.2452
		科技	0.0343	0.0602	0.0902	0.1133	0.1453	0.1904	0.2384	0.3040
	对外交往能力	涉外资金投入	0.0314	0.0388	0.0462	0.0907	0.1259	0.1666	0.2292	0.3218
		建交国家数量	0.0591	0.1727	0.1727	0.2864	0.2864	0.5136	0.8545	0.8545
国际竞争力	对外贸易	进口	0.0458	0.0731	0.1354	0.2141	0.2664	0.3361	0.4233	0.5168
		出口	0.0454	0.0715	0.1208	0.1887	0.2626	0.3532	0.4631	0.5554
	国际支付能力	外汇储备	0.0441	0.0627	0.0919	0.1437	0.1960	0.2580	0.3736	0.4782
		黄金储备	0.0253	0.0968	0.0968	0.0968	0.0968	0.0968	0.0968	0.0968
		国际储备	0.0443	0.0635	0.0927	0.1438	0.1953	0.2569	0.3719	0.4756
	国际投资	外国投资	0.0459	0.1093	0.1228	0.2169	0.2143	0.2526	0.3862	0.5869
		对外投资	0.0321	0.0345	0.0354	0.0522	0.0951	0.1516	0.1855	0.3719

注 1：表中数据为原始数据的归一化值。归一化把原始数据映射到 0~1，可以消除量纲对最终结果的影响，本书采用的计算方法为线性函数转换法。

注 2：经济的世界占比指大陆 GDP 占全球 GDP 总量的比例；贸易的世界占比指大陆进出口总额占全球进出口总额的比例；金融的世界占比指大陆上市公司的市场资本总额的世界占比；军事的世界占比指大陆军费支出占全球军费支出的比例；科技的世界占比指专利和 SCI 论文的世界占比的综合值；涉外资金投入指中央和地方财政主要支出项目中的外交外事支出；外国投资指外来直接投资；对外投资指对外直接投资。

注 3：此表用于计算大陆“势”指标的年份信息熵。

表 2　大陆“势”指标数据（2009—2015 年）

一级指标	二级指标	三级指标	2009 年	2010 年	2011 年	2012 年	2013 年	2014 年	2015 年
国际影响力	世界占比	经济	0.4112	0.4742	0.5658	0.6590	0.7472	0.8161	0.9430
		贸易	0.5531	0.6472	0.6637	0.7267	0.7917	0.8417	0.9538
		金融	0.5543	0.5410	0.5306	0.4980	0.4475	0.6641	0.9429
		军事	0.3484	0.3647	0.4172	0.5114	0.6182	0.7396	0.9388
		科技	0.3611	0.4359	0.5495	0.6342	0.7433	0.8115	0.9434
	对外交往能力	涉外资金投入	0.3521	0.3963	0.5150	0.5875	0.6666	0.6744	0.9405
		建交国家数量	0.8545	0.8545	0.9682	0.9682	0.9682	0.9682	0.9682
国际竞争力	对外贸易	进口	0.4497	0.6565	0.8405	0.8802	0.9499	0.9548	0.8067
		出口	0.4551	0.6198	0.7602	0.8260	0.8962	0.9545	0.9244
	国际支付能力	外汇储备	0.5917	0.7039	0.7875	0.8201	0.9478	0.9532	0.8248
		黄金储备	0.4241	0.4241	0.4241	0.4241	0.4241	0.4241	0.9344
		国际储备	0.5959	0.7097	0.7939	0.8267	0.9485	0.9534	0.8311
	国际投资	外国投资	0.5460	0.7479	0.8533	0.8010	0.8655	0.8771	0.9550
		对外投资	0.3759	0.4537	0.4908	0.5742	0.7013	0.7982	0.9412

注：表中数据为原始数据的归一化值，用于计算大陆“势”指标的年份信息熵。

表 3　大陆“势”指标年份信息熵（2001—2015 年）

年份	2001 年	2002 年	2003 年	2004 年	2005 年	2006 年	2007 年	2008 年
年份信息熵	0.6234	0.6202	0.6176	0.6079	0.6116	0.6172	0.6125	0.6207
年份	2009 年	2010 年	2011 年	2012 年	2013 年	2014 年	2015 年	-
年份信息熵	0.6337	0.6340	0.6336	0.6356	0.6352	0.6376	0.6416	-

注 1：此表由表 1 与表 2 中数据计算而来，具体计算方法见第六章第二节。

注 2：信息熵表示系统的无序程度，进而可以推断系统的有序度。系统的信息熵越大，其无序度越大、有序度越小；反之，系统有序度越大，其信息熵值越小。

注 3：年份信息熵指系统历史时间序列中每一年份的信息熵值，作用是反映系统的有序度。

表 4　台湾“势”指标数据（2001—2008 年）

一级指标	二级指标	三级指标	2001 年	2002 年	2003 年	2004 年	2005 年	2006 年	2007 年	2008 年
国际影响力	世界占比	经济	0.9382	0.8517	0.5053	0.3322	0.4620	0.5053	0.2889	0.0724
		贸易	0.9050	0.9505	0.7914	0.9505	0.7232	0.6095	0.3823	0.0868
		金融	0.2295	0.3730	0.4687	0.2295	0.2534	0.2774	0.0381	0.0860
		军事	0.9334	0.6887	0.4964	0.4614	0.3565	0.2167	0.1992	0.1642
		科技	0.9574	0.8643	0.8752	0.0483	0.7931	0.5467	0.5302	0.3714
	对外交往能力	涉外资金投入	0.3396	0.2224	0.3338	0.6098	0.6254	0.5915	0.7546	0.9518
		“建交”国家数量	0.9414	0.7899	0.7899	0.6384	0.4869	0.3354	0.3354	0.1838

续表

一级指标	二级指标	三级指标	2001年	2002年	2003年	2004年	2005年	2006年	2007年	2008年
国际竞争力	对外贸易	进口	0.0522	0.0804	0.1575	0.3679	0.4386	0.5456	0.6305	0.7393
		出口	0.0517	0.0948	0.1679	0.3197	0.3954	0.5182	0.6258	0.6693
	国际支付能力	外汇储备	0.0551	0.1733	0.3076	0.4127	0.4474	0.4857	0.4983	0.5623
		黄金储备	0.2438	0.2438	0.0620	0.9711	0.6681	0.9711	0.6681	0.6681
		国际储备	0.0556	0.1723	0.3051	0.4073	0.4438	0.4710	0.5056	0.5689
	国际投资	外国投资	0.1613	0.0217	0.0445	0.0729	0.0936	0.8261	0.9308	0.3951
		对外投资	0.2400	0.1281	0.1937	0.1294	0.0270	0.2317	0.4677	0.2482

注：表中数据为原始数据的归一化值。

表5　台湾“势”指标数据（2009—2015年）

一级指标	二级指标	三级指标	2009年	2010年	2011年	2012年	2013年	2014年	2015年
国际影响力	世界占比	经济	0.0291	0.1590	0.0724	0.0724	0.1157	0.1157	0.2889
		贸易	0.0414	0.5414	0.2914	0.1550	0.0868	0.1550	0.1550
		金融	0.9472	0.8754	0.6362	0.5166	0.4448	0.5644	0.3491
		军事	0.1642	0.0593	0.0244	0.0768	0.0244	0.0244	0.1293
		科技	0.4262	0.4371	0.4426	0.2126	0.5357	0.4755	0.4536
	对外交往能力	涉外资金投入	0.5151	0.5129	0.5707	0.4807	0.3193	0.1794	0.0427
		“建交”国家数量	0.1838	0.1838	0.1838	0.1838	0.0323	0.0323	0.0323

续表

一级指标	二级指标	三级指标	2009年	2010年	2011年	2012年	2013年	2014年	2015年
国际竞争力	对外贸易	进口	0.3987	0.7994	0.9613	0.9066	0.9101	0.9297	0.7024
		出口	0.4231	0.7631	0.9271	0.8965	0.9201	0.9608	0.7975
	国际支付能力	外汇储备	0.7314	0.8325	0.8430	0.8960	0.9366	0.9432	0.9642
		黄金储备	0.8802	0.8802	0.8802	0.4560	0.8802	0.8802	0.8802
		国际储备	0.7408	0.8510	0.8660	0.9221	0.9437	0.9500	0.9647
	国际投资	外国投资	0.1365	0.0623	0.1483	0.1937	0.1466	0.2096	0.1364
		对外投资	0.0882	0.0682	0.1639	0.6462	0.3321	0.5580	0.9361

注：表中数据为原始数据的归一化值。

表6　台湾“势”指标年份信息熵（2001—2015年）

年份	2001年	2002年	2003年	2004年	2005年	2006年	2007年	2008年
年份信息熵	0.5447	0.5582	0.5848	0.5888	0.6077	0.6226	0.6122	0.5846
年份	2009年	2010年	2011年	2012年	2013年	2014年	2015年	-
年份信息熵	0.5677	0.5805	0.5774	0.5820	0.5614	0.5667	0.5681	-

注：此表由表4与表5中数据计算而来，具体计算方法见第六章第二节。

表7 大陆"力"指标数据（2001—2008年）

一级指标	二级指标	三级指标	2001年	2002年	2003年	2004年	2005年	2006年	2007年	2008年
资源	人力资源	人口数	0.0468	0.1232	0.1947	0.2651	0.3361	0.4000	0.4630	0.5252
		预期寿命	0.0527	0.1574	0.2572	0.3495	0.4323	0.5050	0.5691	0.6270
		经济活动人口比重	0.0379	0.1996	0.1626	0.0861	0.5574	0.3044	0.0873	0.2381
		大学以上毕业人数比重	0.0389	0.1180	0.1940	0.2249	0.1925	0.2689	0.3017	0.3165
	土地资源	土地面积	0.9273	0.6242	0.6242	0.3212	0.3212	0.0182	0.0182	0.0182
		可耕地面积	0.5888	0.3075	0.1339	0.0690	0.0442	0.0232	0.0208	0.0194
		森林面积	0.0559	0.0559	0.3537	0.3554	0.7368	0.3537	0.7368	0.7368
经济活动能力	经济活动总量	GDP	0.0363	0.0485	0.0663	0.0938	0.1248	0.1684	0.2431	0.3410
		钢铁产量	0.0492	0.0916	0.1459	0.2245	0.3264	0.4147	0.5076	0.5382
		粮食总量	0.1500	0.1711	0.0454	0.2302	0.2996	0.3664	0.3834	0.5126
		能源生产量	0.9572	0.9447	0.9132	0.8689	0.7547	0.6487	0.6134	0.5595
	经济活动均量	人均GDP	0.0367	0.0491	0.0673	0.0958	0.1275	0.1723	0.2495	0.3502
		人均钢铁产量	0.0497	0.0939	0.1505	0.2322	0.3376	0.4278	0.5219	0.5503
		人均粮食产量	0.2113	0.2201	0.0477	0.2611	0.3300	0.3967	0.4024	0.5439
		人均能源消费量	0.0462	0.0755	0.1599	0.2624	0.3383	0.4143	0.4866	0.5200
	经济活动结构	工业化率	0.6779	0.6417	0.7638	0.8058	0.9209	0.9698	0.8871	0.8747
		第三产业比重	0.6571	0.5025	0.0387	0.1500	0.3664	0.4654	0.5520	0.4839
科技能力	科技投入	科技投入总额	0.0334	0.0459	0.0588	0.0806	0.1066	0.1395	0.1864	0.2612
		研究与开发占GDP比重	0.0480	0.1438	0.1947	0.2717	0.3474	0.3968	0.4004	0.4588

续表

一级指标	二级指标	三级指标	2001年	2002年	2003年	2004年	2005年	2006年	2007年	2008年
科技能力	科技水平	科技成果数	0.0306	0.0409	0.0691	0.0737	0.0871	0.1177	0.1652	0.1993
		R&D技术人员	0.0399	0.0654	0.0847	0.1035	0.1723	0.2170	0.2928	0.3672
	科技地位	每万人拥有的科技人员数	0.0444	0.0633	0.0785	0.1402	0.2397	0.3432	0.4777	0.6088
		高技术密集型产品占出口比重	0.0664	0.2884	0.5704	0.7473	0.7974	0.8237	0.7885	0.8240
		互联网用户数	0.0406	0.0759	0.1043	0.1244	0.1480	0.1841	0.2855	0.4077
可持续发展水平	协调性	单位能源消耗生产的GDP	0.9445	0.9445	0.6524	0.3236	0.1522	0.1629	0.1964	0.0354
社会发展程度	教育水平	人均教育经费	0.0364	0.0556	0.0720	0.0953	0.1236	0.1615	0.2299	0.3211
		高等教育入学率	0.3952	0.5877	0.5836	0.5468	0.2929	0.2437	0.0472	0.1455
	文化水平	成人识字率	0.0500	0.1104	0.1925	0.2686	0.1816	0.3905	0.5004	0.5764
		中学以上文化程度人口比重	0.0543	0.2486	0.3631	0.4634	0.2882	0.4486	0.5542	0.6157
	社会保健水平	人均保健支出	0.0319	0.0464	0.0614	0.0804	0.1020	0.1297	0.1744	0.2639
		每万人拥有的执业医生人数	0.2267	0.0364	0.0996	0.1398	0.1712	0.2183	0.2473	0.3148

续表

一级指标	二级指标	三级指标	2001年	2002年	2003年	2004年	2005年	2006年	2007年	2008年
社会发展程度	生活水平	居民消费水平支出	0.0338	0.0469	0.0597	0.0819	0.1108	0.1454	0.2114	0.3004
		人均居住面积	0.0788	0.0515	0.1205	0.2023	0.3583	0.4372	0.5566	0.6173
	城市化程度	城市人口比重	0.0464	0.1169	0.1879	0.2485	0.3091	0.3757	0.4521	0.5063
国家强制力	军事能力	防务支出	0.0355	0.0582	0.0753	0.1003	0.1260	0.1766	0.2430	0.3379
		军费开支占 GDP 比重	0.6634	0.9434	0.7453	0.6131	0.4201	0.4614	0.2201	0.1411
政治影响力	政党接受度	成年人口中执政党所占的比例	0.0406	0.0406	0.0696	0.0986	0.1469	0.2243	0.3210	0.4081
	政府对经济的调控能力	财政支出占 GDP 比重	0.0368	0.1513	0.1319	0.0959	0.1508	0.1838	0.1839	0.3092
		财政收入占 GDP 的比重	0.0511	0.1443	0.1780	0.2412	0.3139	0.4093	0.5743	0.5995
社会向心力		台湾民众统“独”立场	0.9349	0.7629	0.3943	0.2633	0.4271	0.4271	0.2469	0.1077
文化凝聚力		入境旅游人数	0.0626	0.2368	0.1144	0.4548	0.6752	0.7663	0.9021	0.8660
		外国留学生人数	0.0431	0.1079	0.0860	0.1757	0.2576	0.3161	0.4049	0.4807
		台湾民众台湾人/中国人认同趋势	0.9371	0.7627	0.6506	0.3891	0.5137	0.4016	0.2895	0.1152

注：表中数据为原始数据的归一化值。

表 8　大陆"力"指标数据（2009—2015 年）

一级指标	二级指标	三级指标	2009 年	2010 年	2011 年	2012 年	2013 年	2014 年	2015 年
资源	人力资源	人口数	0.5851	0.6443	0.7039	0.7657	0.8275	0.8931	0.9559
		预期寿命	0.6795	0.7282	0.7747	0.8202	0.8661	0.9131	0.9618
		经济活动人口比重	0.3436	0.9470	0.7267	0.6379	0.6577	0.6299	0.6355
		大学以上毕业人数比重	0.3715	0.5886	0.6344	0.6851	0.7553	0.7752	0.9480
	土地资源	土地面积	0.0182	0.0182	0.0182	0.0182	0.0182	0.0182	0.0182
		可耕地面积	0.0194	0.0194	0.0192	0.0194	0.0192	0.9282	0.9282
		森林面积	0.7368	0.7368	0.7368	0.7368	0.9650	0.9650	0.9650
经济活动能力	经济活动总量	GDP	0.3888	0.4814	0.6191	0.7114	0.8233	0.8911	0.9453
		钢铁产量	0.6258	0.7093	0.7948	0.8341	0.9572	0.9582	0.9326
		粮食总量	0.5226	0.5973	0.7151	0.8027	0.8616	0.8858	0.9545
		能源生产量	0.4805	0.4165	0.3231	0.2099	0.1202	0.0842	0.0481
	经济活动均量	人均 GDP	0.3977	0.4913	0.6304	0.7217	0.8319	0.8961	0.9458
		人均钢铁产量	0.6376	0.7198	0.8033	0.8387	0.9588	0.9539	0.9226
		人均粮食产量	0.5412	0.6160	0.7415	0.8293	0.8825	0.8934	0.9568
		人均能源消费量	0.5682	0.6267	0.7011	0.7424	0.7817	0.9489	0.9553
	经济活动结构	工业化率	0.6780	0.7275	0.7160	0.5720	0.4178	0.2954	0.0607
		第三产业比重	0.3293	0.0387	0.3355	0.4035	0.5458	0.5643	0.9478
科技能力	科技投入	科技投入总额	0.3394	0.4215	0.5489	0.6703	0.8017	0.8764	0.9425
		研究与开发占 GDP 比重	0.6359	0.6750	0.7282	0.8344	0.9032	0.9284	0.9571
	科技水平	科技成果数	0.2957	0.4277	0.5102	0.6772	0.7100	0.7042	0.9397
		R&D 技术人员	0.4729	0.5581	0.6649	0.7829	0.8757	0.9333	0.9490

续表

一级指标	二级指标	三级指标	2009年	2010年	2011年	2012年	2013年	2014年	2015年
科技能力	科技地位	每万人拥有的科技人员数	0.5714	0.6272	0.6969	0.7634	0.8272	0.8908	0.9535
		高技术密集型产品占出口比重	0.9755	0.9650	0.8148	0.8432	0.8790	0.7684	0.8092
		互联网用户数	0.5272	0.6290	0.7065	0.7772	0.8516	0.8949	0.9497
可持续发展水平	协调性	单位能源消耗生产的GDP	0.1906	0.2922	0.0804	0.2290	0.3360	0.5858	0.7136
社会发展程度	教育水平	人均教育经费	0.3809	0.4675	0.6152	0.7684	0.8314	0.9070	0.9455
		高等教育入学率	0.3461	0.5795	0.7106	0.7310	0.7556	0.8621	0.9563
	文化水平	成人识字率	0.6573	0.7889	0.8855	0.9157	0.9591	0.9205	0.8601
		中学以上文化程度人口比重	0.6821	0.5911	0.8773	0.9209	0.9634	0.9491	0.9329
	社会保健水平	人均保健支出	0.3374	0.3958	0.5215	0.6255	0.7363	0.8180	0.9410
		每万人拥有的执业医生人数	0.4190	0.4766	0.5139	0.6203	0.7533	0.8281	0.9455
	生活水平	居民消费水平支出	0.3485	0.4245	0.5697	0.6716	0.7702	0.8669	0.9429
		人均居住面积	0.7068	0.7421	0.8933	0.9407	0.9070	0.9215	0.9606
	城市化程度	城市人口比重	0.5729	0.6523	0.7173	0.7814	0.8386	0.8899	0.9555

续表

一级指标	二级指标	三级指标	2009年	2010年	2011年	2012年	2013年	2014年	2015年
国家强制力	军事能力	防务支出	0.4250	0.4696	0.5725	0.6623	0.7588	0.8670	0.9446
		军费开支占GDP比重	0.6579	0.2322	0.0343	0.0469	0.0739	0.1981	0.2077
政治影响力	政党接受度	成年人口中执政党所占的比例	0.5144	0.5241	0.6692	0.8433	0.9400	0.9013	0.9496
	政府对经济的调控能力	财政支出占GDP比重	0.5524	0.5420	0.6029	0.7081	0.7346	0.7362	0.9459
		财政收入占GDP的比重	0.6534	0.7145	0.8522	0.9106	0.9116	0.9228	0.9602
社会向心力		台湾民众统“独”立场	0.0749	0.1077	0.1159	0.1241	0.1814	0.0258	0.0585
文化凝聚力		入境旅游人数	0.7965	0.9391	0.9716	0.9125	0.8473	0.8360	0.9402
		外国留学生人数	0.5205	0.5933	0.6678	0.7645	0.8408	0.8964	0.9522
		台湾民众台湾人/中国人认同趋势	0.1401	0.0778	0.1027	0.0653	0.0902	0.0529	0.0280

注：表中数据为原始数据的归一化值。

表9　大陆“力”指标年份信息熵（2001—2015年）

年份	2001年	2002年	2003年	2004年	2005年	2006年	2007年	2008年
年份信息熵	0.7250	0.7920	0.8189	0.8557	0.8672	0.8747	0.8731	0.8770
年份	2009年	2010年	2011年	2012年	2013年	2014年	2015年	-
年份信息熵	0.8882	0.8846	0.8844	0.8858	0.8867	0.8901	0.8873	-

注：此表由表7与表8中数据计算而来，具体计算方法见第六章第二节。

表 10　台湾“力”指标数据（2001—2008 年）

一级指标	二级指标	三级指标	2001年	2002年	2003年	2004年	2005年	2006年	2007年	2008年
资源	人力资源	人口数	0.0496	0.1459	0.2162	0.2865	0.3543	0.4439	0.5117	0.5779
		预期寿命	0.0469	0.1628	0.2050	0.2393	0.2235	0.3499	0.4764	0.5265
		经济活动人口比重	0.1279	0.0448	0.1034	0.2404	0.2817	0.3304	0.4323	0.5813
		大学以上毕业人数比重	0.0491	0.1217	0.2529	0.3087	0.3645	0.4250	0.4921	0.5529
	土地资源	土地面积	0.0255	0.0255	0.0255	0.0255	0.0255	0.0255	0.1741	0.1741
		可耕地面积	0.9525	0.9279	0.8715	0.7216	0.6810	0.6173	0.5549	0.4924
		森林面积	0.0061	0.0061	0.0061	0.0061	0.0061	0.0061	0.0061	0.0061
经济活动能力	经济活动总量	GDP	0.0459	0.0687	0.0990	0.1958	0.2910	0.4155	0.4905	0.5237
		钢铁产量	0.2295	0.3501	0.4250	0.5204	0.4386	0.5703	0.6826	0.5556
		粮食总量	0.7907	0.9546	0.6343	0.1905	0.2599	0.4478	0.0455	0.2393
		能源生产量	0.0625	0.1870	0.3745	0.6933	0.7228	0.7127	0.8943	0.7751
	经济活动均量	人均GDP	0.0458	0.0709	0.1108	0.2226	0.3161	0.4054	0.4824	0.5134
		人均钢铁产量	0.3123	0.4297	0.5007	0.5930	0.4971	0.6243	0.7332	0.5907
		人均粮食产量	0.8133	0.9508	0.6364	0.2086	0.2634	0.4249	0.0417	0.2116
		人均能源消费量	0.0622	0.2534	0.4999	0.8087	0.9713	0.5476	0.9067	0.6418
	经济活动结构	工业化率	0.0415	0.1587	0.1599	0.1636	0.1007	0.1982	0.3758	0.3672
		第三产业比重	0.8571	0.7865	0.8379	0.8905	0.9547	0.6722	0.5246	0.5451

续表

一级指标	二级指标	三级指标	2001年	2002年	2003年	2004年	2005年	2006年	2007年	2008年
科技能力	科技投入	科技投入总额	0.0427	0.0783	0.1258	0.1942	0.2659	0.3247	0.3802	0.4691
		研究与开发占GDP比重	0.0524	0.1433	0.2615	0.3252	0.3888	0.5070	0.5433	0.5979
	科技水平	科技成果数	0.5162	0.3584	0.5026	0.0457	0.5977	0.4355	0.4350	0.3101
		R&D技术人员	0.0541	0.2115	0.2671	0.3361	0.3920	0.4728	0.5500	0.6158
	科技地位	每万人拥有的科技人员数	0.0557	0.2138	0.2731	0.3522	0.4115	0.4905	0.5696	0.6486
		高技术密集型产品占出口比重	0.0485	0.2608	0.3797	0.4887	0.3811	0.7262	0.6044	0.2895
		互联网用户数	0.0603	0.2350	0.4102	0.5721	0.6479	0.6969	0.6850	0.7103
可持续发展水平	协调性	单位能源消耗生产的GDP	0.1299	0.0815	0.0520	0.1094	0.3996	0.5425	0.5987	0.6811
社会发展程度	教育水平	人均教育经费	0.0478	0.0694	0.1210	0.2399	0.3836	0.4051	0.4033	0.5424
		高等教育入学率	0.0669	0.2667	0.3151	0.5016	0.6206	0.7523	0.8737	0.9584
	文化水平	成人识字率	0.0602	0.3803	0.4450	0.5029	0.5539	0.6050	0.6561	0.7003
		中学以上文化程度人口比重	0.0516	0.1135	0.2907	0.3479	0.4129	0.4720	0.5314	0.5915

续表

一级指标	二级指标	三级指标	2001年	2002年	2003年	2004年	2005年	2006年	2007年	2008年
社会发展程度	社会保健水平	人均保健支出	0.0494	0.0857	0.1524	0.2704	0.3960	0.4401	0.4798	0.5762
		每万人拥有的执业医生人数	0.0441	0.1048	0.1655	0.2429	0.2839	0.3340	0.3947	0.4873
	生活水平	居民消费水平支出	0.0629	0.0452	0.0570	0.1720	0.4352	0.4478	0.4061	0.5044
		人均居住面积	0.0462	0.1473	0.1809	0.2819	0.3156	0.4166	0.4840	0.5176
	城市化程度	城市人口比重	0.1222	0.1781	0.0452	0.1082	0.3285	0.2166	0.5767	0.5383
“国家”强制力	军事能力	防务支出	0.2431	0.0465	0.1432	0.3026	0.3324	0.2163	0.3560	0.4839
		军费开支占GDP比重	0.9366	0.6623	0.5458	0.4223	0.2761	0.0701	0.1088	0.2965
政治影响力	政党接受度	成年人口中执政党所占的比例	0.4892	0.5005	0.8802	0.9540	0.9310	0.9616	0.8012	0.7324
	政府对经济的调控能力	财政支出占GDP比重	0.9382	0.5854	0.5098	0.4851	0.3989	0.2087	0.1014	0.2290
		财政收入占GDP的比重	0.9379	0.5164	0.5123	0.5076	0.5608	0.2326	0.1036	0.1822
社会向心力		台湾民众统“独”立场	0.0600	0.4256	0.6692	0.5661	0.6317	0.5474	0.7442	0.8942

续表

一级指标	二级指标	三级指标	2001年	2002年	2003年	2004年	2005年	2006年	2007年	2008年
文化凝聚力		入境旅游人数	0.0728	0.0849	0.0318	0.1097	0.1572	0.1730	0.1947	0.2091
		外国留学生人数	0.0349	0.0361	0.0403	0.0425	0.0556	0.0724	0.3083	0.3686
		台湾民众台湾人/中国人认同趋势	0.0561	0.0374	0.0983	0.1264	0.2155	0.1780	0.1545	0.3748

注：表中数据为原始数据的归一化值。

表 11　台湾“力”指标数据（2009—2015 年）

一级指标	二级指标	三级指标	2009年	2010年	2011年	2012年	2013年	2014年	2015年
资源	人力资源	人口数	0.6473	0.6825	0.7352	0.8114	0.8600	0.9102	0.9587
		预期寿命	0.6424	0.6872	0.6793	0.7742	0.9086	0.8611	0.9560
		经济活动人口比重	0.5510	0.5756	0.6971	0.7545	0.8046	0.9080	0.9539
		大学以上毕业人数比重	0.6096	0.6735	0.7331	0.7964	0.8591	0.9114	0.9582
	土地资源	土地面积	0.3715	0.3715	0.5078	0.5078	0.5078	0.5078	0.9346
		可耕地面积	0.3720	0.3313	0.2470	0.1525	0.0994	0.0956	0.0434
		森林面积	0.0061	0.0061	0.0061	0.0061	0.0061	0.0061	0.9152
经济活动能力	经济活动总量	GDP	0.4287	0.6348	0.7857	0.8245	0.8847	0.9550	0.9282
		钢铁产量	0.0495	0.5398	0.5924	0.6529	0.8542	0.9586	0.7435
		粮食总量	0.4894	0.2265	0.6715	0.7417	0.5130	0.8079	0.4968
		能源生产量	0.7066	0.8542	0.7531	0.8131	0.8693	0.9715	0.9154
	经济活动均量	人均 GDP	0.4017	0.6255	0.7879	0.8240	0.8834	0.9549	0.9203
		人均钢铁产量	0.0528	0.5602	0.6080	0.6604	0.8617	0.9619	0.7335
		人均粮食产量	0.4317	0.1849	0.5849	0.6366	0.4205	0.6805	0.3908
		人均能源消费量	0.4444	0.9104	0.7794	0.7197	0.8951	0.9310	0.8882

续表

一级指标	二级指标	三级指标	2009年	2010年	2011年	2012年	2013年	2014年	2015年
经济活动能力	经济活动结构	工业化率	0.3376	0.6743	0.7730	0.8310	0.8125	0.9506	0.9074
		第三产业比重	0.5965	0.2600	0.1817	0.1329	0.1509	0.0456	0.0893
科技能力	科技投入	科技投入总额	0.4660	0.5814	0.7112	0.7593	0.8207	0.8665	0.9517
		研究与开发占GDP比重	0.7433	0.7070	0.7979	0.8433	0.8888	0.8888	0.9615
	科技水平	科技成果数	0.3351	0.3752	0.4535	0.4535	0.8476	0.9217	0.9548
		R&D技术人员	0.7026	0.7847	0.8560	0.8974	0.9015	0.9155	0.9632
	科技地位	每万人拥有的科技人员数	0.7277	0.8067	0.8858	0.9253	0.9253	0.9451	0.9648
		高技术密集型产品占出口比重	0.6930	0.9425	0.6360	0.3691	0.5012	0.7317	0.9576
		互联网用户数	0.7316	0.7632	0.8209	0.8667	0.9022	0.8754	0.9694
可持续发展水平	协调性	单位能源消耗生产的GDP	0.6275	0.7363	0.8763	0.9153	0.9210	0.9611	0.9525

续表

一级指标	二级指标	三级指标	2009年	2010年	2011年	2012年	2013年	2014年	2015年
社会发展程度	教育水平	人均教育经费	0.5687	0.6246	0.8472	0.9305	0.9569	0.9330	0.8152
		高等教育入学率	0.9692	0.9535	0.9256	0.9295	0.9662	0.9760	0.9667
	文化水平	成人识字率	0.7446	0.7889	0.8297	0.8638	0.9012	0.9353	0.9693
		中学以上文化程度人口比重	0.6511	0.7150	0.7733	0.8257	0.8688	0.9131	0.9607
	社会保健水平	人均保健支出	0.5668	0.6639	0.8408	0.8475	0.9585	0.9354	0.8867
		每万人拥有的执业医生人数	0.5373	0.6026	0.6815	0.7422	0.8166	0.8849	0.9532
	生活水平	居民消费水平支出	0.3732	0.5550	0.8101	0.8622	0.9121	0.9543	0.8641
		人均居住面积	0.6186	0.6523	0.6860	0.7196	0.7196	0.8880	0.9553
	城市化程度	城市人口比重	0.7410	0.5313	0.9543	0.9194	0.8599	0.6676	0.6781
“国家”强制力	军事能力	防务支出	0.6516	0.6659	0.8442	0.9556	0.8508	0.7940	0.7822
		军费开支占GDP比重	0.5215	0.1585	0.1844	0.2577	0.0406	0.0275	0.0315
政治影响力	政党接受度	成年人口中执政党所占的比例	0.7171	0.5796	0.4421	0.3123	0.1900	0.1213	0.0525
	政府对经济的调控能力	财政支出占GDP比重	0.4096	0.2161	0.2129	0.2686	0.1477	0.0577	0.0291
		财政收入占GDP的比重	0.3537	0.2203	0.1706	0.2368	0.1518	0.0288	0.0335
社会向心力		台湾民众统“独”立场	0.6786	0.8192	0.6224	0.5943	0.8754	0.9691	0.8098

续表

一级指标	二级指标	三级指标	2009年	2010年	2011年	2012年	2013年	2014年	2015年
文化凝聚力		入境旅游人数	0.2701	0.4001	0.4580	0.5938	0.6719	0.8821	0.9409
		外国留学生人数	0.4595	0.5221	0.5980	0.6882	0.7512	0.8397	0.9440
		台湾民众台湾人/中国人认同趋势	0.5247	0.5763	0.5529	0.6513	0.7825	0.9465	0.8949

注：表中数据为原始数据的归一化值。

表12　台湾“力”指标年份信息熵（2001—2015年）

年份	2001年	2002年	2003年	2004年	2005年	2006年	2007年	2008年
年份信息熵	0.7382	0.8155	0.8425	0.8602	0.8768	0.8804	0.8778	0.8928
年份	2009年	2010年	2011年	2012年	2013年	2014年	2015年	-
年份信息熵	0.8924	0.8924	0.8947	0.8931	0.8858	0.8803	0.8834	-

注：此表由表10与表11中数据计算而来，具体计算方法见第六章第二节。

表13　大陆“策”指标数据（2001—2008年）

一级指标	二级指标	2001年	2002年	2003年	2004年	2005年	2006年	2007年	2008年
动员能力	执政党党员占全民比重	0.0440	0.0854	0.1332	0.1851	0.2271	0.2915	0.3647	0.4381
	中央财政收入占全部财政收入比重	0.7166	0.9641	0.9338	0.9629	0.7078	0.7549	0.8789	0.8037
执行能力	全国人大中执政党的比例	0.0303	0.0303	0.9394	0.9394	0.9394	0.9394	0.9394	0.0303
	公权力机构的健全和有效性	0.5162	0.9669	0.6949	0.7416	0.7571	0.0578	0.5784	0.7416

注：表中数据为原始数据的归一化值。

表 14　大陆“策”指标数据（2009—2015 年）

一级指标	二级指标	2009 年	2010 年	2011 年	2012 年	2013 年	2014 年	2015 年
动员能力	执政党党员占全民比重	0.5265	0.6252	0.7258	0.8346	0.8929	0.9263	0.9531
	中央财政收入占全部财政收入比重	0.7203	0.5965	0.4318	0.2873	0.1629	0.0987	0.0550
执行能力	全国人大中执政党的比例	0.0303	0.0303	0.0303	0.0303	0.0303	0.0303	0.0303
	公权力机构的健全和有效性	0.7260	0.6872	0.6095	0.6250	0.6095	0.5551	0.6716

注：表中数据为原始数据的归一化值。

表 15　大陆“策”指标年份信息熵（2001—2015 年）

年份	2001 年	2002 年	2003 年	2004 年	2005 年	2006 年	2007 年	2008 年
年份信息熵	0.2184	0.2199	0.2997	0.3071	0.3140	0.2685	0.3226	0.2747
年份	2009 年	2010 年	2011 年	2012 年	2013 年	2014 年	2015 年	-
年份信息熵	0.2798	0.2822	0.2784	0.2643	0.2439	0.2265	0.2128	-

注：此表由表 13 与表 14 中数据计算而来，具体计算方法见第六章第二节。

表 16　台湾“策”指标数据（2001—2008 年）

一级指标	二级指标	2001 年	2002 年	2003 年	2004 年	2005 年	2006 年	2007 年	2008 年
动员能力	执政党党员占全民比重	0.3829	0.4040	0.8248	0.9195	0.9127	0.9603	0.8011	0.7461
	“中央”财政收入占全部财政收入比重	0.9644	0.7895	0.2464	0.5856	0.0553	0.5905	0.7779	0.8460

续表

一级指标	二级指标	2001年	2002年	2003年	2004年	2005年	2006年	2007年	2008年
执行能力	议会中执政党的比例	0.9380	0.5433	0.5433	0.5433	0.6109	0.6109	0.6109	0.0289
	公权力机构的健全和有效性	0.7147	0.6692	0.9419	0.9510	0.8692	0.0419	0.1419	0.1965

注：表中数据为原始数据的归一化值。

表 17　台湾“策”指标数据（2009—2015 年）

一级指标	二级指标	2009年	2010年	2011年	2012年	2013年	2014年	2015年
动员能力	执政党党员占全民比重	0.7381	0.6019	0.4643	0.3254	0.1899	0.1203	0.0512
	“中央”财政收入占全部财政收入比重	0.8439	0.5642	0.7386	0.6774	0.5260	0.3574	0.5693
执行能力	议会中执政党的比例	0.0364	0.0364	0.0364	0.0364	0.0364	0.0772	0.0772
	公权力机构的健全和有效性	0.2783	0.3874	0.4419	0.3965	0.2965	0.3147	0.2783

注：表中数据为原始数据的归一化值。

表 18　台湾“策”指标年份信息熵（2001—2015 年）

年份	2001年	2002年	2003年	2004年	2005年	2006年	2007年	2008年
年份信息熵	0.3242	0.3301	0.3132	0.3296	0.2840	0.2788	0.3052	0.2500
年份	2009年	2010年	2011年	2012年	2013年	2014年	2015年	-
年份信息熵	0.2639	0.2836	0.2800	0.2771	0.2747	0.2972	0.2499	-

注：此表由表 16 和表 17 中数据计算而来，具体计算方法见第六章第二节。

表 19　系统熵值计算结果

指标 年份	势年份信息熵（陆）	力年份信息熵（陆）	策年份信息熵（陆）	总年份信息熵（陆）	势年份信息熵（台）	力年份信息熵（台）	策年份信息熵（台）	总年份信息熵（台）
2001 年	0.6234	0.7250	0.2184	1.5668	0.5447	0.7382	0.3242	1.6072
2002 年	0.6202	0.7920	0.2199	1.6321	0.5582	0.8155	0.3301	1.7038
2003 年	0.6176	0.8189	0.2997	1.7362	0.5848	0.8425	0.3132	1.7405
2004 年	0.6079	0.8557	0.3071	1.7707	0.5888	0.8602	0.3296	1.7786
2005 年	0.6116	0.8672	0.3140	1.7929	0.6077	0.8768	0.2840	1.7686
2006 年	0.6172	0.8747	0.2685	1.7605	0.6226	0.8804	0.2788	1.7817
2007 年	0.6125	0.8731	0.3226	1.8082	0.6122	0.8778	0.3052	1.7951
2008 年	0.6207	0.8770	0.2747	1.7725	0.5846	0.8928	0.2500	1.7274
2009 年	0.6337	0.8882	0.2798	1.8017	0.5677	0.8924	0.2639	1.7241
2010 年	0.6340	0.8846	0.2822	1.8009	0.5805	0.8924	0.2836	1.7565
2011 年	0.6336	0.8844	0.2784	1.7964	0.5774	0.8947	0.2800	1.7521
2012 年	0.6356	0.8858	0.2643	1.7857	0.5820	0.8931	0.2771	1.7523
2013 年	0.6352	0.8867	0.2439	1.7658	0.5614	0.8858	0.2747	1.7220
2014 年	0.6376	0.8901	0.2265	1.7542	0.5667	0.8803	0.2972	1.7443
2015 年	0.6416	0.8873	0.2128	1.7417	0.5681	0.8834	0.2499	1.7015

注：此表由表 3、表 6、表 9、表 12、表 15、表 18 汇总计算而来，其中总年份信息熵值等于“势”年份信息熵、“力”年份信息熵、“策”年份信息熵的和。

表 20　大陆“势”指标信息熵及指标权重

指标	经济	贸易	金融	军事	科技	涉外资金投入	建交国家数量
指标信息熵	0.8721	0.9383	0.8970	0.8787	0.8906	0.8811	0.9366
指标权重	0.0910	0.0439	0.0733	0.0863	0.0778	0.0846	0.0451
指标	进口	出口	外汇储备	黄金储备	国际储备	外国投资	对外投资
指标信息熵	0.9185	0.9181	0.9036	0.8747	0.9033	0.9173	0.8644
指标权重	0.0580	0.0582	0.0686	0.0892	0.0688	0.0588	0.0965

注 1：指标信息熵反映各个指标对综合评价的效用值，指标熵值越小，说明其数据有序度越高，对综合评价的效用越高。指标信息熵用于计算指标权重。此表中数据由表

1 和表 2 计算而来，具体计算方法见第六章第二节。

注 2：指标权重反映各个指标在该层次中的相对重要程度。由该指标的指标信息熵计算得出，进而用于计算综合发展度。

表 21　台湾“势”指标信息熵及指标权重

指标	经济	贸易	金融	军事	科技	涉外资金投入	“建交”国家数量
指标信息熵	0.8711	0.8927	0.9306	0.8389	0.9569	0.9515	0.8736
指标权重	0.1041	0.0867	0.0560	0.1301	0.0348	0.0392	0.1021
指标	进口	出口	外汇储备	黄金储备	国际储备	外国投资	对外投资
指标信息熵	0.9366	0.9364	0.9510	0.9583	0.9499	0.8264	0.8879
指标权重	0.0512	0.0514	0.0395	0.0337	0.0405	0.1402	0.0906

注：指标信息熵数据由表 4 和表 5 计算而来，具体计算方法见第六章第二节。

表 22　大陆“力”指标信息熵及指标权重

指标	人口数	预期寿命	经济活动人口比重	大学以上毕业人数比重	土地面积	可耕地面积
指标信息熵	0.9390	0.9508	0.9123	0.9232	0.6662	0.6621
指标权重	0.0145	0.0117	0.0208	0.0182	0.0792	0.0801
指标	森林面积	GDP	钢铁产量	粮食总量	能源生产量	人均 GDP
指标信息熵	0.9448	0.8774	0.9282	0.9334	0.9250	0.8788
指标权重	0.0131	0.0291	0.0170	0.0158	0.0178	0.0288
指标	人均钢铁产量	人均粮食产量	人均能源消费量	工业化率	第三产业比重	科技投入总额
指标信息熵	0.9301	0.9425	0.9330	0.9689	0.9369	0.8634

续表

指标	人口数	预期寿命	经济活动人口比重	大学以上毕业人数比重	土地面积	可耕地面积
指标权重	0.0166	0.0136	0.0159	0.0074	0.0150	0.0324
指标	研究与开发占GDP比重	科技成果数	R&D技术人员	每万人拥有的科技人员数	高技术密集型产品占出口比重	互联网用户数
指标信息熵	0.9365	0.8595	0.8913	0.9132	0.9724	0.8952
指标权重	0.0151	0.0333	0.0258	0.0206	0.0065	0.0249
指标	单位能源消耗生产的GDP	人均教育经费	高等教育入学率	成人识字率	中学以上文化程度人口比重	人均保健支出
指标信息熵	0.8987	0.8755	0.9470	0.9272	0.9532	0.8654
指标权重	0.0240	0.0295	0.0126	0.0173	0.0111	0.0319
指标	每万人拥有的执业医生人数	居民消费水平支出	人均居住面积	城市人口比重	防务支出	军费开支占GDP比重
指标信息熵	0.9132	0.8695	0.9253	0.9354	0.8849	0.8939
指标权重	0.0206	0.0309	0.0177	0.0153	0.0273	0.0252
指标	成年人口中执政党所占的比例	财政支出占GDP比重	财政收入占GDP的比重	台湾民众统"独"立场	入境旅游人数	外国留学生人数
指标信息熵	0.8849	0.9021	0.9352	0.8656	0.9517	0.9184
指标权重	0.0273	0.0232	0.0154	0.0319	0.0115	0.0193

续表

指标	人口数	预期寿命	经济活动人口比重	大学以上毕业人数比重	土地面积	可耕地面积
指标	台湾民众台湾人/中国人认同趋势		-	-	-	-
指标信息熵	0.8520		-	-	-	-
指标权重	0.0351		-	-	-	-

注：此表中指标信息熵数据由表7和表8计算而来，具体计算方法见第六章第二节。

表23　台湾“力”指标信息熵及指标权重

指标	人口数	预期寿命	经济活动人口比重	大学以上毕业人数比重	土地面积	可耕地面积
指标信息熵	0.9434	0.9351	0.9283	0.9439	0.8243	0.9158
指标权重	0.0151	0.0173	0.0191	0.0150	0.0469	0.0225
指标	森林面积	GDP	钢铁产量	粮食总量	能源生产量	人均 GDP
指标信息熵	0.1899	0.9186	0.9628	0.9444	0.9644	0.9214
指标权重	0.2161	0.0217	0.0099	0.0148	0.0095	0.0210
指标	人均钢铁产量	人均粮食产量	人均能源消费量	工业化率	第三产业比重	科技投入总额
指标信息熵	0.9696	0.9417	0.9648	0.9042	0.9137	0.9204
指标权重	0.0081	0.0156	0.0094	0.0256	0.0230	0.0212
指标	研究与开发占 GDP 比重	科技成果数	R&D 技术人员	每万人拥有的科技人员数	高技术密集型产品占出口比重	互联网用户数
指标信息熵	0.9477	0.9567	0.9502	0.9507	0.9555	0.9667

续表

指标	人口数	预期寿命	经济活动人口比重	大学以上毕业人数比重	土地面积	可耕地面积
指标权重	0.0140	0.0115	0.0133	0.0131	0.0119	0.0089
指标	单位能源消耗生产的 GDP	人均教育经费	高等教育入学率	成人识字率	中学以上文化程度人口比重	人均保健支出
指标信息熵	0.9233	0.9245	0.9610	0.9696	0.9477	0.9327
指标权重	0.0205	0.0201	0.0104	0.0081	0.0140	0.0180
指标	每万人拥有的执业医生人数	居民消费水平支出	人均居住面积	城市人口比重	防务支出	军费开支占 GDP 比重
指标信息熵	0.9306	0.9134	0.9424	0.9222	0.9348	0.8680
指标权重	0.0185	0.0231	0.0154	0.0208	0.0174	0.0352
指标	成年人口中执政党所占的比例	财政支出占 GDP 比重	财政收入占 GDP 的比重	台湾民众统“独”立场	入境旅游人数	外国留学生人数
指标信息熵	0.9409	0.9070	0.8974	0.9740	0.8806	0.8556
指标权重	0.0158	0.0248	0.0274	0.0069	0.0318	0.0385
指标	台湾民众台湾人 / 中国人认同趋势	-	-	-	-	-
指标信息熵	0.8919	-	-	-	-	-
指标权重	0.0288	-	-	-	-	-

注：此表中指标信息熵数据由表 10 和表 11 计算而来，具体计算方法见第六章第二节。

表 24　大陆“策”指标信息熵及指标权重

指标	执政党党员占全民比重	中央财政收入占全部财政收入比重	全国人大中执政党的比例	公权力机构的健全和有效性
指标信息熵	0.9143	0.9393	0.6943	0.9778
指标权重	0.1807	0.1279	0.6446	0.0469

注：此表中指标信息熵数据由表 13 和表 14 计算而来，具体计算方法见第六章第二节。

表 25　台湾“策”指标信息熵及指标权重

指标	执政党党员占全民比重	“中央”财政收入占全部财政收入比重	议会中执政党的比例	公权力机构的健全和有效性
指标信息熵	0.9392	0.9651	0.8136	0.9276
指标权重	0.1715	0.0984	0.5257	0.2043

注：此表中指标信息熵数据由表 16 和表 17 计算而来，具体计算方法见第六章第二节。

表 26　耗散结构指标体系

类别	一级指标	二级指标	三级指标	大陆 指标权重	台湾 指标权重
势	国际影响力	世界占比	经济	0.0910	0.1041
			贸易	0.0439	0.0867
			金融	0.0733	0.0560
			军事	0.0863	0.1301
			科技	0.0778	0.0348
		对外交往能力	涉外资金投入	0.0846	0.0392
			建交国家数量	0.0451	0.1021
	国际竞争力	对外贸易	进口	0.0580	0.0512
			出口	0.0582	0.0514
		国际支付能力	外汇储备	0.0686	0.0395
			黄金储备	0.0892	0.0337
			国际储备	0.0688	0.0405
		国际投资	外国投资	0.0588	0.1402
			对外投资	0.0965	0.0906

续表

类别	一级指标	二级指标	三级指标	大陆 指标权重	台湾 指标权重
力	资源	人力资源	人口数	0.0145	0.0151
			预期寿命	0.0117	0.0173
			经济活动人口比重	0.0208	0.0191
			大学以上毕业人数比重	0.0182	0.0150
		土地资源	土地面积	0.0792	0.0469
			可耕地面积	0.0801	0.0225
			森林面积	0.0131	0.2161
	经济活动能力	经济活动总量	GDP	0.0291	0.0217
			钢铁产量	0.0170	0.0099
			粮食总量	0.0158	0.0148
			能源生产量	0.0178	0.0095
		经济活动均量	人均 GDP	0.0288	0.0210
			人均钢铁产量	0.0166	0.0081
			人均粮食产量	0.0136	0.0156
			人均能源消费量	0.0159	0.0094
		经济活动结构	工业化率	0.0074	0.0256
			第三产业比重	0.0150	0.0230
	科技能力	科技投入	科技投入总额	0.0324	0.0212
			研究与开发占 GDP 比重	0.0151	0.0140
		科技水平	科技成果数	0.0333	0.0115
			R&D 技术人员	0.0258	0.0133
		科技地位	每万人拥有的科技人员数	0.0206	0.0131
			高技术密集型产品占出口比重	0.0065	0.0119
			互联网用户数	0.0249	0.0089
	可持续发展水平	协调性	单位能源消耗生产的 GDP	0.0240	0.0205

续表

<table>
<tr><th>类别</th><th>一级指标</th><th>二级指标</th><th>三级指标</th><th>大陆
指标权重</th><th>台湾
指标权重</th></tr>
<tr><td rowspan="22">力</td><td rowspan="11">社会发展程度</td><td rowspan="2">教育水平</td><td>人均教育经费</td><td>0.0295</td><td>0.0201</td></tr>
<tr><td>高等教育入学率</td><td>0.0126</td><td>0.0104</td></tr>
<tr><td rowspan="2">文化水平</td><td>成人识字率</td><td>0.0173</td><td>0.0081</td></tr>
<tr><td>中学以上文化程度人口比重</td><td>0.0111</td><td>0.0140</td></tr>
<tr><td rowspan="2">社会保健水平</td><td>人均保健支出</td><td>0.0319</td><td>0.0180</td></tr>
<tr><td>每万人拥有的执业医生人数</td><td>0.0206</td><td>0.0185</td></tr>
<tr><td rowspan="2">生活水平</td><td>居民消费水平支出</td><td>0.0309</td><td>0.0231</td></tr>
<tr><td>人均居住面积</td><td>0.0177</td><td>0.0154</td></tr>
<tr><td>城市化程度</td><td>城市人口比重</td><td>0.0153</td><td>0.0208</td></tr>
<tr><td rowspan="2">国家强制力</td><td rowspan="2">军事能力</td><td>防务支出</td><td>0.0273</td><td>0.0174</td></tr>
<tr><td>军费开支占 GDP 比重</td><td>0.0252</td><td>0.0352</td></tr>
<tr><td rowspan="3">政治影响力</td><td>政党接受度</td><td>成年人口中执政党所占的比例</td><td>0.0273</td><td>0.0158</td></tr>
<tr><td rowspan="2">政府对经济的调控能力</td><td>财政支出占 GDP 比重</td><td>0.0232</td><td>0.0248</td></tr>
<tr><td>财政收入占 GDP 的比重</td><td>0.0154</td><td>0.0274</td></tr>
<tr><td colspan="2">社会向心力</td><td>台湾民众统“独”立场</td><td>0.0319</td><td>0.0069</td></tr>
<tr><td colspan="2" rowspan="3">文化凝聚力</td><td>入境旅游人数</td><td>0.0115</td><td>0.0318</td></tr>
<tr><td>外国留学生人数</td><td>0.0193</td><td>0.0385</td></tr>
<tr><td>台湾民众台湾人 / 中国人认同趋势</td><td>0.0351</td><td>0.0288</td></tr>
<tr><td rowspan="4">策</td><td colspan="2" rowspan="2">动员能力</td><td>执政党党员占全民比重</td><td>0.1807</td><td>0.1715</td></tr>
<tr><td>中央财政收入占全部财政收入比重</td><td>0.1279</td><td>0.0984</td></tr>
<tr><td colspan="2" rowspan="2">执行能力</td><td>议会中执政党的比例</td><td>0.6446</td><td>0.5257</td></tr>
<tr><td>公权力机构的健全和有效性</td><td>0.0469</td><td>0.2043</td></tr>
</table>

注：此表由表 20、表 21、表 22、表 23、表 24、表 25 汇总而来。

表 27　综合发展度

年份	大陆	台湾	两岸
2001 年	0.4817	1.5187	2.0004
2002 年	0.5487	1.2207	1.7694
2003 年	1.1121	1.2705	2.3825
2004 年	1.1442	1.3429	2.4872
2005 年	1.1907	1.3369	2.5276
2006 年	1.2377	1.3269	2.5646
2007 年	1.4220	1.3560	2.7780
2008 年	0.9507	0.9532	1.9039
2009 年	1.0960	0.9797	2.0757
2010 年	1.2199	1.0451	2.2650
2011 年	1.3461	1.1044	2.4504
2012 年	1.4498	1.1071	2.5570
2013 年	1.5727	1.0218	2.5944
2014 年	1.7255	1.0885	2.8140
2015 年	1.9054	1.3198	3.2253

注：此表由表 26 计算而来，具体计算方法见第六章第二节。

数据来源

主要数据来源：

《中国统计年鉴》2001—2016

《台湾统计年鉴》2001—2015

世界银行中国数据 2001—2015

个别数据来源：

2015 年度中国对外直接投资统计公报

中国国土资源公报 2009—2016

中国财政年鉴 2005 年

全国来华留学生数据统计 2001—2015 年

中国共产党党内统计公报 2001—2015

中国外交部 . 中华人民共和国与各国建立外交关系日期简表（截至 2017 年 1 月）

《SIPRI 年鉴：军备、裁军和国际安全》2001—2014

台湾“中央健康保险局”

台湾“行政院”主计总处

台湾“外交”统计年报 2003、2008、2015 年

台湾“内政部”户政司 人口资料库

台湾“教育部”教育统计资料库

台湾“智慧财产局”2000—2015 年报专利统计

台湾政治大学选举研究中心民调数据：台湾民众台湾人 / 大陆人认同趋势分布 2001—2016

世界竞争力报告 2001—2015

世界钢铁统计年鉴 2001—2015

世界黄金协会 . 1978 年以来多币种金价数据

2000—2010 *The World Factbook*（世界概况）

http://www.worldbank.org

第七章　结语

关于推动未统一国家朝国家统一方向演化的动力问题，学界主要有三种思路：1. 自由主义观点认为双方共同利益是和平统一的根本动力和诱因，主张通过利益诱导加强双方合作，以自愿方式逐步走向统一。2. 现实主义观点认为一方实力强大是实现和平统一的根本动力和保障，主张通过不断增强政权实力，凭借压倒性优势采取和平或非和平的方式主导国家统一。3. 建构主义观点认为双方接触互动是走向国家统一的根本动力和途径，主张通过双方交流互动，建构共同的价值观和利益链接，推动国家统一。自由主义可以推动双方经贸关系发展与利益合作，却无法解决双方民众认同的根本问题；现实主义的理论与政策设计更适于反对分裂，但在促进国家和平统一动力方面缺乏着力点；建构主义理论则与现实主义相反，更适于分离双方存在接触互动的情况，对于双方敌对或隔绝的情况以及外部因素的影响考虑较少。本书试图在三种传统思路之外，从系统演化的角度解释和分析国家统一的进程和策略。

中国国家统一问题的关键是解决台湾问题。学界对当前台湾问题的形势判断也大体有三种态度：1. 激进观点认为两岸和平统一已无可能，理由主要是“台独”政权在岛内执政，不可能修改教材，已经比例占优的偏“独”民众，尤其是“天然独”民众会越来越多，台湾的主流民意只会日益往“独”的方向走，时间在蔡英文一边。2. 保守观点认为“台独”只是假议题，毫无可能，理由是只要中国大陆不允许“台湾独立”，国际社会不可能在两岸统独的较量中选择承认“台湾独立”，毕竟中国大陆的综合实力与国际影响力巨大且与台湾差距还在拉大。3. 主流观点认为2016年民进党在岛内的执政是台湾政局的重大变化，对两岸关系和台海局势产生重大影响，使两岸关系增添了不确定性和风险，但中国大陆仍牢牢把握两岸关系发展的主导权，和平统一并未到“无望”的程度。主流观点中对“台独”风险大小和两岸关系发展前景的判断也存在较大差异。

两岸关系经过30多年来的和平发展，国际格局、两岸实力与内部形势都发生了巨大的变化，各种力量与矛盾在积聚和爆发，两岸关系发展处于剧烈的变动时期与重要的历史节点，面临极其复杂的内外局面，研究观点分歧增大而出现百家争鸣是自然而然的结果。在对当前台湾问题的形势判断方面，需要从历史发展的视角定位目前台湾问题所处的发展阶段，从而合理解释和认识各种“台独”现象，进而寻找和发现可以推动两岸关系由和平发展趋向和平统一的真正的内在动力。需要整合各种研究思路的长处，克服自身理论缺陷，如：现实主义在强调自身实力增长的时候常常忽略在具备充分实力条件以前应该对台采取何种政策；自由主义在强调利益诱导的时候无法回避提供从利益共同体到政治共同体的途径；建构主义在强调对台互动以谋求国家认同的时候往往对双方目标相反的对立局面束手无策。本书试图综合各方观点，从复杂性科学的思维视角、运用演化理论对国家统一问题加以解释和剖析。

国家是由个人及利益集团等多层级系统组成的复杂系统，权益安排是其最重要功能。权益弹性大小决定国家系统的稳定性。国家内部不同利益集团之间的权益斗争是推动国家系统演化的根本动力。政权作为权益弹性的制定者和执行者，既要维护和协调国家系统内外不同利益集团的权益，又要顾及或扩张政权自身的权益，扮演着国家系统演化序参量的角色。未统一国家内不同政权之间的竞争决定国家系统演化的方向。权益弹性大的政权具有更强的向心力，取得政权竞争中的优势，推动国家系统远离平衡，逐步满足系统形成耗散结构的条件，在临界点附近发生的涨落被正反馈机制放大后，国家系统发生相变，进入完全统一或彻底分裂的状态。这种突变的发生是通过武力还是和平方式具有不确定性，可以确定的是国家系统的演化动力最关键的是政权力量的不平衡增长，只有政权实力对比远离平衡才能实现国家系统发生相变。政权实力的核心是其制度及政策的权益弹性，因此对国家系统演化进行人工优化的合理途径是通过扩大权益弹性增强推动国家统一的政权的实力，为相变发生创造条件。

一个统一有序、管理高效的多层级国家系统有利于国家系统功能涌现并且符合民众利益最大化。国家系统向统一演化符合复杂系统趋于有序的演化方向及人类社会组织形式的总体发展趋势。对于推动国家统一的政权而言，重点是要在制度和政策层面扩大权益弹性，具体需要在三个方面加强国家建设（3S模型）：外部形势（简称“势”，Situation）是政权运作和发展过程中的外部国际环境，上一层系统对下一层系统有重要作用和影响，政权需要处理好国家系统与国际超系统的关系；内部力量（简称“力”，Strength）是政权自身具备的实力和能量，政权力量增长率是国家系统演化的重要序参量，对国家系统的各个子系统都会产生重要影响；政权策略（简称“策”，Strategy）是政权采取的施政策略，系统一旦具有自我意识就会主动影响系统演化，客观上可以加速或改变系统演化进程。

政权追求国家统一或分裂目标时有三个约束条件：国际形势、自身能力和国内民意，对应着上述的“势”“力”“策”三方面。首先是“势”，因为国家系统本身也需要从外部获取权益，国家系统与超系统之间的联系和作用决定了政权的外部权益边界，与此相对应的是国家系统与子系统之间的互动决定了政权的内部权益边界。追求国家统一可能带来国家整体力量的增强，总会对国际格局产生或多或少的影响，意味着国家在国际上权益配额的改变，由此必然产生与国际势力的相互作用。相对而言，“力”是慢变量，但也是最根本的序参量，因此长期而言国家建设主要是“力”的建设，即自身全面发展进步。政权的“硬实力”和“软实力”通过使民众产生畏惧与热爱的不同情感形成推力和引力从而共同构成民众对其的向心力。与缺乏最高权力中心的多元的国际秩序不同，政权治理下的国家系统是具有最高权力的有序系统，政权可以通过权益弹性的提升改善自身的软硬实力。在政治、经济、文化、社会、信仰等方面让民众有更大的自由度与选择权意味着国内权益弹性的增大，当然这并不等同于完全依赖自愿力量的无序性扩张，事实上，政权的军事、法制和外交力量的增强同样是扩展权益弹性的表现，有助于解决内外权益的纷争。国家系统演化进程中，特别是处于临界点时，政权能否把握涨落实现统一相变很大程度上取决于政权的“策”。策略核心应该是展示权益弹性，表明政权有能力向更多国民提供更有吸引力的公共产品从而赢取国民的信任。权力的合法性来源于信任感，有了信任才能使权力、制度、社会和政治机构持续运作。由于在未统一国家内存在两个以上的政权，每个政权都在采取类似的举措争取民心与向心力，因此政权要着重充分发挥比较优势，从而取得对其他政权的竞争优势。

解决台湾问题的核心是如何结束20世纪40年代中后期中国内战遗留并延续下来的政治对立。如果将这种政治对立的演化放在历史发展的长河中看，从台湾问题的产生到台海两岸实现和平统一大体需要经过三个主要阶段。

第一阶段是争统一。背景是在国际势力的干预下两岸形成平衡对峙，当时国共双方的目标都是争取国家统一，均在争夺以非和平或和平方式统一对方的主导权，其时台湾岛内的主流民意明显倾向国家统一，只是两岸的立场和实力在特定的国际环境下都无法立即消除双方的政治对立。

第二阶段是争统“独”。背景是随着大陆综合实力持续增长并逐步与台湾拉大差距，两岸原有的平衡对峙转为不平衡对峙，但大陆暂不具备和平统一台湾的充分条件，两岸双方的目标变成了大陆仍争取国家统一、而台湾在统一大陆无望的情形下开始争取实质“独立”，此时台湾岛内的民意呈现要求维持现状且倾向“独立”的比重大增。两岸目前即处于这一阶段，大陆方面坚持通过两岸关系和平发展道路降低对立、化解分歧、实现统一，台湾方面则公开放弃国家统一目标。

第三阶段是谈统一。背景是大陆无论硬实力还是软实力都对台湾取得压倒性优势，并具备足够强的影响力使国际势力不敢冒险对台湾问题进行武力干涉，两岸对峙最终被打破，双方都已看清中国实现国家统一是中华民族伟大复兴过程中不可避免的发展阶段，且和平统一有利于双方的自身发展，因此重新形成协商谈判的合作形势，此时台湾岛内的民意倾向统一的比率重新超越主张“独立”的人数比重。台湾当局在岛内民意的压力下被动与大陆展开统一谈判，只为争取国家统一后获得较为有利的政治条件。

第二阶段向第三阶段转化的内在推动力是大陆经济社会快速发展及对台推动经济社会融合政策。大陆客观上实力日益强大及主观上对台湾同胞关怀备至的作用不断增强，岛内民意也会发生潜移默化的转变。

第一阶段始于台湾问题形成之初的1949年，大约截止到台湾当局首次公开提出“特殊两国论”的1999年。50年间台湾当局虽然有“反攻大陆”到“和平演变”的政策转变，但总体政策是要争取国家统一的。台湾民意中支持维持现状但趋统的比例一直高于支持维持现状但趋“独”的比例，不过后期差距迅速收窄，到1999年已经逼近相等。1999年后两岸进入争统独阶段，台湾当局开始公开放弃国家统一目标，从李登辉的“特殊两国论”、陈水扁的“一边一国论”、马英九的“不统不独论”到蔡英文的“维持现状论”，都不再将国家统一作为施政目标，虽然每一届台湾当局在对待以“一中原则”为核心意涵的“九二共识”问题上态度并不一致，但每一届台湾当局的任内官方施政取向已经转为取得实质“独立”。相应的，岛内民意自1999年后，经过几年徘徊，支持维持现状但趋“独”的比例迅速超过维持现状但趋统的比例，且差距越拉越大。在台湾问题发展的第二阶段，出现“台独”政党岛内执政、“台独”政策措施纷纷出台、“台独”倾向民众比率增加、台湾民众对国家统一呈现焦虑感和恐惧感等现象，都是两岸关系发展到该阶段的正常反应。

第二阶段两岸统“独”之争日趋尖锐复杂可以从复杂性思维的视角给予合理解释。按照复杂性科学的思维方式，系统演化并不是单一变量线性决定发展方向，而是在系统环境的影响下，不同要素通过非线性作用形成系统的自组织，完成自身调节和演化以达到稳定有序的状态。自组织运行的核心是反馈机制。一旦两个变量之间形成正反馈，趋势化效应就会自我增强，形成推动系统演化的内生动力。这样的反馈机制在系统内外无处不在，并互相影响，不断发生非线性作用。对国家系统演化而言，有三组反馈机制最为重要：国家系统与国际大系统之间的反馈、政权系统之间的反馈、政权内部的反馈，它们共同决定着国家演化的方向。

特别值得注意的是，中美关系作为对中国国家统一影响最大的国际因素变量，未来很可能趋于更加尖锐复杂。2008 年国际金融危机席卷全球后，中国经济的世界占比呈 45 度仰角迅速逼近美国，中国与美国的经济规模差距在大幅缩小，同时中美与世界其他国家或地区的经济差距在拉大，中国日益明显地成为拉动世界经济的关键力量，并开始使美国担心其经济全球第一的地位一旦失去将对美国的国内投资、货币、人才引入等经济利益及国际政治利益带来强烈冲击。美国的这种焦虑前所未有。虽然近百年来苏联和日本的经济规模也曾如当前的中国一样达到美国经济的 2/3 左右，但根本的不同是，苏联（2.87 亿）和日本（1.27 亿）的人口规模只有美国（3.26 亿）的 88% 和 39%，而中国的人口规模却是美国的 4.3 倍，潜力相差太多。此外，中国号称“世界工厂”，是全世界唯一拥有联合国产业分类中全部工业门类（39 个工业大类、191 个中类、525 个小类）的国家，中国制造业产值超过美日总和，且发展势头不减，有望几年内超过 G7 总和。这种发展速度和规模让一些美国人不安，认为美国的全球老大的世界经济地位第一次受到真正强有力的“挑战和威胁”。从经济学理论的视角看，美国在与中国的经济竞争中，生产要素的投入量方面没有优势。传统的三大生产要素中，中国的资本及研发经费投入已经赶上美国（按 PPP 计算，OECD 资料），中国每年新增的人才和人力投入也超过美国，中国的土地政策在用地审批方面也远比美国高效。美国在中美经济竞争中获得优势的方面只可能在效率方面，即更有效地提高全要素生产率。提升效率需要不断创新。很多美国人认为，美国的民主制度更有利于创新，而中国的政治制度在激发人的创新活力方面不如美国，因此美国应该充分发挥制度优势来强化创新。[①]正是在这种思路下，2009 年美国推出首版《美国国家创新战略》，从 6 大领域加强创新，激发自身发展活力。然而创新难，模仿易，美国认为不但要强化自身创新，必须还要通过知识产权保护增加中国的模仿成本，才能保持与拉开与中国的产业技术差距，延缓中国的追赶速度。因此，美国特朗普政府对中国挑起贸易摩擦的背后，实质是中美科技产业与创新能力的竞争，未来美国一定会在知识产权领域对中国大做文章。美国当然也清楚中国的综合国力非其他国家可比，仅靠经济领域的摩擦未必能实现其战略目标，需要调动各种力量施压。2017 年特朗普政府推出任内首份《美国国家安全战略》，首度将中国放在“三股挑战势力”之首，并将中国明确定位为“竞争对手（rival）”，[②]宣称将“把美国国家实力的全部要素——政治、经济和军事——结合起来以在竞争中取胜”。[③]未来特朗普政府有可能在经济、科技、军事、人权、东海、南海、台湾等多领域对中国全面采取咄咄逼人的立场和政策，这除了特朗普个人的施政风格以外，与中美关系的演变阶段密切相关，因此不会是短期现象。台湾问题在中美博弈过程中成为美方制约中方筹码的趋势性在增强，解决台湾问题、实现中国国家统一的系统国际环境在恶化。不过，辩证来看，随着国际格局的迅速剧烈演化，特殊情况下，美国也可能在与中国的互动过程中为了自身更大的利益释放该筹码，反而使台湾问题出现重大转机。

首先是系统环境的影响，系统环境也就是母系统，任何系统对于更高一级的大系统来说都是需要服从总体运行规律的子系统。中国国家系统的演化必然要受制于国际大系统的形势变化。在二战结束后的国际冷战格局形成之初，中国共产党采取了“一边倒”的亲苏外交政策，美国扶蒋保台的对华政策阻碍了

① These are fundamentally political contests between those who favor repressive systems and those who favor free societies. ——*National Security Strategy of the United States of America 2017*

② Three main sets of challengers - the revisionist powers of China and Russia, the rogue states of Iran and North Korea, and transnational threat organizations, particularly jihadist terrorist groups - are actively competing against the United States and our allies and partners. Although differing in nature and magnitude, these rivals compete across political, economic, and military arenas, and use technology and information to accelerate these contests in order to shift regional balances of power in their favor. ——*National Security Strategy of the United States of America 2017*

③ To prevail, we must integrate all elements of America's national power - political, economic, and military. ——*National Security Strategy of the United States of America 2017*

大陆方面解放台湾。后来中苏交恶提供了中美关系缓和的契机，美国在拉拢中国对抗苏联的战略中对台湾问题做出一定程度让步，中国大陆也在美国对台政策松动的背景下将对台方针由“解放台湾”转变为“和平统一”。中国改革开放后国力迅速提升，随着苏联的解体和中国成为全球第二大经济体，美国越来越将中国视为全球最主要竞争对手，涉台政策日趋对华强硬，使中国大陆对台工作面临新的形势。美日虽然在与中华人民共和国的建交公报或联合声明中明确承认“中华人民共和国政府是中国的唯一合法政府”，并承诺只同台湾保持“民间的”“地区性的”“非官方关系”，但美国同时又通过《与台湾关系法》及“六项保证”对台湾当局提供“防御性武器”和“安全保护”，日本则通过《周边事态措施法》等相关法案插手台湾问题，构筑日美联合干预台湾局势的战略框架。[①] 台湾在马英九执政时期的“亲美、友日、和中”政策与蔡英文执政时期的“亲日、友美、反中”政策反映出国际环境变动下台湾当局对大陆与美日的关系态度。

其次是政权系统之间的互动反馈。如果一个国家系统内存在两个政权，则两个政权均为国家系统的子系统。两个政权子系统之间如果实力相差不大，都有统一对方的意愿，此时统一议题易于在双方接触互动中形成正反馈；但若两个子系统之间实力相差过大，则实力弱小的一方更倾向于选择分裂，统一目标就无法在两个政权子系统之间形成正反馈。1949 年后，台湾依靠美国援助、从大陆带去的大量资源和人才以及合理的经济发展策略较好实现了经济起飞，并在 1990 年代初达到了经济辉煌的顶点。1991 年台湾 GDP 为大陆的 44%，达到史上最小的两岸经济规模差距，当年台湾贸易规模高于大陆。[②] 此时是台湾当局实现“三民主义统一中国”信心最强的时期，在这样的背景下有了大陆海峡两岸关系协会与台湾海峡交流基金会的成立并建立联系，以及开启了两会协商谈判的历史进程，后来才有了“九二共识”和汪辜会谈。然而此后两岸各方面实力差距迅速拉大。以 1992 年邓小平南方谈话为标志，大陆经济加速发展，大陆领先台湾经济与外贸规模的差距开始迅速拉大。台湾当局的统一信心不断衰减。表现在经济方面，台湾的大陆经贸政策由 1990 年代初期的“务实、稳健、前瞻”开放政策退缩为中期的“戒急用忍”政策。军事方面，台湾对大陆的军

① 中共中央台办、国台办编：《中国台湾问题（干部读本）》，九州出版社，2015 年，第 176—185 页。

② 资料来源：台湾“经建会”编印 *Taiwan statistical data book* 及中国国家统计局公布资料。

事战略也不断收缩，先后历经“攻势战略”、“攻守一体”和“守势战略”，1994年台湾当局明确将军事战略调整为“守势防卫”。[①] 两岸实力的消长令台湾当局开始丧失统一中国的信心，台湾领导人的变化更加快了这一转变的发生。1949年至1988年，台湾当局的权力核心是蒋介石与蒋经国，他们都有在全中国执政的经历，具有重新统治全中国的格局、愿望和信心。但出生于台湾且青少年时期受日本皇民化教育的李登辉作为蒋氏父子的继任者并没有将统治权扩展到全中国的信心、意愿和动力。李登辉继任之初暂时支持国家统一，直到个人权力稳固后开始公开分裂举动，建立“中华民国在台湾”的体制，并主导6次“修宪”，通过省市长和“总统”直接选举、虚化“国民大会”、冻结台湾省选举等措施，明显改变了原有的政治体制，将权力扩张边界由全中国重新定位成“在台湾”，并通过改变台湾政体建立台湾当局岛内统治权的合法性。这些改变国家统一目标的努力是李登辉当局在两岸实力格局发生改变的新形势下对比追求统一中国与保存在台权力的现实性与可能性后采取的自利性理性举措，并对后任台湾当局领导人的施政理念产生影响。实力差距过大不仅难以形成国家统一的正反馈，相反会出现国家分裂的正反馈，因为弱势一方越追求分裂，强势一方越倾向以强硬政策取代怀柔政策，而在这种日益强硬的政策压力下，弱势一方更不愿推动统一进程。

最后是子系统内部的政权政策与民意之间的反馈。大陆长期以来重视爱国主义教育，在国家统一问题上有充分的民意支持，要求统一的民意反过来促使中国政府在台湾问题上不能懈怠。台湾情况则要复杂得多，基本上在政权与民意之间已经形成趋于分裂的正反馈，即在“多元化”的包装下，台湾当局不敢公开主张统一，但常常会公开主张分裂，民意受其影响视“台独”为正当或平常，主流民意容忍“台独”反对统一，更为台湾当局的分裂主张提供借口和支撑。台湾民意的分裂倾向是与岛内民主化进程混合在一起发展起来的。从1986年岛内“政治革新”开始后的十年间，台湾当局通过开放“党禁”“报禁”“回归宪政”、省市长与台湾地区最高领导人实行直接选举等“民主化”措施，将台湾政治体系由原来的“自上而下”的威权主义（authoritarianism）体制逐渐转变为“自下而上”的民主主义（democratism）体制，培育和加强岛内民众对台湾当局的认同感和合法性，但同时台湾当局的政权影响力也随之更加限缩在岛内

① 中共中央台办、国台办编：《中国台湾问题（干部读本）》，九州出版社，2015年，第23—25页。

而不是全中国。1949 年至 1989 年的相当长时期内，国家统一目标在台湾执政当局与民众之间都不存在问题，台湾主流民意拥护国家统一。然而 20 世纪 90 年代后台湾民意中偏向“独立”的人数比重迅速增加，超过偏向统一的人数比重后差距还在不断扩大。该趋势反映在多家岛内学术性民调机构的数据中。以台湾政治大学选举研究中心所作的连续性民调数据为例，1995 年台湾主张维持现状但偏向统一的人数比重为 19.4%，高出主张维持现状但偏向“独立”的人数比重 8.1% 一倍多；但到 2015 年情况反转，主张维持现状但偏向“独立”的人数比重为 16.4%，高出主张维持现状但偏向统一的人数比重 7.4% 一倍多；主张维持现状不决定统“独”的观望者比重则基本稳定在 30%—40%。①

台湾当局为维护对岛内的最高权力，不断向台湾民众宣扬与大陆的差异化理念并塑造对大陆的优越感心态。对内台湾当局提出并宣扬“台湾文化主体性”与“台湾主体意识”，鼓吹和标榜台湾的“民主生活方式”与“自由和均富的核心价值观”，② 强调台湾与大陆的不同。对外台湾当局通过出境旅行免签待遇等“外交成果”彰显其国际软实力，弥补其缺少国际承认的绝对劣势 ③。台湾当局还通过技术性措施诱导台湾民众放弃国家统一的观念：90 年代以来，台湾当局不断对岛内民众做关于“你认为自己是中国人还是台湾人”的民意调查，人为地将“中国”与“台湾”两个从属关系的概念塑造成平行并列的关系，潜移默化改变台湾民众的国家认同，并避谈国家统一或分裂对国民的利弊，引导岛内民众只从出生地和生活现状感受判断自己的身份和价值认同，然后再以两岸统一支持者持续下滑的民调数据反过来作为台湾当局面对大陆拒谈统一的民意支撑。

总之，两岸关系经过 30 年的发展，岛内政权和民意对国家统一的意愿减弱的根本原因是多层次系统内形成了三个以“台湾独立”为指向的正反馈机制：国际层面，中美关系越对抗，美国在台湾问题上越保守，造成中美关系更加紧张；两岸层面，台湾当局对统一后的自身权益越没有信心，政策越趋于保守，

① 台湾政治大学选举研究中心重要政治态度分布趋势图，http：//esc.nccu.edu.tw/course/news.php?class=203。

② 曾任台湾文化部门首长的龙应台称：“海峡两岸，哪里是统一和独立的对决？哪里是社会主义和资本主义的相冲？哪里是民族主义和分离主义的矛盾？对大部分的台湾人而言，其实是一个生活方式的选择。”“自由民主和均富，恰恰是台湾人最在乎、最重要、最要保护、最不能动摇不能放弃的两个核心价值。”龙应台：《你可能不知道的台湾——观连宋访大陆有感》，2005 年 5 月 25 日。转自《中国青年报》，http：//zqb.cyol.com/gb/zqb/2005-05/25/content_8773.htm。

③ 截至 2015 年台湾共获 150 多个国家或地区给予免签证或落地签证待遇，几乎全面覆盖台湾人常去的国家和地区，突显与中国大陆的不同。

台湾当局自我设限会进一步扩大两岸实力差距，导致台湾当局对统一更加恐惧；岛内层面，台湾当局越是避统容“独”，进行“独化”教育，台湾民意越认为“独立”的正当性大于统一，靠选举上台的执政党就更不敢轻言统一。这三组正反馈机制在非线性作用下会互相形成因果连接：中国日益成为美国的竞争对手，美国愈发不愿放弃以台制华的战略，台湾因此与大陆对抗信心增加，出台更多不利于两岸统一的政策和言论，岛内民意受当局立场引导益加远离国家统一，国家分裂状态对中美竞争时中国提升国力牵制作用越来越大。产生这三组正反馈机制的转折点发生在 90 年代，当时发生三件大事促成三组正反馈机制的形成：苏联解体使美国原来的“联中反苏”战略失去存在的价值和基础；中国大陆与台湾的实力差距迅速拉开使台湾当局失去统一大陆的信心；岛内“总统”直选制度的施行使以国家统一为目标的国民党失去了长期执政的制度基础，以“台独”为目标的民进党开始在岛内崛起。

对台战略目标需要服从中国国家发展战略总目标。中国共产党当前的执政总目标是：促进经济社会持续健康发展，进一步解放思想、解放和发展社会生产力、解放和增强社会活力，全力推进全面建成小康社会进程，实现“两个一百年”奋斗目标，建成富强民主文明和谐的社会主义现代化国家，实现中华民族伟大复兴。实现国家统一的根本条件在于大陆自身的发展进步，因此中国共产党始终围绕着国家建设推进祖国统一大业，期间需要警惕的风险就是台湾岛内出现不利于两岸统一的重大事变，威胁到中国国家发展的战略机遇期与国家统一事业的未来走向，两岸被迫提前摊牌。

为此，中国共产党必须在对台工作中牢牢把握两岸关系发展大方向，以综合实力为后盾，以极大的耐心和真诚的亲情继续培育和增进两岸民众的相互信任与心灵契合，努力引导台湾民众对大陆有正确的认识和印象，增强理解与好感，积极有效推动两岸社会融合，力求创造条件通过和平方式实现两岸统一，同时也要坚持不懈地做好以非和平方式收复台湾的准备工作。未来一段时期大陆对台工作将是一个转型升级的过程，侧重点是强化政策的针对性与外溢效果，通过政策组合的调整，发挥间接政策的比较优势，恢复和巩固台湾岛内的国家统一自生能力，促使岛内民意和政局朝有利于统一的方向发展。同时，大陆在两岸关系第二阶段要为第三阶段两岸“谈统一”预作准备和铺垫。第三阶段需要构建具有更高权益弹性的两岸统一制度，权益弹性越大，意味着国家制度的包容性越强、化解国家内部矛盾和冲突的概率越大、国家系统的稳定性越高。

构建具有更高权益弹性的两岸统一制度的核心，是建立“两岸和平统一综合性框架”。具体内容包括：1. 两岸和平统一思想体系——构建“两岸命运共同体”理论；2. 两岸政治关系安排——构建“两岸一中共识”；3. 两岸经济一体化——构建“中华经济联合体”；4. 两岸社会交流与融合——构建“两岸特色社会共同体”；5. 两岸文化交融共生——构建“21 世纪中华新文化”；6. 两岸军事互信合作——构建“两岸合作防御体系”；7. 台湾涉外事务制度安排——构建“一中框架”下的主权安排。

构建具有更高权益弹性的两岸统一制度的前提，是培育两岸政治互信，大陆通过软硬两种政策途径与台湾当局及民众建立信任，以确保具有更高权益弹性的两岸统一制度设计具有可信度和可操作性，最终能够落实。两岸从小事和点滴做起，塑造新的共同认同，通过信心与信任的逐步累积直至“生长”出两岸的战略互信。构建具有更高权益弹性的两岸统一制度的运行，是要通过比较优势战略的运用，使中美—两岸—岛内这三个层次的系统朝国家统一方向形成正反馈机制，即美国出于需要中国帮助而软化台湾问题立场；大陆能够消除台湾当局和岛内民众对国家统一的排斥感和恐惧感；岛内支持主张国家统一的政党在台湾执政并推行统一教育。这三个正反馈机制形成会使两岸分治的格局朝统一方向演化，当系统远离平衡后，大陆可以通过某一偶然性事件促使两岸两个子系统完成向国家统一的转化。

参考文献

中文大陆文献

1.《马克思列宁主义基本问题》，中共中央党校出版社，2001 年。

2. 恩格斯:《家庭、私有制和国家的起源》,《马克思恩格斯选集》第四卷，人民出版社，1995 年。

3. 马克思、恩格斯:《共产党宣言》,《马克思主义著作选编》，中共中央党校出版社，1994 年。

4.《毛泽东思想基本问题》，中共中央党校出版社，2001 年。

5.《毛泽东选集》第 2 卷、第 3 卷，人民出版社，1990 年。

6.《毛泽东年谱（1893—1949）》中卷，中央文献出版社，2005 年。

7.《毛泽东著作选编》，中共中央党校出版社，2002 年。

8.《周恩来选集》下册，人民出版社，1984 年。

9.《周恩来年谱（1949—1976）》上卷，中央文献出版社，1998 年。

10.《邓小平理论基本问题》，中共中央党校出版社，2001 年。

11.《邓小平年谱（1975—1997）》，中央文献出版社，2004 年。

12.《邓小平文选》第 3 卷，人民出版社，1993 年。

13.《江泽民文选》第一、二、三卷，人民出版社，2006 年。

14. 江泽民:《为促进祖国统一大业的完成而继续奋斗》,《人民日报》，1995 年 1 月 31 日。

15. 中国社会科学院台湾研究所编:《新时期对台方针政策重要文献选编》（内部发行），2009 年。

16. 习近平:《构建和谐社会要突出四种机制建设》，新华网，2005 年 3 月 4 日。

17. 中国共产党历次全国代表大会数据库，http://cpc.people.com.cn/GB/64162/64168/64555/index.html。

18. 中共中央台湾工作办公室 国务院台湾事务办公室编:《中国台湾问题(干部读本)》,九州出版社,2015年。
19. 吕斌、栾雪飞:《论抗战后期毛泽东的国家统一思想》,《毛泽东思想研究》第24卷,2007年第2期。
20. 齐鹏飞:《中国共产党党史90年:关于国家统一战略的三次大转型》,《北京党史》,2011年第4期。
21.《新华月报》第1卷,第1期。
22. 沈志华:《中国共产党进攻台湾战役的决策变化及其制约因素(1949—1950)》,《社会科学研究》,2009年第3期。
23. 牛军:《三次台湾海峡军事斗争决策研究》,《中国社会科学》,2004年第5期。
24. 钱学森:《论系统工程》,湖南科技出版社,1982年。
25.《钱学森系统科学思想文选》,中国宇航出版社,2011年。
26. 魏宏森、曾国屏:《系统论——系统科学哲学》,清华大学出版社,1995年。
27. 林毅夫:《本体与常无:经济学方法论对话》,北京大学出版社,2012年。
28. 葛剑雄:《统一与分裂:中国历史的启示》,生活·读书·新知三联书店,1994年。
29. 陈孔立:《两岸僵局下的思考》,九州出版社,2006年。
30. 陈孔立:《心系两岸》,九州出版社,2013年。
31. 陈孔立:《和平统一的十大好处》,《人民日报》,2000年5月30日。
32. 黄嘉树、林红:《两岸"外交战":美国因素制约下的国际涉台问题研究》,中国人民大学出版社,2007年。
33. 辛旗:《跨世纪的思考:以台湾问题为焦点的综合研究》,华艺出版社,2002年。
34. 许世铨:《激荡中的台湾问题》,九州出版社,2007年。
35. 许世铨主编:《两岸定位法政研究文献选编》,中华文化交流协会,2013年。
36. 周志怀主编:《新时期对台政策与两岸关系和平发展》,华艺出版社,2009年。
37. 郭震远主编:《建设和谐世界理论与实践》,世界知识出版社,2008年。
38. 习近平:《全面贯彻落实党的十八大精神要突出抓好六个方面工作》,《求是》,2013年第1期。

39. 胡锦涛:《在庆祝中国共产党成立 90 周年大会上的讲话》,《求是》,2011 年第 13 期。
40. 江泽民:《在庆祝中国共产党成立八十周年大会上的讲话》,《求是》,2001 第 13 期。
41. 李炳才:《在“九二共识”基础上恢复对话与谈判——纪念汪辜会谈十周年》,《求是》,2003 年第 9 期。
42. 唐树备:《江泽民主席的八项主张是邓小平“和平统一、一国两制”理论的继承和发展》,《台湾研究》,2003 年第 1 期。
43. 陈云林:《开创两岸关系和平发展的新局面》,《求是》,2009 年第 5 期。
44. 孙亚夫:《巩固和深化两岸关系和平发展》,《统一论坛》,2013 年第 1 期。
45. 叶克冬:《两岸关系的发展与中国政府对台方针政策》,《统一论坛》,2002 年第 6 期。
46. 杨亲华:《从“武力解放台湾”到“和平统一祖国”——中国政府对台政策历史之考察》,《党史研究与教学》,1996 年第 1 期。
47. 张铭清:《一个中国原则是台湾安全之本》,《环球军事》,2001 年第 10 期。
48. 姜殿铭:《一个伟大构想的雏形——纪念“叶九条”发表二十周年》,《台湾研究》,2001 第 3 期。
49. 许世铨:《中共新领导对台政策面面观》,《台湾研究》,2003 年第 2 期。
50. 李家泉:《中共三代领导人对统一中国的战略思考》,《中共党史研究》,2000 年第 2 期。
51. 陈孔立:《两岸认同的过程——双管双向互动模式》,《台湾研究集刊》,2012 年第 5 期。
52. 陈孔立:《两岸交流中的政治文化问题》,《台湾研究集刊》,1993 年第 2 期。
53. 周志怀:《新时期对台方针政策的纲领性文献》,《两岸关系》,2009 年第 1 期。
54. 黄嘉树:《“未统一前两岸政治关系”剖析》,《台海研究》,2013 年第 1 期。
55. 宫力:《中国和平崛起的国际安全环境与应对方略》,《科学社会主义》,2005 年第 3 期。

56. 阎学通:《中国崛起的实力地位》,《国际政治科学》, 2005 年第 2 期。
57. 郭震远:《台湾问题对中美发展新型大国关系的影响》,《国际问题研究》, 2013 年第 5 期。
58. 曹小衡:《海峡两岸经济一体化的选择与定位》,《台湾研究》, 2001 年第 3 期。
59. 金灿荣、董春岭:《中国外交现状与发展战略》,《当代世界》, 2009 年第 9 期。
60. 刘震涛:《对新形势下两岸经济关系的思考》,《国际经济评论》, 2008 年第 1 期。
61. 郭伟峰:《马英九当选后台湾可能发生的 10 大变化》,《理论参考》, 2008 年第 6 期。
62. 茅家琦:《历史发展过程中思想文化的作用》,《历史档案》, 2008 年第 2 期。
63. 刘文宗:《从国际法论主权不可分享及台湾的法律地位》,《台湾研究》, 1999 年第 3 期。
64. 李义虎:《台湾定位问题 : 重要性及解决思路》,《北京大学学报》(哲学社会科学版), 2014 年第 1 期。
65. 杨毅周:《更加“寄希望于台湾人民”——当前祖国大陆对台政策的新思维》,《台声》, 2003 年第 6 期。
66. 余克礼:《促进两岸关系和平发展 推进祖国和平统一的指导纲领——解读十七大政治报告关于对台工作论述》,《台湾研究》, 2007 年第 5 期。
67. 秦亚青、阎学通、张文木、时殷弘、冯绍雷:《国际关系研究方法论笔谈》,《中国社会科学》, 2004 年第 1 期。
68. 徐博东:《论台湾文化的特点和汉文化在岛内传播发展的历史分期》,《北京联合大学学报》(人文社会科学版), 2004 年第 2 期。
69. 刘红:《实现和平发展与和平统一的光辉文献——学习胡锦涛在纪念 < 告台湾同胞书 > 发表 30 周年座谈会上的重要讲话》,《北京联合大学学报》(人文社会科学版), 2009 年第 1 期。
70. 巫永平、郑振清:《政治转型与政商关系演变——台湾政商关系的政治经济学分析》,《经济社会体制比较》, 2009 年第 2 期。
71. 殷存毅、吕芳:《认同与台湾问题》,《公共管理评论》, 2006 年第 1 期。

72. 史习培:《对台政策新思维论略》,《中共福建省委党校学报》, 2007年第1期。
73. 周叶中:《台湾问题的宪法学思考》,《法学》, 2007年第6期。
74. 张文木:《中国国家安全哲学》,《战略与管理》, 2000年第1期。
75. 时殷弘:《祖国大陆对台湾:长期优势对短期优势》,《世界经济与政治》, 2002年第7期。
76. 严安林:《两岸关系和平发展制度化的路径选择》,《台湾研究》, 2012年第6期。
77. 刘国深:《两岸和平发展价值观社会化探析》,《台湾研究集刊》, 2012年第6期。
78. 乐美真:《两岸和平发展道路的认识与任务》,《政协天地》, 2011年第12期。
79. 齐卫平、宋瑞:《试析系统论思想与党的建设科学化》,《中国社会科学》, 2012年第7期。
80. 常绍舜:《从经典系统论到现代系统论》,《系统科学学报》, 2011年第3期。
81. 赵毅:《统一与分裂:中国历史的启示》,《史学月刊》, 2006年第12期。
82. 吴大英、刘瀚:《建立中国式的社会主义法律体系》,《法学》, 1983年第1期。
83. 吕斌、栾雪飞:《论抗战后期毛泽东的国家统一思想》,《毛泽东思想研究》, 2007年第2期。
84. 石泰峰、张恒山:《论中国共产党依法执政》,《中国社会科学》, 2003年第1期。
85. 金太军:《政治文明:历史发展与中国特色》,《政治学研究》, 2002年第3期。
86. 章百家:《改变自己影响世界——20世纪中国外交基本线索刍议》,《中国社会科学》, 2002年第1期。
87. 阎学通、周方银:《国家双边关系的定量衡量》,《中国社会科学》, 2004年第6期。
88. 陈先达:《论马克思主义基本原理及其当代价值》,《马克思主义研究》, 2009年第3期。

89. 沈惠平:《认知变迁对大陆涉台政策之影响评析》,《台湾研究集刊》,2012 年第 5 期。
90. 韩献栋:《分裂国家的统一:理论与实践》,知识产权出版社,2014 年。
91. 李鹏:《海峡两岸关系析论——以和平发展为主题之研究》,鹭江出版社,2009 年。
92. 夏路:《复合权力结构与国家统一模式——对越南、德国、也门的比较研究》,中国社会科学出版社,2011 年。
93. 王英津:《国家统一模式研究》,九州出版社,2008 年。
94. 李义虎等:《"一国两制"台湾模式》,九州出版社,2015 年。
95. 李义虎:《开辟解决台湾问题的新思路》,《太平洋学报》,2005 年第 2 期。
96. 唐树备:《江泽民主席的八项主张是邓小平"和平统一、一国两制"理论的继承和发展》,《台湾研究》,2003 年第 1 期。
97. 张志军:《维护和推进两岸关系和平发展共圆中华民族伟大复兴中国梦——深入学习习近平总书记对台工作重要思想》,《求是》,2016 年第 20 期。
98. 李逸舟:《习近平对台思想统御性概念:两岸经济社会融合发展》,《中国评论》,2017 年 7 月。
99. 张文生:《习近平对台思想解析》,《台海研究》,2016 年第 2 期。
100. 杜力夫:《建设两岸命运共同体 探索两岸统一新模式——学习习近平对台论述的思考》,《中国评论》,2017 年 2 月。
101. 茅家琦:《统一意识与两岸关系》,《台声》,1998 年 10 月。
102. 陈孔立:《两岸"主权共享论"质疑》,《台湾研究》,2012 年第 6 期。
103. 刘国深:《增进两岸政治互信的理论思考》,《台湾研究集刊》,2010 年第 6 期。
104. 李义虎:《中国崛起与国家统一的外部环境》,《世界经济与政治论坛》,2006 年第 5 期。
105. 俞新天:《中国主权理论的发展与扩大台湾涉外活动的思考》,《台湾研究》,2012 年 3 期。
106. 巫永平、郑振清:《重构"一个中国"宪政框架——建立台海两岸政治关系新平衡的理论探索》,《二十一世纪》,2011 年 8 月号。

107. 许世铨:《两岸关系与大陆对台政策——战略制定与政策选择》,《台海研究》,2013 年第 1 期。
108. 朱卫东:《对进一步增进两岸政治互信的战略思考》,《台湾研究》,2012 年第 1 期。
109. 王英津:《两岸政治关系定位研究》,九州出版社,2016 年。
110. 朱松岭、徐锋:《战略与策略的结合:大陆对台湾的影响力投放》,《中央社会主义学院学报》,2006 年 8 月。
111. 王在希:《台湾问题与中华复兴》,九州出版社,2014 年。
112. 孙代尧:《中国共产党对台政策演变论析》,《中共党史研究》,2006 年第 6 期。
113. 杨丹伟:《两岸关系和平发展新思维的理论分析》,《台湾研究集刊》,2010 年第 4 期。
114. 常绍舜:《从经典系统论到现代系统论》,《系统科学学报》,2011 第 3 期。
115. 刘敏:《生成的逻辑——系统科学"整体论"思想研究》,中国社会科学出版社,2013 年。
116. 林夏水:《非线性科学与决定论自然观变革》,社会科学文献出版社,2013 年。
117. 黄英贤、吴少荣、郑淳:《国家产生的原因是多样的》,《中国社会科学》,1984 年第 4 期。
118. 李伯杰:《一个麻烦的祖国——德意志民族的德国认同危机》,《清华大学学报》(哲学社会科学版),2012 年第 2 期。
119. 丁建弘、陆世澄、刘祺宝:《战后德国的分裂与统一(1945—1990)》,人民出版社,1996 年。
120. 吴友法:《德国现当代史》,武汉大学出版社,2007 年。
121. 越南国家科学委员会经济研究院编:《越南经济》,韦平等译,世界知识出版社,1962 年。
122. 越南史学院编:《1945—1975 年的越南事件集》第一集,越南社会科学出版社,1975 年。
123. 胡志明:《越南劳动党的三十年》,《越南劳动党光辉的三十年》,世界知识出版社,1960 年。

124. 汪长明:《“两个民族”理论与印巴分治》,《延边大学学报》(社会科学版),第44卷第4期。
125. 杨洁勉:《西方学者视阈下的民族分离主义》,《学术月刊》,2013年4月。
126. 贺建涛:《如何应对分离主义》,《学习时报》,2013年11月4日。
127. 延飞:《埃塞俄比亚与厄立特里亚冲突的根源——埃塞俄比亚厄立特里亚联邦始末》,《西亚非洲杂志》,2008年第9期。
128. 李晓妮:《杜鲁门政府的印巴分治政策》,《社会科学战线》,2014年第2期。
129. 唐昊、吴彭沛:《巴基斯坦 孟加拉:面对种族和宗教的冲突》,四川人民出版社,2002年。
130. 张大可:《三国鼎立形成的历史原因》,《青海社会科学》,1988年第3期。
131. 朱磊:《维护经济合作成果符合两岸同胞利益》,《人民日报》,2016年5月12日第3版。
132. 朱磊:《台湾经济面临关键时期台当局经济政策不合时宜》,《人民日报》,2006年11月2日第3版。
133. 朱磊:《台湾产业与金融研究》,九州出版社,2012年。
134. 朱磊:《海峡两岸服务贸易协议百问》,九州出版社,2014年。
135. 朱磊:《台湾财力》,鹭江出版社,2000年。
136. 朱磊:《投资台湾指南》,中国经济出版社,2012年。
137. 朱磊:《两岸金融合作新进展与前瞻》,《台湾研究》,2013年第3期。
138. 朱磊:《天命之争:中国历史上的统一与分裂》,九州出版社,2013年。
139.《资治通鉴》卷七十。
140.《三国志·吴志·孙皓传》。
141. 施丁:《论赤壁之战的几个问题》,《史学月刊》,1981年第6期。
142. 袁延胜:《论西晋统一的历史经验》,《中州学刊》,2009年第4期。
143.《高僧传·释道安》。
144.《晋书·载记·苻坚上》
145.《晋书·简文帝纪》。
146.《晋书·王羲之传》。

147.《晋书·刘波传》。
148. 翦伯赞:《中国史纲要》第2册，人民出版社，1965年。
149. 王仲荦:《魏晋南北朝史》上册，上海人民出版社，1979年。
150. 樊广平:《杨坚建隋以及对全国的统一》,《文科教学》,1996年第1期。
151. 韩国磐:《简论隋朝的统一》,《历史教学》(下半月刊),1962年第5期。
152. 魏明孔:《隋唐手工业与我国经济重心的南北易位》,《中国经济史研究》,1999年第2期。
153. 高明士:《隋代中国的统一——兼述历史发展的必然性与偶然性》,《唐史论丛》(第七辑),1998年。
154. 章深:《宋朝统一岭南的战争——兼论古代“合纵连横”传统的湮没》,《学术研究》,2007年第10期。
155. 程明生:《宋代军队数量考》,《社会科学战线》,2009年第5期。
156. 苏光:《北宋时期军队兵器发展研究》,《搏击》(武术科学),2011年第9期。
157. 周宝砚:《北宋军事衰弱的原因探析》,《世纪桥》,2009年第12期。
158. 波音:《透过钱眼看中国历史》,北京航空航天大学出版社，2011年。
159. 江少虞:《宋朝事实类苑》,上海古籍出版社，1981年。
160.《中国文明史：宋辽金时期》,第三章 积弱的军事和繁荣的兵学，地球出版社，1993年。
161. 潘修人:《元朝统一中国过程中的杀掠问题辨析》,《内蒙古民族师院学报》(哲社版),1993年第3期。
162.《新唐书·吐蕃传》。
163.《宋史·岳飞传》。
164.《元史·伯颜传》。
165.《元史·世祖纪》。
166.《清圣祖实录》。
167.《资治通鉴》卷一百八十一。
168. 王丽英:《试论元初“重农不抑商”政策思想及其对社会经济的积极影响》,《广州师院学报(社会科学版)》,第19卷第10期。
169. 何平立:《蒙金战争略论》,《军事历史研究》。

170. [清]赵翼:《廿二史劄记·金史》,中国书店,1987 年。
171.《剑桥中国隋唐史》,第五章之“对外关系”,中国社会科学出版社,1990 年。
172.《康熙统一台湾档案史料选辑》之《郑经复孔元章书》。
173. 安然:《施琅大将军平定台湾传奇》,新华出版社,2006 年。
174. 马大正:《略论高句丽历史研究中的几个相关问题》,《欧亚学研究》,2007 年。
175. 希·散达格:《蒙古政治外交》第 1 卷,1971 年乌兰巴托版。
176. 阿·波波夫:《沙俄与蒙古》,《红档》,1929 年第 37 期。
177. 刘毅:《如何理解中美历史竞合——专访北京大学国际关系学院牛军教授》,《领导文萃》,2016 年第 13 期。
178. 陈德铭:《中国金融开放与两岸金融合作》,中国服务外包研究中心网站,http://coi.mofcom.gov.cn/article/zt_zgjrwbfh/lanmuone/201312/20131200410736.shtml
179. 嘎日达、黄匡时:《西方社会融合概念探析及其启发》,《国外社会科学》,2009 年第 2 期。
180. 陈先才、刘国深:《两岸社会一体化的理论架构与实现路径》,《台湾研究集刊》,2010 年第 6 期。
181. 陈先才:《两岸特色民间社会融合问题研究》,《台湾研究集刊》,2014 年第 4 期。
182. 唐永红:《两岸经济一体化问题研究》,鹭江出版社,2007 年。
183. 吴为:《深化两岸社会融合发展的重要性及新态势》,《海峡纵横》,2016 年第 6 期。
184. 詹小美、王仕民:《文化认同视域下的政治认同》,《中国社会科学》,2013 年第 9 期。
185. 林尚立:《现代国家认同建构的政治逻辑》,《中国社会科学》,2013 年第 8 期。
186. 刘祥得:《社会接触、族群及政治态度影响民众两岸文化交流之分析》,《通识论丛》,2015 年第 18 期。
187. 施玮、蒋依娴、王秉安:《移居大陆台胞社会融入研究现状述评》,《台湾研究集刊》,2016 年第 1 期。

188. 顾乃忠:《论文化的普遍性和特殊性——兼评孔汉思的“普遍伦理”和沟口雄三的“作为方法的中国学”》,《浙江社会科学》, 2002 年第 6 期。
189. 黄英贤、吴少荣、郑淳:《国家产生的原因是多样的》,《中国社会科学》, 1984 年第 4 期。
190. 王卓君、何华玲:《全球化时代的国家认同: 危机与重构》,《中国社会科学》, 2013 年第 9 期。
191. 贾瑞霞:《国外学者关于一体化理论的一些研究》,《当代世界与社会主义》, 2000 第 3 期。
192. 郭强:《逆全球化 : 资本主义最新动向研究》,《当代世界与社会主义》, 2013 第 4 期。
193. 梁双陆、程小军:《国际域经济一体化理论综述》,《经济问题探索》, 2007 年第 1 期。
194. 吴志成、王杨:《欧洲一体化进程中的反一体化》,《国外社会科学》, 2006 年第 6 期。
195. 孙亚夫:《概论 1987 年至 2012 年两岸关系发展脉络》,《政治学研究》, 2015 年第 4 期。
196. 张冠华:《台湾政党再轮替后两岸经济关系走向探析》,《台湾研究》, 2016 年第 5 期。
197. 邓莉娟、马士伟:《两岸经贸交流合作对台利益分配状态分析》,《台湾研究》, 2016 年第 5 期。
198. 李非、黄伟:《全球价值链分工下两岸贸易利益的分配——基于两岸制造业贸易附加值的研究》,《经济问题探索》, 2015 年第 6 期。
199. 郑振清:《台湾激进主义的阶级政治根源》,《文化纵横》, 2016 年第 2 期。
200. 程倩:《政府信任关系: 概念、现状与重构》,《探索》, 2004 年第 3 期。

中文台湾文献

201. [台] 邵宗海:《中共对台政策》, 唐山出版社, 2013 年。
202. [台] 陈庆:《中共对台政策之研究》, 五南图书出版公司, 1990 年。
203. [台] 蔡玮:《中共涉台决策与两岸关系发展》, 风云论坛出版社, 2000 年。
204. [台] 陈一新等:《胡温主政下对台政策与两岸关系》, 财团法人两岸交流远景基金会，2006 年。
205. [台] 洪儒明:《民进党执政后的中共对台政策》，秀威资讯科技股份有限公司，2004 年。
206. [台] 杨开煌:《出手：胡政权对台政策初探》，海峡学术出版社，2005 年。
207. [台] 张亚中:《两岸统合论》，生智文化事业有限公司，2000 年。
208. [台] 马英九编:《两岸关系的回顾与前瞻》，“行政院大陆委员会”，1992 年。
209. [台] 吴钊燮主编:《台湾两岸关系与中国国际战略》，“新台湾国策智库”有限公司，2011 年。
210. [台] 张五岳:《分裂国家互动模式与统一政策之比较研究》，财团法人“国家”政策研究中心，1992 年。
211. [台] 陈庆:《中共对台政策之研究》，五南图书出版公司，1990 年。
212. [台] 林文程:《中共谈判的理论与实务：兼论台海两岸谈判》，丽文文化事业股份有限公司，2000 年。
213. [台] 谢政谕:《文化、国家与认同：打造两岸民族新肚脐》，幼狮文化事业股份有限公司，2007 年。
214. [台] 颜建发:《中国对绿营的策略分析》，《台湾两岸关系与中国国际战略》，吴钊燮主编，“新台湾国策智库”有限公司，2011 年。
215. [台] 罗致政:《中国对台政策与台湾主权危机》，《台湾两岸关系与中国国际战略》，吴钊燮主编，“新台湾国策智库”有限公司，2011 年。
216. [台] 薛天栋等:《台湾的未来》，华泰文化出版社，2002 年。
217. [台] 林宗弘、胡克威:《爱恨 ECFA：两岸贸易与台湾的阶级政治》，《思与言》第 49 卷，2011 年第 3 期。

中文外国文献

218. [美] 约瑟夫 · 奈:《软实力》，马娟娟译，中信出版社，2013 年。
219. [美] 戴维 · 波普诺:《社会学》（第十一版），李强等译，中国人民大学出版社，2013 年。
220. [美] 约翰 ·D· 卡尔:《社会学》，刘铎等译，中国人民大学出版社，2013 年。
221. [美] 赵全胜编著:《分裂与统一：中国、韩国、德国、越南经验之比较研究》，桂冠图书股份有限公司，1994 年。
222. [美] 安东尼 · 奥罗姆 :《政治社会学导论》，张华青等译，上海人民出版社，2014 年。
223. [美] 理查德 · 拉克曼 :《国家与权力》，郦菁、张昕译，上海人民出版社，2013 年。
224. [美] 迈克尔 · 曼 :《社会权力的来源》，上海人民出版社，2007 年。
225. [美] 约翰 · 杜威 :《我们如何思维》，伍中友译，新华出版社，2010 年。
226. [美尼古拉斯 · 雷舍尔 :《复杂性：一种哲学概观》，吴彤译，上海世纪出版集团，1998 年。
227. [美] 莫顿 ·A· 卡普兰 :《国际政治的系统和过程》，薄智跃译，上海人民出版社，2008 年。
228. [美] 埃里克 · 詹奇 :《 自组织的宇宙观》，曾国屏等译，中国社会科学出版，1992 年。
229. [美] 弗 · 卡普拉 :《转折点：科学 · 社会 · 兴起中的新文化》，冯禹等编译，中国人民大学出版社，1989 年。
230. [美]F· 卡普拉 :《物理学之道：近代物理学与东方神秘主义》，朱润生译，北京出版社，1999 年。
231. [美] 戴维 · 伊斯顿 :《政治生活的系统分析》，王浦劬主译，人民出版社，2012 年。
232. [美] 托马斯 · 帕特森等 :《美国外交政策》，李庆余译，中国社会科学出版社，1989 年。
233. [美] 冯 · 贝塔朗菲 :《一般系统论：基础、发展和应用》，林康义等译，清华大学出版社，1987 年。
234. [英] 彼得 • 罗布森 :《国际一体化经济学》，戴炳然等译，上海译文出版社，2001 年。
235. [美] 卜睿哲 :《台湾的未来》，远流出版事业股份有限公司，2010 年。
236. [美] 威廉 · 米施勒、理查德 · 罗斯 :《何为政治信任的来源——以后共产主义国家为背景考察制度理论和文化理论》，周艳辉译，美刊《比较政治研究》，2001 年 2 月号（第 34 卷）。
237. [英]P· 切克兰德 :《系统论的思想与实践》，左晓斯、史然译，华夏出版社，1990 年。

238. [英] 迈克尔·杰克逊:《系统思考：适于管理者的创造性整体论》，高飞、李萌译，华夏出版社，1990 年。

239. [英] 安德鲁·海伍德:《政治学》，张立鹏译，中国人民大学出版社，2013 年。

240. [德] 哈肯:《协同学：大自然构成的奥秘》，凌复华译，上海译文出版社，2013 年。

241. [德] 艾根:《关于超循环》,《自然科学哲学问题》，1988 年第 1 期。

242. [德] 格琳德·辛恩、汉斯 - 维尔纳·辛恩:《冰冷的启动：从国民经济视角看德国统一》，晏扬译，上海三联书店，2012 年。

243. [法] 托姆:《突变论：思想和应用》，周仲良译，上海译文出版社，1989 年。

244. [法] 罗朗·柯恩 - 达努奇:《世界是不确定的》，吴波龙译，社会科学文献出版，2009 年。

245. [法] 大卫·吕埃勒:《机遇与混沌》，刘式达等译，上海世纪出版集团，2005 年。

246. [法] 埃德加·莫兰:《复杂性思想导论》，陈一壮译，华东师范大学出版，2008 年。

247. [比] 伊·普里戈金、[法] 伊·斯唐热:《从混沌到有序》，曾庆宏、沈小峰译，上海译文出版，1987 年。

248. [比尼科里斯、普利高津:《探索复杂性》，罗久里、陈奎宁译，四川教育出版社，2010 年。

249. [比] 伊利亚·普里戈金:《未来是定数吗》，曾国屏译，上海世纪出版集团，2005 年。

250. [比] 伊利亚·普里戈金:《确定性的终结：时间混沌与新自然法则》，湛敏译，上海世纪出版集团，2005 年。

251. [日] 大前研一:《中华联邦》，商周出版社，2003 年。

252. [日] 江桥正彦、山田康博:《战后北越经济三十年（1945—1975 年）》，汪慕恒译,《南洋资料译丛》，1981 年第 4 期。

253. [韩] 统一部:《统一白皮书》，2012 年。

254. [朝] 金日成:《关于建立高丽民主联邦共和国方案》，朝鲜外文出版社，1990 年。

英文外国文献

255. Avery Goldstein, *Rising to the Challenge:China's Grand Strategy and International Security*, Paloalto.C.A.:Stanford University Press, 2005.

256. A.D.Lindsay, *The Modern Democratic State*,London:Oxford University Press,1943.

257. Bob.Jessop,*The Capitalist State:Marxist Theories and Methods*, Martin Robertson Oxford, 1982.

258. Bonnie Glaser and Brad Glosserman, *Promoting Confidence Building across the Taiwan Strait*, Center for strategic and international studies, Washington. D.C.:2008.

259. Crawford, C.（2013）. *Looking Into Poverty: Income Sources of Poor People with Disabilities in Canada*. Toronto: Institute for Research and Development on Inclusion and Society（IRIS）.

260. David Shambaugh, *Power Shift:China and Asia's New Dynamics*,San Francisco,C.A.:University of California Press, 2006.

261. George.T.Crane&Abia Amawied,*The Theoretical Evolution of International Political Economy*, London:Oxford University Press, 1997.

262. Hedley Bull, *The Anarchical Society:A Study of Order in World Politics*, London:Macmillan, 1977.

263. Leon Festinger, "*Group Attraction and Membership*," in Group Dynamics, ed.Dorwin Cartwright and Alvin Zander (Evanston, I11.: Row,Peterson, 1953).

264. Jack.L.Snyder, Robert.Jervis, *Coping with complexity in the international system*, Boulder:Westview Press, 1993.

265. James.N.Rosenau, Mary.Durfee, *Thingking Theory Thoroughly: Coherent Appoaches to an Incoherent World*, Boulder:Westview Press, 1999.

266. Joshua Kurlantzick, *Charm Offensive:How China's Soft Power is Transforming the World*, Yale,Connecticut:Yale University Press,2007.

267. Jamil-ud-din Ahmad,*Some Recent Speeches and Writings of Mr.Jinnah*,Vol.1.Lahore:Shaikh Muhammad Ashraf,1952.129-131,177-180.

268. Martin Carnoy, *The State and Political Theory*, vol.11.Princeton University Press Princeton,NJ,1984.

269. Max Weber, *Politics as a Vocation*, in Gerth and Mills, From Max Weber,78.

270. Reinhard Bendix, *Max Weber:An Intellectual Portrait*, Garden City, NewYork:Doubleday&Co., 1962.

271. Michael Swaine, Andrew Yang etc.des, *Assessing the Threat: the Chinese Military and Taiwan's Security*, Washington D.C.:Carnegie Endowment for International Peace, 2007.

272. Ted.Galen.Carpenter, *America's Coming War With China: A Collision Course Over Taiwan*, N.Y.:Palgrave Macmillan, 2006.